J. A. Ader-Appels

Wir waren im Widerstand

Hänssler-Verlag
Neuhausen-Stuttgart

CIP-Kurztitelaufnahme der Deutschen Bibliothek

Ader-Appels, J. A.:
Wir waren im Widerstand / J. A. Ader-Appels. –
[Übers. von Dieter Kraeter]. – Neuhausen-Stuttgart:
Hänssler, 1983
(Edition C: C; 103: Paperback)
Einheitssacht.: Een Groninger pastorie in de storm ‹dt.›
ISBN 3-7751-0864-5
NE: Edition C / C

EDITION C-Paperback, C 103
Originaltitel: Een Groninger Pastorie in de storm
Übersetzt von Dieter Kraeter

Umschlagfoto: Artreference, Frankfurt
Umschlaggestaltung: Daniel Dolmetsch
Gesamtherstellung: Ebner Ulm

Inhaltsverzeichnis

Einzug ins Pfarrhaus

Der Zug fuhr durch das offene, flache Land. Es war Königinnenfest. Unsere Fürstin Wilhelmina feierte ihr vierzigjähriges Thronjubiläum, und ich hatte am Nachmittag frei. Ich konnte es gerade noch schaffen: um ein Uhr mittags in den Zug, und um Mitternacht würde ich wieder in Amsterdam sein.

Geschmückte Dörfer entlang der ganzen Strecke. Flaggen und Ehrenbogen, hier und da ein kleiner orangefarbener Lampion. Zeichen einer rührenden Anhänglichkeit des Volkes an das Oranier-Haus.

Ich mußte bis nach Groningen und dann noch ein Stück weiter fahren, bis zur Endstation. Bis dahin, wo das Land zu Ende war. Ein Dorf wartete dort im flachen Land auf den neuen Pastor und seine Frau. Und die Frau war ich. Das alte Pfarrhaus mußte neu gestrichen und eingerichtet werden. »Könnte Frau Pastor eben rüberkommen? Dann könnte sie sagen, wie sie's haben möchte.«

Nicht einfach, das Ganze. Der Direktor des Redaktionsbüros, in dem ich damals arbeitete, war nicht eben großzügig mit Urlaub. Aber zum Königinnenfest hatte er mir doch für den Nachmittag freigegeben.

Der Zug raste durch die Landschaft der Veluwe. Durch Overijsel, durch Drente. Die geschmückten Dörfer lagen heute still und verlassen da, denn wer irgend konnte, war in der Hauptstadt. Dort wurde heute gefeiert. Ich hatte die prächtig erleuchteten Grachten und Gebäude schon am Vorabend gesehen. Auch das stattliche Haus an der Keizersgracht, in dem ich arbeitete, war prächtig geschmückt und illuminiert.

Da war schon Assen. Nur noch eine kurze Strecke, dann würde Groningen kommen – und dann gings ins Binnenland hinein.

Ich hatte es schon früher einmal gesehen, das Binnenland, denn ich war mit Domie, meinem Mann, dort gewesen, als unsere Vorgänger noch im Pfarrhaus gewohnt hatten. Ich hatte es dort schön gefunden: viele Getreidefelder gab es, und große Bauernhöfe zwischen hohen Bäumen. Im Pfarrhaus hatte ich mich gleich heimisch gefühlt. Ein gutes altes Haus.

An der Endstation Drieborg erlebte ich eine Überraschung. Dort kam einer auf mich zu, einer vom Kirchenrat, den ich schon beim vorherigen Besuch kennengelernt hatte. Er wartete mit seinem Wagen auf mich. Ich durfte neben ihm sitzen, und er erklärte mir unterwegs so allerlei. Das große, weiße Haus dort? Da wohne ein bekannter Abgeordneter, und hier wohne er selbst, dort wiederum lebe noch ein anderes Mitglied vom Kirchenrat, und da noch eines. Dies hier sei jetzt der neue Weg, der verkürze die Strecke um ein gutes Stück. Dadurch sei er viel schöner geworden, denn eine früher sehr gefährliche Kurve sei nun weggefallen.

Und... da drüben, das sei der Kirchturm. Gerade gegenüber der Kirche liege das Pfarrhaus.

Mit einem Ruck stand der Wagen still, und wir stiegen aus. Ja, da stand also das Pfarrhaus, und es sah noch genauso freundlich und bewohnt aus wie in meiner Erinnerung, denn die Gardinen waren hängengeblieben, wie es abgesprochen war: wir konnten sie übernehmen.

Es war ein Pfarrhaus nach klassischem Baumuster: eine Tür in der Mitte mit einer Treppe davor, zwei hohe Fenster an beiden Seiten, darüber noch fünf kleinere Fenster, dann ein flaches Dach mit zwei stattlichen Schornsteinen an beiden Giebelseiten, und viereckige Kappen darüber.

Im Eingang roch ich durch die geöffnete Tür schon die frische Farbe. Der Maler war an der Arbeit. Er kniete auf dem Fußboden im Flur und strich die Seiten nach, die vom breiten Läufer nicht mehr bedeckt wurden. Dann kam aus einem der Zimmer ein großer Mann mit einem freundlichen Gesicht auf mich zu. Er hatte ein Spitzbärtchen, dessen Färbung an ein Gemisch von Pfeffer und Salz erinnerte, und gleiches Haar mit glattem Scheitel. Die blauen, leuchtenden Augen lagen tief in den Höhlen. Der große Mann ähnelte jemandem, den ich irgendwo schon gesehen hatte. Auf einmal fiel es mir ein. Er hatte Ähnlichkeit mit dem »Lord« aus »Green Pastures«. Er wollte mir gerade die Hand geben, da kam aus einem leeren, offenbar frisch tapezierten Zimmer noch jemand auf den Flur. Ein Mann mit rundem, offenem Gesicht. Er lachte ein wenig verlegen, als er mir die Hand reichte und »Willkommen, Mevrouw« sagte. Der mich gebracht hatte, sagte irgend etwas in Groninger Platt. Ich verstand es damals noch nicht gut, aber es bedeutete wohl, daß ich mir jetzt unschwer selbst würde weiterhelfen können. Mein »Chauffeur« nahm Abschied und verschwand.

Dann begann der Marsch durchs Haus. Ganz systematisch, zunächst mit dem Dachboden. »Ja«, sagte der Lord, der wohl der Kirchenmeister zu sein schien, »hier hat einer Ihrer Vorgänger etwas verdorben, denn er hat da eine Kammer zimmern lassen, und eine Kammer gehört nun einmal nicht auf den Boden.« Ich wunderte mich im stillen etwas darüber. Warum »gehörte« sich das denn nicht? Aber es schien gegen die Etikette des Landes zu sein, also schwieg ich lieber.

Die Schlafzimmer, eine Etage tiefer, waren, wie man mir sagte, überall mit Teppichen oder ähnlichen Bodenbelägen ausgestattet gewesen. Die Fußböden waren überhaupt nicht zerkratzt.

»Diese Fußböden werden wir natürlich auch noch streichen lassen«, sagte der Lord.

»Die Fußböden? Aber an denen fehlt doch gar nichts. Dann hätte ich viel lieber, daß die Küche gestrichen wird.«

Der Lord schaute nachdenklich drein. »Meinen Sie, daß an den Fußböden wirklich nichts getan werden sollte?«

»Ja, wirklich! Da hat immer etwas drübergelegen, und ich lege da auch wieder etwas darüber«, sagte ich. »Aber die Küche sieht ziemlich dunkel und trübe aus. Sie würden mir einen großen Gefallen tun, wenn Sie sie blau streichen lassen würden.«

Die braune Küche sollte nun blau werden. Ob sich das überhaupt gehörte? Das nette, offene Gesicht des Lord bewölkte sich zusehends. »Blau?« fragte er ganz skeptisch.

Ich suchte Unterstützung bei dem Mann vom Kirchenrat.

»Wenn nun nichts auf den Zimmerböden getan werden muß, dann gibt es wohl keine Bedenken dagegen«, sagte er.

Wir liefen die Treppe weiter hinunter. »Nein – aber blau ...!« wunderte sich der Lord abermals. Der Treppe gegenüber lag die Küche. Der Lord drückte auf die Türklinke, und wir gingen hinein. Der Maler wurde gerufen, ein kleiner Mann mit Brille, der wie ein Philosoph aussah.

Das Gespräch ging nun in Groninger Platt weiter, und ich fühlte mich etwas übergangen. Der Maler war auch gegen blau, das spürte ich. Aber dann hieß es: »Wenn Frau Pastor es so will ...«

Er würde, meinte er, dann eben mal ein Probestück streichen, dann könne Mevrouw selber sehen ...

Und er machte sich ans Mischen. Rembrandt hätte das nicht besser verstanden. Als er fertig war, strich er etwas davon auf den Türpfosten.

»Kiek, nun muß Mevrouw mal eben kieken!«

Es glänzte sehr schön, fand ich, aber es war doch noch ein ziemlich schwaches Blau. »Ginge es nicht noch etwas dunkler?«

»Dann muß da eben noch was Schwarzes rein.«

Noch einmal mischen, noch einmal streichen.

»So ist es besser.«

»Na, dann wolln wir's denn mal so machen.«

»Auch die Schränke von innen?« fragte ich und wendete mich erneut hilfesuchend an den Mann vom Kirchenrat.

Wieder sprang er für mich in die Bresche: »Wenn die Fußböden oben nicht gestrichen werden müssen ...«

»Nun gut«, sagte der Lord und hatte endlich seine Bedenken besiegt, »dann muß das wohl sein. Mevrouw möchte nun noch eine Tapete aussuchen, nicht wahr?«

Wir gingen in ein Zimmer, in dem es stark nach Kleister roch. Der Maler war gerade damit beschäftigt, Grundpapier an die Wände zu kleben. Da sollte dann dünnes Papier darübergeklebt werden. Aus einem dicken Buch suchte ich ein Tapetenmuster aus.

Dann gingen wir weiter durch das Haus. Im Küchenvorraum blieb ich erstaunt stehen. Es hatte zu regnen begonnen, und vom Brunnen her waren monotone Geräusche von tropfendem Wasser zu hören.

»Was ist das?« fragte ich.

»Damit sollen Sie sich waschen, wenn Sie hier wohnen«, sagte der Lord.

»Und Essen kochen?«

»Ja, das auch, aber draußen ist ein Sieb angebracht, das hält den Dreck aus der Dachrinne auf, Blätter und so. Sie müssen also daran denken, daß Sie die Dachrinne gut sauberhalten.«

Es erschien mir auf einmal alles so kompliziert. Ein Haushalt ohne Wasserleitung und Gas.

»Aber Sie können immerhin elektrisch kochen«, sagte der Mann vom Kirchenrat, als hätte er meine Gedanken erraten.

»Ist das teuer?« informierte ich mich vorsichtig.

»Das müssen Sie gleich mal meine Frau fragen, wenn Sie zum Essen mitkommen«, sagte er, »sie kocht auch elektrisch.«

»Ich möchte die Regenrinne einmal sehen«, sagte ich.

»Sie sitzt an der Außenseite, aber kommen Sie nur mit.«

Der Riegel wurde von der Tür geschoben, wir gingen hinaus und standen gleich darauf an der Hinterfront des Hauses, und ich hatte plötzlich einen herrlichen Blick in einen verwilderten Garten. Der Lord folgte meinem Blick. Er schüttelte mißbilligend sein Haupt und sagte: »Wer ein Jahr sein Kraut läßt stehen, kann sieben Jahre weiden gehen.«

Aber mir erschien diese Wildnis geradezu als Paradies! Da und dort wuchsen zwischen dem Unkraut schöne Blumen, und auch Gemüse sah ich, das man in der Stadt so teuer bezahlen mußte. Und das alles sollte uns gehören! Gehörte es nicht vielleicht schon ein bißchen zu uns? Auf einmal dachte ich daran, wie schön es sein müßte, morgen ein paar von diesen Blumen auf meinen Schreibtisch zu stellen, und wie überrascht mein Mann sein würde, wenn er morgen in Amsterdam einen gedämpften Kohlkopf aus dem Pastorengarten auf den Tisch bekäme.

Meine Verlegenheit überwindend, fragte ich schüchtern: »Ich würde so gern ein paar Blumen mit nach Amsterdam nehmen und auch einen kleinen Kohlkopf aus dem Pastorengarten. Ich hoffe, ich nehme das nicht anderen weg?«

»Meinetwegen«, sagte der Lord. »Wenn Mevrouw das will – aber es ist nichts Besonderes.«

Sie zeigten mir die Regenrinne. Dann gingen wir wieder ins Haus. Ich lief gleich in das kleine Zimmer, in dem der Maler beschäftigt gewesen war. Aber wo waren nur meine Begleiter geblieben?

Auf einmal standen sie wieder neben mir. Der Lord hatte einen kleinen Spitzkohl mitgebracht und gab ihn mir. Dahinter stand der Kirchenälteste, sein Gesicht war ein einziges verlegenes Lächeln, und in seiner Hand hielt er – wie ein Mann das eben tut, gerade und steif, fast so, als ob es ein Kohlkopf wäre – einen Strauß Blumen aus dem Garten.

In diesem Augenblick verlor ich mein Herz an Land und Leute. An das Land wegen des Spitzkohls und der Blumen, und an die Leute wegen der schüchternen Freundlichkeit, mit der sie mir begegneten, beim ersten Besuch in meinem neuen Zuhause.

Wieder fuhr der Zug durch das Land. Es war Ende September geworden. Ich schaute aus dem Fenster. Das Getreide, das einige Wochen zuvor noch in Bündeln gestanden hatte, war eingeholt worden. Die Felder waren mit gelben Stoppeln bedeckt. Hier und da lag ein Stück umgepflügtes Land, offen und schwarz unter tiefhängenden Wolken. Eine Krähe flog einsam auf eine kleine Gruppe von goldfarbenen Bäumen zu. In der Luft hing die Stille des Herbstes.

»Nach Haus, nach Haus« sangen eintönig die Räder. Aber ich war noch nicht frei von dem alten Leben, von der Arbeit und von den Menschen in der Stadt, die ich so liebte, von dem vertrauten Amsterdam mit seinen Grachten, die an diesem Herbsttag verträumt dalagen. Ich hatte meine Zeit im Redaktionsbüro bis zum Ende abdienen müssen, bis zum Monatsletzten.

Es war schon alles weggeschafft worden aus unserem Grachtenhaus, die Menschen ebenso wie die Möbel. Es würde gut sein, das alles in dem schön gestrichenen Pfarrhaus wiederzufinden. Es würde gut sein, meinen Mann dort wiederzutreffen und mitten in all der Hetze einen ruhigen Augenblick mit ihm zu haben; notfalls würden wir ja auf einer leeren Kiste sitzen können.

Ich würde alles nun sehr bald sehen, denn die Türme und Mühlen, die da in der Ferne vorbeiglitten, gehörten schon zum Groninger Land.

Auf dem kleinen Bahnhofsvorplatz stand ein Taxi und wartete schon. Der Chauffeur öffnete diensteifrig die Tür, sobald er mich mit meinem schweren Koffer durch die Bahnhofssperre stolpern sah, und ich konnte dieser einladenden Geste nicht widerstehen und stieg einfach neben ihm ein.

»Sie wollen gewiß zum Pfarrhaus?« fragte er von selber mit leichtem Lächeln. »Ja«, sagte ich.

An dem Weg, den wir entlangfuhren, standen hier und da Sandwagen.

»Wozu stehen die denn hier?« fragte ich interessiert.

»Die werden abends auf den Weg gefahren«, sagte der Chauffeur. Dann mußten wir noch durch eine Absperrung und an Maschinengewehrstellungen vorbei. Ich begann zu verstehen. Es war September 1938, eine Zeit der Kriegsgerüchte. Die Sandkarren flößten mir wenig Respekt ein. Kein einziger Feind würde sie besonders ernst nehmen.

Aber die Maschinengewehrstellungen, würden die noch ihren Dienst tun müssen, vielleicht schon in naher Zukunft?

Mein Mann hatte mir diese Woche einen Brief geschrieben. Ob es wohl noch einen Sinn hätte, unsere Möbel hier auszupacken. Ob wir nicht am Vorabend einer schrecklichen Katastrophe stünden?

Wer konnte so etwas sagen? Aber mit den Worten von Longfellow hatte ich zurückgeschrieben: »Do thy duty, that is best,
leave unto thy Lord the rest.«*

»Wir sind da.« Die Stimme des Chauffeurs schreckte mich aus meiner Grübelei auf. Ich zahlte, und er trug meinen Koffer bis hinter den Gartenzaun. Dann bedankte ich mich und sagte ihm, daß ich es jetzt allein weiter schaffen könne.

Er fuhr wieder ab. Niemand hatte wohl gehört, wie das Auto hielt, denn keiner kam zur Tür.

Aber aus den Fenstern des Wohnzimmers drang Licht nach draußen. Ich hielt darauf zu, setzte meinen Koffer unter einer Fensterbank ab und schaute neugierig hinein zu all den bekannten Dingen dort in der neuen Umgebung. Ja, die Anrichte stand an der Wand. So hatte ich mir das auch gedacht. Und das Klavier war dort hinten. Aber die Bleistiftzeichnung mit der Schafherde hing so nicht gut, für sie mußten wir noch eine andere Stelle suchen. Der runde Tisch war doch nicht zu groß für das Zimmer, und die Stühle drum herum machten sich hier auch ganz gut. Die schmiedeeiserne Lampe, die wir noch in Amsterdam extra für dieses Zimmer hatten anfertigen lassen – hing die nicht an einer etwas zu langen Kette?

Langsam nahmen meine Augen das alles in Besitz.

Ein warmes Glücksgefühl strömte in mein Herz, denn das alles – dieses Zimmer, dieses Haus –, es gehörte uns! Ich konnte nicht mehr länger draußen stehenbleiben wie ein sehnsuchtsvolles Kind vor dem Nikolaus-Schaufenster. Ich wollte hinein, und dann würde ich so lange in dem großen, noch unaufgeräumten Haus oder in dem Stall, der an das Unterrichtszimmer angebaut war, herumsuchen, bis ich meinen Mann gefunden haben würde. Und dann würden wir bestimmt auch irgendeine leere Kiste finden, auf der wir beide würden sitzen können.

Dieser erste Herbst im Pfarrhaus, im Jahre 1938, hatte viele strahlende Tage. Tage, an denen es so still war, daß man bei Westwind den Zug in der Ferne über die Gleise rattern hören konnte. Das war immer etwas ganz Besonderes, denn der Zug stellte die Verbindung zu einer Welt her, die man weit hinter sich gelassen hatte. Und bis zum Bahnkörper hin, soweit das Auge reichte, erstreckten sich große Flächen Ackerland, die umgepflügt waren. Die Bauern zogen lange, gerade Furchen und warfen

* Tu deine Pflicht, das ist das Best'
und überlaß dem HERRN den Rest

Schollen rötlicher Erde um, auf denen sich dann hungrige Krähen niederließen. Weit, weit konnte man um sich herumsehen, bis das Auge sich auf einer Turmspitze ausruhen durfte oder auf einer Mühle, aber nach allen Seiten hin erstreckte sich die Weite des stillen Landes, und die Luft zitterte verschwommen und blau über den Feldern.

Ich dachte in diesen Tagen oft an das Gleichnis vom Sämann. Bildlich gesprochen, lag hier noch viel Land brach. Es mußte erst einmal umgepflügt werden, ehe man säen konnte. Und das Pflügen allein war schon schwere Arbeit. Wir waren selbst die Pferde, die vor den Pflug gespannt wurden. Den ganzen Tag über waren wir im Geschirr, denn es mußte alles von Grund auf neu begonnen werden. Erst kam die Jugendarbeit. Alles andere baute ich darauf auf. Figuren aussägen und Gedichte und Stücke vortragen, Singen und Flötenunterricht, Handarbeit und natürlich in erster Linie Bibelunterricht, denn jedes Treffen war mit einem biblischen Unterricht verbunden.

Sehr bald wurde auch ein Frauenkreis gegründet. Bald schon war das Unterrichtszimmer zu klein und mußte erweitert werden. Der angrenzende Stall wurde miteinbezogen. Die Jungen bauten Schränke und eine kleine Bühne, mein Mann entwarf eine Treppe, die man im Fußboden verschwinden lassen konnte, wenn man sie nicht brauchte.

Geduld, Liebe, Zuwendung, arbeiten und beten – für alles das hatten wir oft nicht genug Zeit, aber es gehörte doch zum täglichen Ablauf. Langsam wurde so etwas wie Vertrauen aufgebaut. Die Menschen ließen nach und nach ihre reservierte Haltung fahren. Immer wieder gab es etwas, das uns froh machte, unerwartete Freundlichkeiten, treuherzige Worte, Hilfe, die angeboten wurde, z.B. bei einer Mäuseplage, mit der wir nicht im Traume gerechnet hätten und die uns ziemlich hilflos antraf.

Im Herbst kam die Dreschmaschine reihum auf die Bauernhöfe. Und in den großen Scheunen saßen zwischen dem Getreide Hunderte von Mäusen versteckt, die nun plötzlich in ihrer Ruhe aufgeschreckt wurden. Aber weil längst nicht alles Getreide gleichzeitig gedroschen werden konnte, wurden nicht alle Mäuse auf einmal aus ihrem Schlaraffenland vertrieben. Die meisten blieben da. Aber es gab da auch einige, die, wenn das Korn eingesackt worden war, von einer Stunde zur anderen obdachlos wurden und in den Häusern ein besseres Unterkommen suchten. Man muß die Spielregeln kennen, die auf dem Lande gelten, um das alles zu wissen, aber wir waren in dieser Hinsicht eben noch völlig arglos.

Wir waren sogar ein paar Tage verreist gewesen und hatten das Kellerfenster offen gelassen. So etwas sehen die Mäuse als Einladung an. Und als wir am Samstagabend zurückkamen, sahen wir, daß das Haus während unserer Abwesenheit von vielen kleinen Räubern »bewohnt« gewesen war. Sie hatten an den Äpfeln geknabbert und vom Käse genascht. Außerdem hatten sie ein Loch in ein teures Brabanter Tuch gefressen. Ständig machten wir neue überraschende Entdeckungen. Es war schon traurig, wie die kleinen Biester da gehaust hatten. Wir mußten, dachten wir uns, mal ein wenig giftiges Mäusegetreide ausstreuen.

Schweren Herzens gingen wir an jenem Samstagabend zu Bett. Wir hörten die Mäuse hinter den Tapeten krabbeln und piepsen, hörten sie auf dem Teppich unter unseren Betten tanzen, und als wir das Licht einschalteten, sahen wir sie in alle Ecken davonstieben. Es ging uns mit den Mäusen wie den Ägyptern während der dritten Plage!

Was sollten wir nur dagegen tun? Vom vergifteten Getreide würden sie bestimmt nichts nehmen, nur um uns eine Freude zu machen.

»Eine Katze«, äußerte ich vorsichtig.

»Nein, keine Katze«, sagte Domie, »mit einer Katze hast du noch mehr Sorgen als mit Mäusen, und laß uns jetzt mal probieren, die dummen Biester zu vergessen, sonst bin ich morgen nur halb ausgeschlafen.«

Das war natürlich wahr, und aus Respekt vor der Sonntagspredigt verzichtete ich auf die weitere nächtliche Diskussion über das Für und Wider einer Katze. Später versuchte ich mein Bestes, das Gekrabbel und Gepiepse hinter der Tapete und auch das Tanzen auf dem Teppich zu überhören und ganz einfach einzuschlafen.

Ich weiß nicht, wie das in anderen Pfarrhäusern so ist, aber bei uns ist die Nacht vom Sonnabend auf den Sonntag immer sehr kurz gewesen. Wir saßen oft bis weit nach Mitternacht im Studierzimmer. Manchmal sprachen wir über die Predigt, und manchmal über andere Dinge, die nicht viel oder überhaupt nichts damit zu tun hatten, aber inzwischen »arbeitete« – wie er das nannte – Domie doch daran. Dann war sein Unterbewußtsein damit beschäftigt, denke ich, denn eine andere Erklärung habe ich nicht für die merkwürdige Tatsache, daß er über ganz andere Dinge sprach und dabei doch die Bauelemente für seine Predigt zusammenfügte.

Manchmal las er auch, aber ich sollte noch nicht zu Bett gehen. Es sollte nicht still und ungemütlich werden im Haus. Ich sollte um ihn sein, auch wenn ich allerlei häusliche Dinge verrichtete, wie Türen schließen, Öfen versorgen und ähnliche Kleinigkeiten, die vor der Nacht stets getan werden müssen.

Darum gelang es mir auch, so gegen zwei Uhr schlafenzugehen und alle Mäuse- und Katzenprobleme aus meinem Kopf zu vertreiben. Hat nicht jeder Tag seine eigene Last, und wird nicht der Morgen für das Seine sorgen?

Der Morgen kam denn auch früh genug. Prompt um halb sieben ratterte der Reisewecker in seinem ledernen Etui. Mein Mann ergriff ihn und stellte ihn ab. Aber da war etwas, das sich in seinen Fingern fremd anfühlte. Er öffnete die Augen und sah, daß unsere lieben Freunde das Leder in der Nacht rundum abgenagt hatten. »Und den hab' ich von dir zum Geburtstag bekommen«, sagte er traurig. »Ja, dachtest du, daß sie darauf Rücksicht nehmen würden? Diese kleinen Vandalen haben nicht einmal Respekt vor unseren heiligsten Gefühlen!«

Als ich später meinen Unterrock anziehen wollte, regnete es plötzlich Getreidekörner auf den Fußboden. Auch hier offenbarte sich wieder ein bestürzender Mangel an Respekt, der diese kleinen Biester auszeichnete: Sie hatten sich nicht gescheut, dieses intime Kleidungsstück als Vorratskammer zu mißbrauchen. Wahrscheinlich hatten sie das Getreide Mäulchen um Mäulchen in ihren Wangentaschen zum Stuhl geschleppt, auf dem meine Kleider lagen. Wie sie daran hochgeklettert waren, ein um das andere Mal, das wußten wohl nur sie allein. Wahrscheinlich hatten sie meinen überhängenden Unterrock als Kletterseil benutzt. Oder hatten sie sich etwa gegenseitig an ihre Schwänze gehängt und so ein Kletterseil gebildet?

Das muß man sich nur einmal vorstellen: Da sitzt ein Mäuschen majestätisch auf dem Stuhl und läßt seinen Schwanz herunterhängen. Daran hängt eine zweite Maus, an deren Schwanz eine dritte und so weiter, bis zum Boden. Die oberste entleert nun ihre Wangentaschen, dann kommt die zweite und macht dasselbe. Und so geht es weiter. Man mußte an den Winter denken, nicht wahr, und in der Zeit des Überflusses nach dem Vorbild Josephs Getreide speichern für die sieben mageren Jahre.

»Ist das nicht eine Anregung für die Predigt heute morgen?« fragte ich.

»Hol mich jetzt mit deinen Witzchen doch nicht aus meiner Gedankenwelt«, sagte Domie.

Ich schwieg still. Er hatte natürlich recht: Am Sonntagmorgen konnte er nicht viel vertragen.

Aber der Knalleffekt kam erst noch, als der Küster den Talar holen wollte. Groninger Kirchen haben keine Sakristei, dafür aber einen Unterrichtsraum neben dem Pfarrhaus. Es gibt in der Kirche nur ein winziges Kämmerchen zum Umziehen. Dort zieht der Pastor seinen Talar an.

Heute brauchte Domie seinen Talar nicht anzuziehen, denn als ich ihn aus dem Schrank holte, war er nicht mehr vorzuzeigen. Überall hatten die scharfen Mäusezähnchen hineingebissen. Oben, am samtenen Kragen, hingen die Fransen nach unten, ebenso am Saum. Wir beratschlagten, was nun mit dem geschundenen Amtsgewand geschehen sollte.

Der Herr Pastor predigte diesen Morgen also im Anzug und ohne Talar. Es ging zwar ebenso gut, aber ich sah doch, wie die Leute verwundert blickten, als er hereinkam. Das waren sie anders gewöhnt.

Wie immer blieben die Mitglieder des Kirchenrates und des Rentamtes nach der Predigt noch eine Weile zusammen. Niemand machte eine Bemerkung über den Anzug oder fragte näher nach. So etwas machten echte Groninger einfach nicht. Die warteten, bis man selbst etwas sagte.

Mit verlegenem Lächeln packte Domie dann aus. Es wurde wirklich eine merkwürdige Geschichte.

»Ja, das ist ein Malheur«, sagten die anderen. Auch wenn sie sich das Lachen nicht verkneifen konnten – sie fühlten sich doch irgendwie betroffen. Alle wollten sie umgehend etwas tun!

So wurde noch mehr Mäusegift herangeschleppt, kleine Büchsen mit grinsenden Totenköpfen darauf.

»Gift haben wir wohl jetzt genug«, sagte ich nach einer Weile. »Aber haben Sie nicht etwas anderes, etwas Gefährlicheres, eine Falle oder so etwas?«

Nun nahm der Lord das Wort. »Schauen Sie mal, es ist eigentlich nur unsere Schuld. Wir hätten Sie davor warnen müssen, daß es hier jeden Herbst so mit den Mäusen ist. Morgen kommt der Zimmermann, um alle Ritzen und Löcher zu verstopfen. Und den Talar werden wir auf Kosten des Rentamtes reparieren lassen. Wo ist er denn gemacht worden?«

»Bei Jörg in Utrecht«, sagte Domie.

»Können Sie ihn dann auf unsere Rechnung dorthin schicken?«

Wir fanden es wirklich fair, so für den Schaden einzustehen. Später kam ein Ältester mit einer großen Rattenfalle an. Die wurde in den Flur gestellt. Wir fingen natürlich nichts darin.

Ein Diakon – ich möchte ihn »De Lange« nennen, denn Sie werden ihn im Verlaufe der Erzählung noch näher kennenlernen – kam mit einem ganzen Sack voller kleiner Mäusefallen. Als es dann wirklich keine Kammer mehr ohne Falle gab und sich alle davon hatten überzeugen können, daß in jeder dunklen Ecke im Gang oder im Keller Mäusegift lag, zogen die Herren ab.

Wir konnten jetzt nur ganz vorsichtig durchs Haus laufen, denn wenn der Boden auch nur ein wenig erschüttert wurde, schreckte man zusammen wie vor einer zu scharf gespannten, zuklappenden Falle.

Unser Nachbar schrieb für eine Dorfzeitung ein kleines Gedicht:

Die Mäuse

Herr Pastor soll im Radio sprechen,
Muß nach Amsterdam dafür.
Ging dann fort mit der Familie
Für 'ne Woche aus der Tür.
Pfarrhaus blieb allein zurück.
Alles schloß man zu und dicht.
Kellerfenster blieb vergessen,
Was viel Unheil prompt anricht'.

Mäuse krochen durch das Fenster,
Fanden sich gleich gut zurecht,

Huschten weiter wie Gespenster,
Das Gebäude war nicht schlecht.
Das ganze Haus war bald durchstöbert,
Kein Eckchen wurde da verschont,
Und ihre Freßsucht und ihr Eifer
Wurden unbegrenzt belohnt.

Zimmermatten, gute Sachen
Kriegten Löcher wüst und wild,
Und aus Domies neuer Toga machen
Sie ein Jammerbild.
Der samtne Kragen wurd' verstümmelt,
Auch vom Ärmel kam was ab,
Vom guten Ding blieb nichts mehr übrig
Als ein paar Knöpfe, und ein Rest Stoff.

Kleider, Schuhe, Tücher, Decken,
Nichts von allem blieb mehr heil,
Auch das Etui vom Reisewecker
Vom Nachttisch hatte seinen Teil.
Bei seiner Heimkehr sah der Pastor
Sterne klar am lichten Tag,
Denn die Fassung er verlor
Angesichts der Mäuseplag'.

Das ganze Dorf kam schnell gelaufen,
Mit Fallen kamen Leute an,
Mit Mäusegift, Getreidehaufen
und Superfalle für den Gang.
Das Resultat von diesen »Strafen«
War gut, denn schon nach kurzer Zeit
Konnten Pastors wieder schlafen:
Von Mäusen waren sie befreit!

Aber ganz zutreffend war das so denn doch nicht. Wirklich befreit wurden wir von dieser Plage erst durch eine kleine Katze.

Sie war das erste Tier, das wir hier bekamen, ein heimatloses Geschöpf, das wir Mieke nannten. Warum? Der Name paßte ganz einfach. Das Tierchen war von einigen kleinen Kindern vor unsere Pfarrhaustür gebracht worden, die es aus den Händen von einigen Halbstarken gerettet hatten. »Sie wollten es abmurksen«, versicherten die Kinder mit Nachdruck. Nun stand ich da mit einem ausgehungerten, verwahrlosten Kätzchen in meiner Hand. Scheu geworden durch Elend und Mißhandlungen, schaute es ängstlich um sich herum. Was sollte ich mit diesem Bündel Leben anfangen?

»Behalten«, sagte eine Stimme in mir.

Ja, aber hatte sich Domie nicht ausdrücklich gegen das Halten einer Katze ausgesprochen? Schon kam er aus seinem Zimmer und sah mich mit der kleinen schwarzen Katze dastehen.

»Sie wollten sie abmurksen«, sagte ich erklärend. »Sollten wir sie dann nicht lieber hier in den kleinen Stall setzen?«

Beim Anblick dieses kleinen Geschöpfs warf mein Mann alle seine Prinzipien über Bord.

»Dann muß es also wohl sein«, sagte er. So hatte Mieke in wenigen Minuten unsere Zuneigung gewonnen. In einem kleinen Körbchen mit etwas Heu wurde sie in den Stall gebracht. Vorläufig kam sie da nicht mehr heraus. Sie war wirklich todmüde und schlief auch bald ein, zusammengerollt wie ein kleiner schwarzer Ball; sie wachte den ganzen Tag hindurch nicht mehr auf. Dann erhob sie sich, machte einen krummen Buckel, gähnte, daß ihre rosa Zunge und die scharfen Zähnchen zu sehen waren, trank eine Schüssel Milch leer und fing an, sich tüchtig zu putzen. Sie steckte die Pfötchen hinter die Ohren und putzte über die kleine Nase, und als sie diese gründliche Wäsche hinter sich hatte, schien Mieke eine schöne, strahlende, schwarz-weiß gezeichnete Katze zu sein, mit ein paar leuchtenden Perlaugen.

Die späte Herbstsonne schien herein, und Mieke hatte Lust, die Umgebung kennenzulernen. Sie tat es auch, blieb aber später oft zu lange fort. Verirrte sie sich dann, oder steckte das Landstreicherblut ihr so in den Adern, daß sie gar nicht anders konnte als dauernd wegzulaufen? Manchmal wurde sie hier, manchmal dort beobachtet. Immer wieder brachten Kinder sie zurück. Sie war »das Kätzchen von Domie«, denn alles, was zum Pfarrhaus gehörte, war im Groningerland »von Domie« oder von »Frau Domie«.

Gut, ich gönnte Domie sein Kätzchen, er war auch rein vernarrt in Mieke. Er spielte mit dem kleinen Ding, wann immer er nur Zeit dafür hatte (und manchmal auch, wenn er keine Zeit dafür hatte). Mieke lag dann auf dem Rücken und griff mit beiden Vorderpfötchen, gerade wie mit richtigen Händchen, nach Domies großen Händen, oder sie setzte sich wie ein kleiner schwarzer Bär auf die Hinterpfötchen und griff in die Luft, während ihre Flunkeraugen vor Vergnügen strahlten. Wenn dann der Sonntag kam und Domie predigte, kamen mir die beiden vor wie ein sehr großer und ein sehr kleiner Domie, die miteinander spielten. Mieke zeigte sich auch immer in Schwarz und Weiß, wie Domie beim Sonntagsgottesdienst.

Ihr kleiner Magen vertrug anfangs nur sehr wenig Futter. Unsere Waschfrau sagte: »Ihr Magen ist durcheinander.« Das wurde aber zusehends besser, und nach einigen Wochen war es schon so, daß Mieke nicht mehr aß, sondern geradezu fraß. Wollte sie jetzt den Rückstand gegenüber anderen Katzen aufholen, die zur gleichen Zeit geboren worden waren? Vielleicht... Wie es aussah, glückte ihr das auch, und als unsere Waschexpertin nach vierzehn Tagen wiederkam, da schlug sie vor Überraschung die Hände zusammen, als sie Mieke sah.

»Is'n Wunder, wie das Tier gewachsen ist«, rief sie aus.

Wer sollte sich also noch Sorgen machen? Wir jedenfalls nicht! Worüber wir uns später auch immer Sorgen machen mußten, an Mieke jedenfalls, die kugelrunde, glänzende Mieke, brauchten wir keinen Gedanken zu verschwenden.

Nach kurzer Zeit schien das Körbchen mit Heu den Ansprüchen, die eine Katze an das Leben zu stellen pflegt, nicht mehr zu genügen. Mieke suchte sich selbst eine Heukiste aus.

Was kann man gegen so etwas schon tun... Mieke jedenfalls saß eines schönen Tages wieder als unangefochtene Herrin in ihrer Heukiste und schaute über den Rand. Ich mußte herzlich lachen.

»Was ist denn mit dir los, Mieke?« fragte ich. »Wieder zu viele Mäuse gefressen?«

Ja, Mieke, so klein sie auch war, fing Mäuse. Und wenn man nicht schnell genug dazukam, fraß sie sie mit Haut und Haar auf – natürlich erst nachdem sie zumindest einmal ausgiebig mit ihnen gespielt hatte. Wenn man das grausame Tun unterbrach und Mieke die Maus abnahm, dann knurrte sie entrüstet. Fast wie ein Hündchen! Auch wie sie einem in den Garten hinterherlief, um beim Kartoffelroden oder beim Äpfelpflücken zu helfen, erinnerte an einen Hund, obwohl Mieke für diese Sorte von Tieren ansonsten nur tiefe Verachtung fühlte. Gegen den großen Schäferhund, der für ein paar Tage bei uns untergebracht war, durfte sie den Kampf getrost aufnehmen. Sie ging ihm keinen Schritt aus dem Wege. Nein, sie hätte sich ob solcher Feigheit auch tief geschämt. Viel lieber sträubte sie alle ihre Haare und fauchte dem Hund ihre Verachtung ins Gesicht.

Ich komme vom Thema ab. Wir waren vorhin bei den Mäusen stehengeblieben. Ich glaube, daß sie der Grund für das lange Gesicht waren, das Mieke machte.

»Willst du nicht heute mal hübsch im Körbchen bleiben?« schlug ich vor. Es war ein überflüssiger Rat, denn im Körbchen blieb Mieke schon von selbst. Sie hatte keinen Spaß am Herumtollen; jedenfalls war sie nicht einmal dazu zu kriegen, mit grotesken Sprüngen im Siebzig-Kilometer-Tempo rund ums Haus zu jagen – und dabei dauernd zurückzuschauen, ob man ihr wohl hinterherblickte. Eigentlich hatte sie das doch sonst so gern getan.

Noch mehr wunderte ich mich, als Greet, unsere treue Haushälterin, ganz aufgelöst zu uns kam und uns darauf aufmerksam machte, daß mit Mieke irgend etwas nicht stimme, sie renne wie eine Verrückte in der

Küche herum. Wir saßen gerade mit dem Pastor einer benachbarten Gemeinde friedlich bei einer Tasse Kaffee.

Ich ging mit Greet hinaus und sah es nun selbst. Was war nur mit Mieke los? Sauerstoffmangel? Fieber? Ich öffnete die Außentür, und im Handumdrehen war Mieke verschwunden. Dauernd mußte ich an sie denken, bei allen Gesprächen, während meiner Arbeit. Ich fand keine Ruhe. Man hatte mir einmal erzählt, daß sich Tiere, die den Tod nahe fühlen, eine einsame und ruhige Stelle aussuchen, um dort zu sterben. War es bei Mieke vielleicht schon soweit? Ich lief in den Garten, um sie zu suchen.

»Mieke! Mieke!«

Durch die sonnige, klare Herbstluft kam keine Antwort. Als es später dunkel wurde, bat ich meinen Mann, mir beim Suchen zu helfen. Er hatte zwar den Tag über viel zu tun gehabt, aber er kam doch mit. Alles Suchen blieb jedoch vergeblich. Schließlich stellte ich Miekes Heukiste in den Stall und ging zu den Mädchen in das Unterrichtszimmer. Es war ihr Versammlungsabend. Später kam auch mein Mann noch dazu.

Plötzlich war mir, als wäre da eine schwache Stimme von der Tür gekommen. Aber niemand sonst hatte sie gehört. Als die Mädchen um halb zehn nach Hause gingen, lief ich nach draußen. Es war kalt, es hatte gefroren.

»Mieke! Mieke!«

Keine Antwort. Ich stieß die nur schwach angelehnte Stalltür auf. »Mieke! Mieke! Mieke!«

»Miau!« Ein ganz schwaches, klägliches Stimmchen! Meine Hand tastete im Dunkeln in der Heukiste herum. Da – etwas Weiches und Kaltes . . . »Mieke!«

»Schaut nur, was ich hab'!« Ich brachte die kleine Kiste mit Mieke ins Unterrichtszimmer und setzte sie auf dem Tisch ab. Mein Mann, Greet und ich standen drum herum. Mieke fing an zu schnurren. Also konnte sie wohl doch nicht lebensgefährlich erkrankt sein . . .

»Sieh mal nach den Äuglein«, sagte mein Mann, »dann kannst du es erkennen.«

Er versuchte es mit ein paar Tropfen Milch an seinem Finger.

Mieke reagierte nicht. Noch einmal. Da drehte sie ihr Köpfchen zur Seite. Konnte sie nicht mehr schlucken? Nein, das Schlucken schien ihr wehzutun.

Wie lieb sie doch war in diesen letzten Stunden ihres Lebens!

Wir machten schnell ein Feuer im Ofen. Mieke sollte die Nacht über bei uns bleiben, in einer warmen Ecke. Wir holten Flanelltücher, die legten wir ihr unter, und wir hüllten sich auch ganz damit ein. Das fand sie angenehm. Später richtete sie sich auf, miaute und schaute hilflos umher. Da nahmen wir die Tücher weg, und sie wurde wieder ruhig.

Ab und zu schlug Mieke mit ihrem Schwanz, was sie sonst nur tat, wenn sie böse war. Als wir ihr Köpfchen kraulten und ihren Namen sagten, beruhigte sie sich. Mit ganz schwacher Stimme gab sie uns Antwort, und der fremdartige Ausdruck verschwand aus ihren Augen.

Schließlich gingen wir zu Bett.

Schon um halb fünf Uhr in der Frühe ging Greet wieder, um nach dem Kätzchen zu schauen. Sie fand Mieke an der Außentür. Fühlte das Tierchen den Tod kommen? War es deshalb aus seinem Nest gekrochen, um sich zu verstecken?

Mieke lag sterbend auf der Matte an der Tür. Greet legte sie wieder ins Körbchen zurück. Mieke war schwach und kalt.

Kurz vor sieben Uhr kamen wir herunter und fragten, wie es Mieke gehe.

Mieke hielt die weißen Pfötchen übereinandergekreuzt, das Köpfchen war hintenüber gefallen, die Äuglein waren geschlossen, nur ein weißes Zähnchen war zu sehen.

War das wirklich noch unsere Mieke?

Spielte etwa dieser kleine Schelm schon irgendwo in einem paradiesischen Gefilde, weit von uns entfernt, und war dies nur noch eine leere Hülle?

Ich lasse diese Frage offen. Ich weiß keine Antwort darauf. Für uns war Mieke jedenfalls eine kleine, verzauberte Prinzessin gewesen, und darum hatte es einen Sinn, diese Frage zu stellen.

Langsam wurden die Tage kälter. Eines Abends begann es zu schneien. Nach wenigen Stunden lag eine starre weiße Decke über der weiten Fläche. Das leise Gezwitscher der Meisen, die in den Erlen zur Ruhe gingen, ließ die Stille noch deutlicher spüren.

Weit in der Ferne sah man kleine Lichter brennen. Sie kamen von jenseits der nahen Grenze, aus einem deutschen Konzentrationslager. Der Anblick dieser Lichter erfüllte mich stets mit großer Traurigkeit wegen all des Leides, das die Menschen dort ertragen mußten. Es war ein Leid, das niemand genau kannte, das sich nur erahnen ließ. Da saßen Menschen gefangen und litten Entbehrung, Kälte und Hunger. Auf jeden Fall waren sie wehrlos gegenüber dem Unrecht, das ihnen zugefügt wurde.

Still stand ich auf dem Weg, in der Einsamkeit des weiten Landes, und starrte auf die Lichter. Aßen die Gefangenen in diesem Augenblick ihre karge Mahlzeit, oder krochen sie vielleicht schon unter ihre dünnen Decken? Wurden sie etwa mißhandelt?

Etwas, das ich als Kind stark empfunden hatte, wenn wehrlose Tiere gequält wurden, Auflehnung und Wut kamen in mir wieder hoch, Gefühle einer stillen Verzweiflung. Man müßte etwas dagegen tun, aber man konnte es nicht, oder man wagte es nicht. Als Kind hatte ich die Hände vor die Ohren gepreßt und kroch tiefer unter die Decken, um das

Quieken eines Ferkels, das gerade geschlachtet wurde, nicht zu hören, und ich bat Gott immer, daß so etwas Schreckliches doch endlich aufhören möge.

Plötzlich merkte ich, daß ich – genau so wie damals als Kind – jetzt auf dem verschneiten Wege stand und für die unbekannten Menschen dort im Lager betete.

Ich wußte nicht, daß gerade in dieser Nacht vier Polen aus dem Lager entweichen würden. Wahrscheinlich trafen sie zur gleichen Zeit, in der ich hier betend stand, die letzten Vorbereitungen für ihren seit Wochen geplanten Ausbruch.

Über die Schneefelder – eingehüllt in weiße Bettlaken, um nicht gesehen zu werden – kamen sie in dieser Nacht über die Grenze. Daß sie niederländisches Gebiet erreicht hatten, sahen sie bald an den Straßenlaternen, die an den Hauptwegen brannten. Auf dem flachen Land kannten wir ja noch keine Verdunkelung. Später haben uns die Polen erzählt, daß sie sich auf dem Weg niedergekniet hätten, um für ihre Rettung zu danken.

Sie konnten sich nun getrost gefangennehmen lassen und wurden zur nächsten Grenzkaserne gebracht. Als sich herausstellte, daß sie dort nicht bleiben konnten, wurden sie bei unseren Soldaten in der Schule einquartiert.

Sehr schnell wurden sie zur Sensation des Dorfes. Jeder wollte ihnen etwas geben. Was wollten sie haben? Sie brauchten es nur zu sagen. Einer von ihnen, ein hoher Offizier, sprach gut deutsch, sein Bruder etwas französisch, und die beiden anderen, zwei Seeleute, nur polnisch.

Der Offizier schrieb an die Wandtafel: »Van Houten's cacao« und sprach es aus wie: »Van Huten's Kakau«. Gut, sie sollten dieses niederländische Produkt in überreichem Maße haben, dazu Tabak, Zigarren, Zigaretten, Butter, Kaffee und Tee. Außerdem aßen sie das Gleiche wie die Soldaten.

Sie schliefen im Café, wo Annemies Zimmer extra für sie eingerichtet wurde, mit vier Strohsäcken auf dem Boden, und das Unterrichtszimmer des Pfarrhauses wurde schon bald ihr Aufenthaltsraum.

Sie lernten schnell Schach und andere Spiele. Das Damespiel konnten sie am besten. Die Mädchen kreisten um diese interessanten Neuankömmlinge herum wie die Fliegen um den Sirup.

Ich ärgerte deswegen unsere Jungen.

»So lange die hier sind«, sagte ich an einem Sonntagabend zu einem, der still in einer Ecke saß und zuschaute, »zählt ihr überhaupt nicht mehr.«

»Die hauen bald wieder ab«, sagten die Jungen lakonisch, »und dann kommen wir wieder an den Drücker.«

Neben solchen kleinen Neckereien gab es aber auch Gespräche. Die

Geflüchteten hatten am Sonntagmorgen auch einen Gottesdienst mitgemacht, den wir, um Feuerung zu sparen, im Konfirmandenraum abgehalten hatten.

Die Predigt konnten sie nicht verstehen, aber das Vaterunser haben sie in ihrer eigenen Sprache mitgebetet. Sie knieten dabei. Sie hielten uns Menschen aus dem Norden für sehr stolz in unserer Haltung gegen Gott, weil wir uns beim Gebet hinstellten oder einfach sitzenblieben. War das wirklich Stolz? Ich hatte eigentlich nie darüber nachgedacht, aber vielleicht haben sie recht gehabt.

Am Abend erklangen dann im Konfirmandenraum polnische Lieder. Gesungen hatten die Polen sicherlich lange Zeit nicht mehr; wie sollte man auch in einem deutschen Lager polnische Vaterlandslieder singen dürfen? Sie sangen zuerst sehr zaghaft, als ob sie es verlernt hätten, aber langsam wurden sie warm, zwei- und dreistimmig sangen sie, in einem fremden Rhythmus, mit eigenartigem Pathos, dem die Groninger Jugend verwundert zuhörte. Diese Begeisterung – diese von Leidenschaft erfüllten Gesichter!

Unsere Jungen und Mädchen zwischen vierzehn und zwanzig Jahren standen herum und schauten auf die gestikulierenden Hände, auf die sich im Takt bewegenden Füße, aber sie lachten nicht.

»Mooi!« riefen sie, als es aus war, »noch einmal!«

Und jedesmal legten die Polen von neuem los. Immer neue Lieder fielen ihnen ein. Eines handelte von ihrem größten Fluß, an dessen Ufer schwere Lasten stromabwärts gezogen wurden. Dabei hörte man den langsamen, gleichmäßigen Schritt der Schlepper. Das Lied erinnerte an das von den Wolgaschiffern.

Dann mußten die Groninger für die Polen ihre vaterländischen Lieder singen. Sie begannen mit dem Groninger Volkslied. Dann folgte auch der »Wilhelmus«, »Die glänzenden Farben«, »Das geliebte Stückchen Erde« und »Wo die leuchtende Krone der Dünen«, eine ganze Reihe der beliebtesten Lieder, auch solche, die in den Tagen vor dem Kriege von unserer Arbeiterjugend selten gesungen worden waren.

Schwang hier schon die leise Vorahnung mit, daß auch unsere jungen Leute ihre Lieder bald nicht mehr würden singen dürfen und daß das Wort »Vaterland« für sie einen Inhalt bekommen würde, den es zuvor nie gehabt hatte? An diesem Abend wurde es spät, aber niemand fand es zu spät. Alle waren einer Meinung: Das war ein prächtiger Abend!

Für uns war es ein Winter mit viel Schnee, aber die Polen waren es noch ganz anders gewöhnt. Sie lachten nur, und sie schippten mit ihren Schaufeln den Schnee beim Pfarrhaus, bei der Schule und bei einigen Bauernhäusern.

In der Begleitung von »Vati«, wie sie den holländischen Polizisten nannten, unter dessen Aufsicht sie standen, waren die Polen den ganzen

Tag über beschäftigt. Gerne hielten sie sich im Konfirmandenraum auf, in der Kaffeezeit und für kleine Spiele.

Aber das entsprach eigentlich gar nicht ihren eigentlichen Wünschen, sie wollten weiter, am liebsten nach Frankreich, wohin die Frau des einen, der französisch sprach, vor den Deutschen entkommen war. Sie waren verbittert und wollten für die Freiheit ihres Landes kämpfen. Dieses Leben in geduldigem Abwarten befriedigte sie nicht. Wenn sie ihr Land wieder befreit hätten, dann sollten wir, Domie und ich, zu ihnen nach Polen kommen und sie besuchen. Ein sehr verlockendes Angebot, aber so weit war es vorläufig noch nicht. Noch lange nicht.

Eines Tages fuhr ein Auto der Militärpolizei beim Pfarrhaus vor. Man kam, um die Polen aus dem Konfirmandenraum abzuholen und in eine Unterkunft in Groningen zu überführen. Mein Mann versuchte bei den höheren Instanzen in Den Haag alles, um sie freizubekommen. In der Zwischenzeit saßen sie dort in Groningen in den Zellen, eine Woche, zwei Wochen, einen Monat, zwei Monate, mit allen psychischen Belastungen, die mit so etwas verbunden sind.

Wann wird sich endlich der Käfig öffnen, damit die Vögel ausfliegen können? Das fragte mich der deutschsprechende Pole, als ich ihn in dem düsteren Groninger Haus besuchte. Das fragte auch der französischsprechende Pole – und das meinten auch die beiden anderen, die eine für mich unverständliche Sprache redeten, aber sie fragten es mit ihren Augen, und das rührte mich noch mehr.

Den beiden ersten konnte ich wenigstens etwas erwidern und fühlte mich ihnen gegenüber auch nicht so hilflos wie bei den beiden letzteren, denen ich nur ein Päckchen Zigaretten hinüberreichen konnte.

Zu den beiden ersten hatte ich gesagt: »Gebt nur den Mut nicht auf! Domie setzt sich für euch ein, und er hält durch. Wenn er sich einmal festgebissen hat, dann läßt er nicht mehr los.«

»Ja, aber es dauert so lange, und wir müssen einstweilen hier sitzen!«

»Es dauert immer lange bei solchen offiziellen Instanzen.«

»Hier in Holland auch schon?«

»Ja, dachtet ihr denn, nur in Polen?«

»Bürokraten sind Bürokraten, überall in der Welt«, war die Philosophie des deutschsprechenden Polen.

Ein Mensch hinter Gittern in Groningen ist nur eine anonyme Nummer für jemanden hinter einem Bürotisch in Den Haag. Warum soll man sich da beeilen? Es sei denn, es kommt da ein lästiger Dorfpastor, der so lange mit seinen Argumenten auf einen einstürmt, bis einem der Kopf brummt. Da gibt es doch das Gleichnis vom ungerechten Richter, der Recht sprach, um endlich das lästige Gejammer loszuwerden.

So ähnlich lief das auch hier. Und dieser Tatsache verdankten die Polen schließlich ihre Freiheit.

Aus Paris kam eine Karte voller Dank. Außerdem eine Einladung auf ein Landgut in Polen, aber dieser Wunsch »steckte noch in einem weiten Sack«, würde meine Mutter gesagt haben.

Die Deutschen sind da!

Milde strahlte das Mondlicht auf das junge Getreide auf dem Feld, auf die braune Buche im Vorgarten, auf den Weg zur Kirche mit den blühenden Maidornhecken an beiden Seiten, auf den Flieder und den Jasmin. Ich steckte meinen Kopf zum Schlafzimmerfenster hinaus und atmete alle die Gerüche ein. Ein Frosch quakte in einer Gracht, aber sonst war es still. Überall weißes, sanftes Mondlicht. Überall dieser tiefe, wohltuende Friede.

Krieg? Gibt es Krieg? Ach nein, das kann nur ein ferner, bedrückender Traum sein!

Unser Land, unser blühendes Holland, wo die Dünen auch im Mondlicht still daliegen und wo sich die Wellen am Strand brechen, das Land gehört uns – und niemandem sonst.

Oder liegt da vielleicht doch im stillen, weißen Mondlicht die Leiche eines Soldaten, halb bedeckt vom Dünensand?

Ein Motor dröhnt durch die Nacht und zerbricht die Stille mit Geknatter und Gebrumm, mit Disharmonie und störendem Krach. Eine Holztaube flattert unruhig in der Linde und läßt ein trübsinniges Gurren hören.

Jetzt rattert ein Motorrad an unserer Hecke vorbei. Ein deutscher Soldat sitzt auf der Maschine. Ich sehe seinen Helm im Mondlicht blinken. Ein Gewehr hängt über seinem Rücken. Jede Nacht macht er diese Route, um zu kontrollieren, ob das unterworfene Volk den deutschen Vorschriften gehorcht. Deutsche Gesetze gelten jetzt in unserem Land.

Plötzlich wird mir kalt, und ich zittere in meinem dünnen Nachtkleid. Ich ziehe meinen Kopf zurück und krieche vorsichtig ins Bett zurück. Mein Mann schläft ruhig. Er hat für diese Nacht alles von sich abgewälzt. Ich muß aufpassen, daß ich ihn nicht aufwecke, sonst erinnert er sich wieder daran, daß wir Sklaven sind in der Hand von Unterdrückern.

Sklaven? Dieses Reich der Lüge und des Betrugs, der Macht und der Gewalt, der Kanonen und Panzer . . .

Ich schaue auf Domies durch den Schlaf verjüngtes Gesicht und bitte, daß wir getreu bleiben möchten, wenn es scharf hergehen sollte. Daß wir keine Sklaven im Geiste werden möchten, sondern Menschen bleiben, die durch Christus befreit sind.

»Christus ist Sieger«, steht auf einem kleinen Brett, das im Konfirmandenraum hängt.

Und ich weiß auf einmal ganz gewiß, daß es nicht die Kanonen sind, die den Endsieg bringen, sondern der Geist. Wir haben treu auf unserem Posten zu stehen! Getreu bis in den Tod, wenn es sein muß.

An der Grebbelinie ist es zu Gefechten gekommen, und dort ganz in der Nähe wohnt meine Familie.

Wie mag es ihr gehen? Post-, Telefon- und Telegrammverbindungen sind radikal unterbrochen und nach den ersten schrecklichen Kriegstagen noch nicht wieder erneuert worden. Mein Mann errät, was ich denke.

»Du willst sicher hinfahren, nicht wahr?«

»Ja, gerne, am liebsten auf dem Fahrrad. Beim Zug ist man nie sicher mit den Verbindungen, und die Eisenbahnbrücke bei Zwolle ist ständig kaputt.«

»Radfahren ist zu dieser Jahreszeit auch das schönste, was du tun kannst.«

Darüber sind wir uns also einig. Und als das Rad startklar war, mit einem kleinen Koffer hintendrauf, ging es eines frühen Morgens nach Süden. Ackerland und nochmal Ackerland zunächst, soweit das Auge reichte. Hafer, Gerste, junge Zuckerrübenpflanzen, Pferdebohnen und hier und da ein Feld mit duftendem Raps. Mir liegt nichts am kürzesten Weg, ich bin auf den schönsten Weg aus. Darum radle ich durch Westerwolde. Hier wurde der Boden unfruchtbar. Hafer wechselte mit Roggen ab. Das Land war hier und da auch ein wenig hügelig und ging unbemerkt in die Landschaft von Drenthe über. Wenn man einfach weiter in die Pedale trat, dann kam man von selbst nach Overijssel, wo das Wasser klar den Himmel spiegelte und die Kühe bis zum Bauch in den Butterblumen standen. Ja, es gab noch Kühe in Holland, noch sehr, sehr viele. So unmittelbar nach Ausbruch des Krieges war noch keine Gelegenheit gewesen, sie alle über die Grenze zu bringen, obwohl der Raub schon begonnen hatte.

Es schien mir, als wäre Holland eine Braut in den Armen eines unerwünschten Liebhabers, der ihr Stück für Stück ihre Kostbarkeiten abnahm und mit verführerischer Stimme sagte: »Still, mein Mädchen, ich meine es ja gut mit dir.«

Alles blühte und duftete, alles sah gut gepflegt aus, es fuhren keine Autos mehr, denn das Benzin wurde beschlagnahmt. Ich fuhr allein durch das blühende Land. Weil ich keine Hauptwege nahm, sah ich auch keine Deutschen. Nur bei Zwolle, Zielpunkt des ersten Tages, lag der Rest eines toten Pferdes am Wege, zwei Schenkel und ein Schweif. Das weckte in mir Bilder von blutigem Kampf, von fremden Eindringlingen, die über unsere großen Flüsse ziehen wollten. Darum wurde auch die herrliche Ijsselbrücke gesprengt. Mit einer kleinen Fähre wurde ich dort übergesetzt. Es hatte übrigens keinen Sinn gehabt, die Brücke zu sprengen: Der Feind war trotzdem auf das andere Ufer gekommen.

In einem Café am Wege bestellte ich ein Glas Milch und ein Brötchen.

Das Mädchen mit dem streng nach hinten gekämmten Haar, der gestärkten Schleife und dem weiten dunklen Rock, welches mich bediente, lächelte mir freundlich zu und plauderte mit mir zunächst über das Wetter. Es fragte, wo ich denn herkäme. Auch wollte es gerne wissen, wo ich hinführe. Das Mädchen schlug die Hände zusammen. »So'ne Strecke – und ganz allein auf dem Fahrrad, und es ist doch gerade Krieg ausgebrochen!« Ob mein Vater und meine Mutter wohl damit einverstanden wären, und ob ich selber das auch angenehm fände?

»Ich wollte nur mal gucken kommen, ob ihr hier alle schon Nazis geworden seid«, sagte ich.

»Ob wir was geworden sind?«

»Nazis, die glauben an Hitler und das heilige Deutsche Reich«, sagte ich.

»Wir haben hier mit Hitler und dem Deutschen Reich nichts zu schaffen«, erwiderte das Mädchen. »Wir glauben an einen ganz anderen, und das wird das Fräulein bestimmt auch wissen.«

Ja, das wußte ich sicher, und es tröstete mich auf dem weiteren Weg.

Ich hatte wohl geahnt, daß zu Hause alles unversehrt geblieben war. Mir war ein wenig beklommen zumute, als ich wieder in die vertraute, bekannte Umgebung zurückkehrte. Es schien mir, als wäre auf irgend eine Weise alles verändert, nach diesem 10. Mai. Wie herrlich war es, die Heide und den Wald wiederzusehen und zu riechen, nach dem flachen Groninger Land, dem ich zwar mein Herz verpfändet hatte, in dem ich mich aber noch nicht so zu Hause fühlte wie hier in diesen Wäldern.

Rot ging die Sonne hinter den Tannenkronen unter.

Unsere guten holländischen Uhren waren um eine Stunde und vierzig Minuten vorgestellt worden. Deutsche Zeit. Wenn ich gut in die Pedale trat, konnte ich noch vor Einbruch der Dunkelheit zu Hause sein.

Unter der blühenden Kastanie hinter dem weißen Haus, in dem ich aufgewachsen war, saßen wir nun: die Brüder und die Schwestern, die jungen Nichten und die Neffen. Wie war's im Norden? Hatten wir viel vom Krieg gemerkt?

Sie hatten mitten dringesessen.

Der Krieg . . . Ich fühlte mich auf einmal so müde.

Da war es wieder: besiegt, besetztes Gebiet, Unfreiheit. Ein Sklavenvolk waren wir, das nicht mehr seine Meinung sagen durfte. Zeitungen, Radio, alles unter Zensur.

»Erzählen?« sagte ich matt. »Was soll ich erzählen. Es ist überall dasselbe. Wir sind auf der ganzen Linie geschlagen.«

»Geschlagen? Verraten wurden wir?« rief mein ältester Bruder Johan wütend aus.

»Schrei nicht so! Das darf man jetzt nicht mehr so laut sagen.«

Ich wollte genau wissen, wie alles passiert war, wie die holländischen

Soldaten durchgehalten, wie sie in die Luft geschaut hatten, und wie doch keine englischen Flugzeuge gekommen waren. Wie sich dann die holländische Armee aus ihren Stellungen zurückgezogen hatte und wie unsere Soldaten abgekämpft auf dem Nacken ihrer Pferde geschlafen hatten, am Ende ihrer Kräfte, und wie nur noch ein Wunder – dicker, schwerer Nebel – das zurückflüchtende Heer gerettet und vor den Bomben aus der Luft bewahrt hatte, sonst wäre es aufgerieben worden.

Und wie unsere Königin gerade noch entkommen konnte. Ich hörte mir den ganzen traurigen, bitteren Bericht über diese fünf Kriegstage an. Während ich zuhörte, sah ich im Geiste Mutters Hände mit ihrem Trauring mit der flachen Oberseite. Sie hatte das alles zum Glück nicht mehr miterleben müssen.

Was konnte ich gegen das alles schon sagen? Die Kanonen, die in langen Reihen bei uns im Norden vorbeigezogen waren, wurden hier eingesetzt. Morgen könnte ich mir, wenn ich wollte, die zerschossenen Dörfer und kleinen Städte ansehen. Und das zerbombte Rotterdam.

Als ich ein paar Stunden später vor meinem Bett im Gästezimmer stand, konnte ich nicht mehr beten. Schreckliche Geschichten hatte ich gehört. Aber hier war alles ruhig, und es war, als hörte ich eine Stimme: »Selig sind die Sanftmütigen, denn sie werden das Erdreich besitzen.« Das klang nicht wie Hohn, sondern wie eine trostreiche Wahrheit, die auch Henriette Roland Holst meinte, als sie sagte: »Die sanften Kräfte werden gewinnen.« »Seid getrost«, sagte Christus, »ich habe die Welt überwunden. In meinem Tod am Kreuz ist sie gerichtet. Und aus meiner Auferstehung am Ostermorgen wird sie leben.«

Stille, Weite, Lerchengesang und ein einsamer Dachboden in einem Bauernhaus, auf dem ich würde schreiben können. »Woll'n die da wen verstecken?« fragte der Stalljunge, als seine Herrin ihm auftrug, einen Tisch und einen Stuhl auf den Boden über dem Kornspeicher zu bringen.

Nein, es ist nicht nötig, daß mich hier jemand für Notzeiten versteckt ... noch nicht jedenfalls, aber es ist doch eine Art Flucht. Es ist das Verlangen, mich aus dem alltäglichen Leben von Pflichten und Sorgen zurückzuziehen und zur Besinnung zu kommen. Denn das hektische Leben mit all seinem Trubel wird plötzlich ruhig, wenn ich die schwere Tür zuschiebe und in dem geheimnisvollen Halbdunkel der Scheune stehe, in der die Strohballen bis an die Eichenbalken aufgestapelt liegen.

Eine Holztreppe führt zu einer schweren eisernen Tür, dahinter liegt eine ganze Einsiedlerklause versteckt. Wenn man aus den Dachfenstern blickt, schaut man auf das weite Land mit roten und blauen Flecken hier und da. Das sind Frauen auf den Wiesen und Feldern, und am Horizont sind die kleinen Häuser hinter dem Alten Deich zu sehen, verstreute Bauernhöfe auf dem Land dazwischen, und im Hintergrund ein zierlicher Kirchturm, der zum nächsten Dorf gehört.

Eine Treppe tiefer sieht man durch breite Fenster hinaus aufs Land mit seinen Gerstenfeldern und auf ein weiter entfernt gelegenes Gehöft mit einer großen Scheune, deren Dach rostbraun gegen den blauen Himmel absticht.

Ein großes und gutes Stück Land ist das. Alle Geschäftigkeit der Menschen wirkt klein, wenn man so etwas sieht. Auch das eigene Leben. Manchmal denke ich, daß wir in der Ewigkeit unser irdisches Leben wie von der anderen Seite sehen werden. Alle Leidenschaften, Ängste und Freuden sind dann gestillt, im Schaum einer Wirklichkeit, von der wir jetzt nur dann und wann einen kleinen Zipfel erkennen können.

Eine große Flasche Milch steht neben mir auf dem Boden. Eine der köstlichen Gaben dieses Landes.

Ich wundere mich nicht über diese plötzliche Rückkehr ins Materielle. Neben dem geistlichen Gebet: »Dein Wille geschehe, wie im Himmel, so auf Erden« steht im Vaterunser die Bitte: »Gib uns heute unser tägliches Brot.«

Die Erde hier ist wie eine Mutter, die ihre Kinder mit strenger Hand regiert und manchmal sogar denen mürrisch erscheint, die sie nicht kennen. Die Eingeweihten wissen, daß sie niemals vergeblich zu ihr kommen, daß sie sich auf sie verlassen können und daß sie jedem reichlich gibt, weil ihr Herz gut und milde ist. Bei all dem Hunger und Mangel, den man in diesen Kriegsjahren in den Städten leiden mußte, hat uns die Erde stets mit ihren Gaben beschenkt. Aber wir haben ihr ein bißchen helfen müssen, denn einige Dinge konnte sie uns nur verschaffen, wenn sich ein Tausch vollzog. Gerste konnte nicht ohne weiteres in Fett verwandelt werden. Da war ein Bindeglied nötig, und dieses Glied war . . . ein Schwein.

Nur ein Phantast konnte auf die Idee kommen, einen Kriechkeller zu bauen und darin ein Schwein versteckt zu halten. So ein phantastischer Realist war Domie.

Er fing an zu graben. Das gab ein Loch in der Erde und einen Berg daneben.

Ein kleines Kerlchen aus der Nachbarschaft, Peter Pan, ist ständig um ihn und bei ihm und verrichtet Hand- und Spanndienste.

Peter Pan ist nicht viel größer als Domies linker Stiefel. Sie sind wie David und Goliath, der kleine Peter und der lange Domie. Das Werk geht zügig voran. »Der Domie kann doch mehr als nur predigen«, finden die Arbeiter. Er kann auch graben, und das gar nicht so schlecht! Stelmaker bringt viel Holz, Es kommt ein Gang in den Kriechkeller, und am Ende entsteht ein kleiner Raum. Niemand weiß, wofür das eigentlich sein soll, aber jeder gibt seine Ratschläge. Buurmann kommt mit Drainageröhren an, sonst stände der Schutzkeller sicher ein halbes Jahr unter Wasser, und wenn die schweren Bombardements auf Emden weitergingen, würden wir doch sicher einen trockenen Schutzkeller ganz angenehm finden.

Bedenken gab es viele. Wie soll ein ständiger Bewohner dort Licht und genügend frische Luft bekommen?

Der alte Malermeister kam und konstruierte einen Lichtschacht aus Glasplatten und weißen Wänden; Domie hatte den Entwurf dazu gemacht.

Auch ein kleiner Kamin wurde gebaut, durch den frische Luft kommen sollte. Es gab zwei Türen, um den Schall zu dämpfen, und dann noch eine Strohtür. Das Holz wurde sorgfältig geteert, damit es nicht faulen konnte. Asphalt und Strohballen bildeten das Dach, und obendrauf kam noch eine dicke Schicht Erde.

Stelmakers Tür wollte nicht so richtig schließen. Jedesmal hobelte er ein wenig ab, und dann war es wieder zu viel, denn die Tür hatte sich inzwischen zusammengezogen, und wenn Stelmaker von neuem ein Stückchen Holz aufsetzte, dann klemmte die Tür wieder. Stelmaker brach der Schweiß aus; Domie war ja auch so unangenehm genau, er wollte es immer hundertprozentig haben!

Verver, ein Nachbar, nahm seinen Hut ab, kratzte sich hinterm Ohr, zog an seiner Pfeife und sagte: »Das wird doch nichts mit diesem Kriechkeller.« Und schließlich war auch ich noch da. Ich war einer Meinung mit dem Maler, ohne seine Gelassenheit zu besitzen. Ich hielt das Ganze für eine unsinnige und riskante Sache. Wenn nun der Bunker entdeckt würde – und wie leicht könnte das passieren. Es waren doch immer so viele Kinder im Garten! Und die Arbeiter, die schon in der Frühe zur Arbeit gingen, die würden doch durch die Hecke alles ganz gut beobachten können. Domie hatte es sich in den Kopf gesetzt, seinen Plan durchzuführen, aber ich konnte ihm dafür keinerlei Unterstützung zusichern.

Das einzige, was ich gut fand, war die nette Gartenanlage, die durch das viele Graben entstanden war. Ein stattlicher Hügel erhob sich jetzt in unserem Garten, wir konnten ihn sogar bepflanzen. Außerdem war eine kleine Kuhle entstanden, in der mein Mann zusammen mit Peterchen Steinplatten auslegen konnte, so daß wir eine schöne, gut geschützte Sitzecke bekamen. Rundherum gab es kleine Wälle, die auch bepflanzt wurden; zwischen ihnen schlängelte sich ein kleiner Pfad hindurch.

»Das ist ja hier das reinste Paradies geworden«, sagte Elderling mit tiefer Stimme und kindlich blauen Augen. Er traf es genau. Es ist nur schade, daß sich in unseren irdischen Paradiesen immer irgendwo eine Schlange versteckt hält.

»Domie«, rief Peterchen mit seiner piepsigen Stimme, »Domie, bist du im Schutzkeller?«

Keine Antwort.

Peterchen lief zum Eingang hin und starrte in das dunkle Loch. Da hing doch Domies Jacke an einem Nagel! Domie war also drin.

»Domie!«

»Krrh ... krrh«

Peterchen stand einen Augenblick wie vom Schlag gerührt. Dann kehrte er auf der Stelle um und rannte zur Waschküche, wo er Greet in die Arme lief.

»Ich hab' mich so sehr erschreckt – da hat irgend so ein altes Vieh geknurrt ...«

Greets Augen wurden groß wie Untertassen.

»Bist du im Schutzkeller gewesen?«

»Ja, natürlich!«

»Da haben wir's schon, was Frau Pastor vorher gesagt hat! Noch keine drei Stunden sitzt das Biest im Stall (es war morgens in aller Frühe gebracht worden), und das schreckliche Geheimnis ist schon enthüllt.«

»Versprich mir, daß du niemandem etwas davon sagst, sonst muß Domie ins Gefängnis!«

Ein schreckliches Bild von bewaffneten Deutschen, die Domie, seinen großen Freund, gefesselt in den Gefängniswagen schleppten, tauchte in Peterchens Gedanken auf.

»Nee, ich sag' zu keinem Menschen nix«, sagte er heiser.

»Und vor allem laß es nicht Frau Pastor merken, daß du es weißt, denn die war schon immer so dagegen.«

Peterchen nickte verständnisvoll.

»Aber die Tür muß zu«, sagte er weise.

»Ja, natürlich, Domie wollte da schon immer ein Schloß vorhängen.«

»Wo vorhängen?« fragte Domie, der gerade in die Küche trat.

Jetzt schauten sich Greet und Peterchen verlegen an.

»Vor die Tür vom Schutzkeller«, sagte Greet. »Peterchen ist aus Versehen drin gewesen.«

»Das olle Schwein begann aber auch sofort zu knurren«, sagte Peterchen erklärend.

»Peterchen, kannst du ein Geheimnis bewahren?«

»Na klar, Domie!«

»Dann ist's gut. Hol mir mal Hammer und Nägel, dann wollen wir ein Schloß dranmachen, und nachher gibt es niemanden, der noch irgend etwas sehen kann.«

»Ich verrate nichts«, versicherte der kleine Kerl feierlich.

»Das glaube ich dir«, bekräftigte Domie.

Von da an ging Greet jeden Morgen vor Sonnenaufgang und jeden Abend, wenn es dunkel geworden war, in Gala-Uniform – bestehend aus einem alten Mantel und bei Regen einer Hose mit Stiefeln von Domie –

zum »Palast«, wie wir den Schutzkeller nannten, um dort bei Kaiser Nero mit einem Eimer Futter ihre Aufwartung zu machen. Bei Regen war der Pfad zwischen den hochgewachsenen Pflanzen so matschig, daß die Stiefel steckenblieben.

Wer hätte wohl auf die Idee kommen sollen, daß wir, die wir keine Ahnung von Schweinezucht hatten und gar nicht wußten, was so ein Tier brauchte, ein solches Exemplar im Schutzkeller hielten?

Niemand hätte das für möglich gehalten, und erst recht nicht, daß ausgerechnet wir das fertigbringen würden.

Das war natürlich ein Vorteil. Je ahnungsloser wir den anderen erschienen, was Ackerbau und Viehzucht anging, desto besser für uns.

»Domies Schutzkeller ist ein Reinfall geworden, na klar. Hab' ich's nicht gleich gesagt? Solche Leute haben keine Ahnung von sowas. Jetzt ist der Keller fertig, und sie können ihn gar nicht brauchen.« Das war so ungefähr die Meinung der anderen.

Inzwischen gedieh unser Schweinchen gut in dem Loch unter der Erde.

Insekten summten unter den Bäumen, Blumen blühten im Vorgarten, der eigenartig hohe Ton einer Sense, die gerade geschliffen wurde, war zu hören.

Es war Hochsommer.

Vor zudringlichen Blicken durch eine grüne Hecke geschützt, lag mein Bruder Johan auf einem Liegestuhl. Ich las ihm ein Gedicht vor, von weißen Wolken, die hoch am blauen Himmel dahinzogen. Die Augen in seinem abgemagerten Gesicht begannen zu strahlen und blickten wie in weite Fernen.

Tiefe Stille umgab uns. Wir hatten nicht das Bedürfnis zu sprechen. Es war gut, wieder zusammen zu sein wie damals in unserer Jugend, und es bedurfte keiner Worte, damit wir einander verstanden.

Die Bienen summten, die Blumen dufteten, die Zeit stand still.

»Wolken«, sagte Johan langsam und voller Bewunderung, »sind so wunderschön, man kann stundenlang liegen und hinschauen! Schon als Kind fand ich das herrlich! Tiere, Berge, alles konnte man in den Wolken erkennen! Manchmal bildeten sie eine Grotte mit dem Licht der Sonne dahinter, oder der Himmel war wie ein großer See voller weißer Seerosen.«

Wieder war die vertraute Stille um uns. Ich ließ das Buch auf meinen Schoß gleiten. Johan wollte noch mehr sagen, aber seine Worte kamen wie abgehackt.

»Sie hätten mich nicht zurückholen sollen, damals, als ich so am Rande war. Ich fühlte mich so rein ...«

»Damals«, das war eine Zeit, als er beinahe im Sterben gelegen hatte. Ich begriff, daß er jetzt von dieser Zeit sprach und daß es für ihn wohl eigentlich eine Enttäuschung gewesen sein mußte, zu jener reinen

Sphäre, deren Luft er schon eingeatmet hatte, nicht zugelassen worden zu sein – und nun hier liegen zu müssen, wo er nur voller Verlangen nach den Wolkenbergen mit dem Licht des Himmels dahinter schauen konnte.

»Du bist hierhergekommen, um dich zu erholen«, sagte ich.

Er nickte. »Ja, ihr tut euer Bestes. Wenn ich nur nicht so viel essen müßte.«

»Darum geht es doch aber gerade. Ruhe und gutes Essen hat der Doktor verordnet.«

Wieder hingen wir beide unseren Gedanken nach, jeder für sich.

Die Nachbarn waren freundlich und gut. Sie brachten Sahne und Kirschen. Sie gaben das Beste, das sie hatten, buken dünne Pfannkuchen und setzten sie mit einem Glas Wein vor. »Johan, das ist eine französische Mahlzeit – man zu, iß davon.«

»Herrlich!« sagte er mit geschlossenen Augen und nippte am Weinglas. Er begann tapfer von den Pfannkuchen zu essen.

»Ich kann nicht mehr essen«, sagte er dann und ließ sich müde wieder in die Kissen fallen.

»Ach, das Essen!« stöhnte er.

Manchmal versuchten wir es auf die sanfte Tour, ein andermal wieder mit Strenge. Dann wurde er traurig. Aber er mußte doch etwas zu sich nehmen, wir durften nicht nachgeben, wir konnten ihn doch nicht einfach verhungern lassen.

»Johan, hier ist ein wenig Blumenkohl.«

»Ach, quält mich bitte nicht.«

»Du mußt essen, Johan. Du hilfst überhaupt nicht selber mit, du könntest schon viel weiter sein mit deiner Genesung.«

Warum quälen wir eigentlich die am meisten, die uns die Liebsten sind? Weil wir so viel von ihnen erwarten. Ich wollte Johan hierbehalten. Er sollte, ja er mußte bei uns bleiben. Er hatte mich auch einmal festzuhalten versucht, auf ganz andere Weise. Er war eifersüchtig in seiner Liebe gewesen, aber das lag lange zurück . . .

Jetzt war ich diejenige, die sagte: »Du mußt«, und er war der, der sagte: »Ich kann nicht.« Mit seinen Augen fügte er hinzu: »Vergib mir, sieh doch ein, daß du verlieren wirst. Ich gehe einen anderen Weg als du willst, ich kann nicht anders.«

In solchen Augenblicken, in der Mittagsstille unter der Linde, während Johan mit mir von den Wolken redete und über das andere, das Geheimnisvolle, das er ganz nahe gesehen hatte und das ihn lockend rief, in solchen Augenblicken ahnte ich etwas von der Tragik, die sich für uns Menschen immer wieder vollzieht.

»Du gehörst zu mir«, sagen die Menschen zueinander, »denn ich liebe dich! Mit tausend Fäden bist du mit mir verbunden – von meiner frühesten Jugend an.«

Aber Gott lächelt leise dazu.

»Du bist mein«, sagt Gott, »von Anbeginn der Welt. Eine kurze Spanne Zeit habe ich dir gegeben auf der Erde: Liebe zu üben an den Menschen, Blumen zu bewundern, zur Freude an der Musik, die dein Herz in Verzückung bringen kann, und um dich über die Farben zu freuen, die so sehr leuchten, daß du sie in Gemälden festhalten möchtest.«

»Aber du gehörst zu mir«, sagt Gott weiter. »Du wirst es vielleicht für kurze Zeit vergessen in der Hetze des Alltags, aber in der Mittagsstille wirst du es dann wieder wissen. Du wirst meine Stimme hören, und wie die Stimme der Nachtigall sehnsüchtiges Verlangen nach dem Frühling in dir weckt, so wird meine Stimme das Heimweh nach dem ewigen Vaterhaus in dir wachrufen.«

Die Hitze war inzwischen schwer und drückend geworden. Johans Augen waren zugefallen. Ich legte das Buch zur Seite, nahm den Strumpf mit der Stopfwolle in die Hand und begann zu arbeiten. Die Hitze machte auch mir zu schaffen. Ich hörte zwar noch das Summen der Insekten und den regelmäßigen Schnitt der Sense durch das Gras, aber bald ruhten meine Hände doch reglos im Schoß. Und der Geist machte sich frei von Zeit und Raum und ging seinen eigenen Weg.

Er flog ins Elternhaus zurück, in dem der viel ältere Bruder der kleinen Schwester am Kinderbettchen Geschichten erzählte, bis sie die Tapetenfiguren an der Wand nicht mehr sah, sondern an ihrer Stelle wüste Berglandschaften mit großen Seen und wilden Tieren. Er entführte sie in eine Zauberwelt. An seiner Hand schritt sie hinein in ein Land, so geheimnisvoll und riesengroß, wie es nur in unserer Vorstellung existieren kann. Zeit und Raum gelten dort nicht. Riesen und Zwerge, Feen und Heinzelmännchen lebten darin, die Tiere konnten sprechen, die Blumen hatten Gesichter, alles war beseelt und atmete ein geheimnisvolles Leben. Man hörte das Echo in den Schluchten, und der Wind flüsterte in den Baumwipfeln. Nichts schien hier unmöglich zu sein.

Als die kleine Schwester älter wurde, malte der Bruder ihr diese Welt nicht mehr mit Worten, sondern mit Farben, und sie schaute über seine Schulter, wenn er die Farbe in weißen Steingutschälchen mengte und sie dann auf dem Papier ausstrich. Johan war ein Zauberer! Unter seinen Händen entstand eine Welt, die nur in seinem Geiste Gestalt hatte, eine Welt, die in seiner Erinnerung lebte. Kleine Städte in der Bretagne, vor einer Bergwand, und in der Tiefe dann das Meer, so blau und klar, daß man den Himmel mit den weißen Wolken sich darin spiegeln sah . . .

Später, als man beinahe erwachsen und aus dem Kinderland vertrieben worden war, ging man selbst mit dem Bruder und seinem besten Freund in die weite Welt, um sie zu erforschen. Und als man dann gemeinsam an dem gischtenden Wasserfall in Wales saß und der Melodie lauschte, die dort schon seit Jahrhunderten gesungen wurde, da kamen die Kinderträume zurück und wurden Wirklichkeit, und die Wirklichkeit war selber wie ein Traum.

»Seid ihr beide eingeschlafen?« Pauliens Stimme ruft uns wach.

»Es ist so schrecklich heiß«, sage ich entschuldigend. »Was hast du für ein schönes Kleid an!«

Johan schaut Paulien mit den Augen eines Kunstmalers an und lacht.

»Darin wirkt sie so leicht!« bekräftigt er. »Aber was bist du so lange weggeblieben?«

»Möchtest du hier sitzen?« frage ich und biete Paulien meinen Stuhl an.

»Aber dann hast du ja keinen Platz.«

»Stimmt, aber ich muß sowieso aufstehen, ich habe viel zu lange hier gesessen und geträumt.«

Die beiden sollen alleine sein. Ich weiß, wie glücklich Johan ist, wenn er seine Frau bei sich hat.

Es folgen warme, sogar drückend heiße Tage. Johan leidet unter Beklemmungen. Draußen ist es tagsüber zu schwül. Wir wissen nicht, wo wir ihn hinbringen sollen. Jedes Zimmer, auch das kühlste, ist jetzt stickend heiß.

Wie eine kupferne Kugel steht die Sonne jeden Tag am Himmel und versengt die Erde. Wenn man aus dem verhältnismäßig kühlen Gang zur Tür hinauskommt, schlägt einem Ofenhitze entgegen. Die Erde unter den Füßen ist heiß. Kein Vogel singt.

Auf den Feldern kann man bei diesen Temperaturen nicht arbeiten. Die Leute beginnen den Tag schon sehr früh und machen mittags eine lange Pause.

Ein Mann hatte mittags sein gemähtes Gras von der Weide holen wollen, weil er Angst hatte, es würde bei Flut weggespült werden. Er bekam auf der Weide einen Sonnenstich. Im Krankenhaus ist er dann gestorben.

Das hat Johan sehr bedrückt. Sein feinfühliges Wesen hatte jetzt gar keine Widerstandskraft mehr. Wir müssen für Ablenkung sorgen; Johans reger Geist braucht Beschäftigung.

Wenn er im Liegestuhl liegt, scheint er kräftig zu sein, aber wenn er aufsteht, sich durch das Haus bewegt und mühsam von Stuhl zu Stuhl schleicht, dann ist er eine Elendsgestalt.

Johan ist nur noch ein vitaler Geist, der in einem todschwachen, ausgezehrten Körper lebt.

Was ist es eigentlich, das ihn so zusehends auslöscht?

Der Doktor spricht von einer Blutkrankheit. Man hat alles getan, was man tun konnte: Leberinjektionen, teure Medikamente, eine Behandlung durch einen der besten Spezialisten auf diesem Gebiet. Jetzt kann nur noch eines helfen: Ruhe, gute Nahrung, und daß man ihn tun ließ, was er mochte.

Schon im Winter hatte er zu uns kommen wollen.

»Zu Weihnachten möchte ich im Pfarrhaus sein«, hatte er gesagt. Aber damals war er für einen Transport noch zu schwach. Wir wußten nicht, ob er Weihnachten überhaupt erleben würde. Er war todkrank, und die Kälte war ungewöhnlich streng.

»Laßt ihn ruhig tun, was er will«, hatte der Doktor gesagt.

Johan wollte alles, aber er konnte gar nichts mehr tun.

»Steck vor allen Dingen meine Malsachen ein«, bat er Paulien, als sie die Koffer packte.

Er humpelte auch noch zur Arbeitsstelle, um von den Knechten Abschied zu nehmen. Dort setzte er sich auf eine Holzkiste.

»Ich komme, um euch Lebewohl zu sagen, denn ich gehe auf eine lange Reise.«

Ob er wohl schon wußte, daß er von dieser Reise nicht mehr zurückkommen würde?

Tief weggesackt in die Kissen seines Zugabteils, schaute er aus dem Fenster auf die schöne fruchtbringende Erde, die da auf seiner letzten Reise an ihm vorbeiglitt.

Er schaute auf die besonnten Kiefernstämme der Veluwe, auf die grünen Grasteppiche mit den vielen gelben Butterblumen, auf die spiegelnden Seen von Overijssel, auf wogende Kornfelder und auf die blühende Heide von Drente.

Johan wußte wohl: Diese Erde, die du so liebhast, für deren Erhalt und für deren Schönheit du dich eingesetzt hast, die wirst du jetzt verlassen.

Johan war nun bei uns, und Johan wollte alles auf einmal tun. Er wollte zeichnen und malen, aber er konnte die Farben nicht mischen und den Pinsel nicht festhalten. Er wollte lesen, aber das ermüdete ihn, und er fiel in Schlaf. Wenn er erwachte, war er betrübt, weil er gar nichts mehr tun konnte. Nur wenn man mit ihm sprach, dann vergaß er, daß er todkrank war. Tolstoi und Dostojewski, Ruskin, Vincent van Gogh und Leonardo da Vinci, alle kamen in den Gesprächen vor.

»Nun rede doch nicht so viel, lieber Johan!«

»Du mußt mich nicht behandeln wie eine zarte Pflanze. Wann kommt denn Elderling heute?«

»Am Nachmittag!«

»Das ist schön«, sagte er zufrieden. Er liebte es, Besuch zu bekommen, vor allem von Menschen, mit denen er reden konnte.

Waren wir eigentlich blind? Merkten wir nicht, daß es ihm von Tag zu Tag schlechter ging? Wir sahen nur, daß er keine Fortschritte machte.

Wenn doch bloß erst einmal diese schreckliche Hitze aufhören wollte!

An einem dieser heißen Nachmittage kam ein Besuch, über den sich Johan besonders freute.

Zu ihm und seiner Frau waren in der Zeit der Mobilmachung vor dem Krieg häufig Soldaten zum Kaffeetrinken gekommen. Einer von ihnen war Akker. Er war jetzt in unserer Gegend beim Wegebau eingesetzt. Die Straße vor unserem Hause wurde nämlich ausgebessert, und eines Tages kamen einige Straßenbauarbeiter – darunter auch Akker – zum Pfarrhaus, um nach etwas zum Trinken zu fragen.

Paulien saß mit ihrer Flickarbeit hinter dem Haus.

»Guten Tag«, hörte sie auf einmal eine wohlvertraute Stimme, und da stand auch schon Akker vor ihr, mit einer leeren Feldflasche in der Hand.

»He – wo kommst du her?«

»Ich arbeite hier an der Straße. Und Sie, Mevrouw?«

»Ich bin hier wegen einer Kur meines Mannes.«

»Ist Ihr Mann denn krank?«

»Ja, er ruht sich drinnen aus. Ich will ihm sagen, daß du hier bist, das will er bestimmt nicht verpassen!«

Alle Kameraden von Akker bekamen draußen im Garten ihren Tee. Akker selbst unterhielt sich inzwischen im Studierzimmer mit Johan. Seit Kriegsbeginn hatten sich die beiden nicht mehr gesehen. Jetzt mußte Akker ausführlich von seinen Erlebnissen berichten.

»Kannst du dir vorstellen«, sagte Johan, »daß der Haß mein Leben aufzehrt?«

Akker schaute auf das durchgeistigte Gesicht und nickte langsam.

»Aber – du bist doch ein Christ!« sagte er.

»Ja, ich weiß wohl, daß es nicht recht ist, aber ich komme nicht dagegen an. Wenn ich an das Unrecht denke und an alles, was sie uns angetan haben – an die Lügen und an den Betrug . . .«

Nachher ließ es ihn nicht mehr los. Immerzu hörte er Akker sagen: »Aber – du bist doch ein Christ!« Das hatte ihm ausgerechnet ein Kommunist sagen müssen! Ein Gleichnis kam ihm nicht mehr aus dem Sinn: Ein Vater hatte zwei Söhne. Zum ältesten sagte er: »Geh, arbeite heute in meinem Weinberg«, und dieser sagte: »Ja, ich gehe.« Aber er ging nicht. Und auch zum jüngsten Sohn sagte er: »Geh, arbeite heute in meinem Weinberg«, aber dieser sagte: »Nein, ich gehe nicht.« Doch es reute ihn, und er ging hin. »Was dünkt dich – wer von diesen beiden hat den Willen seines Vaters getan?« fragte Jesus.

»Nicht was du sagst, sondern was du tust, darauf kommt es an«, dachte Johan. »Der Kommunist hat das besser begriffen als ich.« Es arbeitete in seinem Kopf. Er kam nicht davon los.

Draußen ist es totenstill. Dunkle Wolken ballen sich zusammen. In der Ferne ertönt dumpfes Grollen. Dicke Tropfen fallen.

Das Grollen wird kräftiger, es kommt näher. Ein Blitz zuckt durch die

Luft. Jetzt schlägt das Unwetter richtig los. Donnerschläge und Blitze wechseln immer häufiger miteinander ab. Der Regen wird wie mit Eimern vom Himmel heruntergeschüttet. Das Wasser strömt in die Brunnen.

Wir sitzen in der Kammer beieinander und werden ganz still beim Wüten der Elemente. Es entspannt sich auch in uns etwas. Wenn es nicht so töricht wäre, dann würde ich gerne draußen im strömenden Regen stehen.

Nach einer Stunde beruhigt sich die Natur wieder. Jetzt können wir die Fenster öffnen, die bisher wegen der Hitze und dann wegen des Unwetters hatten geschlossen bleiben müssen.

Ein herrlicher Duft von dampfender Erde strömt herein.

Das Getreide, das schon schwere Ähren trägt, liegt an vielen Stellen flach. Ein Vogel fängt an zu singen. Kühle kommt durch die Fenster herein und vertreibt die Hitze. Wir öffnen auch die Türen.

»Ob wohl heute nacht wieder englische Flugzeuge kommen?«

»Könnte gut möglich sein. Der Wind hat sich gelegt!«

Wo kamen plötzlich alle die Mücken her? Es wimmelte von ihnen in der Studierstube. Wir waren ganz ratlos, denn Johan mußte doch hier schlafen. Er konnte die hohe, steile Treppe nicht mehr hinaufsteigen. Ein Insektenmittel durften wir nicht versprühen, das hätte einen beklemmenden Geruch gegeben, den Johan nicht vertragen konnte.

Er ging zu Bett, und es summte immer noch im Zimmer.

Dieser unheimliche Ton jagte mir einen Schrecken ein. Ich fürchtete mich vor der Nacht. Gibt es so etwas, daß wir Vorahnungen haben von den Dingen, die sich in unserem Leben ereignen werden?

Gegen Morgen rief mich Paulien. »Kannst du kommen? Johan hat schreckliches Nasenbluten, schon seit Stunden!«

Ich weckte Domie. »Lauf hinüber zum Doktor. Johan hat Nasenbluten!«

Er erschrak, sprang schnell in die Kleider, sah mein betrübtes Gesicht und sagte zärtlich: »Es hilft nichts, mein Mädchen, nicht der Traurigkeit nachgeben!«

Ach nein, das durfte ich natürlich nicht. Der Traurigkeit nachzugeben, das hätte bedeutet, nur an sich selbst zu denken, und dabei ging es doch um Johan und darum, für ihn zu tun, was möglich war. Er sollte mir nichts anmerken. Ich redete ungewöhnlich leise mit ihm, als ich in sein Zimmer kam: »Was ist los? Deine Nase blutet? Soll ich eine kalte Kompresse machen?«

»Das macht schon Paulien«, sagte er. »Schau mal auf meinen Arm, wie mich die Mücken gebissen haben!«

Ich war entsetzt. Überall auf seinen Händen und Armen waren kleine rote Flecken zu sehen.

Der Doktor wußte schon Bescheid, als er kam. Er öffnete Johans Schlafanzugjacke. Darunter waren auch auf der Körperhaut überall kleine Flecke.

Dann knöpfte der Doktor mit einer resignierten Gebärde die Jacke wieder zu.

»Das sind keine Mückenstiche«, sagte er im Flur.

»Was denn?« fragte ich ängstlich.

»Geplatzte Blutgefäße. Daher auch das Nasenbluten.«

Und dann, etwas zögernd, hinterher: »Ich würde der Familie Bescheid sagen.« Es war, als schnürte mir jemand die Kehle zu, und ich schaute den Doktor fragend an: »Halten Sie das für notwendig?«

»Ja«, sagte er bloß und lief fort. Ich ließ ihn gehen. Hier blieb nichts mehr zu fragen.

Mein Mann begleitete den Doktor. Paulien blieb bei unserem Patienten. Mir blieb nichts zu tun übrig. Hier war heute morgen ein Todesurteil gefällt worden, und es sollte in unserem Hause vollstreckt werden.

Ziellos lief ich durch die Gänge, dann durch die Küche, und schließlich zum Unterrichtsraum. Ich ließ mich auf ein Bündel Heu fallen, das dort lag. Schwarz, ganz schwarz war es rundherum. Dunkel und trostlos. Eine Amsel sang. Ich hörte nicht darauf. Drinnen lag unser Johan im Sterben. Paulien wußte es noch nicht, auch die Kinder wußten es nicht. Aber sie würden es alle bald erfahren. Für sie würde es auch dunkel werden.

Man mußte es ihnen sagen – aber wie?

Paulien würde es nicht wahrhaben wollen, sie würde es anzweifeln.

Wie war das doch mit den Schatten im Tal des Todes?

»Und ob ich schon wanderte im finstern Tal, fürchte ich kein Unglück.«

Aber soweit war ich noch nicht. Nein, soweit war ich noch lange nicht!

Ich fürchtete mich vor dem Unheil, das sich ereignen sollte, vor dem Tod, der schon in der Tür stand. Ich hatte mich verkrochen und hoffte, daß mich niemand finden würde.

Bald wird das Haus voller Menschen sein. Wenn sie mich dann doch nur hier liegenlassen wollten!

Schritte klangen durchs Haus. Es war Domie. Er suchte mich.

Schon wurde die Türklinke heruntergedrückt. Ich stand beschämt auf.

Domie sagte nichts, er legte seinen Arm um mich und zog mich neben sich auf eine Bank. Die Uhr tickte. Die Sekunden kamen mir wie Stunden vor. Endlich durchbrach ich die Stille mit der Frage: »Hast du auch seinem Freund Bescheid gesagt?«

»Wem, Bertram? Nein, daran hab' ich noch nicht gedacht.«

»Er gehört doch auch dazu«, sagte ich. »Er kennt ihn vielleicht besser als einer von uns.«

»Das werde ich noch tun«, sagte Domie. »Wenn du dann... Wir müssen an Paulien denken. Sie muß vorsichtig auf das Allerschlimmste vorbereitet werden.«

»Vermutet sie denn gar nichts?«

»Nein, das nicht. Sie ahnt natürlich, daß es sehr schlimm ist. Du mußt es ihr sagen.«

Ich mußte ihr also sagen, daß ihre Kinder kommen sollten und alle die anderen, weil es keine Hoffnung mehr gab. Und bei dem Gedanken an Pauliens Leid wurde das meine kleiner.

Paulien und Johan, die waren doch immer eins gewesen!

Über den Gartenweg kamen sie. Ganz still. Der achtzehnjährige Junge und das vierzehnjährige Mädchen.

»Tag, Mutter. Wie geht es Vater?«

»Geht nur zu ihm«, sagte Paulien leise.

Beklommen traten sie ein. Das blasse Gesicht des Jungen wurde noch weißer, als er den Vater sah.

Das Mädchen beugte sich über ihn und küßte seine Hand.

»Guten Tag, Vater!«

»Seid ihr da?« fragte Johan mit einem glücklichen Lächeln. »Das ist so schön!«

Wußte er, warum sie gekommen waren? Er wußte es wahrscheinlich, denn er war überhaupt nicht erstaunt. Auch nicht, als sein jüngerer Bruder kam. Er war der einzige von uns allen, der nicht bedrückt oder bestürzt war.

Sein Freund Bertram kam, und auch das machte ihn glücklich.

Ich ging aus dem Zimmer. Wenn zwei Menschen, die durch eine lebenslange, innige Freundschaft miteinander verbunden gewesen waren, vor dem Tor zum Tode Abschied nahmen, gehörte ich nicht dazu.

Später, als Bertram wieder fort war, sagte Johan zu mir: »So wie Bertram hier jetzt bei mir gewesen ist, bin ich auch einmal bei ihm gewesen, als er im Sanatorium lag.«

An diesem Satz klammerte sich Paulien fest. Sollte vielleicht doch ein Wunder möglich sein? Sollte sie Johan noch behalten dürfen?

Aber als sie darüber sprach, griff Johann mit letzter Kraft nach ihr und schüttelte leidenschaftlich mit dem Kopf. Sprechen konnte er nicht mehr.

Was hatte ich hier noch zu suchen? Sie hatten mich vergessen. Mit dem Gefühl einer tiefen Verlorenheit verließ ich das Zimmer.

In dieser Nacht wurde Emden bombardiert. Das alte Pfarrhaus zitterte und ächzte, aber drinnen, im Krankenzimmer, herrschte tiefer Friede. Es schien, als würde in diesen letzten Tagen das Leben immer mehr geläutert und gereinigt. Auch von dem Haß, der eine so starke Kraft in Johans Leben gewesen war.

Die Leute nahmen großen Anteil, ohne daß sie es uns zu zeigen gewagt hätten. Die Groninger sind in solchen Dingen sehr sensibel. Sie sind sehr darauf aus, einen an solchen Tagen nicht zu belästigen. Die Nachbarn boten Unterkunft für die Familienangehörigen an, aber sie blieben hinter der Gartenhecke.

Kaum jemand kam zum Pfarrhaus, und ich bin den Menschen heute noch dankbar dafür, daß sie uns auf unauffällige, feinfühlige Weise so tatkräftig geholfen haben. Denn wer hilft, der kommt sehr leicht in die Versuchung, sich selbst in den Vordergrund zu spielen.

Wenn eine Bombe fiel oder Granaten explodierten, dann schaute Johan mit verständnislosem Blick zu Domie, der bei ihm wachte und neben seinem Sterbebett saß. Nur die Geräusche von draußen unterbrachen die Vertraulichkeit ihres Gesprächs über ewige Dinge, das sie da führten. Johan wurde dabei immer schwächer und lag oft zwischen Wachen und Träumen.

Das Bombardement dauerte länger als eine Stunde. Domie wollte Johan vor dem Aufgeschrecktwerden durch das Pfeifen der Granaten und das Dröhnen der Bomben beschirmen, aber er konnte es nicht.

Endlich wurde es still.

Das Brummen der Flugzeuge, die in großen Formationen über uns hinweggeflogen waren, hörte langsam auf.

Domie las vor:

Ich weiß, woran ich glaube,
ich weiß, was fest besteht,
wenn alles hier im Staube
wie Sand und Staub verweht.
Ich weiß, was ewig bleibet,
wo alles wankt und fällt,
wo Wahn die Weisen treibet
und Trug die Klugen prellt.

Johan nickte. »Das ist das Abendlied«, sagte er.

Dann faltete er die Hände und betete.

Es ist merkwürdig, wie sich das Leben – wie reich an geistigen Gütern es auch gewesen sein mag – zuletzt nur auf einen einzigen Punkt zurückzieht.

Ich hatte eine Woche zuvor nach dem Kirchgang mit Johan über das Osterevangelium gesprochen. Er hatte die Tiefe des Todes besser erfaßt als ich. Unser Gespräch hatte ihn nicht befriedigt.

»Jesus war nach seiner Auferstehung wie ein Sonnenstrahl«, sagte er. »Er war den Naturgesetzen von Schwerkraft, Raum und Zeit nicht mehr unterworfen. Daher war er seinen Jüngern auch nur hin und wieder erschienen.«

Johan sprach nicht mehr nur über die Auferstehung – er lebte aus ihr. Es war nur noch wie ein Übergang, um ganz frei zu werden vom Körper.

Als ich später mein Kind zur Welt brachte, habe ich an Johans Sterben denken müssen. In dieses Leben einzutreten, das ist genau solch ein Kampf, wie den Übergang zum ewigen Leben zu gewinnen!

Was für eine körperliche Not!

Am Abend vor Johans letzter Nacht schaute ich mit seiner kleinen Tochter zum Himmelsgewölbe auf, an dem die Sonne unterging. Ein Meer von Licht strahlte uns von dort entgegen. So mußte es auf Golgatha gewesen sein, als die Sonne hinter den drei Kreuzen unterging.

Die Nacht, die dann folgte, war still und ohne Störung.

Domie las mit Johan das Hohepriesterliche Gebet, die Abschiedsworte Jesu an seine Jünger.

»Euer Herz erschrecke nicht – glaubet an Gott – und glaubet an mich.«

Es war wunderbar, welcher Friede und welche Ruhe aus diesen Worten in die stille Sterbekammer kamen.

Wie schwer an Bedeutung wurde jedes Wort.

Das erste Licht schimmerte durch die Ritzen der Fensterläden nach innen.

Wir öffneten die Läden. Alles war so, wie Johan es sich gewünscht hatte. Volles Tageslicht sollte im Zimmer mit den vielen Büchern sein, in dem er starb. Dort, in diesem Zimmer, sollte die goldene Klarheit des Sonnenlichtes scheinen.

Eine Taube gurrte draußen in der Buche. Langsam öffneten sich die Blumen dem Licht. Ich brachte noch einige weiße Blüten hinein und setzte sie in einer Vase neben das Bett. Johan nickte dankbar.

Sein jüngster Bruder saß da und schluchzte wie ein Kind.

Wieder falteten sich Johans schmale Hände. Betete er nun für diesen Bruder? Ich vermutete es.

Gegen acht Uhr bekam Johan Beklemmungen. Sein Atem stockte. Sollte wir ihm nicht helfen können? Sollte der Arzt ihm nicht eine Morphium-Spritze geben? Durfte man Johan ohne Bewußtsein in das andere Leben hinübergleiten lassen? Konnte das dem Übergang Schaden zufügen? Wie würde Johan selbst darüber denken? Wir konnten ihn nicht mehr fragen.

Aber sein Freund Bertram würde es wissen. Mit ihm hatte er früher schon über diese Dinge gesprochen; auch über das Sterben und über die Frage, ob es erlaubt sei, das Leiden zu erleichtern. Ich ging, um den Arzt anzurufen. Er stand schon bereit, um zu uns zu kommen.

Bertrams Antwort war positiv. Aber als wir nach Hause kamen, war es nicht mehr nötig, noch etwas zu tun. Ungefähr zwanzig Minuten zuvor war Johan bewußtlos geworden. »Wie kannst du das nur sagen?« fragte ich Domie. »Als ich fortging, lag er doch genauso da wie jetzt!«

Domie schüttelte mit dem Kopf, als wollte er jeden Einwand zurückweisen. »Ganz plötzlich war der Kontakt zwischen uns unterbrochen«, sagte er.

Ja, das war etwas Großartiges gewesen, dieser lebendige Kontakt, der in Johans letzten Tagen und Nächten zwischen Domie und dem Sterbenden auch ohne Worte bestanden hatte. Diese beiden Menschen waren geistig ganz genau aufeinander abgestimmt. Dadurch konnte Domie meinem Bruder auch zu einer großen Stütze werden. Gott brauchte Domies Arme, um Johan über alle diese dunklen Abgründe zu tragen.

»Und ob ich schon wanderte im finstern Tal, fürchte ich kein Unglück; denn du bist bei mir...«

Johan hatte überhaupt keine Angst gehabt. Er hatte sich in unserer Liebe geborgen gefühlt. Sein Sterben war schwer, aber es sollte alles noch sehr gut werden.

Unerwartet kam Johan noch einmal ins Bewußtsein zurück. Zum letzten Male zwang er seinen Körper zum Gehorsam; mit äußerster Willensanstrengung drehte er seinen Kopf vom einen zum anderen und schaute jeden von uns einzeln an. Sein Blick blieb auf meinem jüngsten Bruder ruhen, als wollte er sagen: »Mein Kamerad...«

Nun mußte es kommen. Das wußten wir alle, die wir da in atemloser Spannung warteten. Dann wandte Johan seinen Kopf von meinem Bruder weg und schaute gerade vor sich hin, auf eine Stelle, zu der wir ihm mit unseren Blicken nicht folgen konnten. Es muß der geöffnete Himmel gewesen sein, denn plötzlich wurden Johans Augen strahlend hell. Das Licht der untergehenden Sonne schien sich in ihnen zu spiegeln.

Mit einem Seufzer ging er hinüber. Er war frei.

Wir standen regungslos da, noch Minuten danach. Dann wurde Paulien vom Schmerz übermannt, und ich brachte sie ins andere Zimmer.

»Hast du Johans Augen gesehen?« fragte sie schluchzend.

»Ja, wir alle haben sie gesehen. Johan ist heimgegangen, Paulien.«

»Ja, das weiß ich«, sagte Paulien auf einmal energisch. »Ich will an sein Glück denken. Was muß das für eine Herrlichkeit gewesen sein, die er geschaut hat!«

Liebevolle Hände hüllten Johans Körper, der ausgelitten hatte, in das Linnen.

Er lag jetzt ganz still im Zimmer, wo die weißen Blumen noch am Fußende seines Bettes auf dem Tischchen standen. Nichts war verändert, und doch war eigentlich alles anders geworden. Einer aus unserer Mitte war erhoben worden in Gottes Herrlichkeit.

Da war nun kein Raum mehr für Traurigkeit. Ein heller Glanz wie von einem geheimnisvollen Licht lag über allen Dingen.

Bertram kam herein, gerade als die Schwester zum Zimmer hinausging.

Wir waren die ersten, die gemeinsam bei Johan standen, wir, die wir ihn, jeder auf seine Weise, so sehr geliebt hatten.

Auf seinen friedlichen Gesichtszügen lag ein feines Lächeln.

»Wie schön ist das«, sagte ich zu Bertram. »Du bist ein Philosoph und hast über Leben und Tod nachgedacht. Was hältst du davon?«

»Der Mensch lebt, wenn er wirklich Mensch ist, in einer anderen Wirklichkeit als der sichtbaren«, sagte Bertram. »Wenn ein Mensch wie Johan stirbt, kommt er erst zu seiner eigentlichen Bestimmung. Nicht der Tod ist schwer, sondern das Leben!«

Sollte Bertram wirklich recht haben?

Ich dachte an Johans Leben, das ein großes Leben gewesen war, aber infolge aller Widersprüche seiner komplizierten Natur auch ein schwieriges Leben, durch die täglichen kleinen Pflichten, die ihn immer wieder mit seiner künstlerischen Veranlagung in Konflikt brachten.

»He is a having spirit«, hatte einmal eine englische Freundin, die uns im elterlichen Haus besucht hatte, zu mir gesagt. »Johan is hungry for love.«

Die erhabene Ruhe dieses Gesichtes schien keinen einzigen Wunsch mehr auszudrücken, keine Begierde. Alle Widersprüche waren weggewischt, alle Konflikte in einer wunderbaren Schwerelosigkeit aufgehoben. Als der silberne Faden, der Johan an seinen Körper gebunden hatte, zerrissen worden war, entfalteten sich seine Flügel im Licht, wie bei einem Schmetterling, der hin zu bunten Blumen flattert und uns nur die tote Hülle seines Kokons zurückläßt.

»Nichts geht verloren«, sagte Bertram. »Alles, was Johan uns gegeben hat, bleibt unser geistiger Besitz! Und so gibt es auch keine wirkliche Trennung.«

Ich wußte, daß das alles so war – aber daß wir diese Wahrheit nur erfahren konnten, so lange wir auf der Höhe blieben, zu der uns Johan auf seiner Reise in die andere Welt mitgenommen hatte. Nur in dieser sauberen, dünnen Luft konnten wir uns über unsere eigenen Grenzen erheben.

Auf der Erde aber wartete auf uns die natürliche, die ganz menschliche Sehnsucht nach allem, was wir verloren hatten. Die Wehmut, wenn wir an die Stimme dachten, die nicht mehr zu uns sprach, an die Kleider, die nicht mehr angezogen werden konnten, an die Bücher, die nicht mehr aufgeschlagen wurden, an die Tasten, die nicht mehr berührt wurden, an die Pinsel und Bleistifte, die unbenutzt liegen blieben, denn die Hand, die mit ihnen umgegangen war, lag nun weiß und tot unter der dunklen Erde. Aber der Geist, der sie gelenkt hatte, lebte.

Dann kam aber auch in den langen Nächten die Sehnsucht nach dem Wiedersehen. Sie befiel uns manchmal mitten am Tage, durch ein Wort, das uns in die Erinnerung kam, oder durch einen Duft, ein Lied, eine

Blume, durch alles, woran der Mensch, den wir lieb gehabt hatten, so sehr gehangen hatte. In solchen Augenblicken standen wir wehrlos da und mußten uns der Traurigkeit ausliefern.

Diese große Sehnsucht überkam mich ein paar Wochen später, als die vielen Kränze und Blumen auf Johans Grab schon verwelkt waren und ich mit dem Rad durch den Polder fuhr, wo das Getreide reif in den Ähren stand und auf die Sichel wartete. Alles war nur Verlassenheit – dieses Meer von goldgelbem Getreide unter der Mittagssonne, eine große Verlassenheit, in der ich doch nur ein Fremdling war, denn das war nicht meine Heimat.

Zu Hause gab es Wälder, und dort hatte ich mit Johan oft Spaziergänge gemacht. Da war der geheimnisvolle Wassergraben mit den gebogenen Weiden darüber. Dort hatte ich im Gras gelegen, mit meinem Strohhut über den Augen, und Johan hatte mir aus Andersens Märchen vorgelesen.

Und die große Sehnsucht kam wieder, als die anderen an einem Abend zur nahegelegenen Kirche gegangen waren und ich allein zu Hause war, mit der kleinen, grauen Katze, die ich von Elderling geschenkt bekommen hatte.

Sie war krank. Womöglich war es meine Schuld. Ich hatte es vielleicht durch die einseitige Ernährung verschuldet. Aber vielleicht kam es auch nur daher, daß das Tierchen, wie die Leute so sagten, ein »Herbstkätzchen« war.

Ich schürte das Feuer im Herd; draußen wurde es schon kalt. Das Kätzchen legte ich in einen Korb und stellte ihn in die Nähe des Ofens. Das Tierchen war unruhig, wollte ständig wieder heraus, miaute kläglich und kletterte schließlich über den Rand. Dann streckte es sich und beschnüffelte mit seiner trockenen Nase meine Hand.

»Was willst du denn, Kätzchen?«

Aber das Kätzchen wußte nicht, was es wollte, und ich war ratlos.

Ein Psalmwort kam mir immer wieder in den Sinn, das Johan an einem der letzten Tage vor seinem Tode gesagt hatte: »Er führet mich zum frischen Wasser.«

Große Wehmut überkam mich. Ich versuchte, Klavier zu spielen, aber die Musik erinnerte mich an Johan. Tränen liefen mir über die Wangen, und ich hörte mit dem Klavierspielen auf.

Plötzlich öffnete jemand die Vordertür und dann die Zimmertür. Waren sie schon wieder aus der Kirche zurück?

Es war Elderling.

»Domie hat gesagt, ich solle doch mal eben zum Pfarrhaus kommen, weil es dem Kätzchen nicht gut ginge.«

Es war schon schummerig im Zimmer, aber durch die Glut des Herdes doch noch hell genug, so daß er meine Tränen wohl sehen konnte. Ich mußte mich also entschuldigen, denn ein Mann aus Groningen fand es gewiß kindisch, wenn man wegen einer kleinen, kranken Katze heulte.

»Ich weine nicht wegen der Katze«, sagte ich.

»Ich weiß«, sagte er. Und nach einer kleinen Pause: »Warum dann?«

»Ich weine um meinen Bruder«, antwortete ich.

Er nickte verständnisvoll: »Ich kann mir kaum vorstellen, was dem Kätzchen fehlt. Die Leute sagen, es sei eine Stoppelkatze, und darum würden wir sie nicht behalten können.«

»Das sagen sie immer von einer Stoppelkatze, aber das macht nichts. Der kann es trotzdem gut gehen.«

»Vielleicht ist sie zu früh von der Mutter fortgenommen worden?«

Wir schauten nun beide nach dem kranken Kätzchen, das ich in seinem Körbchen auf den Tisch gestellt hatte.

»Es ist warm hier im Zimmer«, sagte Elderling.

»Sie haben aber auch eine so dicke Jacke an. Aber das Kätzchen friert immer noch. Schauen Sie nur, es zittert an allen Gliedern.«

»Soll ich es auf dem Fahrrad mitnehmen und zur Mutter zurückbringen?«

»Ja, das scheint mir das Richtigste zu sein«, sagte ich.

Also packten wir das Kätzchen warm in sein Körbchen, um es gegen die Kälte draußen zu schützen, und Elderling nahm es mit.

Elderling hatte eine dicke Jacke mit einem Samtkragen an. Genau so einen, wie ihn mein Vater gehabt hatte. Auf einmal wurde mir ganz warm und dankbar ums Herz. Elderling war wie ein Vater. In einem Land, in dem die Menschen so gut zu einem waren, mußte man sich heimisch fühlen.

Ich begleitete Elderling nach draußen und sagte scherzend an der Tür: »Es steht geschrieben: Der Gerechte erbarmt sich über sein Vieh.«

Er brachte das Körbchen mit der kleinen Katze hinten auf seinem Fahrrad unter und sagte, gutmütig lächelnd: »Darüber hat Domie aber heute abend nicht gepredigt.«

»Worüber hat er heute denn gepredigt?«

»In meines Vaters Hause sind viele Wohnungen«, sagte Elderling.

Ich weiß nicht, ob das stimmte, aber er wollte mich sicherlich in meinem Kummer über Johan trösten.

»Herzlichen Dank!« sagte ich, während ich ihm nachschaute, als er den Weg hinunterfuhr. Ich meinte es sehr ehrlich.

Ein Groninger Kirchenältester predigt eben nicht. Er sagt nur einen einzigen Satz. Aber der sitzt dann.

Hansje

Jetzt ist es kurz vor Weihnachten. Die Nächte sind lang, die Tage kurz. Die Kleider, die die Frauen der beiden Frauenvereine für die Weihnachtsbescherung gemacht haben, liegen ausgebreitet auf den Tischen im Konfirmandenraum. Mehrere Pullover sind darunter, aus allerlei farbiger Wolle, die wir noch in Vorrat hatten, und mit verschiedenen Mustern.

In früheren Jahren hatten mich immer die Mitglieder des Kirchenrates mit ihren Autos zu den weit abgelegenen Gehöften gebracht. Aber es gibt kein Benzin mehr. Nun muß ich es mit dem Fahrrad schaffen. Darum habe ich schon früh angefangen, im November. Die Weihnachtsliste braucht nämlich viel Zeit. Überall wird ein kleiner Besuch damit verbunden. Beinahe jeder gibt, aber jeder erwartet auch, daß man für ihn Zeit hat und sich hinsetzt. Einmal im Jahr kommt man so wenigstens durch die Gemeinde.

Über den Poldern hängen in den letzten Monaten des Jahres tiefe Wolken. Bei einem abgelegenen Gehöft kommt ein schwerer Hagelschauer nieder. Er prasselt gegen die Fenster. In Schauern wirbelt er über das umgepflügte Land, das sich kahl und nackt bis zum Horizont erstreckt.

Aber drinnen ist es gemütlich warm. Der Herd gibt in der schummerigen Kammer eine rötliche Glut. Ein ausgestopfter Fischreiher steht auf einem Schreibtisch.

»Haben Sie den selbst geschossen?«

»Nein, der ist vergangenes Jahr in dem strengen Winter umgekommen. Er war halb verhungert, als ich ihn draußen fand. Ich konnte ihn einfach so greifen, denn er hatte keine Kraft mehr, um wegzufliegen. Ich habe ihn mit nach Hause genommen, aber er war schon zu weit heruntergekommen. Er ist nicht am Leben geblieben, und so habe ich ihn eben ausstopfen lassen. Lieben Sie Vögel?«

Auf meine bejahende Antwort folgte ein interessantes Gespräch über Vögel, die im Schlick brüten. Endlich hatte sich das Unwetter gelegt, und ich konnte wieder weiter zum nächsten Bauernhof.

Hier und da sackte man tief in den Modder, und als ich nach Hause kam, hinkte ich, denn ich hatte unterwegs einen Hacken von meinem Schuh verloren.

Mulder brachte ihn eines Abends zu einer Kirchenratssitzung mit. »Schauen Sie, was ich hier habe – ein Hacken von Ihrer Frau«, sagte er zu Domie. »Den hat sie bei uns vorm Haus verloren.« Er holte meinen Hacken aus seiner Tasche und lachte dabei verstohlen.

Beim Schlafengehen hatte sich der Wind gelegt. Ich war sehr müde geworden von der langen Fahrt.

Es war ein harter Kampf gegen das rauhe Wetter gewesen. Kälte und Hagel hatten mir ins Gesicht geschlagen. Als ich meine Augen schloß, sah ich das kahle, ausgestreckte Land mit den dunklen, tiefhängenden Wolken wieder vor mir liegen. War es möglich, daß hier noch vor wenigen Monaten Getreide gewogt hatte und die Sonne hoch vom blauen Himmel herunter die Ähren hatte reifen lassen?

Und war es wirklich möglich, daß unter meinem Herzen noch ein anderes kleines Herz klopfte, und daß ich das junge Leben dann und wann durch ein leichtes Zittern sich bewegen fühlte?

War das nicht ein großes, ein unfaßbares Geschenk? Ich trug es immer mit mir herum, sicher geschützt gegen Kälte und Unbill von draußen, wie ein zartes Geheimnis. Mein Leben wuchs innig zusammen mit dem anderen, dem neuen Leben.

Ich lag in der Stille da und lauschte und schaute zum Fenster. Ganz langsam schwebten hinter dem Fenster Schneeflocken nieder. Ein Kristall fügte sich an den anderen. Tausende und Abertausende. Am Morgen, beim Aufstehen, würde die Erde ganz weiß sein.

Und ich, ich würde nie mehr allein sein. Etwas Neues wuchs in mir weiter, auf geheimnisvolle Weise wie die Schneedecke draußen. Etwas Neues, das aber schon immer dagewesen war, das ich im geheimen Unterbewußten stets gespürt hatte, etwas, das mir auch im Traum schon begegnet war. Ich lag zwischen Wachen und Träumen; darum nahm es auch so deutliche Formen an. Es war ganz nahe, und ich konnte es umarmen und lächelnd damit einschlafen.

Das Weihnachtsfest kam. Das Christuskind wurde von neuem in eine rauhe und kalte Welt hineingeboren. Es gab keinen anderen Platz für den Sohn Gottes, als die Ärmlichkeit eines Stalles.

Hinten in der Kirche, wo Kinder und Eltern der Predigt zuhörten, saß ein deutscher Soldat. Er hatte sich hineingeschlichen, weil er einfach nicht wegbleiben konnte. Aber er hatte wohl das Gefühl, daß er in seiner Uniform nicht zur Weihnachtsgemeinde gehörte. Er war ein Ostfriese. Die Weihnachtsgeschichte kannte er auswendig.

Er erinnerte sich an alles. Das kam von dem weichen Licht und von den vielen Kindergesichtern. Und es war ein schreiender Gegensatz: diese Bilder aus seiner Jugend in der Heimat – und sein Leben jetzt.

Hatte er auch Bomben geworfen und gesungen: »Wir fahren gegen Engelland?« Auf jeden Fall schämte er sich jetzt. Die Tränen liefen ihm über die Wangen. Und deswegen schämte er sich noch mehr, denn ein deutscher Soldat hat nicht zu weinen, so hatte man es ihm beigebracht. Der deutsche Soldat, das mußte ein starker Mann aus Stahl sein, der keine menschlichen Regungen kannte.

Man machte Domie auf diese fremdartige, einsame Gestalt ganz hinten in der Kirche aufmerksam. Da säße ein »Duuts soldaot«, sagte man ihm. Domie ging zu ihm hin. Nein, die Leute hatten sich geirrt. Da saß ein Mensch.

Der Soldat benahm sich sehr fremd und war ein scheuer Vogel, als Domie zu ihm trat. Ob er bleiben dürfe, fragte er auf Plattdeutsch. Ja, er durfte bleiben. Weihnachten war für die Einsamen und für die, die sich schuldig fühlten. Und standen wir vor dem Christuskind nicht allesamt mit unreinen Händen da? Denn »das Licht ist in die Welt gekommen, aber die Menschen haben die Finsternis mehr geliebt als das Licht, weil ihre Werke böse waren«. Das ist der Kern des Johannesevangeliums, und jeder ehrliche Mensch weiß, daß das auch so ist.

Wir gehen Kompromisse ein und sind wie in ein Netz eingesponnen. Wir sind nicht frei. Wir sind wie Schmetterlingspuppen, eingehüllt in Kokons. Erst wenn die geheimnisvolle Umwandlung innerhalb des Kokons geschieht, kommt aus der toten Puppe ein Schmetterling heraus. Und wenn Christus in den geheimnisvollen Tiefen unseres Wesens durch die Strahlen seines Lichtes die Verwandlung bewirkt, macht er uns frei. Diese Befreiung aber dauert unser ganzes Leben lang. Schweben in dem Licht – das können wir erst, wenn der Kokon unseres irdischen Bestehens zerbrochen wird und wir die klare Luft der Ewigkeit atmen können.

Nach dem Höhepunkt des Weihnachtsfestes kam die Ernüchterung des täglichen Lebens.

Mitten im Winter ist es morgens um acht Uhr noch dunkel. Am 27. Dezember gegen acht Uhr hörten wir von unserem Schlafzimmer aus die Holzpantinen schon auf der Treppe. »Was könnte da sein?« hatten wir uns im ersten Winter gefragt, aber im zweiten Winter wußten wir schon besser Bescheid: Es ging um ein Geschenkpaket, das natürlich umgetauscht werden sollte.

»Das ist für dich«, sagte Domie.

Schnell einen Morgenrock über und zur Tür. Da stand ein Mädchen von dreizehn Jahren mit einer Schachtel unter dem Arm.

Tetsie hatte Pantoffeln bekommen.

»Mevrouw, die Pantoffeln passen nicht.«

»Komm doch mal rein. Sie waren dir bestimmt zu groß, stimmt's?«

»Nein, Mevrouw, zu klein.«

»Kind, wie ist das möglich! Komm mal eben ins Zimmer und zieh sie an!«

Tetsie setzte sich in einen Stuhl und probierte die Pantoffeln. Größe 39. Es ging wirklich nicht, ich sah es jetzt selbst.

»Welche Größe hast du?«

»Einundvierzig, Mevrouw.«

»Ach du Schreck. Ihr lebt hier aber auf ziemlich großem Fuß!«

Tetsie schaute mich verschmitzt an und sagte dann, indem sie in ihre Muttersprache zurückfiel:

»Jo, wir müssen auch flink zupacken, und darum haben wir so große Hände und Füße bekommen.«

Da konnte ich nur noch beschämt auf meine eigenen, kleineren Hände und Füße blicken. Ließ das auf Faulheit schließen?

»Und du dachtest, daß es mit einer Nummer kleiner nicht so gut geht?«

»Aber das paßt doch gar nicht!«

»Da hast du natürlich recht. Aber was sollen wir nur jetzt mit den Pantoffeln tun? Würden sie deiner Schwester passen?«

»Ich hätte sie aber lieber selber gern«, sagte Tetsie.

Das lag auf der Hand. Man bekam lieber ein Geschenk für sich selber als für die Schwester. Ganz besonders dann, wenn man erst dreizehn Jahre alt war und sich nach warmen Füßen sehnte.

»Auf meiner Wunschliste standen Pantoffeln, und du weißt ja, daß man jetzt beinahe nichts mehr kriegen kann. Ich hatte sie noch von letzem Jahr übrig und dachte, daß sie dir noch passen würden.«

»Jo, aber jetzt sind sie zu klein. Könnte Mevrouw sie nicht doch umtauschen?«

Das war ein neuer Gesichtspunkt.

»Ich habe sie schon vor mehr als einem Jahr gekauft.«

»Das tun die bestimmt«, sagte Tetsie optimistisch.

»Probier es doch selbst einmal, dann kannst du sie gleich anprobieren.«

»Für mich tun sie's nicht, aber Mevrouw hat das letzte Jahr so viele Pantoffeln gekauft – für Mevrouw werden sie es bestimmt tun. Und ich, ich brauch' sie auch nicht anzuprobieren. Wenn Mevrouw nur sagt: Größe einundvierzig, dann ist es gut.«

Gegen so viele stichhaltige Argumente kam ich nicht an. Aber ich sah vor mir den langen, kahlen Weg zum nächstgelegenen Städtchen, das nicht anders zu erreichen war als mit dem Fahrrad; es war ja eine Stunde von hier entfernt. Ich fühlte förmlich den kalten Wind, den man hier in diesem Land eigentlich immer gegen sich hat. Ich fühlte schon, wie er sich durch meine Kleider fraß, bis auf die Knochen.

Und dazu noch so eine unangenehme Angelegenheit wie: »Ja, sehen Sie, ich habe vergangenes Jahr vor Weihnachten mehrere Pantoffeln gekauft, und nun sind diese hier die einzigen, die übrig geblieben waren, und gerade die passen überhaupt nicht . . .«

Und die Verkäuferin, die mit bedenklichem Gesicht sagt: »Ja, aber Sie müssen verstehen, gegenwärtig wird nicht mehr umgetauscht . . . und Pantoffeln aus dem letzten Jahr . . . außerdem dürfen wir nichts mehr ohne Marken geben.«

»Ja, aber die Pantoffeln sind noch Vorkriegsware. Und wenn Sie jetzt nur noch ein Paar hätten, das zwei Nummern größer ist... ich will gerne etwas dazuzahlen!«

»Ich weiß es nicht, aber ich kann ja mal schauen«, würde die Verkäuferin im allerbesten Fall sagen, und dann war da noch die Möglichkeit, daß sie in das nun fast leere Magazin ging und mit der Nachricht zurückkam: »Größe 41 ist leider ausverkauft.« Dann wäre die Reise vergeblich gewesen.

Einen Boten schicken? Das würde in solch einem prekären Fall auch nicht helfen. Nein, ich mußte selbst hin, da blieb mir gar nichts anderes übrig.

Aber neben mir stand das kleine Mädchen mit dem sehnsuchtsvollen Gesicht.

»Wird Mevrouw es tun?« fragte sie.

»Dann mal zu«, sagte ich mit einem Seufzer.

Aber für Tetsie gab es kein Wölkchen am Himmel.

»Rechne nicht zu fest damit, daß ich Glück habe«, sagte ich noch warnend auf der Treppe.

Tetsie lief schon den Gartenweg hinunter, drehte sich um und rief: »Das kommt schon in Ordnung!«

Etwas später kam noch eine Mutter, um einen Pullover umzutauschen. Ich hatte noch ein paar in Reserve, weise geworden durch die Erfahrungen vom letzten Jahr. Dann kamen noch ein paar junge »Kunden«, die ich ebenfalls nach Wunsch bedienen konnte.

So gegen fünf Uhr klingelte es an der Tür, und da stand... ein Mann! Groß und breit und kantig war er.

Ich hatte ihn noch nie zuvor gesehen, denn er war nicht aus diesem Dorf. Er war aus einem der abgelegenen Polder, und ich hatte bis dahin nur mit seiner Frau zu tun gehabt.

Er entpuppte sich als ein ziemlich ungestümer Vater, fiel mit der Tür direkt ins Haus und stellte mich mit der Frage zur Rede, warum ich seinen Eltjo so »vor den Kopf gestoßen habe«.

Ich verstand überhaupt nichts, nur daß der Riese da vor mir sehr böse war. Ich mußte hochschauen, wenn ich mit ihm reden wollte, und dann sah ich immer noch nicht viel, denn es war schon schummerig draußen, und es wäre ganz dunkel gewesen, wenn es nicht zuvor geschneit hätte.

»Kommen Sie doch erst einmal herein«, sagte ich. »Wer sind Sie? Der Vater von Eltjo? Von welchem Eltjo?«

»Benders«, sagte der Mann steif.

»Oh, und was ist mit Eltjo los?«

»Warum haben Sie ihn so vor den Kopf gestoßen?! Als er gestern abend nach Hause kam, hat er seinen Brummkreisel wütend durch die ganze Küche geschmissen. Alle die anderen Jungen haben schöne Pullover bekommen, und er nur so einen elenden Brummkreisel!«

»Und dann haben Sie ihm sicher den Hosenboden verhauen, als er sich so anstellte?«

Der Mann schaute mich verwundert an.

»Nee, denn ich fand das auch kein Geschenk für einen Jungen von sieben.«

»Und dachten Sie, daß ich Ihrem Jungen den Brummkreisel gegeben hatte, nur um ihn vor den Kopf zu stoßen? Was sollte ich denn daran wohl für einen Spaß haben? Ich habe ihm und noch ein paar anderen Kindern, die es nicht so nötig hatten, keine Kleider geschenkt, denn ich hatte nicht genug für alle. Sie wissen doch, daß wir schlechte Zeiten haben. Und daß man nicht alles kriegen kann, was man haben will.«

»Ja, aber warum gerade bei unserem Jungen?«

»Das sagte ich Ihnen doch: weil ich meinte, daß er es nicht so nötig hätte.«

»Nee, nötig haben wir's ja nicht – aber gerade unser Junge . . .!«

Er stand immer noch steif da und sah selbst aus wie ein verwöhntes Kind, dem eine Tracht Prügel nicht geschadet hätte.

Aber ich dachte gerade noch rechtzeitig daran, daß er geradezu ein Kleiderschrank war und ich selbst nur ein Zwerg, und fand, daß das lieber ein anderer als ich bewerkstelligen solle.

»Und was wollen Sie nun eigentlich?«

»Den ollen Brummkreisel können Sie behalten«, sagte der Mann und legte mit einer verächtlichen Gebärde das Ding auf den Tisch.

»Gewogen und zu leicht befunden«, sagte ich, aber da er nicht so bibelfest war, entging ihm die Bedeutung dieses Satzes.

»Und nun sitzt Eltjo ohne Geschenk da!«

Das begriff er besser.

»Haben Sie nicht noch irgend etwas?« fragte er.

»Ich werde mal schauen. Da ist heute mittag ein Pullover umgetauscht worden, denn er war zu klein; aber das war ja etwas ganz anderes als bei Ihnen. Ich wollte, Sie überlegten einmal, daß ich mehr als hundert Päckchen zu machen hatte – und was für ein schwieriges Unternehmen so etwas heutzutage ist.«

»Joa, joa, dat will ich wohl glauben«, sagte er, schon etwas gutmütiger. Und als dann noch ein Pullover zum Vorschein kam, der ungefähr Eltjos Größe hatte, klärte sich sein Gesicht vollends auf.

»Haben Sie Dank«, sagte er.

»Ich hoffe, daß er paßt – andernfalls kann Ihre Frau vielleicht etwas daran ändern. Ich habe noch etwas Wolle, die Sie mitbekommen können.«

Wir schieden als gute Freunde, aber als ich den verschmähten Brummkreisel im Sommer, im Winter und im Herbst immer noch im Schrank liegen sah, da kam doch stets ein bitterer Geschmack in meinen Mund; ich dachte daran, wie sehr doch Weihnachten mit unseren habsüchtigen Gedanken zu tun hatte.

Das Gemeinschaftstreffen und andere kirchliche Arbeiten nahmen ihren gewohnten Gang. Resultate? Wer fragt schon danach? Und doch ist es ganz natürlich, so zu fragen. Jeder Mensch fragt nach den Ergebnissen seiner Arbeit. Ein Bauer ebenso wie eine Hausfrau, ein Doktor oder eine Krankenschwester. Warum darf dann ein Arbeiter in des Herrn Weinberg nicht fragen? Man möchte etwas sehen, und man lernt erst mit der Zeit, daß es bei dieser Art von Arbeit kaum etwas zu sehen gibt, weil das Wort Gottes auf so geheimnisvolle und unerfindliche Weise wirkt.

Und Jesus redete zu ihnen in Gleichnissen und sprach: »Ein Sämann ging aus zu säen. Und indem er säte, fiel etliches auf den Weg, und die Vögel kamen und fraßen es auf. Anderes fiel auf den felsigen Boden, wo es nicht viel Erde hatte, und es ging sogleich auf, weil es nicht tiefe Erde hatte; als aber die Sonne aufging, wurde es verbrannt, und weil es nicht Wurzel hatte, verdorrte es. Anderes fiel unter die Dornen, und die Dornen wuchsen auf und erstickten es. Noch anderes fiel auf guten Boden und brachte Frucht, etliches hundertfältig, etliches sechzigfältig, etliches dreißigfältig.«

Es gibt nun einmal »felsigen Boden« und Menschen, die nicht zu erreichen sind. Unempfängliche, die schon längst wissen, wie alles geschehen muß, und die sich nicht einmal die Mühe machen, das Evangelium kennenzulernen.

Und wenn einmal ein Körnchen auf ihren Lebensweg fällt, dann kommen sofort die Vögel ihrer Besserwisserei und picken es auf.

Und dann sind da noch Dornen und alle schlechten Möglichkeiten, die die aufkeimende Saat ersticken können.

Aber mit der Zeit lernt man diese Dinge mit einer gewissen Ruhe zu betrachten, weil man doch nur für einen kleinen Teil zur Verantwortung gezogen wird. Es ist damit wie mit der Arbeit im Garten: Ich mache mir keinen großen Vorwurf, wenn die Kartoffeln nicht gut kommen und die Saat nicht keimt, denn das ist von vielen Faktoren abhängig, die sich meinem Willen entziehen und über meiner Macht stehen, aber ich kann hier nicht so einfach schreiben, wenn das Unkraut im Garten überhand nimmt. Ich würde mir selbst Vorwürfe machen, wenn die Kartoffeln zu spät gepflanzt worden wären, wenn die Saat nicht ausgesät wäre, die jungen Kohlpflanzen nicht begossen wären. Denn das ist jener Teil der Arbeit, für den ich verantwortlich bin.

Nach meinem Examen wurde ich vom Kirchenrat offiziell als Evangelistin angestellt. Es wäre wohl auch ohne Anstellung gegangen, fanden die Menschen, aber ich tue nicht gern eine Arbeit, für die ich keine Befugnis habe, und verweigerte daher die Schulkatechese.

Aber nun war es etwas anderes. Wenn jetzt eine Schulkatechese aus irgendeinem Grund ausfiel, dann lag mir das quer, wie einem Landwirt, der bei günstigem Wetter das Säen versäumt. Und ab und zu merkte man aus einem Gespräch, daß die Saat in den Herzen aufgegangen war und Wurzel geschlagen hatte.

Das ist dann immer wieder Anlaß zu Freude und stiller Verwunderung, wie man ja auch immer wieder mit Freude und Dankbarkeit eine Blume betrachtet, die aus einem Saatkorn aufblüht, das man ausgesät hat.

Das Stückchen Erde, das wir zu bebauen bekamen, war jahrelang verwahrlost gewesen. Die Generation der Erwachsenen war vollkommen unkirchlich. Auch daran wurde gearbeitet, aber den Erwachsenen war die Politik doch sehr oft ein Ersatz für den Gottesdienst geworden. In der Sowjetunion war das noch deutlicher: was für einen Gläubigen das Gottesreich ist, das ist dort für einen Kommunisten die Sowjetunion. Wenn er beten könnte, würde es nicht heißen: »Dein Reich komme«, sondern: »Laß Rußland hierherkommen, dann kriegen wir den Heilsstaat.«

Aber in dem neuen Heilsstaat darf kein Platz sein für Eifersucht und andere menschliche Habsüchte, die der Gläubige mit dem veralteten Begriff »Sünde« bezeichnet. Nicht von innen heraus, sondern von außen her muß es kommen. Schaffe eine gute Welt, und die Menschen werden von selbst gut!

Vor allem auf jüngere Menschen hat diese romantische Lehre eine große Anziehungskraft. In unseren Konfirmandenstunden wurden wir mit diesen Ideen immer wieder konfrontiert.

Die Bibel geht vom Entgegengesetzten aus: Umkehr beginnt im Menschen selbst: Wiedergeburt – Bekehrung durch das Wirken des Geistes Gottes, Heiligung.

Das Besondere am Christentum ist doch gerade, daß es keine theoretische Anschauung ist, sondern daß es die Wirklichkeit vom historisch Gewachsenen herdeutet: vom Einfluß der Umwelt und der Abstammung her, von dem, was wir durch eine lange Kette von Vorfahren und vom Einfluß der Umstände, sogar vom Klima und vom Boden erhalten und daß es alledem eine ganz einzigartige und neue Wirklichkeit gegenüberstellt: das Wirken des Gottesgeistes. Ein Wirken als Neubeginn, als Hefe, die den ganzen Sauerteig durchdringt, wie ein Senfkorn, das zuerst klein ist und dann doch zu einem großen Gewächs wird. Die Kette von Ursache und Wirkung, die wir wie eine Fessel mit uns schleppen, wird hier – nicht durch eigene Kraft, aber durch Gottes Barmherzigkeit – zerbrochen, und wir werden frei gemacht. Ein neuer Himmel entsteht, und eine neue Erde mit erneuerten, wiedergeborenen Menschen! Ein Reich, das kommen wird, das in seinen Anfängen schon da ist, wo es in unseren Herzen lebt. »Das Königreich Gottes ist in euch«, sagt Christus. »Und in jedem, der zu ihm gehört, beginnt das neue Reich«, singen wir.

Wenn sie merken, daß es darum geht, dann beginnt die Auseinandersetzung.

Wir hatten in unserem Kreise einen sehr scharfsinnigen Jungen. Der sagte eines Tages, er wolle nicht wiederkommen, weil er nicht mehr glaube, und es wäre unter solchen Umständen nur unehrlich, noch länger in unserem Kreis zu bleiben, nur um der Geselligkeit willen.

»Gut«, sagte mein Mann. »Wenn du das so fühlst, dann ist es wohl besser, wenn du weggehst. Aber Gott ist schon mit dir am Werke, und das merkst du nun. Darum willst du nicht mehr kommen.«

Wir konnten nichts weiter tun und mußten alles weitere getrost Gott überlassen.

Nach einem Jahr kam der Junge wieder. Zögernd und verlegen kam er in den Konfirmandenraum herein, denn ein Groninger ist sehr darauf bedacht, keine komische Figur zu machen. Aber Domie tat, als wäre er nie weggewesen, und nahm ihn ganz selbstverständlich wieder in den Kreis auf. Die Saat war inzwischen aufgegangen und hatte Wurzel gefaßt.

Die Nacht war still und kühl. Das Auto fuhr den einsamen, dunklen Weg entlang. Der Doktor saß am Steuer, Domie neben ihm. Ich saß allein auf der Hinterbank. Es war die Nacht von Sonnabend auf Sonntag. Armer Domie, ich kann nichts dafür, daß ich dich gerade in dieser Nacht aus dem Schlaf holen mußte. Aber fahr nur gleich wieder zurück, ich werde es schon alleine schaffen mit unserem Kind. Morgen früh kommen die Menschen zur Kirche, so wie sonst auch, und dann mußt du auf dem Posten sein und ihnen die Gute Botschaft sagen.

Grauer Nebel hing über dem Land, das schwache Mondlicht konnte ihn kaum durchdringen.

Erwartung hing in der Luft. Etwas vom kommenden Frühling war zu spüren, etwas Bekanntes, weil es jedes Jahr wiederkam, aber zugleich auch etwas Fremdes und Unbekanntes.

Meine Mutter muß es wohl auch so gespürt haben, als sie mich erwartete, ich war ja ihre Jüngste. Aber fremd und unbekannt muß es ihr gewesen sein, als Johan geboren wurde, denn er war ihr Erstling.

Mutter! Wenn ein Mensch stirbt, dann nennt er ihren Namen. Johan hatte Mutters Namen genannt, einen Tag vor seinem Sterben, und er war dann zu ihr gegangen.

Wer vor dem Rätsel des Lebens steht, vor einer neuen Geburt, der nennt auch den Namen der Mutter, aber ganz leise, denn das ist allein für sie bestimmt, die nicht mehr zu den Lebenden gehört, und die dennoch wissen muß, daß man sie in dieser Stunde nötig hat.

Hört sie dein stilles Gebet, spürst du ihre ständige Anwesenheit? Siehst du ihre Augen im lichten Schimmer der Nacht, hörst du wieder ihre ermutigende Stimme? Ich habe das auch für dich getan, mein Kind. Nun bist du an der Reihe. Natürlich, Mutter, jetzt bin ich dran. Aber bleibe bei mir, solange ich dich nötig habe.

Da liegt die kleine Provinzstadt schlafend in der Nacht. Noch eine Wegbiegung – und wir stehen still vor dem Krankenhaus. Eine Tür, die sich geräuschlos öffnet, eine Nachtschwester mit einer großen Haube, ein langer Gang im Halbdunkel, den wir durchlaufen, ein Fahrstuhl, der uns summend nach oben bringt.

Dann ein Zimmer mit einem weißen Bett. Beim Dämmerlicht der kleinen Lampe, die oben leuchtet, sehe ich, daß Domie ganz blaß ist.

»Ich lege mich jetzt schlafen, mein Lieber, fahre du nur ruhig nach Hause. Ich bin hier in guten Händen, nicht wahr, Schwester?«

»Ja, Domie, machen Sie sich keine Sorgen. Sie können mit dem Doktor wieder zurückfahren.«

»Sie werden doch gut auf meinen Mann aufpassen, nicht wahr, Doktor?« frage ich scherzend.

»Das geht in Ordnung«, sagt der Doktor und geht schon auf den Gang und wartet.

Etwas später verschwindet auch Domie um die Ecke der Tür. Stille herrscht im ganzen Haus. Nur die regelmäßigen Schritte der Schwester, die Wache hält und ihr Brevier liest, höre ich ab und zu vor meinem Zimmer.

Jetzt steckt sie ihren Kopf zur Tür herein.

»Wie geht's?«

»Gut, Schwester.«

»Haben Sie irgend etwas nötig?«

»Nein, danke, Schwester.«

»Würden Sie auf die Klingel da neben Ihrem Bett drücken, wenn etwas ist?«

»Ja, Schwester.«

Wieder Stille. Eine summende, eindringliche Stille. Wache ich noch oder träume ich schon? Da sind wieder Mutters Augen unter der hohen, hellen Stirn, und da ist auch das vertraute Lächeln um ihren Mund.

»Mein Kind, du liegst hier wirklich gut. Viel besser als die Frau auf dem Notbett, der ich einmal geholfen habe.«

»Ja, ich weiß wohl, Mutter, daß ich dankbar sein muß für so viel Komfort und gute Pflege, aber das bin ich auch, Mutter.«

»Hast du auch an alles gedacht?«

»Alle Babysachen sind mit dem Auto mitgekommen. Wenn du sie gesehen hättest, wärst du zufrieden gewesen. An alles ist gedacht, und ich habe auch alles kriegen können. Ich habe nichts zuviel, aber von allem genug.«

»Mehr brauchst du auch nicht.«

»Nein, Überfluß schadet nur, würdest du sagen, nicht wahr?«

Das Lächeln wird etwas breiter.

»Du hast alles gut behalten. Aber wie geht es jetzt zu Hause? Hast du deine Arbeit noch fertigbekommen, oder bist du einfach so davongelaufen?«

»Ich habe damit gerechnet, daß ich sehr bald weg müßte, darum habe ich heute abend noch die Rechnungen in Ordnung gebracht. So gegen neun Uhr wurde ich furchtbar müde, aber ich wollte vorher noch alles fertig haben. Ich wußte nicht, daß ich noch in der Nacht weg müßte, aber es ist doch noch alles rechtzeitig in Ordnung gekommen, sogar die Lohnsteuersachen. Das gibt eine ziemliche Ruhe. Domie sträubt sich immer dagegen, mit solchen Dingen behelligt zu werden.«

Mutter nickt.

»Es war klug von dir, daß du ihn wieder nach Hause geschickt hast«, sagte sie.

»Es ist Sonnabendnacht, und er muß morgen predigen«, antworte ich.

»Ja, unter allen Umständen deine Pflicht tun ...«

»Er kommt morgen mittag wieder, hat er gesagt.«

»Wir wollen hoffen, daß das Kindchen dann schon da ist – für dich und für ihn, denn«, und jetzt funkelt es spaßig in Mutters Augen wie früher, »Männer sind rechte Helden, aber bei sowas kann man sie nicht gebrauchen.«

Nun lachen wir gemeinsam in der intimen Vertrautheit, die eine solche Nacht schafft.

»Du mußt nun schlafen«, sagt Mutter. »Du wirst deine Kräfte noch nötig haben.«

Sie setzt sich an mein Bett und nimmt meine Hand. Oder ist es die Schwester? Ich weiß es nicht mehr, aber es ist gut, hier so zu liegen und schlafend auf das Wunder der Geburt zu warten, die mit jedem Atemzug näherkommt.

Greet hatte den Doktor geholt. Sie hatte gehört, wie die Pforte zuklappte und wie das Auto in die Nacht hinein davonfuhr.

Nun ist sie allein zu Hause. Was wird sie tun? Zu Bett gehen? Aber sie ist hellwach und kann nicht schlafen. Es ist eine merkwürdige Nacht. Alles scheint gespannt zu lauschen. Greets Schritte klingen hohl durch das stille Haus.

Wenn Mevrouw doch nur ...

Es ist eine lange Nacht, und morgen muß sie wieder früh hoch, wegen Nero. Wenn sie da jetzt hingeht? Es ist jetzt doch auch dunkel, und es ist niemand »am Wege«.

Unten aus dem Kühlschrank holt sie den Futtereimer, in den sie das Mehl aus einem Sack schüttet. Sie pumpt Wasser dazu und rührt das

Futter mit einem Stock an. Dann schleicht sie aus der Waschküche und geht den Schlangenpfad entlang. Beim Schutzbunker angekommen, zieht sie an der versteckten Schnur.

Nero rechnet nicht mit einem so frühen Besuch. Er ist in tiefen Schlaf versunken und bemerkt Greet erst, als sie schon vor seinem Stall steht. Da beginnt er zu grunzen und kommt schwerfällig hoch. Schon sein Gewicht, gute 200 Pfund, macht ihn allmählich behäbig und recht langsam. Greet ist diesmal schneller. Sie hat den Eimer schon in den Trog geleert, bevor Nero sich auf seine Hinterbeine stellen und mit den Vorderbeinen gegen die Planken schlagen kann.

Gierig fällt er über sein Futter her. Ein Schwein kann immer fressen, auch wenn es mitten in der Nacht ist.

Nun geht es mit dem leeren Eimer wieder zurück. Halte deine Gedanken beieinander, Greet, und vergiß nicht, den Balken über deinem Kopf zu verschieben, der sofort, wenn du aus dem Keller gehst, die Tür hinter dir zudrücken soll.

Aber die fremden Gestalten in dieser Nacht kriegen dich zu packen, und du fürchtest dich ein wenig davor. Darum machst du nur halbe Arbeit und vergißt den Balken. Greet, Greet, wo bist du nur mit deinen Gedanken? Die Tür ist nicht gut verschlossen. Jeder kann nun hineinlaufen und das Geheimnis entdecken! Du kannst zwar wieder zu Bett gehen, aber die Tür ist noch auf, und heute nachmittag, wenn du nicht damit rechnest und Domie wieder im Krankenhaus ist, dann spielt dir deine unachtsame Tat einen Streich. Dann lungern die jungen Leute um das verlassene Pfarrhaus herum, und sie wissen nicht so recht, was sie anstellen sollen, wo doch jetzt der Unterrichtsraum geschlossen ist. Dann stöbern sie in ihrer Langeweile durch den Garten und entdecken den Schutzkeller.

Und dann kannst du wohl vor Schreck erblassen, wenn du die jungen Leute in den Garten kommen siehst, aber das Geheimnis ist eben entdeckt. Fecco und Eltjo sind schon durch die unverschlossene Tür nach innen vorgedrungen, und sie kommen verdutzt und doch halb lachend wieder heraus.

Nun kannst du mit Giny ihnen wohl hinterherlaufen und mit einem erschreckten Gesicht stammeln: »Ratten im Schutzkeller«, da ist aber niemand, der dir noch glaubt. Oder dachtest du etwa, daß ein Junge von achtzehn Jahren eine Ratte nicht von einem Schwein unterscheiden kann? Arme Greet! Die Jungen kriegen Mitleid mit dir und fangen an, dich zu trösten. Sie sagen, daß sie ganz gut ein Geheimnis für sich behalten können, und daß niemand je auf den Gedanken kommen werde, daß da ein Schweinchen im Schutzkeller sei. Und: »Ich würde gern zehn Gulden dafür hergeben, wenn ich das bloß nicht wüßte«, sagte Fecco. »Ja, das kannst du wohl glauben, wenn wir das gewußt hätten, wären wir nie zum Schutzkeller gegangen«, sagt Eltjo. Eltjo ist der Bruder von Petertje. Petertje hatte also dicht gehalten. Nun wissen sie beide von der Sache, aber der große Bruder weiß von dem kleinen nicht, daß er es weiß, und umgekehrt. Groninger können schweigen, wenn es sein muß!

»Und Frau Pastor liegt im Krankenhaus«, sagt Greet, »sie fand es immer schon viel zu gefährlich! Ach, daß es gerade heute ans Licht kommen muß!«

»Du hast es wirklich schwer damit«, sagt Giny. »Aber wir verraten wirklich nichts. Nur, du mußt uns jetzt alles genau erzählen.«

Dann setz dich mal hin, Greet, auf die kleine Treppe vom Schutzkeller, und schieß los. Du hast dich, glaube ich, nicht über unaufmerksame Hörer zu beklagen.

Abends im Bett, wenn Giny zur Nacht bei dir bleibt, weil Domie dann noch nicht wieder zu Hause ist, redet ihr in Ruhe noch einmal darüber. Das verkürzt die Zeit und mindert die Spannung.

Endlich, um zwei Uhr nachts, kommt ein Auto angesaust. Stoppt es hier vor der Hecke? Wie oft haben sie sich das in den letzten Stunden schon gefragt? Atemlos liegen sie da und horchen. Ja, es hält.

»Das ist Domie!« sagt Giny.

Sie ziehen sich die Pantoffeln an und ein Kleid und gehen die Treppe hinunter. Ein Schlüssel dreht sich im Schloß, die Tür geht auf.

Sie springen Domie fast an. Die Spannung steht ihnen auf den Gesichtern geschrieben.

»Wir haben einen Sohn«, sagt Domie.

»Oh, Mann, herzlichen Glückwunsch, Domie!«

Sie greifen nach seinen Händen und drehen sich im Kreise.

»Wie heißt er? Und wieviel wiegt er?«

Aber Domie ist müde und abgekämpft.

Er hört den Doktor wieder sagen: »Gib dem Pastor ein Glas Wasser.« Dann ist da eine Schwester, die ihn mit auf den Flur nimmt, wo sie ihn auf eine Bank setzt und ihn etwas trinken läßt, und dann steht er auf einmal in einem Babyzimmer, wo eine Schwester ein kleines Menschenkind in eine Badewanne hält, und dieses Geschöpf ist sein kleiner Sohn!

»Hast du ihn schon beim Baden gesehen? Und war alles in Ordnung?« hatte seine Frau ihn hinterher gefragt.

»Es ist ein Prachtkerlchen, und er wiegt sieben Pfund und hundertfünfzig Gramm.«

Sie machen ihm etwas zurecht und kochen. Ein großer Teller voll Haferflocken soll es werden. »Sie haben heute den ganzen Tag noch nichts gegessen«, sagt Greet. Und Giny brät Kartoffeln auf dem elektrischen Herd. »Aber nun müssen Sie von Hansje erzählen!« Müde oder nicht müde – sie lassen sich nicht einfach mit Ausflüchten abspeisen.

Was für Augen? Was für Haare? Wie sind die Händchen? Kommt Frau

Pastor bald mit ihm nach Hause? Und was hat Mevrouw gesagt, als sie ihn zum ersten Mal sah?

»Als er gebadet war, brachte die Schwester ihn zu Mevrouw. Sie durfte ihn in den Arm nehmen, und dann sagte sie: »Grüß dich, mein kleiner Junge. Wir kennen uns schon lange, stimmt's? Ich hoffe, daß wir Freude aneinander haben werden.«

Bei dem Wort »Freude« zog ein Schatten über Greets Gesicht. Sollte sie es jetzt sofort erzählen? Jetzt, noch in dieser Nacht?

Ach, es war vielleicht doch das Beste.

»Heute«, sagte sie plötzlich, während sie die Haferflocken auf den Teller kippte, »heute sind da Jungens im Schutzkeller gewesen.« Domie erschrak.

»Wer denn?« fragte er. »Und wie ist es passiert?«

»Ich hatte heute nacht in meiner Verwirrung die Tür nicht gut geschlossen, und da sind Fecco und Eltjo gekommen, und Giny weiß es natürlich jetzt auch.«

»Aber wir können schweigen«, sagte Giny.

»Ja, Groninger verstehen zu schweigen«, sagte Domie.

»Frau Pastor wird keine Stunde Ruhe mehr haben im Bett, wenn sie es erfährt«, sagte Greet.

»Ich wollte das Schwein sowieso schlachten lassen, solange noch Mevrouw weg ist. So etwas ist nichts für sie, also muß es jetzt wohl sein. Nicht, daß die Jungens ihren Mund nicht halten könnten, dafür kenne ich sie gut genug. Aber wo doch jetzt der Schnee weg ist, könnten öfter mal Leute hier herumstromern – und weg ist weg. Frau Pastor wird sicher ein Stein vom Herzen fallen, wenn sie nach Hause kommt, und der Schutzkeller ist leer.«

Greet schaute jetzt so vergnügt drein, als ob sie etwas Bedeutendes geleistet hätte. Mevrouw kommt bald mit dem Baby nach Hause – und Nero ist längst eingeweckt. Was wird Mevrouw dazu wohl sagen!

Es war Besuchsnachmittag im Krankenhaus. Ein Tablett mit Tassen drauf stand schon neben meinem Bett bereit. Gestern waren sage und schreibe neunzehn Leute gekommen, um mir zu unserem Sohn zu gratulieren. Würde es heute wieder einen solchen Ansturm geben?

Es war noch fünf Minuten bis zwei, aber da ging schon die Tür auf, es erschien das schmunzelnde Gesicht von Frau Courts und dahinter »Klein-Geertje«, die ungefähr halb so groß wie Frau Courts war.

»Herrje, Mevrouw, sind Sie doar?« eröffnete Frau Courts die Konversation, »och, gommes man, un wie gehts denn, un wo is denn das Püppchen?«

»Unten im Babyzimmer.«

»Och, gommes man, moar dei mouten wie doch even sain, nich woar – sind dafür extra vom ollen Deich rübergekommen.«

»Joa, joa«, nickte Klein-Geertje und zwinkerte mit ihren Äuglein. »Dei mouten wie even sehen.«

»Sie haben Glück. Um zwei Uhr kommt die Schwester mit ihm her. Aber wie sind Sie eigentlich hereingekommen? Es ist doch noch keine Besuchszeit!«

»Och, ick heb mich vroagd. Die kennen doch ol vrouw Courts hier wel. Da's ja wel goud!«

»Joa«, nickte ol Geertje, »da's ja wel goud!«

»Sind Sie einfach so beim Portier vorbeigelaufen?«

»Da war kein einer im Eckchen, hör.«

Die Tür ging auf, und eine Schwester trug ein rosa Päckchen herein.

»Och, gommes man, doar kommt dien Püppchen!«

Frau Courts nahm das Baby ohne Kommentar und ganz und gar sachverständig der Schwester ab und schlug die kleine Decke zurück.

»Och, gommes man, wat'n laif jonkje! Kiek es, Geertje – wat'n dikke Jong! Doar mag Mevrouw ja stolz op wesen!«

»Ich komme gleich wieder«, sagte die Schwester, die noch mehr zu tun hatte und nicht gegen Courtsjes Aufdringlichkeit und eigenartige Sprache ankam.

»Da's goud, hör! Ich werd schon auf ihn aufpassen – herrje, ick heb al soveel Kinderkes grootmoakt! Ganz Oldiek, sikkom! Doar sünd Sie noch moar'n Kind bie, Schwester!«

Aber das weiße Häubchen der Schwester war schon hinter dem Türpfosten verschwunden.

»Wat'n Augen – wat'n Augen! Hai kikt joe liek in't Gesichte, man! Geertje, kiek!«

». . . 't is ais Gesichte mit Mevrouw«, sagte Geertje.

»Nee, ol Kamel, wie ken Jie't seggen! Hai liekt op Domie!«

Die Erörterung, wem er nun eigentlich ähnlich sähe, begann Hansje ganz offensichtlich zu langweilen. Er fing jedenfalls an zu schreien, und Frau Courts mußte ihn beruhigen.

»Lütje potje reert«, sagte sie – und dann die Diagnose: »Hai het honger.«

»Die Schwester muß ihn aber erst noch wiegen«, sagte ich.

Courtsje schaute unzufrieden drein.

»Dat dou ick ook nie«, sagte sie. »Dat können Sie wohl am Kind sehn, hör, obs genug kriegt. Doar heb ick sone verdammte Schule nich für nötig . . . still moar, min jonkje.«

»Geben Sie ihn mir mal solange«, sagte ich, »dann wird er sicher still, bis die Schwester kommt.«

Frau Courts musterte ihn noch einmal mit Kennerblick von Kopf bis Fuß und überreichte ihn mir dann.

Die beiden alten Frauen beugten sich nun mit besitzergreifenden

Blicken über das Bett. Kaum fühlte Hansje die Wärme meines Körpers, da wurde er ganz still, lag mit großen, erstaunten Augen ganz einfach in meinem Arm und blickte nach den Gesichtern über sich – nach den Apfelwangen, nach dem Kinn mit den runden Grübchen, nach den hellblauen, gütigen Augen und der mächtigen Stirn von Frau Courts, über der eine graue Locke lag, mit einem Knoten als Abschluß, und nach dem runzeligen Gesichtchen von »Ol Geertje«, die immer mit den Äuglein zwinkerte.

Der Kirchenausschuß war ganz schön rege gewesen. Rechtzeitig zur Heimkehr des kleinen Prinzen hatte der Zimmermann die kleine Kammer, die als Babyzimmer eingerichtet werden sollte, mit einem schönen Fenster versehen, und der alte Maler kam mit Tapetenrollen, Glasscheiben und einem großen Topf mit heller Farbe.

Festliche Zusammenkünfte von Frauen- und Jugendkreisen wurden angesetzt, und auf diesen »Pöttchen-Festen«, wie man sie nannte, fehlte es nicht an Kakao, und sogar runde Kekse mit buntem Aniszucker gab es. Dafür mußten lange Zeit vorher Marken gespart werden.

Das Haus schien zu einem Blumengarten geworden zu sein, und der junge Erdenbürger, zu dessen Ehre das alles geschah, ließ sich das alles gefallen und tat so, als wäre es selbstverständlich, daß er auf diese Weise willkommen geheißen wurde. Er nahm kleine Geschenke entgegen und hörte sich mit ganz gelassenem Gesichtchen die Gedichte an, die man ihm aufsagte.

Und dann kam der Alltag. Tagsüber lag Hansje draußen im Sonnenschein und schaute in den blauen Himmel. Er war gesund und gedieh prächtig. Nur einmal ließen wir den Doktor kommen, und das war, hinterher gesehen, auch noch vollkommen überflüssig gewesen. Manchmal hatte er etwas Bauchweh. Grützenwasser war dann immer ein gutes Heilmittel.

An einem Samstagabend mußte er es wieder einmal bekommen. Papa wollte es ihm in einer kleinen Flasche geben, damit sein Sohn wenigstens auch einmal etwas von ihm bekommen sollte. Aber Hänschen schien diese milde Gabe nur wenig zu würdigen. Dauernd unterbrach sein enttäuschtes Geheule das Trinken.

»Nun nimm schon, mein Kerlchen«, ermutigte ihn Domie, »das schmeckt lecker!«

Aber Hänschen war durchaus nicht seiner Meinung und strampelte vor Ärger mit den Beinchen.

»Siehst du, was für Schmerzen er in seinem Bäuchlein hat?« sagte Domie.

»Gib ihm doch die ganze Flasche, bis sie alle ist, ich hab' noch in der Küche zu tun«, sagte ich.

»Sollten wir nicht lieber . . .«, sagte Domie.

»Ja, vorm Schlafen . . ., sonst finden wir doch keine Ruhe. Aber es ist schon eine verrückte Zeit, um den Arzt zu rufen. Es ist kurz vor Mitternacht!«

»Ich schaue doch lieber nach dem Arzt«, sagte Domie, und dabei ging er schon zum Flur hinter dem Konfirmandenraum, wo sein Fahrrad stand.

Als der Doktor kam, lag Hansje in meinen Armen.

»Ja, Doktor«, sagte ich entschuldigend, »es sieht jetzt ganz so aus, als wäre mit Hänschen nichts gewesen, aber vorhin hat er noch fürchterlich geweint, und wir haben uns alle Sorgen gemacht.«

»Das«, sagte der Doktor gutmütig, »bin ich schon gewöhnt: Wenn der Doktor kommt, ist das Kind gesund, sagt ein Sprichwort. Aber gib ihn mal her und laß sehen, was ihm fehlt.«

Der Doktor machte sich an die Arbeit, betrachtete Hänschen von allen Seiten, drehte ihn nach vorn und nach hinten und stellte ihn sogar auf den Kopf.

»Alles in Ordnung«, sagte er nach seiner gründlichen Untersuchung. »Ich kann nichts finden. Was denken Sie, daß es gewesen sein könnte?«

»Könnte er vielleicht zu lange in der Sonne gestanden haben, Doktor?« fragte ich vorsichtig. »Er sah so rot aus heute nachmittag, als er im Wagen lag, und als ich meine Hand unter das Verdeck legte, war es dort ziemlich warm.«

»Ja«, sagte der Doktor, »das ist gut möglich. Heute war der erste warme Tag, und wenn man damit nicht gerechnet hat und den Wagen in der Sonne stehen läßt, dann entsteht unter so einem Verdeck brütende Hitze, und das Baby hat es viel zu heiß.«

»Aber was sollen wir nun tun, Doktor?«

»Nichts. Einfach schlafengehen und das Baby auch zum Schlafen hinlegen. Es wird sicher müde sein von all dem Weinen, und sein Magen wird durch die Hitze wohl etwas in Unordnung sein.«

Wir merkten, daß wir den Doktor eigentlich ohne Grund aus dem Bett geholt hatten und standen etwas verlegen da.

Aber der Doktor wehrte unsere Entschuldigungen ab.

»Ich muß immer damit rechnen«, sagte er. »daß man mich beim ersten Kind schon mal für nichts aus dem Bett holt. Das ist das Risiko in unserem Beruf, so wie es das Risiko in Ihrem Beruf ist«, sagte er zu Domie, »durch Ihr Baby am Schlafen gehindert zu werden, wenn Sie am folgenden Tag predigen müssen.«

»Aber denken Sie daran«, sagte er an der Tür noch, »zu warm ist für ein Baby ebenso schlimm wie zu kalt!«

»Ja, Doktor«, erwiderte ich demütig.

Dann ging er wieder fort, genauso gut gelaunt wie er gekommen war, und ich bewunderte die Geduld, mit der er solche Risiken seines Berufes auf sich nahm. So ein Doktor war doch immer für jeden da, und was wir in unserer Unerfahrenheit verkehrt machten, mußte er wieder zurechtrücken!

Die Bombenangriffe auf Emden mit seinem Unterseeboot-Hafen wurden von Mal zu Mal heftiger.

Man konnte die Uhr danach stellen. Nachts um halb zwölf kamen die englischen Flugzeuge, und um halb zwei oder zwei Uhr hörte das Dröhnen auf. Die Maschinen waren wieder abgezogen.

Wie Vögel sah man sie manchmal dahinfliegen, hintereinander, in langen Reihen, und ihr Brummen erfüllte die Luft.

Sperrballons hingen über Emden. Alles war verdunkelt. Und doch war es bei uns, auf der anderen Seite des Dollart, durch die Leuchtkugeln, die die Engländer abwarfen, so hell, daß man bei dieser rötlichen Glut fast die Zeitung lesen konnte.

Die Granatsplitter von den Flakgeschützen prasselten bei uns auf die Dächer. Erst hörte man die Bomben pfeifen, dann explodierten sie. Manchmal gab es Luftgefechte, und dann fielen die Bomben überall einfach so ins Land. Hinter der Kirche explodierte nachts einmal eine solche Bombe, und unser Schlafzimmer wurde in grelles, weißes Magnesiumlicht getaucht. Auch auf Bauernhöfe fielen Bomben. Niemand konnte sich mehr sicher fühlen.

Wenn es so kriegerisch zuging, schoben wir die Wiege mit dem kleinen, schlafenden Baby in ein anderes Zimmer, wo die Gefahr herumfliegender Glasscherben nicht so groß war. Aber war Hänschen damit wohl genug geschützt? Konnte ich ihn wirklich vor diesen höllischen Mächten bewahren?

Was ich für mich selbst wohl nie getan hätte, das tat ich nun für Hänschen. Ich ging mit ihm in den Schutzbunker. Wir Menschen sind eben doch ein Stück Natur, mit tief eingewurzeltem Instinkt, der unsere Kleinen, die von unserer Wachsamkeit abhängig sind, beschirmen will, auch wenn uns der Verstand sagt, daß wir nie berechnen können, wo und wie eine Bombe explodiert – und vielleicht gegen unseren Glauben, nach dem kein Haar von unserem Haupt fallen kann ohne den Willen unseres himmlischen Vaters. Mit dem kleinen Jungen in meinem Arm sah ich im Norden ein gewaltiges Schauspiel am Himmel. Es wäre großartig gewesen, wenn es nicht so grausam gewesen wäre: fallende Granaten, die große, leuchtende Streifen am Himmel zogen, wie ein Feuerwerk.

Auf uns war das alles nicht gemünzt, nur auf den Hafen von Emden. Aber wieviele Mütter saßen mit schlafenden oder schreienden Kindern in ihren Armen in dunklen Kellern?

Ein Gefühl der Schuld, der Scham und des Ekels mußte einen befallen: wir alle waren doch daran beteiligt, in Gedanken, Worten und Werken.

Und wenn wir auch für die Taten selbst nicht verantwortlich waren, so sagten wir doch am folgenden Tag zueinander: »Sie haben Emden wieder ganz schön bombardiert...«, und das fanden wir dann gut...

Ich weiß wohl, daß wir es in der Hoffnung sagten, daß solche Bombardements das Ende des Krieges beschleunigen und den Sieg der Alliierten rascher herbeiführen würden. Ich weiß wohl, daß wir Unrecht litten und gebückt gingen unter einem schweren Druck.

Ich weiß aber auch, daß das Bibelwort: »Wer Wind sät, wird Sturm ernten«, wahr ist, und daß die Bomben eine Strafe waren für Warschau, Belgrad, Rotterdam, London und andere Städte...« Wir werden ihre Städte ausradieren«, hatte Hitler gesagt. Und nun kehrten sich diese Worte gegen ihn.

Wer wird sich später nicht schämen für ein Menschengeschlecht, das solche Dinge anrichtete!

Wer wird dann nicht sagen: »Das taten die Barbaren von damals – wir sind zu so etwas nicht fähig...« Dennoch sind die Keime des Bösen wieder genau so dicht gesät in den Herzen dieser jüngeren Generation.

Und dann steht vor uns der Eine ohne Sünde – der unsere Schuld auf sich nehmen und uns versöhnen wollte durch seinen Tod, und der das für uns tat, was wir aus eigener Kraft nicht tun konnten.

In dieser Zeit stellten die Deutschen an der Bahnlinie ihre Kabelwache auf. Sie behaupteten, irgendwo in unserer Gegend sei ein Kabel durchgeschnitten worden. Und dafür mußten nun alle Bürger aus der Umgebung büßen. Aus jeder Familie mußte ein Mann bei dem durchgeschnittenen Kabel Wache stehen. Die Deutschfreundlichen wurden natürlich ausgenommen, denn die konnten es ja nicht getan haben, meinten die Deutschen.

Wie lange die Wache dauern sollte, das wurde uns nicht gesagt. Aber sie dauerte jede Nacht von zehn bis eins oder von eins bis vier. Viel hing davon ab, ob man für die erste oder für die zweite Schicht eingeteilt war. Jede Nacht jedenfalls stand man drei Stunden Wache an der Eisenbahnlinie. An jedem Telefonmast stand ein Mann, viele Kilometer lang. An schönen Abenden, wenn Domie Wache hatte, brachte ihn die Jugend bis zu seinem Pfahl. Domie hatte einen dicken Stock bei sich, und es war ein reges Treiben, wenn sie ihn, alle Arm in Arm, wegbrachten.

Man konnte wohl vom Wachdienst befreit werden, so erzählten uns nächtliche Kontrollposten, aber dann mußte man sich mindestens in die Liste für die Winterhilfe eintragen.

Es war eine niederträchtige, sinnlose Quälerei, die Menschen, die tagsüber hart arbeiten mußten, nachts auf Wache an einem Mast zu stellen, und vor allem plagte uns die Ungewißheit und Unbegrenztheit der »Strafe«. Aber die gemeinsame »Strafe« brachte doch eine allgemeine Verbrüderung zustande.

Die Bauern ließen mit ihren Wagen Strohballen zur Bahnlinie bringen. Damit bauten sie Hütten, auch für Herrn Pastor, den Schmied und den Schulmeister, die so etwas nicht selbst tun konnten. Das war natürlich nicht erlaubt, aber es wurde doch augenzwinkernd zugelassen. »Strafe?« sagte De Lange. »Ist das eine Strafe, in diesen schönen Mittsommernächten draußen zu sein? Ist es nicht herrlich, da es doch jetzt kaum dunkel wird? Man verschläft sonst die schönste Zeit des Lebens, Mann! Und so gegen vier Uhr beginnen die Vögel schon wieder zu singen, und dann steht der Mohn so schön, und der Nebel steigt...«

Er heiterte Elderling, der einen Mast weiter stand, richtig auf mit seinen fröhlichen Betrachtungen. Aber es dauerte alles viel zu lange! Manchmal regnete es ja auch, und die Wachen mußten sich dementsprechend anziehen und gingen in den phantastischsten Kostümen auf ihre Posten. Dann mußten sie durch den fetten, schlammigen Boden, um an ihren Platz zu gelangen. Über die Sandwege konnte man ja kaum mit dem Rad fahren. Der Modder blieb zwischen den Reifen und dem Schutzblech kleben, so daß das Fahrrad kaum fortbewegt werden konnte, und am Mast hätten sie Stunde um Stunde im Regen gestanden – wenn die komfortablen Hütten nicht gewesen wären! Die waren zum Glück da, und darin hielten Bauern und Bürger »Wache«, manchmal zu zweit oder zu dritt.

Bis die Kontrolle kam. Dann mußten sie versuchen, noch rechtzeitig zu ihren Masten zu kommen.

Ein deutscher Kontrolleur wollte einmal mit seinem Motorrad unbemerkt Streife fahren. Er fuhr nicht den gewöhnlichen Weg, sondern querbeet zwischen den Weidenbüschen lang. Das war aber für ihn unbekanntes Gelände, und er flog Hals über Kopf ins Wasser.

Glaubten die Deutschen wirklich, sie könnten mit ihrer Kabelwache diese freien Menschen in die Knie zwingen? Nein, sie brachten die Leute damit erst richtig in Harnisch. Wer zuvor lau gewesen war, wurde jetzt entschlossen.

Es ist nun einmal eine menschliche Eigenschaft, nur die Dinge schlimm zu finden, die einen unmittelbar etwas angehen.

So gab es einige, die es gar nicht störte, daß Pferde abgeliefert werden mußten. Vielleicht eine halbe Stunde lang hörte man das Getrappel der Hufe all der prächtigen Pferde, die die Deutschen wegholten. Sie waren Stolz und Ehre eines jeden Groningers. Viele von ihnen kamen nie wieder zurück.

Die Trecker-Abgabe, fand man, war nicht so schlimm. Aber als die Deutschen mit den Fahrrädern anfingen, da war Holland in Not! Denn ein Fahrrad hatte jeder Holländer, und Fahrräder gingen jeden an.

Das »Haus der Mäuse«

Mitten in der Zeit der »Kabelwache« und der Bombardierungen kam eines Tages ein Brief.

Damals nahm die Verfolgung der Juden in unserem Land immer schrecklichere Formen an. Tausenden von ihnen wurde das gesamte Vermögen weggenommen, und sie wurden auf die Straße gesetzt. Immer wieder hörte man auch Geschichten von Juden, die nicht nur ihres Vermögens beraubt wurden, sondern auch die Freiheit verloren.

In Amsterdam fuhren die Polizeiwagen durch die jüdischen Stadtviertel. Junge Männer wurden aus ihren Bettern gerissen, oder man nahm sie direkt von der Straße mit. Dann wurden sie in ein Lager nach Polen gebracht, und nie wieder hörte man etwas von ihnen. Nur gelegentlich wurde davon gesprochen, daß eine große Anzahl dieser jungen Juden umgekommen sei.

Auf dem Redaktionsbüro in Amsterdam, in dem ich gearbeitet hatte, gab es eine jüdische Fotografin, die mir regelmäßig Fotos angeboten hatte. Sie war auch schon einmal bei uns zu Hause zu Besuch gewesen. Aus der ursprünglich nur geschäftlichen Bekanntschaft war nach und nach eine freundschaftliche Beziehung geworden, und Lily hatte auch unser Hochzeitsfoto gemacht.

Als Hansje geboren worden war, schickte ich Lily eine Geburtsanzeige und dachte mir dabei: »Wie wird es ihr wohl gehen? Können wir nicht irgend etwas für sie tun? Aber was?«

Und nun kam auf einmal ein Brief von ihr: »Kann ich nicht für einige Zeit zu Euch kommen? Ich bin in großer Not.«

Ich ging mit dem Brief nach oben ins Bodenstübchen. Da saß Domie und arbeitete. Er war in gedrückter Stimmung, weil er wegen der »Kabelwache« viel zu wenig Nachtruhe bekam.

Ich legte Lilys Brief vor ihn hin.

»Da haben wir's«, sagte Domie.

»Was?«

»Ach, es ist doch alles umsonst, ich werde mein Leben noch in einem Konzentrationslager beenden.«

»Das weiß man nicht.«

»Ja – und wenn wir Lily kommen lassen, wird es noch beschleunigt.«

Was tun? Absagen? Lily ihrem Schicksal überlassen? Der Pastorenberuf war in jener Zeit längst nicht mehr eine sichere Sache. Wer nach Ehre und Gewissen leben wollte, der konnte in der Kirche nicht mehr seinen Mund halten – wegen all der Greueltaten, die Tag für Tag passierten. Und nun kam das hier noch dazu!

Jeder Mensch ist von Natur aus bedacht, sich selbst zu retten – auch ein Christ. Hatte es denn einen Sinn, einer einzigen »Tochter Abrahams« zu helfen, wo doch unzählige Juden abgeführt wurden. Und wenn das dann entdeckt wurde – war dann alles nicht noch viel schlimmer – auch für die, der man helfen wollte? Und durfte man seinem Mann, der wegen seines Bekenntnisses in der Kirche sowieso schon »auf der Kippe« stand, ein solches Risiko zumuten?

Am Sonntag hatte er im Gottesdienst noch einen Protest der Synode gegen die Judenverfolgung verlesen. Über diese Abkündigung und einige andere Dinge, die man von ihm so wußte, hatte Bertram, der mit dem Zug nach Groningen unterwegs gewesen war, ein paar holländische Nazis reden hören: »Der Domie da, der ist ein ganz Schlimmer für's Jungvolk. Der muß aus dem Weg geräumt werden.« Man hatte Domie schon auf dem Kieker.

»Geh mal mit dem Brief zu Elderling«, sagte Domie.

Das tat ich, und ich legte Elderling den Fall vor.

»In großer Not...«, hatte Lily geschrieben. Der ganze Brief war ein einziger Hilfeschrei.

»Es gibt natürlich Menschen, für die man alles tun würde«, sagte Elderling vorsichtig. »Ist das hier so jemand?«

»Es ist eigentlich mehr eine zufällige Bekanntschaft aus der Zeit meiner Arbeit in Amsterdam.«

Durch Elderlings hohe Fenster sah ich das weite Land mit dem reifenden Korn friedlich in der Abendsonne liegen. Und in Amsterdam herrschte Verzweiflung. Da gab es Tausende von Menschen, die keinen Ausweg mehr sahen und ihrem Leben ein Ende setzten. Und ein Mensch von den vielen bat uns, ihn zu retten. Aber welches Risiko wäre damit verbunden! Ein Risiko auch für das Leben derer, die mir am liebsten waren – und vielleicht für mein eigenes Leben. Und außerdem hatten wir jetzt auch noch den kleinen, lieben Hans, an dessen Sicherheit wir denken mußten.

Elderling machte sich Sorgen um uns.

Als ich später nach Hause ging, da wußte ich immer noch nicht, was wir tun sollten. Aber wer Rat sucht für das, was Christus von einem erwartet, der bekommt auch eine Antwort.

»Und siehe, da stand ein Schriftgelehrter auf, versuchte ihn und sprach: Meister, was muß ich tun, damit ich das ewige Leben ererbe? Er aber sprach zu ihm: Was steht im Gesetz geschrieben? Wie liesest du? Er antwortete und sprach: Du sollst Gott, deinen Herrn, lieben von ganzem Herzen, von ganzer Seele, von allen Kräften und von ganzem Gemüte und deinen Nächsten wie dich selbst. Er aber sprach zu ihm: Du hast recht geantwortet; tue das, so wirst du leben! Er aber wollte sich rechtfertigen und sprach zu Jesus: Wer ist denn mein Nächster? Da antwortete Jesus und sprach: Es war ein Mensch, der ging von Jerusalem hinab nach Jericho und fiel unter die Räuber; die zogen ihn aus und schlugen ihn und gingen davon und ließen ihn halbtot liegen. Es begab sich aber von ungefähr, daß ein Priester dieselbe Straße hinabzog; und da er ihn sah, ging er vorüber. Desgleichen auch ein Levit; da er kam zu der Stätte und sah ihn, ging er vorüber. Ein Samariter aber reiste und kam dahin; und da er ihn sah, jammerte ihn sein, ging zu ihm, goß Öl und Wein auf seine Wunden und verband sie ihm und hob ihn auf sein Tier und führte ihn in eine Herberge und pflegte sein. Des anderen Tages zog er heraus zwei Silbergroschen und gab sie dem Wirte und sprach zu ihm: Pflege sein und so du was mehr wirst dazutun, will ich dir's bezahlen, wenn ich wiederkomme. Welcher dünkt dich, der unter diesen dreien der Nächste sei gewesen dem, der unter die Räuber gefallen war? Er sprach: Der die Barmherzigkeit an ihm tat. Da sprach Jesus zu ihm: So gehe hin und tue desgleichen!«

Gehe hin, tue desgleichen... Das ist nüchtern und praktisch und schneidet alle theoretischen Erwägungen über die Frage ab, ob man so etwas in einem bestimmten Fall nur für die »Volksgenossen« tun muß – oder vielleicht gar nur für die eigene Familie. Samariter und Juden waren ja nicht unbedingt »verwandte Seelen«.

Der Samariter geht das Risiko ein, seine Nothilfe mit dem eigenen Leben bezahlen zu müssen, denn die Räuber könnten ihn genauso überfallen. Das Risiko ist gewiß auch der Grund dafür, warum der Priester und der Levit einen so großen Bogen um den Verwundeten machen. Nicht weil sie hartherzige, gefühllose Menschen sind, sondern weil sie Angst um ihr eigenes Leben haben.

Der Nächste. Das ist nicht ein unverbindlicher, allgemeiner Begriff. Eine abstrakte Betrachtung im Sinne von: »Du mußt die Menschen lieb haben« nimmt dem Begriff »Liebe« den Sinn, denn das kann man nicht. Man kann nur Menschen liebhaben, die man kennt. Aber der Nächste, das ist der Mensch, der einem über den Weg kommt und der Hilfe nötig hat.

Die Worte, die einmal durch den Mund Christi gesprochen worden waren, klangen nach in unseren Herzen.

Ihnen verdankte es Lily, daß noch mit der letzten Post ein Expreßbrief mit der Bitte nach Amsterdam ging: »Komm so bald wie möglich mit dem letzten Zug hierher!«

Am nächsten Tag hatte Domie die zweite Kabelwache von eins bis vier. In dem Brief an Lily hatte gestanden, daß sie mit dem Zug um Mitternacht ankommen solle, und weil es vom Bahnhof aus doch ein ganzes Stück Wegs bis zu uns war und Lily gewiß einen Koffer bei sich hatte, beeilte sich Domie, sie noch vor ein Uhr abzuholen, mit einem zweiten Fahrrad an der Hand.

Es war dunkel, und es regnete in Strömen. Wir hatten uns ausgerechnet, daß Lily unseren Brief gegen Mittag bekommen haben mußte und daß sie natürlich für eine sofortige Flucht schon fertig war, denn sie hatte um eine sofortige Antwort gebeten.

Nie werde ich die Stimmung jener Nacht vergessen. Ich stand in der Küche, um noch etwas für Domie fertigzumachen, denn durch alle diese Nachtwachen waren auch die Essenszeiten völlig durcheinandergekommen. Als Domie vom Bahnhof zurückkam, bekam er eine Thermosflasche mit warmem Kaffee mit auf die Wache.

»Nimm etwas Schnur mit«, sagte ich, denn ich wollte die Sachen festbinden.

»Ja«, sagte Domie, »und auch meine Zeltausrüstung, damit ich wenigstens nicht klitschnaß werde.«

Er schlug das Regencape wie eine Decke um sich, und ich band es mit einer Schnur an seinem Hals fest. So stand er auch auf Wache, Stunde um Stunde im Regen.

»Glück auf«, sagen die Grubenarbeiter, wenn sie in die dunkle Mine fahren. Das sagte ich jetzt auch zu Domie, als ich ihm das zweite Fahrrad für unseren »Gast« gab und ihn in die Dunkelheit und in den Regen ziehen ließ.

»Ich hoffe, daß du sicher mit Lily nach Hause kommst.«

Das Abholen war für Lily eine gefährliche Sache. Juden durften nicht reisen. Sie durften nach acht Uhr nicht einmal im Freien sein. Wie würde Lily wohl die Reise geschafft haben? Natürlich ohne den gelben Stern und wahrscheinlich mit einem falschen Paß, für den Fall, daß man sie unterwegs kontrollieren würde.

Ich ging zurück in die Küche.

Das Haus lag still und einsam in der Nacht. Der Regen klopfte an die Fenster. Kein Flugzeug war zu hören: Bei diesem Regen würden sie bestimmt nicht kommen.

Ich dachte an Domie, der nun ganz allein durch die Dunkelheit und die Einsamkeit der Nacht radelte. Gleich würde er auf dem nicht überdachten Bahnsteig des kleinen Bahnhofs stehen, seine Augen in das Dunkel bohrend, ob sich da auch wirklich der Zug aus Holland näherte.

Und dann würde eine einsame, kleine Person mit einem Koffer aussteigen. Unser Flüchtling. Niemand durfte Domie und sie sehen. Aber keine Sorge. Nach zwölf Uhr durfte niemand mehr draußen sein. Und wenn ein Verkehrspolizist Domie anhalten würde, dann konnte er stets seinen Ausweis zeigen, der ihm erlaubte, »wegen Ausübung des Berufes« draußen zu sein – und dann würden die beiden hier im Hause ankommen, wie in einem sicheren Hafen.

Der Wecker auf dem Kaminsims tickte laut. Greet schlief, Hänschen träumte in seiner Wiege. Geborgenheit und Stille. Ich rührte im Brei herum. Der wird Lily bestimmt schmecken, wenn sie gleich kommt. Sie wird wohl frieren und naß sein.

Warten, warten. Lauschen auf den Regen, auf das Fallen des Wassers in die Regentonne.

Endlich ein Geräusch an der Tür zum Konfirmandenraum. Waren sie da? Ich lief schnell hin und machte das Licht an.

Domie war allein.

»Sie war nicht da«, sagte er betrübt.

»Sie war nicht da?«

Wir schauten uns betroffen an. Waren wir vielleicht schon zu spät dran gewesen? Ich sah vor mir eine dunkle Gracht in Amsterdam. Hatte das Wasser einen Menschen verschlungen? »Ich bin in großer Not!« hatte Lily geschrieben.

»Nichts zu machen«, sagte Domie. Das klang so trostlos wie der Regen, der in die Regentonne fiel.

»Du mußt wieder fort«, sagte ich. »Hier ist deine Thermosflasche und hier deine Brottrommel.«

Ich stopfte beides in Domies Fahrradtaschen und ließ ihn wortlos hinaus. Ein »Gute Nacht und gute Wacht« wollte mir nicht über die Lippen.

Der Regen hatte immerhin einen Vorteil: Ich konnte endlich zu Bett gehen. Jetzt würden keine Flugzeuge mehr kommen. Ich brauchte den kleinen Hans nicht aus seiner Wiege zu holen, um mit ihm unter einem Regen von Granatsplittern durch den Garten zum Schutzkeller zu laufen.

Aber aus seinem Bett wollte ich ihn doch holen. Er wurde wach, als ich das Licht in seinem Schlafzimmer anknipste.

»Sei still, mein kleiner Junge!«

Ich holte ihn aus der Wiege, gegen alle Vorschriften, machte eine kleine Lampe neben meinem Bett an und nahm ihn in den Arm. Das war ein süßer Trost, nach all den Schrecken dieser Nacht.

Ich hatte ein eigenes Gebet für ihn: »Herr, ich danke dir, daß ich in deiner großen Herde auch ein ganz kleines Schäfchen bin.«

Und dieses Gebet sprach ich jetzt für ihn.

Er hörte mit dem Trinken auf und schaute zu mir hoch. Dann lachte er ein so engelhaftes Lächeln, daß es mich sehr rührte. »Wie war das möglich«, dachte ich ... »Solche Gegensätze: teuflische Mächte, die die Menschen zu Tode ängstigen, so daß sie wie aufgescheuchte Tiere flüchten mußten – und so etwas engelhaft Liebes?«

So hatte Lilys Mutter, als Lily noch ein Baby war, mit ihr wohl auch geschmust, und mit ihrer Zwillingsschwester.

Dann begannen die Verfolgungen in Deutschland. In Berlin wohnte jetzt noch die Mutter, aber ihre Töchter waren – schon sehr jung, als sie noch kaum auf eigenen Beinen stehen konnten – nach Holland geflüchtet.

Nun kam der Spuk der Verfolgung auch hierher; und es war keine Mutter da, die ihre Kinder beschirmen konnte, wie ich meinen kleinen Sohn.

Es blieb nur noch ein Wunsch, ein Gebet: »Bring sie in Sicherheit, laß sie den Weg in unser Haus finden!« Vergessen war alle Sorge um unser eigenes Wohl.

Ich bekannte es Domie am anderen Tag.

»Ich denke auch ständig daran«, sagte er.

Es lag wie ein schwerer Druck auf uns, so daß wir ganz still wurden, nur erfüllt von einer alles beherrschenden, drängenden Frage: Was ist mit Lily passiert? Wie geht es ihr? Warum ist sie nicht gekommen?

Die Antwort kam ein paar Tage später auf ganz unerwartete Weise.

In einer Nacht, als Domie gerade auf Wache gegangen war und ich schon im Bett lag, wurde an unserer Haustür geklingelt. Ich zog schnell etwas über, ging nach unten und fragte durch die geschlossene Tür:

»Wer ist da?«

»Bin ich hier im Pfarrhaus?«

»Ja, was wünschen Sie?«

»Haben Sie keinen Brief bekommen?«

»Nein, ich habe nichts bekommen, und ich öffne jetzt auch niemandem mehr, denn es ist schon nach Mitternacht.«

Mir kam in den Sinn, daß vielleicht ein paar verspätete Landstreicher vor der Tür stehen könnten, die einen Unterschlupf suchten. Das war schon öfter passiert. Aber ich war fest entschlossen, es ihnen diesmal zu verweigern. Es war schließlich mitten im Sommer. Die Burschen sollten ruhig mal in einen Heuschober kriechen.

Es war still, vor der Tür und dahinter. Erst später habe ich begriffen, wie sich der Fremde hinter der Tür bei meinen Worten gefühlt haben mußte. Ich konnte es nicht gut übers Herz bringen, einfach wieder nach oben zu gehen.

»Wer sind Sie eigentlich?« fragte ich. Jemand, der mir einen Brief geschrieben haben wollte, den mußte ich doch kennen.

»Ich komme aus Amsterdam«, war die Antwort.

Das sagte mir nichts. Die Stimme war mir nicht bekannt.

»Nennen Sie doch Ihren Namen.«

Ein kurzes Zögern. Dann, so leise, daß ich es nicht verstand: »Salomons.«

»Was sagen Sie?«

»Salomons.«

Ich war verblüfft. Das war Lilys Nachname, aber in meiner Verwirrung – denn wer hätte gerade jetzt damit gerechnet – sagte ich:

»Aber Sie sind doch nicht Lily, Sie sind doch ein Mann!«

»Ja, aber Lily ist bei mir.«

Bei diesem Zauberwort schob ich den schweren eisernen Balken von der Tür.

Ein kurzer, scharfer Pfiff ertönte draußen, und Lily, die sich hinter der Hecke niedergeduckt hatte, stand einen Moment später auf der Schwelle.

»Kommt mal schnell herein!«

Ich hatte das Licht ausgeschaltet, damit niemand die beiden hereinkommen sah. Nun drehte ich es wieder an und verriegelte die Tür hinter meinen Gästen.

Da standen sie: Lily, wie ein scheuer Vogel, und ein junger Mann, der ihr Gepäck trug. Einen Rucksack und ein paar Taschen.

Lily schien nervös zu sein.

»Es ist gut gegangen«, sagte der junge Mann. »Wir sind auf dem letzten Stück niemandem begegnet.«

»Konnten Sie uns denn finden?«

»Wir sind mit ein paar Menschen mitgelaufen, bis zur Wegkreuzung. Die haben uns dann gesagt, daß wir geradeaus gehen müßten, und gegenüber der Kirche müßte es sein.«

»Ein paarmal haben wir uns dann noch hinter Strohpuppen versteckt«, sagte Lily, »weil wir dachten, daß ein Verkehrspolizist käme, aber es war nichts.«

Ich war froh darüber, daß sie unterwegs nicht viel gesprochen hatte, sondern ihren Freund hatte reden lassen. Ihr deutscher Akzent wäre sonst gewiß aufgefallen. Daß sie unterwegs nach dem Pfarrhaus gefragt hatten, bedeutete nichts. Jedermann wußte, daß wir stets viele Gäste hatten.

Die Küche war noch ein wenig warm vom Kohleofen. Ich nahm meine Gäste mit dorthin und machte Bratkartoffeln.

Wo sollten sie schlafen? Lily am besten im Dachstübchen, denn sie konnte nicht einfach bei uns unten untergebracht werden; sie mußte ja versteckt werden. Wenn man sie suchen würde, durfte man nicht an einem Bett merken, daß jemand dort geschlafen hatte. Lily bekam ein Harmonikabett, das man zusammenschieben konnte.

»Wer sollte mich hier schon suchen?« sagte Lily. »Das kann ich mir nicht vorstellen. Ja, wenn ich Seyss-Inquart ermordet hätte, dann würden sie alles tun, um mich aufzuspüren, aber so nicht – dafür bin ich nicht wichtig genug«, erklärte sie.

Der Freund konnte wohl im Gästezimmer schlafen. Ich beschloß Greet zu wecken und lief zu ihrem Zimmer.

»Wir haben unerwartet Gäste bekommen. Könntest du das Bett im Gästezimmer beziehen?« fragte ich.

Es war ein bißchen merkwürdig, so mitten in der Nacht, aber als sie Lily sah, begriff Greet sofort die ganze Situation. Greet kannte Lily aus Amsterdam, denn sie war dort schon einmal bei uns gewesen.

»Fräulein Salomons!« sagte sie.

»Kennst du mich noch von der Keizersgracht?« fragte Lily.

»Ja, natürlich! Sie haben schon einmal bei uns gegessen.«

Während Greet das Bett bezog, unterhielt ich mich noch mit den Gästen. Expreßbriefe wurden bei uns nicht extra ausgetragen, darum hatten wir den Brief mit Lilys Anmeldung noch nicht bekommen.

Aber warum war sie erst jetzt zu uns gekommen? Wir waren schon so besorgt gewesen und hatten sie doch viel früher erwartet.

»Ich habe zuerst in einem anderen Versteck gewohnt, bei einem Bildhauer in Haarlem«, erzählte sie. »Aber das ging nicht mehr länger. Und ich konnte nicht eher kommen als heute, denn ich bekam euren Brief erst gestern, weil ich nicht mehr unter meiner eigenen Adresse zu erreichen war. Zu Hause war es doch viel zu gefährlich!«

»Ruh dich erst einmal tüchtig aus!«

»Ja, das ist herrlich! Ich habe seit drei Tagen und drei Nächten nicht mehr gegessen und geschlafen. Merkwürdig, wie gut man das aushält!«

Arme, gehetzte Lily! Du sollst hier wieder ein Bett finden und Ruhe, endlich Ruhe!

Als ich eine halbe Stunde später noch einmal die Bodentreppe hinaufging, um nach ihr zu sehen, saß sie aufrecht im Bett und schaute mit vor Schrecken weit aufgerissenen Augen zur Tür.

Dann sah sie mich und ließ sich mit einem Seufzer der Erleichterung zurück in die Kissen fallen. Sie hatte schon ein wenig geschlafen und war durch meine Schritte auf der hölzernen Treppe aufgeschreckt worden. Sie konnte sich zunächst nicht so schnell daran erinnern, wo sie war, und sagte:

»Oh, ich dachte, es könnte die Polizei sein.«

»Nein, es ist ja alles gut, ich bin es doch nur. Die Polizei sucht dich hier nicht, das hast du selbst gesagt. Ich wollte nur schauen, ob du noch etwas nötig hast.«

Lily schüttelte ihre dunklen Locken.

»Nein, ich brauche nichts. Und was für ein wunderbares Bett«, sagte sie und kuschelte sich behaglich in die Decken hinein.

»Liegst du auch warm genug?«

»Ja, wunderbar!«

»Schlaf gut!«

Es war spät geworden. Beinahe halb drei Uhr.

Noch eine und eine halbe Stunde, dann würde Domie nach Hause kommen. Ich lag wach, bis er kam, nur ab und zu nickte ich ein und träumte, daß mir die Polizei auf den Fersen wäre. Aber warum, das wußte ich nicht. Ich lief durch lange, dunkle Gänge, und ein Gespenst war mir auf den Fersen. Ab und zu blitzte eine Taschenlampe auf und erhellte die weißen Wände. Dann mußte ich wieder weiter, um eine Ecke. Jetzt war das Gespenst dicht hinter mir, lange Arme griffen nach mir, aber da war plötzlich ein Fenster. Es war geöffnet, und ich sprang hindurch. Ich fiel furchtbar tief. Es sauste in meinen Ohren. Mit einem dumpfen Schlag fiel ich auf den Boden und wurde plötzlich wach.

Ich lag in meinem eigenen Bett, und die langen Gänge waren die Flure des Pfarrhauses gewesen. Auf dem Flur oben war das Fenster nicht verdunkelt gewesen, so daß wir das Licht nicht anschalten konnten, und darum hatte der junge Mann seine Taschenlampe angeknipst. Davon hatte ich wohl geträumt.

Da lief jemand unten im Haus herum. Ich lag einen Augenblick lang reglos da, lauschte gespannt und hörte die Küchentür ins Schloß fallen.

Dann erst drang es in mein Bewußtsein, daß es Domie sein mußte. Ich schaute auf meinen Wecker. Ja, etwa halb fünf, das stimmte also.

Ich lief nach unten, um ihm die große Neuigkeit zu erzählen.

»Lily ist da«, sagte ich. »Sie ist heute nacht mit einem Freund gekommen.«

»Ein Glück«, sagte Domie.

»Ja, denn . . .«, und ich erzählte ihm von ihrer Angst, als ich auf den Boden kam.

»Dieses verdammte Regime läßt einen Menschen tausendmal den Tod erleben«, sagte Domie.

Die Tage sahen merkwürdig aus, wegen der unterbrochenen Nächte. Bei diesem Leben zwischen Kabelwache, Krieg und Sorgen war Hansje wie die Sonne an Regentagen. Lily mochte ihn schrecklich gern. Wenn sie ihn anschaute und sein seliges Lächeln sah, vergaß sie die Schrecken der vorhergehenden Wochen und Monate, und das Leben wurde wieder gut und trostreich.

Er streckte ihr seine Ärmchen entgegen und machte kleine Laute mit seiner Zunge. Er strampelte mit seinen bloßen Beinchen und jauchzte über einen kleinen Scherz, den sie mit ihm machte.

Er war wie »die Vögel des Himmels« und kannte keine einzige Sorge. Auch nicht die um das tägliche Brot.

Aber diese Sorge begann für seine Eltern nun doch zu kommen. Lily hatte keine Lebensmittelkarten und konnte sie auch nicht mehr bekommen, weil die Stammkarte blockiert war. Aber wir wußten, daß man uns nicht im Stich lassen würde. Wer die Bauern dringend um etwas bat, bekam Mehl und Erbsen für 13 und 18 Cent pro Kilogramm. Dabei verdienten sie keinen einzigen Cent. Schwarzhandel gab es nicht, ebenso wenig wie im Krieg davor. Wucherpreise wurden nicht gemacht. Man erhielt die Nahrungsmittel für den gängigen Preis, oder man bekam sie eben nicht. Und wenn man sie bekam, dann deshalb, weil der Bauer einem damit helfen wollte, und nicht um sich daran selbst zu bereichern.

Das Interesse, das die Städter für das Land an den Tag zu legen begannen, hatte einen faden Beigeschmack. Die Stadt überströmte das Land. Menschen, die Gerste nicht von Hafer unterscheiden konnten und die kaum wußten, wie eine Kartoffel wuchs, fragten jetzt, ob sie den Bauernhof einmal sehen durften.

»Oh, haben Sie auch Hühner? Dann haben Sie wohl auch Eier. Und Butter und Käse? Könnten Sie uns davon nicht etwas geben?«

»Arbeitest du eigentlich viel im Garten?« fragte mich ein Gast aus Amsterdam, als er mich eines Abends Salat stechen sah.

»Ja, warum fragst du?«

»Ach, ich dachte mir nur, wenn ich das würde tun müssen, dann würde ich lieber im dritten Stock einer Etagenwohnung leben. Ist bloß gut, daß du Freude daran hast.«

»Ich esse im Winter gern Salat.«

»Ja, ich auch, aber nicht, wenn ich ihn selbst pflanzen und gießen und Unkraut ziehen und immer hinterherlaufen muß.«

»Hochbinden, meinst du?«

»Ja, und herausholen und alle die andere Arbeit, die damit verbunden ist. Nein, weißt du, vor Gartenarbeit graut mir. Aber du würdest dich in einer Stadt sicher nicht mehr gut zurechtfinden?«

»Das würde ich nicht sagen. Ich habe doch auch sechs Jahre in Amsterdam gewohnt.«

»Was, so lange?«

Dann kam ein Junge, um mich etwas zu fragen. Als er wieder weg war, sagte der Gast:

»Was für ein nettes Kerlchen das war, überhaupt kein Bauerntyp.«

»Du benimmst dich fast wie ein Amerikaner, der Holland besuchen kommt und darüber verwundert ist, daß wir hier nicht alle in Holzschuhen und weiten Hosen herumlaufen«, sagte ich.

»Nein, aber es gibt doch wohl auch Bauern, die kaum einen vernünftigen Brief schreiben können.«

»Dann mußt du nur daran denken, daß sie so viel zu tun haben, um für dich Kartoffeln zu pflanzen, daß sie für andere Dinge einfach keine Zeit mehr haben.«

In dieser Zeit haben sehr viele ganz oder halb Intellektuelle wieder gelernt, auf einem kleinen Stück gemieteten Landes außerhalb der Stadt ihre eigenen Kartoffeln zu pflanzen.

Das muß wohl erzieherisch gewirkt haben: Es kann nicht gut sein, wenn ein Mensch sich so der Natur entfremdet, daß er nicht mehr weiß, mit wieviel Schweiß und Mühe jeder Bissen Brot gewonnen werden muß, den er einfach so in den Mund steckt.

Es ist gut, selber wieder an einem frühen Frühlingsmorgen den Duft der feuchten Erde zu riechen, den Spaten hineinzustechen und ihr, in der Hoffnung auf Segen, Samen und Pflanzen anzuvertrauen, so daß sie

Früchte hervorbringt, die dann an einem späten Sommerabend oder an einem stillen Herbsttag geerntet werden können.

Lily war nun schon einige Tage bei uns. Tage, in denen sie sich einleben und ihren Weg in ein neues Leben finden mußte, das für unbestimmte Zeit andauern mochte. Wer konnte sagen, wann der Krieg enden würde?

Er konnte ein Jahr, er konnte auch kürzer, aber wahrscheinlich doch länger dauern. Wir rechneten mit mindestens einem Jahr. Wie war es nur möglich, jemanden so lange zu verstecken? Jemanden, der nicht auf die Straße durfte und der so wenig wie möglich mit Menschen außerhalb unseres Hauses in Kontakt kommen durfte? Würde sich Lily nicht einsam fühlen, so allein in ihrem Bodenstübchen? Wir hatten doch viel zu tun und konnten ihr wenig Gesellschaft leisten. Würde dieses abgeschiedene Leben auf die Dauer für sie keine nervösen Störungen zur Folge haben?

In den ersten Wochen schlief sie viel, um das Schlafdefizit der letzten Nächte auszugleichen.

Wir brachten ihr das Essen nach oben. Nachmittags kam sie eine Etage tiefer ins Gästezimmer, wo es sonnig war. Dann saß ich in den ersten Tagen bei ihr. Sie hockte auf dem Fußboden, um durch das offene Fenster nicht gesehen zu werden, und sie flickte Kleider, während ich Bohnen säuberte und ihr zuhörte.

»Sie hat auch eine Zwillingsschwester, die noch keine Unterkunft gefunden hat«, sagte ich zu Domie.

Wir sahen uns an und dachten dasselbe. Domie war der erste, der seine Gedanken aussprach.

»Dann müßte die eigentlich auch hierherkommen. Zwei sind ein ebenso großes Risiko wie eine. Dann haben sie Gesellschaft.«

»Ja, aber damit sind natürlich auch neue Probleme verbunden. Schon bei der Unterbringung. Das Stübchen da oben ist für zwei reichlich klein, und auch die Verpflegung wird noch schwieriger, so daß man noch mehr anschleppen muß. Werden sich zwei Menschen, die den ganzen Tag so isoliert sind, nicht auf die Nerven gehen? Wir sind nun mal keine Engel, ein Mensch ist ein Mensch! Und dann: Ein Mensch allein redet nicht, aber zwei können der Versuchung kaum widerstehen, sich zu unterhalten, und selbst wenn sie das nicht tun, machen zwei Menschen unwillkürlich mehr Krach als nur einer.«

»Dann müssen sie eben morgens schlafengehen«, fand Domie, »und einen Teil der Nacht auf sein. Sie können ihre Tage so einteilen, wie sie es wollen. Und was die Unterbringung betrifft – sie wohnen doch lieber in einem Loch unter der Erde, als daß sie nach Polen gehen.«

»Aber wie steht es mit Imke?«

»Ja«, sagte Domie, »das ist schon schlimmer.«

Als Hansje seinen Einzug in unsere Welt gehalten hatte, da merkten wir bald, daß das Groninger Sprichwort wahr ist: »Eine kleine Handvoll Menschen und ein Haus voll Arbeit.«

Um uns die viele Arbeit zu erleichtern, war Imke für halbe Tage ins Pfarrhaus gekommen. Sie war nun schon zwei Monate bei uns, und damit saßen wir nun ein wenig in der Klemme, denn Imke mit ihren vierzehn Jahren mit einem so großen Geheimnis zu belasten, das ging natürlich nicht. Aber sie ohne irgend einen Grund wegzuschicken, das ging natürlich noch weniger.

Also mußte wegen Imke alles sehr geheimnisvoll geschehen. Es durfte keine Nadel fallen und kein Bett knarren, und nichts auf dem Boden durfte darauf hindeuten, daß hier Menschen waren. Schwierigkeiten, und sie waren sehr ernst, waren da, um gemeistert zu werden, fand Domie.

Er sprach mit Lily darüber.

»Wir werden ganz still sein und vormittags nur flüstern und viel schlafen, denn ich würde es wunderbar finden, wenn noch eine Kameradin dazukommen könnte. Aber meine Zwillingsschwester, die ist genauso wie ich, und dadurch bekommen wir auf die Dauer oft Streit.«

»Ich habe eine Zeitlang mit jemandem zusammengewohnt, die ist in allem ganz anders als ich, völlig entgegengesetzt«, sagte Lily in der ihr eigenen Sprache, »und das ging recht gut.«

Lily war ganz aufgeregt vor lauter Vorfreude und bekam richtig Farbe auf ihre sonst so blassen Wangen.

Domie würde in den folgenden Tagen einmal nach Amsterdam fahren, um sich darüber zu informieren, ob ihre Schwester inzwischen etwas gefunden hätte. Wenn das der Fall wäre, dann würde Esther kommen können, mit der das Zusammenwohnen wohl gut ginge, weil sie nicht ein so unruhiger Quirl war wie Lily, sondern die Ruhe in eigener Person.

Der Besuch in Amsterdam hatte ein sehr befriedigendes Ergebnis. Domie brachte noch allerlei Dinge aus Lilys Haus mit, die sie in ihrer überhasteten Flucht hatte zurücklassen müssen – und außerdem die Nachricht, daß man für ihre Schwester etwas gefunden hatte, so daß in der folgenden Woche Esther kommen konnte und Lilys »Versteckkollegin« wurde.

Das alles waren erfreuliche Nachrichten. Und was hatte Domie alles mitgebracht! Eine herrlich warme Steppdecke, Kleider und Seife, und sogar noch ein paar Sachen für die Wand.

Als er aus Amsterdam wieder abfuhr, da war Lilys ganzes Atelier leergeräumt, außer einem großen weißen Fotobildschirm, den er nicht auf seinem Rücken mitschleppen konnte, und ein paar leeren Flaschen. Mitten auf dem Fußboden hatte noch ein kleiner gelber Stern gelegen, mit dem Wort »Jude« darauf.

Das kleine, einsame Sternchen hatte Domie für den Fahndungsdienst dagelassen. Er würde es bei der Durchsuchung des leeren Hauses finden. Der Vogel selbst war ausgeflogen!

Esthers Ankunft war wenig sensationell. Sie kam natürlich wieder in der Nacht, und auch wieder mit dem Freund – und Domie war wieder auf Kabelwache.

Diesmal war ich darauf vorbereitet und war deshalb noch nicht zu Bett gegangen. Als ich die Klingel hörte, wußte ich: Da ist Esther, und ich ging öffnen, denn diesmal war alles klar.

Lily hatte nicht zuviel gesagt, als sie die Ruhe ihrer Freundin gerühmt hatte. Sie kam mit ihrem Freund herein, legte ihren Mantel ab und sagte, sie habe eine gute Reise gehabt – und das alles in vollkommener Ruhe und Beherrschung.

Der Freund schien mir viel nervöser zu sein. Aber in der Küche, in der guten, alten, treuen Küche mit dem vielen Blau und dem warmen, gemütlichen Kohleofen, da taute er doch auf. Das war bekanntes Gelände. Hier wurden wieder Bratkartoffeln gemacht, und einen Rest Gemüse vom Mittagessen gab es noch dazu. Alles zusammen in der Bratpfanne gebacken, ergab ein schönes, warmes Mahl für müde Reisende.

Abends, wenn es dunkel wurde und alle Blenden an der Innenseite geschlossen waren, kam Lily für gewöhnlich nach unten.

Diesmal hatte sie eigentlich oben bleiben wollen, um ihre Freundin im Bodenstübchen empfangen zu können, das sie von nun an gemeinsam bewohnen wollten.

Esther zu Ehren hatte Lily die Kammer eigenhändig geputzt und eingerichtet. Den kleinen Schreibtisch hatte sie an die Wand geschoben, und an der Stelle, an der er zuerst gestanden hatte, gab es nun ein zweites Harmonikabett. Auch der Wandschmuck war verändert worden.

Esther nahm begierig die ganze Atmosphäre dieses kleinen, intimen Stübchens in sich auf. Ich konnte nicht spüren, was sie sich dabei dachte, aber ich brauchte ja auch nicht alles zu wissen.

Lily war außer sich vor Freude über das Wiedersehen und über alles, was Esther mitgebracht hatte. Mit allen diesen eigenen Dingen konnte sie sich bei uns gut einrichten und wirklich zu Hause fühlen.

Wird das auf die Dauer gut gehen? fragte ich mich, als ich eine halbe Stunde später zu Bett ging.

Wie weit mußte man diese Menschen sich selbst überlassen und inwiefern mußte man sich um sie kümmern? Mußte man, wenn das Wochen, Monate, vielleicht sogar Jahre dauern würde, Forderungen stellen, oder sollte man einfach alles laufen lassen, um Konflikte zu vermeiden? Konnte man den beiden Arbeit geben, und wenn ja, was für eine Arbeit und wieviel?

War es zu wenig, dann würden sie unter Langeweile leiden. War es zu viel, dann bekamen sie vielleicht das Gefühl, ausgenutzt zu werden. Wieviel von diesem, wie wenig von jenem ... kurzum, wo lagen die Grenzen?

Der junge Salomo bat, als er vor seiner verantwortungsvollen Aufgabe stand, um Weisheit. Warum sollte ich nicht aus den gleichen Quellen schöpfen? Warum sollte ich nicht den Kontakt zwischen meinem kleinen »Lebenslämpchen« und der großen elektrischen »Zentrale« zustande bringen? Hatte diese Kraft denn jemals versagt? Hatte Gott mich jemals in schwierigen Augenblicken im Stich gelassen?

In der Stille der Nacht kamen Erinnerungen aus meiner Jugend hoch. Ein Haus voller Menschen, besonders im Sommer. Dazwischen Mutter. Mutters Worte. Wie hatte sie das immer geschafft? Sie ging ihren Weg geradlinig durchs Leben, ganz und gar ehrlich. Sie nannte die Dinge immer beim Namen. Jeder wußte, was er an ihr hatte und wo die Grenzen lagen, die sie zog.

Ihre Worte waren weise und gut. Sie dienten mir noch jetzt als Richtschnur. Eine ihrer Maximen war: »Man muß einem Menschen seine Freiheit lassen.« Das wollte ich auch bei der Betreuung dieser beiden versteckten Opfer versuchen. Nie sollten sie meine Anwesenheit als Druck empfinden. Der Dachboden sollte von nun an ihr eigenes Reich sein.

Alle guten Dinge – und zum Glück auch alles Übel – haben einmal ein Ende. So war es auch mit der Kabelwache. So plötzlich wie sie gekommen war, so plötzlich wurden wir auch von ihr befreit. Eine halbe Stunde zuvor erfuhren die Bauern und Bürger, daß sie nicht mehr auf Posten zu stehen hatten. Das war zunächst ein merkwürdig ernüchterndes Gefühl.

In der Nacht nicht am Pfahl stehen, sondern einfach im Bett liegen!

Wie war das gekommen? Alles Denken der Menschen hatte sich nur noch um den Pfahl gedreht, denn wenn man da nicht stand, dann hatte man doch das Gefühl, daß man da eigentlich stehen müsse – und daß man auf jeden Fall die kommende Nacht wieder da stehen würde. Die Wachtposten litten an einer merkwürdigen Art von Krankheit; man konnte sie die »Kabelsucht« nennen.

Einige hatten schon so etwas vermutet. Die Ernte war reif, und in dieser Zeit konnte man mit lauter schläfrigen Bauern, die an nichts anderes mehr dachten als an ihren Pfahl, nicht viel anfangen. Die Ernte mußte eingebracht werden, denn sie sollte ja über die Grenze nach Deutschland. Alle Aufmerksamkeit sollte sich nun auf die Ernte konzentrieren und nicht auf den Pfahl, meinten die Deutschen.

Als solche Vermutungen und Gerüchte die Runde machten, nahmen viele an den letzten Abenden etwas Hochprozentiges zum Bahndamm. Darauf mußte getrunken werden!

Es wurde an der Bahnlinie auch gesungen, zum Beispiel »Ein Hai, der wollt' einst Hochzeit feiern ...«, daß man es zehn Masten weiter nach Osten und Westen durch die stille Nacht schallen hören konnte.

Und Domie betrachtete mit Wehmut das Stückchen Speck, das man ihm gebracht hatte, eingewickelt in ein Stück Papier mit der Aufschrift: »Für den einsamen Wachtposten an der Oranjebahn.« Es gab Leute, die an »Pfahlheimweh« litten, die gegen zehn Uhr abends oder gegen eins unruhig wurden, zu den Zeiten, zu denen sie sonst aus dem Bett gemußt hatten. Sie drehten sich von einer Seite zur anderen und dachten an ihre Thermosflasche und an die Brottrommel, an ihren Regenschutz und an die Stiefel, an den gemütlichen Wigwam aus Stroh, an dem der Regen niederrann, und an den nebligen Sonnenaufgang, der dann nach vier Uhr wieder folgte.

Die »Pfahlkrankheit« hatte auch Domie ein wenig heimgesucht. Und darum war es gut, daß nun so viele andere Dinge seine Gedanken ablenkten.

Zwei »Gäste« im Haus zwangen zu Sicherheitsmaßnahmen. Um nichts zu riskieren, sprachen wir nicht von den »Damen« oder dergleichen, sondern von den »Mäusen auf dem Dachboden«. Auf diese Weise konnte man sich eigentlich nie versprechen, denn daß wir da oben Mäuse hatten, das wußte man allgemein. Und jeder würde es ganz normal finden. Es würde nur etwas merkwürdig klingen, wenn wir z. B. sagen würden: »Die Mäuse haben heute nachmittag gebügelt.«

Es war Anfang August geworden, und die Kabelwache gehörte wirklich der Vergangenheit an.

Eine Wolke zog über das Land. Sie warf ihren Schatten auf das Ährenmeer. In der Ferne standen schon die Garben in Reih und Glied, und dahinter schlängelte sich ein kleiner Fluß, auf dem ein Schiff mit einem großen Segel fuhr.

Die Erntezeit hatte begonnen. Tagsüber machte die Erntemaschine ihre Runde über die Felder, schnitt die Halme ab, band sie zu Garben und warf sie wieder aus.

Von früh bis spät war alles auf den Beinen, um zu schneiden, die Wagen zu beladen, die Ernte in die riesigen Scheunen einzufahren. Das war wirklich etwas, das uns neidisch machen konnte. Auf dem Lande hatte man jedes Jahr eine Ernte, und meist doch eine reiche Ernte. Geradezu sichtbar und greifbar war das. Wir waren hier doch nun schon einige Jahre und hatten hart gearbeitet, gepflügt und gesät – aber was hatten wir an sichtbaren Resultaten denn schon erreicht?

Hatte vielleicht der Kirchenbesuch zugenommen? Gewiß nicht nennenswert. Oder doch? Es kamen immer ungefähr vierzig Menschen.

Immer das Starren auf Zahlen. Gott aber handelt meist anders. Wer hier zur Kirche geht, tut das nicht aus Gewohnheit; er hat oft wegen seines

Kirchganges viele Schwierigkeiten überwinden müssen. Und alle sind sehr aufmerksame Zuhörer.

»Gideon«, so spricht die Stimme Gottes, »du hast zu viel Volk um dich. Laß jeden, der Angst hat oder furchtsam ist, nach Hause gehen.« Da fielen gleich dreitausend ab, die am Rande gestanden hatten, und in denen das heilige Feuer schon abgekühlt war. Etwas zu beginnen, das ist meist keine Kunst, aber es ist eine Kunst, es durchzuhalten ...

Wir hatten die Möglichkeit erwogen, fortzugehen, aber Domie hatte das abgelehnt.

Er predigte nun wieder in seiner großen, jetzt meist leeren Kirche, die vor achtzig Jahren umgebaut worden war, weil sie damals nicht mehr ausgereicht hatte.

Die Menschen waren, wenn die Kirchenglocken läuteten, in ihren Häusern oder in ihren Gärten beschäftigt, und der Sonntagmorgen hatte nichts Festliches mehr. Nichts von der Poesie, die damit verbunden war, daß man sich extra schön kleidete und durch die fruchtbaren, sonnenbeschienenen Felder zur Kirche ging, wo Gott sich zum Menschen niederbeugte und sagte: »Du suchst mich – Ich lasse mich von dir finden. Ich stille in dir die Sehnsucht und das Verlangen, denn du findest erst Ruhe, wenn du Ruhe findest in mir.«

Die Menschen redeten beim Hausbesuch immer von ihrem »natürlichen Gottesdienst«. »Solange es in der Welt so drunter und drüber geht, komme ich nicht zur Kirche«, sagten sie.

Sie machten unseren lieben Herrn für diesen Krieg verantwortlich, der doch durch die Schuld von Menschen verursacht worden war. Zur Sündenerkenntnis kommt ein Mensch nur, wenn er vor Christus steht. Und Christus kannten sie nicht.

Von Christus wußte wohl die jüngere Generation. Natürlich überwiegend im Sinne von »toten Kenntnissen«, noch ohne besondere Tiefe und noch nicht in das eigene Leben umgesetzt. Aber in den Fragen, mit denen die jungen Leute manchmal herausrückten, lebte doch das Wort Christi, daß »diese Dinge oft den Weisen und Verständigen verborgen sind – den Kindern aber werden sie geoffenbart«.

Ein Pastor sollte nicht unverheiratet ins Groninger Land gehen. Es gibt ein kleines deutsches Gedicht, in dem die Pastorenfrau seine »frohmütige Seelsorgerin« genannt wird. Er hat sie dringend nötig. Er sollte zumindest für alle Ernüchterungen und Enttäuschungen jemanden haben, der sie mit ihm trägt. Dann wird er am nächsten Tag mit Mut und Freude seine Arbeit wieder aufnehmen.

Die Turmglocke läutete schon lange nicht mehr. Erst hatte sie ein paar Jahre lang stumm im Turm gehangen, weil sie am Sonntagmorgen nicht mehr läuten durfte, und im Sommer des Jahres 1943 holte man sie heraus. Die Glocke, die immer nur dazu gedient hatte, die Menschen zum Hören der Frohen Botschaft zusammenzurufen, wurde jetzt für die deutsche Rüstung gebraucht und eingeschmolzen.

Wenn es erst einmal so weit kommt, ist die Sache, um die es geht, meist schon verloren. So war das auch im vorhergehenden Krieg gewesen, als die Glocken in Deutschland selbst aus den Türmen geholt wurden.

Sie lassen sich nicht miteinander vereinbaren: der Ruf zum Königreich Gottes und die sündigen Ziele und die Gewalt dieser Welt.

Wir mußten uns alle an die neuen Umstände gewöhnen. Innerhalb einer einzigen Woche hatte sich unsere Familie beinahe verdoppelt. Das bedeutete, daß der Abwasch, das Säubern von Gemüse und Kartoffeln, die Wäsche und tausend andere Dinge, die jeder Haushalt so mit sich bringt, sich ebenfalls beinahe verdoppelt hatten.

Die »Mäuse« im Bodenstübchen blieben nicht untätig. Sie nahmen einen großen Teil auf ihre Schultern. Gemüse und Kartoffeln wurden immer mittags nach oben gebracht, und wenn Imke am folgenden Morgen zurückkam, war alles fertig. Sie muß wohl ab und zu gedacht haben, daß die Heinzelmännchen nachts am Werk gewesen seien, denn auch der Abwasch vom Abend zuvor stand morgens wieder sauber in der Küche, und die Wäsche, die am Vortag noch zum Trocknen gehangen hatte, lag am Morgen bereits gebügelt im Schrank. Das Flickzeug wurde zusehends weniger.

Morgens mußte es Imkes wegen auf dem Dachboden ganz still sein. Diese Zeit nutzten die »Mäuse« zum Lesen und Lernen. Sie hatten sich ein festes Tagesprogramm ausgedacht, ein Grundgerüst für ihr Leben, das sie dann weiter ausfüllen konnten. Es kam jetzt darauf an, auch unter so schwierigen Umständen ein gutes Gerüst zu finden, so daß selbst hier noch etwas Gutes und Schönes erarbeitet werden konnte.

Wie oft klagten wir anderen, die wir uns in Freiheit bewegen konnten, über alles das, was uns in unserem Leben so behinderte. Wir würden wohl etwas Gutes daraus machen können, meinten wir immer, wenn nur der »Untergrund« etwas taugen wollte..., wäre da bloß nicht dies oder jenes... Wäre doch unsere Ehe noch etwas harmonischer, gäbe es doch bloß keinen Krieg, hätten wir nur nicht mit Geldsorgen oder anderen Miseren zu kämpfen...

Aber solche Klagen helfen nicht weiter. Wir haben nun einmal unser eigenes Lebensgerüst bekommen, und das wird nicht gegen ein anderes ausgetauscht.

Auch für unsere Sicherheit mußten jetzt zuverlässige Maßregeln getroffen werden.

Der Freund, der die »Mäuse« zu uns gebracht hatte, schien mit allen Wassern gewaschen zu sein. Er machte eine Falltür in den Fußboden ihres Stübchens. Sie führte in einen Schrank, durch den sie im Notfall nach unten flüchten konnten. Unter dem Schrank gab es eine Etage tiefer verborgene Türen, vor denen ein Bücherregal stand, so daß niemand auf die Idee kommen konnte, oben im Schrank selbst zu suchen. Über die Falltür im Bodenstübchen war außerdem zur Tarnung ein kleiner Teppich genagelt. Der geheime Schrank war ein gutes Versteck für Erbsen und andere Lebensmittel, die wir uns ohne Marken besorgt hatten und offiziell eigentlich gar nicht besitzen durften. Aus ein paar Latten hatten wir im Innern des Schrankes eine Leiter gezimmert, die senkrecht nach unten führte.

Wenn wir etwas brauchten, öffneten wir die Falltür, eine »Maus« tauchte in den Schrank, kletterte die Leiter nach unten, und ein paar Minuten später sah man ihren Kopf oben beim Dachboden wieder herauskommen, danach auch das Säckchen mit Mehl, das die »Maus« unten hatte füllen wollen.

Manche Gäste wurden in unser »Mäusegeheimnis« eingeweiht, andere nicht. Es kam sogar vor, daß jemand eine Woche bei uns wohnte, ohne etwas gemerkt zu haben.

Einmal ging einer unserer Gäste gegen Mittag einmal unerwartet nach oben, um aus seinem Zimmer eine Jacke zu holen. Nachher erzählte er, er habe oben auf dem Boden etwas gehört. Ob da vielleicht Vögel unter dem Dach säßen?

»Das ist schon möglich«, sagte ich, aber dann sprach ich doch lieber von Mäusen. Vor denen nämlich hatte unser städtischer Gast furchtbare Angst. Das wußte ich, und so hatte ich damit auch die Garantie, daß er nicht auf den Boden gehen würde. Auch Pastoren, die auf einer vakanten Pfarrstelle in einer benachbarten Gemeinde aushalfen, übernachteten hin und wieder bei uns. Aber sie merkten nie etwas. Natürlich mußte man immer auf der Hut sein, aber mit der Zeit gewöhnte man sich auch daran.

Das alte Pfarrhaus bot bei näherer Untersuchung noch andere Verstecke. So hatte der Konfirmandenraum eine Bühne, und wenn darunter ein Tunnel mit einem Ausgang nach draußen gegraben würde, säße man wenigstens nicht in einer Falle. Gesagt, getan!

Der Freund aus Amsterdam kam inkognito mit dem letzten Zug wieder an und begann unter dem Fußboden des Konfirmandenraumes zu graben. Weil er das so gut konnte, bekam er bald den Spitznamen »der Maulwurf«, so daß unser schon durch die beiden unsichtbaren »Mäuse« belebter Zirkus nun noch um einen immer bei Nacht und Nebel erscheinenden Maulwurf angereichert wurde.

Aber das war noch nicht genug! Es waren auch wieder zwei Schweine im Schutzkeller: eines für uns selbst – und eines für De Lange, der immer das Futter brachte. Sie waren unter großem Protest meinerseits ins Haus gekommen. Wir konnten uns nun doch gewiß keine Haussuchung mehr leisten, mit den »Mäusen« im Dachstübchen. Aber die Not breche ganze Deiche, sagte Domie, und man müsse es wagen. Mit so vielen Menschen im Haus käme man sonst nicht durch den Winter.

Ja, und dann war da noch ein Ferkel, ein wirklich legales Ferkel im Stall. Das war mit meiner vollen Sympathie und Unterstützung gekommen. Dafür hatte ich Briefe geschrieben und Fragebögen ausgefüllt.

Und schließlich hatte unsere Ziege noch ein Zicklein bekommen, und Mutter und Tochter übernachteten ebenfalls in dem Stall, in dem auch noch ein kleiner Holzkäfig an der Wand hing. Vier junge Kaninchen lebten darin.

Eines Tages kam dann sogar noch ein ansehlicher Kaninchenbock dazu, den uns ein Bauernjunge gebracht hatte. Bei gutem Wetter ließ ich jeden Tag die Kaninchen nach draußen, wo sie unter einem Drahtgestell auf einem Grasfeld herumlaufen konnten. Da hatten sie wenigstens begrenzte Freiheit und Nahrung. Aber der große Bock war nicht zu halten. Er kratzte mich mit seinen Hinterpfoten, wenn ich ihn an den Ohren festhielt, und er benahm sich sehr unfreundlich zu den anderen Kaninchen, wenn ich ihn zu ihnen unter das Gitter setzte. Er biß sie sogar. Da war für mich das Maß voll. Ich nahm einen Korb, setzte den Bock hinein, band ihn auf meinen Gepäckträger und fuhr damit zum nächsten Pfarrhaus, wo der Pastor »ganz auf Kaninchen eingerichtet« war (er hatte ungefähr siebzig davon).

Was für ein Stück Arbeit war es, all die hungrigen Münder bei uns zu Hause zu stopfen!

Domie schlug vor, noch eine Ziege anzuschaffen. Er hatte keine Ahnung davon, wieviel mehr Futter und Arbeit das kosten würde. Er gewann die »Mäuse« für seinen Vorschlag. Sie wollten auch ihren Beitrag zur Nahrungsbeschaffung leisten und bezahlten die Ziege. Sie bekam den Namen Sara und spendete den »Mäusen« gleich eine Tasse voll leckerer Milch, die sie in der Küche voller Wonne schlürften.

Unterdessen quälte sich der »Maulwurf« mit dem Gang unter dem Fundament des Hauses herum. Mit einer Eisensäge, die er sich vom Schmied geliehen hatte, sägte er einen dicken Balken durch; man hörte in der Stille der Nacht das dumpfe Scheuern von Eisen auf Eisen, denn der Balken war ja mit Metall verstärkt. Armer Maulwurf, so etwas ist kein Kinderspiel!

Auf einmal fiel mir ein, daß ich den Stall nicht abgeschlossen hatte. Ach, diese Kaninchen! Eins war wohl wieder entwischt...

Wie ein Wilddieb versuchte ich es mit der Laterne anzulocken. »Suchen Sie etwas«, fragte da plötzlich eine tiefe Stimme dicht neben mir.

Ich erschrak, aber ich erkannte sofort den »Maulwurf« mit der Eisensäge. Damit stocherte er zwischen dem Kohl herum und erwischte tatsächlich den vollgefutterten Ausreißer.

»Großartig! Herzlichen Dank!«

Das Gleichnis vom verlorenen Schaf fiel mir ein.

So viel Sorge, so viel Mühe. Wofür? Doch sicher nicht, um alle diese Tiere im Winter einfach nur so aufzuessen! Dafür war der Kontakt mit ihnen zu »persönlich« geworden.

Die »Mäuse« richten sich ein

Es ist November 1943. Ich sitze wieder auf meinem Dachboden und lasse die vergangenen Monate an mir vorbeiziehen. Nach einer Periode trockenen, warmen Wetters ist es wieder windig und regnerisch geworden. Große Wolkendecken hängen über dem weiten Land. Auf dem ersten Flurstück steht noch das Korn, auf dem zweiten ist der Hafer schon gemäht. Er liegt hoch aufgeschichtet in der Scheune, und die Pferde pflügen das gelbe Stoppelfeld um, so daß es wieder schwarz wird.

Im vorigen Jahr waren um diese Zeit die Deutschen in Afrika noch immer weiter vorgedrungen, und es hatte den Anschein gehabt, als könnten sie den Suezkanal erobern. Jetzt aber geht es rasant bergab. An ein und demselben Tag ging ihnen Catania verloren, die große Stadt auf Sizilien, und Orel in Rußland. Im vergangenen Jahr um diese Zeit tobte gerade die Schlacht um Stalingrad. Nun ist Mussolini zurückgetreten, und Italien ist für Deutschland als Bundesgenosse verloren. Die deutsch-italienische »Achse« dreht sich stockend und knirscht gefährlich, aber es gibt keine Schmiere zum Ölen; die Achse ist einfach unbrauchbar geworden.

Große Bombergeschwader sind über uns hinweggeflogen, nach Hamburg, wo kein Stein auf dem anderen geblieben ist. Wir sind nachts oft aus dem Bett gekommen in der letzten Woche, denn es war nicht ohne Gefahr für uns, wenn deutsche Jäger den Alliierten entgegenzogen, wenn die Bomben fielen und explodierten. Das war mit höllischem Lärm verbunden, durch den Hansje immer wach wurde und anfing zu weinen. Hier, so dicht an der Grenze, passieren durch die Luftgefechte oft Unglücke. Wenn eine schwere amerikanische oder englische Maschine abgeschossen wird, dann sehen wir manchmal durch das Bodenfenster, wie die Piloten aus dem Flugzeug springen. Die Fallschirme öffnen sich und schweben langsam über das Land, getrieben vom Wind, um einige Kilometer weiter weg irgendwo herunterzukommen. Manchmal landen die Piloten unversehrt auf dem Land, dann wieder im Dollart, wo die Fischer die ertrunkenen Flieger aus dem Watt holen und an Land bringen.

Es liegen schon fünf auf unserem Friedhof: Engländer und Amerikaner, bei deren Begräbnis wir das Vaterunser sprachen, weil es das Gebet ist, das von Menschen in allen Sprachen gebetet wird.

»Dein Reich komme . . .«

Blumen blühen auf den Gräbern. Die Toten warten dort auf das

Ende des Krieges, um dann über das Meer gebracht zu werden und in der Erde ihres eigenen Landes zu ruhen.

Gott möge ihnen die Schuld ihres kurzen Lebens vergeben – und sie auferstehen lassen am Jüngsten Tage. Der Wind rauscht durch das Kornfeld und läßt die roten Blüten sich beugen, wie ein Gruß der Lebenden an die Toten, die für unsere Freiheit gefallen sind. Vor ein paar hundert Jahren noch spülten die Wellen des Dollart über die Stelle, wo sie nun ruhen, und davor hatten vorher Wälder gestanden, deren Bäume wie Riesen umgestürzt waren bei der großen Flut, und auf deren Stämme man heute noch beim Graben stoßen kann. Unter einer Tonschicht von mehr als einem Meter liegt Moorboden, darunter Waldboden, in dem die Blätter aus vielen Jahrhunderten zu einer festen Masse zusammengedrückt sind, aus der wir heute unseren Torf stechen.

Ständig wechselt das Leben, und wir singen nur eine kurze Strophe in diesem ewigen Lied mit, um dann zu einer anderen Form des Bestehens überzugehen, die sich nur vermuten und durch unseren Glauben erahnen läßt. Aber in der kurzen Zeit, die uns hier gegeben ist, können uns die Tage manchmal lang erscheinen, und die Nächte sind ohne Erquickung, weil Sorgen und ängstliche Vorahnungen uns den Schlaf rauben.

Dieses Leben der letzten Jahre ist für viele von uns wie ein Alptraum gewesen – denen gewidmet, die man mit einem gelben Stern gekennzeichnet hatte.

Im August 1942 sehnte sich jeder danach, daß etwas geschehen möge, was immer es auch sei.

Das Wort »Invasion« ging von Mund zu Mund. Die Alliierten würden einen Landungsversuch wagen. Aber wo? Das konnte an vielen Stellen sein: An der Küste von Südfrankreich oder am nördlichsten Punkt Norwegens. Alles war ja von Deutschen besetztes Gebiet. Möglicherweise würden die Alliierten in Friesland oder Groningen einfallen, und dann würde hier gekämpft werden.

Ich bekam einen Tip von jemandem, der es aus einer »sehr zuverlässigen Quelle« wußte, daß ich mich mit meinem Baby bereithalten solle – und mit meinen Leuten im Versteck, fügte ich im stillen für mich hinzu.

Domie war für eine Woche mit dem Fahrrad unterwegs auf »Urlaubsreise«. Und gerade jetzt war es sehr schwierig für uns. Würde Domie etwas über die drohenden Ereignisse in Erfahrung bringen können? Jedenfalls mußten wir auf alles vorbereitet sein. Der Kinderwagen wurde vollgepackt, zu allererst mit Dingen, die Hansje brauchen würde, und dann noch mit dem Allernötigsten für uns.

In der bewußten Nacht, in der die Invasion kommen sollte, gab es ein heftiges Bombardement auf Emden. Wir saßen im Flur und warteten. Hansje war der einzige, der schlief. Aber außer dem Bombardement passierte nichts. Ein merkwürdiges Gefühl der Enttäuschung kam über uns. Es würde sicher nicht leicht sein, tagelang umherirren zu müssen, auch wenn man die Ziege für das Baby mitnähme, wie Greet vorschlug. Die Ernte auf den Feldern würde vernichtet werden, wenn es hier zu einer Schlacht käme, und vielleicht würde auch unser Haus zerstört werden, aber dadurch würden immerhin die Deutschen aus dem Land vertrieben. Dafür mußte doch jedes Opfer an Hab und Gut gebracht werden. Dann war man zwar arm – aber man war wieder frei! Man konnte seine Kinder wieder selbst erziehen; der kleine Hans war doch nicht zur Welt gekommen, um in der Hitlerjugend groß zu werden und als Soldat für »das Reich« gedrillt zu werden.

Daß wir gegen unseren Willen weiterhin unter dem Joch der deutschen Sklaverei leben sollten, daß wir unsere Kinder in einem Geist erziehen lassen sollten, der mit unserer heiligsten Überzeugung im Streit lag, das war für jeden Niederländer stets ein furchtbarer Gedanke.

In jenen Stunden, in denen das eigene Leben auf dem Spiel stand, wußte man wieder, daß die Worte der Königin stimmten, wonach es Dinge gebe, »wertvoller als das eigene Leben«.

Gerüchte haben meist einen Kern von Wahrheit. Es gab einen Einfall der Alliierten – aber nicht in den Niederlanden, sondern in Frankreich. War es nur ein Versuchsballon? Man schrieb darüber in dem holländischen, von den Deutschen diktierten Zeitungen. Man schrieb natürlich von einem Fehlschlag, und man sprach auch so im Radio, aber die Wahrheit über den Einfall bei Dieppe sollten wir doch erst nach dem Krieg erfahren.

Für uns selbst veränderte sich vorerst nichts.

Offensichtlich hatten die Gerüchte über kommende große Ereignisse auch andere erreicht. Menschen mit gelben Sternen, die noch ungeduldiger warteten als wir, weil sie nicht in Sicherheit waren. De Lange kannte einige von ihnen. »Ihr müßt euch weiter verstecken«, sagte er zu denen mit den gelben Sternen, »etwas anderes ist nicht drin«. Proteste, große Bedrängnis. »Ihr müßt es tun«, sagte De Lange. »Wo denn? Bei wem?« – »Ich würde sagen, bei uns, aber hier werden sie euch suchen, weil jeder weiß, daß wir befreundet sind. Aber vielleicht gibt es doch eine Möglichkeit!«

De Lange ist einer von unseren Diakonen.

Der Kirchenrat! Da sitzen wirkliche Männer drin.

Auf einem Bauernhof, etwas weiter entfernt, wohnten die drei Gebrüder Wissing mit ihrer alten Mutter. Der älteste von ihnen war ebenfalls Diakon. De Lange und Wissing hatten also als Nachbarn und Amtsträger viele Berührungspunkte.

Die Invasionsgerüchte waren nicht nur bis zu uns, sondern auch zu einigen Juden in der benachbarten Gemeinde durchgedrungen. Nun würde also alles nicht mehr so lange dauern, hoffte man. Wer jetzt noch durchhalten konnte, war gerettet.

Am Gehöft von Wissing stand ein unbewohntes Arbeiterhaus. Eines Nachts war es plötzlich bewohnt. Die Cohenes saßen darin. Obwohl das nicht völlig unerwartet kam, rief es auf Wissings Bauernhof doch Bestürzung hervor.

Ich dachte daran, daß hier nun vier Flüchtlinge saßen, denen das Allernötigste fehlte. Ich sprach mit Domie darüber.

»Ich habe schon mit De Lange einen Plan«, sagte er, »um ihre Sachen zu holen.«

Das schien ganz einfach zu sein. Die Leute konnten wohl ihren Wohnsitz verlassen, auch zu sehr ungewöhnlichen Zeiten, weil man mitten in der Nacht Jagd auf Menschen machte und die wehrlosen Opfer aus ihren Betten zerrte. Aber für das Rechtsgefühl eines normalen Niederländers blieb alles, was in dem Haus zurückgelassen wurde, das Eigentum der Verschleppten.

Der Deutsche ist da offenbar anderer Meinung. »Die Juden dürfen nicht mehr leben. Also gehört alles, was sie besitzen, von nun an uns. Das ist unsere Logik. Das ist germanisches Recht. So war es in der Zeit der Batavier. Da galt das Recht des Stärkeren, und dahin müssen wir wieder kommen. Alles, was später an fremden Einflüssen aus dem Christentum gekommen ist, ist »unvölkische« Entfremdung und Schwäche. Die dummen Holländer haben verkehrtherum denken gelernt. Darum sind wir hierhergekommen, um in ihrem dunklen Verstand das Licht unserer Kultur anzuzünden. Wir kamen mit unseren großen, schweren Stiefeln, mit denen wir in unserem eigenen Land immer einen so großen Eindruck machen, aber die frechen Amsterdamer Straßenjungen sahen nichts Eindrucksvolles darin, lachten und riefen uns nach: ›Hei boas, mot je swimme?‹, und dann pfiffen sie unser Kampflied ›Wir fahren gegen Engelland.‹ Wenn wir uns mit unserem deutschen Gruß grüßten, streckten auch ein paar Lausbuben ihre Hand hoch und äfften uns nach, so daß wir ein hartes Gesetz erlassen mußten gegen das Beleidigen der deutschen Wehrmacht.«

Aber man konnte dieses Volk nicht mit Geboten und Verboten kleinkriegen. Es war noch genauso wie in der Zeit des Herzogs Alba: Die Niederländer waren Butter, die einem zwischen den Fingern durchgleitet, wenn man sie kneten will. Das niederländische Volk konnte sich nie mit Waffen wehren. Und außerdem gilt auch für unsere Zeit das Wort Jesu zu Petrus: »Stecke dein Schwert in die Scheide, denn wer das Schwert nimmt, der wird durch das Schwert umkommen.«

Aber der Geist gab sich nicht geschlagen! Er blieb elastisch und zäh.

Was war wohl zu tun unter den gegebenen Umständen? Zunächst:

das Eigentum dieser Menschen retten, und das so schnell wie möglich, ehe entdeckt wurde, daß die Menschen selber weg waren.

Der Abend war dunkel. Zwei Männer, Domie und De Lange, fuhren mit den Fahrrädern auf einsamen Wegen zum kleinen Städtchen in der Nähe. Im nächsten Dorf klopften sie beim Doktor an. Der hatte ein Auto und brachte sie damit weiter bis zur Provinzstadt. Mit einem Auto geht so etwas schnell. Ein Freund, mit dem sie sich verabredet hatten, stand an der Straßenecke Schmiere. Das Auto wartete in einiger Entfernung.

Der Nachschlüssel schob sich vorsichtig ins Schloß. Domie und De Lange schlichen die Treppe hinauf; draußen hatten sie schon ihre Schuhe ausgezogen. In der ersten Etage wohnten Menschen, die nichts merken durften.

Bei jeder Treppenstufe, die knarrte, bei jedem Stuhl, der unten im Zimmer verschoben wurde, schlug das Herz vor Aufregung. Ein Einbrecher kennt sich da aus, aber für einen Pastor und einen Diakon war so etwas nicht alltäglich.

Große Handschuhe hatten die beiden auch angezogen – wegen der Fingerabdrücke. Hier ... De Lange kannte sich aus, er pflegte ja fast jede Woche herzukommen. Da war das Schlafzimmer. Die junge Frau hatte gesagt, daß sie Decken und Bettwäsche am nötigsten brauchte. Es kam also darauf an, in kürzester Zeit und vollkommen geräuschlos alles zusammenzupacken.

Der Wäscheschrank. Domie warf einen bewundernden Blick auf so viel Ordnung. Laken, Bezüge, Handtücher in tadellosem Weiß, alles schön in Stapeln, an die man ein Lineal hätte legen können. Aber das sollte sich rasch ändern. Domie griff hinein und stopfte das meiste in die Koffer. Kleider, wollene Untersachen, Bettbezüge, Kissen, Decken.

De Lange stand vor einem Frisiertischchen. Nach Toilettenartikeln hatten sie auch gefragt.

Ein Kamm fiel auf den Boden. Unten, gleich unter ihnen, wurde ein Stuhl verschoben. Sollte man dort das Geräusch gehört haben?

Nein, nichts! Schnell weiter. Bettdecken waren noch nötig.

»In den Koffer!«

»Da paßt nichts mehr rein!«

»Dann in ein Bettlaken!«

»So – noch mehr?«

»Nein, und jetzt schnell zubinden!«

»Jetzt noch den Koffer! Der ist proppenvoll!«

»Setz dich drauf, dann binde ich die Riemen zu.«

Domie fragt flüsternd: »Scheint da nicht Licht unter der Tür durch?«

»Wir wollen hoffen, daß alles gut geht«, antwortete De Lange.

»Jetzt müssen wir weg!«

»Aber wie?«

»Wir tasten uns am Treppengeländer lang. Das knarrt nicht. Wir werfen die Decken nach unten, und dann ziehen wir die Tür leise hinter uns zu.«

Wie sie da rausgekommen waren, das wußten sie später nicht mehr. Sie waren beide schwer beladen, schwerer ging es nicht.

Draußen, an der Ecke, stand der Wachtposten und wartete. Er half mit tragen, bis sie zum Auto kamen. Einladen. Ein Koffer hier, der andere da. Der Anzug kam noch dazwischen. Einsteigen, Gas geben, schalten. Dann ging's durch die dunkle Nacht nach Hause.

Die »Mäuse« warteten voller Spannung beim Ofen im Studierzimmer.

Wir rechneten die Zeit durch. So lange dauerte das Radfahren, so und so lange die Fahrt mit dem Auto, dann würden sie im Haus zu tun haben, und so lange brauchten sie für den Rückweg . . . Eigentlich könnten sie doch schon hier sein!

Und wenn man sie nun geschnappt hat . . . Eine Haussuchung würde folgen. Die »Mäuse« waren in Gefahr. Man würde sie nach Polen verschleppen. Auch Domie und De Lange waren in Gefahr. Man würde sie ins Konzentrationslager stecken.

Was dauerte das alles so entsetzlich lange! Sie hätten doch schon seit einer Stunde wieder zu Hause sein können.

»Vielleicht haben sie eine Reifenpanne oder etwas ähnliches«, sagte ich.

Endlich klingelte es, und dann waren die verabredeten Klopfzeichen an der Tür zu hören.

»Gott sei Dank, ihr seid da! Ist alles gut gegangen?«

»Bestens! Wir haben gleich einen Teil der Sachen zu den Wissings gebracht. Der Rest ist vorläufig gut untergebracht. Wir konnten nicht alles auf den Fahrrädern mitnehmen.«

»Oh, darum seid ihr so spät gekommen! Und was ist mit dem Auto los?«

»Wir sind mit dem Auto nur bis Wierda gekommen, den Rest mußten wir mit dem Rad fahren.«

»Jetzt begreife ich auch, wo die restlichen Sachen sind.«

»Ja, aber Mund halten!«

»Natürlich!«

»Und was haben die Leute im Versteck dazu gesagt?«

»Sie waren überglücklich.«

Domie hatte inzwischen seine Jacke ausgezogen und kam ins Zimmer.

»Wunderbar, daß Sie wieder da sind«, sagte die kleinere der beiden »Mäuse«. »Wir sind so voller Sorge gewesen.«

»Wer nicht wagt, der nicht gewinnt«, sagte Domie.

Sollten die Tage plötzlich wichtiger sein als die Nächte? Für unser Seelenleben sicher nicht. Denn im Schlaf kehrt der Mensch zu sich selbst zurück und erlebt ein reiches, phantastisches Leben. Dann fallen die Grenzen, und alle Dinge werden möglich. Die längst Verstorbenen kommen ganz nahe zu uns. Wir sprechen mit ihnen, als hätte es nie eine Trennung gegeben.

Auch die Grenzen des Raumes verschwinden, und unser Geist zaubert sich viele Meilen weit fort von dem Ort, an dem unser Körper schlafend liegt. Wir sehen bunte Bilder, wir erleben wundersame Dinge, und manchmal können wir etwas tun, das uns im Tages-Bewußtsein zu tun nicht möglich ist. Im Traum fallen uns manchmal schöne Gedichte ein, deren Verse wir beim Erwachen noch verwundert nachklingen hören. Man möchte die Gedichte festhalten, aber sie verflüchtigen sich wie dünner Nebel in der Morgensonne.

Jesus kennt das verborgene Leben unserer Seele. Er weiß, daß der Schlaf dem Tod ähnelt. »Sie ist nicht gestorben. Sie schläft«, sagt Jesus von des Jairus Töchterlein. »Ich gehe hin, sie aufzuwecken.«

So wie wir den träumenden Geist hernach ins alltägliche Leben zurückrufen können, so vermag der Herr den Geist, der in noch weiter entfernte Gebiete entflohen war, zurückzurufen in den Körper, in die Wirklichkeit der irdischen Existenz.

In der Nacht, in der Domie mit De Lange unterwegs gewesen war, hatte ich im Traum schwer zu kämpfen mit einem Deutschen, der bei uns Haussuchung machte.

»Sie verstecken Juden«, sagte er mit höhnischem Grinsen, und er bückte sich, um unter das Bett zu schauen.

»Nicht so laut«, flüsterte ich, »mein kleiner Junge schläft.«

Aber es war schon zu spät. Aus dem Bettchen von Hansje kamen verdächtige Laute, die in ein jämmerliches Weinen übergingen. Unser Sohn arbeitete sich auf seine kleinen Knie hoch und saß aufrecht in seinem Bettchen.

»Maul halten!« fuhr ihn der Deutsche an und zückte seinen Revolver.

Da war plötzlich alle Furcht von mir weggenommen.

»Sie sind grimmen Mutes, wie eine Bärin auf dem Felde, der man die Jungen geraubt hat«, sagt die Bibel treffend und bildhaft. Mit einer schnellen Bewegung nahm ich dem Mann den Revolver weg und warf ihn aus dem Fenster.

»Was wollen Sie denn? Kleine Kinder totschießen? Sie haben nicht das Recht, in mein Haus und in mein Land zu kommen. Sie sind fremde Eindringlinge!«

Ohne seine Feuerwaffe war der Mann gar nichts mehr.

Kam das daher, weil ihm beigebracht worden war, all sein Vertrauen nur auf die Waffe zu setzen? Bei dem Wort »Recht« war er in sich zusammengesunken. Ohne Waffe fühlte er sich kraftlos und auf fremdem, verbotenem Gelände.

»Entschuldigung«, sagte er, während er in sich zusammensank.

Ich sah ihn schrumpfen, aber im Traum wundert man sich über so etwas nicht.

Dann lief ich zum Bettchen, schlug die Arme um Hansje und sagte: »Ruhig, mein Junge, der böse Mann ist weg. Er hat hier nichts zu suchen gehabt.«

Als ich den Traum später rekonstruierte, wußte ich, daß die Szene mit dem Revolver noch davon herrührte, daß ich ein Auto mit Deutschen vor dem Café hier im Dorf hatte halten sehen. Die Deutschen waren alle ausgestiegen und hielten ihre Gewehre krampfhaft umklammert. Sie durchsuchten ein Haus, denn da sollte ein Junge versteckt sein.

»Ja, haltet eure Blasrohre nur gut fest«, hatte ich verächtlich bei mir gedacht. »Ohne diese Dinger seid ihr nichts. Das ist euer einziger Halt und eure einzige Würde. Beruft euch nur auf die Gewalt. Vom Recht steht nichts in eurem Wörterbuch, und darum ist euer Reich morsch und wird wie Spreu verwehen, um mit Luther zu sprechen.«

Heute morgen fand ich meinen Stuhl und meinen Tisch in eine Ecke des Dachbodens geschoben. Über den ganzen Boden ausgebreitet lag, zehn Zentimeter hoch, nur Raps – die Ernte dieses Jahres.

Was ich da als ein so wunderschönes Feld mit gelben Blumen von meinem Fenster aus gesehen hatte, lag nun hier in Form von blauschwarzen Körnern, aus denen das kostbare Öl gepreßt wird, auf dem Boden.

»Ist das unsere Margarine?« hatte ein Reisender gefragt, der vom Zugfenster aus die ausgedehnten, blühenden Rapsfelder gesehen hatte, »das ist doch wirklich eine eklige gelbe Farbe!«

»Da kann man aber auch anders drüber denken«, hätte De Lange gesagt. Kennen Sie die Geschichte von Gideon, der in seiner Weinbergpresse sein eigenes Getreide ganz heimlich gemahlen hatte, weil er eigentlich alles an die Midianiter hätte abliefern müssen? Jedes Jahr kamen sie auf ihren schnellen Pferden, fielen in das kleine Land der Israeliten ein und raubten alles. Die Israeliten hatten das Land bebaut – und die Midianiter hatten nichts anderes zu tun, als Soldaten zu spielen und mit der Gewalt ihrer Waffen die Ernte »einzuholen«.

»Es gibt nichts Neues unter der Sonne«, sagt der Prediger.

Die Geschichte von Gideon hätte zu unserer Zeit geschrieben sein können. Denn da ist auch wieder – auf einem heißen Dachboden diesmal – ein Bauer beim Pressen seiner eigenen Rapsernte, weil er nicht alles abliefern will, sondern auch etwas für sich und seine Arbeiter zurückbehalten möchte. Für Arbeiter, die »die Hitze des Tages tragen« – und für einen Domie, der auch von technischen Dingen einige Ahnung hat und als Maschinist der Preßmaschine seinen Dienst tut, die Temperaturen von 110 Grad entwickelt.

Nachts drehte der Motor durch. Dann kühlte es draußen etwas ab, aber auf dem Dachboden nur wenig, denn die Fenster durften nicht geöffnet werden, damit der Lärm nicht durch die Stille bis zum Weg hinüber dringen konnte. Rikketikketikketik! Im Winter zuvor kein geschlachtetes Schwein, aber dafür Öl! Welche Aussichten!

»Elderling hat seinen Arbeitern siebzehn Liter Öl gegeben!« sagten die Leute. Wenn sie doch bloß ihren Mund halten würden! Solche Mitteilungen sind äußerst gefährlich!

Einer von Elderlings Arbeitern hatte obendrein auch noch ein kleines Ferkel gekauft. »Und was meinen Sie, was ich dafür hab' bezahlen müssen?« ließ er einen Bauern raten. »Hundertundfünfundvierzig Gulden!« antwortete er dann selber und fügte noch hinzu: »Ja, Mann, das ist die Wahrheit! Aber ich hab' lieber ein Ferkel als hundertundfünfundvierzig Gulden!«

»Und dann wird immer noch geklagt«, sagte Elderling. Ich stand gerade in der Küche des Bauernhofes, während er mir das erzählte, und wartete auf Buttermilch für Hansje, denn die Bäuerin entrahmte gerade die Milch. Als sie eben in den Keller mußte, hatte ihr Mann die Arbeit übernommen.

»Alles klar«, sagte er, als sie zurückkam. Sie füllte den Rahm in eine Holzschale.

»Ich mache die Butter immer so von der Sahne, das geht ganz gut mit diesem kleinen Gefäß«, sagte sie.

»Wie kommt es bloß, daß die Leute hier immer so klagen?« fragte ich.

»Wegen des Klimas«, sagte Elderling prompt. »In der Erntezeit gibt es hier ständig Regen, dann ist die Arbeit eines ganzen Jahres umsonst, und das ist für einen Bauern schwer zu verkraften. Für die Arbeiter ist das die Zeit, in der sie das meiste verdienen können, aber dann müssen sie immer wieder aufhören, weil sie bei der Arbeit klitschnaß werden.«

Ich schaute nach draußen. Regen und Wind. Die Garben standen naß und traurig im Land. Man muß immer warten, bis es wieder trockener ist. So naß kann man sie nicht einfahren.

»Wenn es heute vor Mittag noch aufhört zu regnen, und wenn es dann auch über Nacht trocken bleibt, dann könnte es morgen früh vielleicht glücken«, sagte Elderling.

In jedem Jahr ist die Ernte dann schließlich doch noch eingebracht worden. Und es ist auch immer etwas übrig geblieben. »Am Tisch ist noch niemand verhungert«, sagt ein Groninger Sprichwort.

Wer hätte übrigens gedacht, daß Stelmaker, der so eifrig Holzlatten durchgesägt hatte, auch die elektrische Energie gebrauchen würde, um Korn zu mahlen? Der Elektriker saß auf dem Dachboden. Er hatte die ganze Anlage ausgetüftelt und installiert und fing nun das Mehl in einem Sack auf.

Domie ging die Treppe hinauf und fand dort auf dem Dachboden beinahe so etwas wie eine komplette Mühle. »Kiek«, sagte der Monteur, der im Gespräch mit Domie und mir stets sein Groninger Platt aufzugeben pflegte und ein höfliches Hochholländisch mit uns redete, in seinem erhabenen Stil: »Wir müssen uns selbst zu helfen wissen. Wenn wir uns nur an das halten, was man uns zuteilt, dann werden wir bald verschmachten. Was sagen Sie nun hierzu, Domie?«

Der Herr Pastor fand es richtig großartig.

»Sie müßten eigentlich auch solch eine Installation auf dem Boden haben.«

»Ja, das wäre schön, aber wie bekomme ich die da hin?«

»Das ist keine große Kunst. Eine Mühle haben wir noch für Sie. Einen Motor kriegen Sie aus Amsterdam im Tausch gegen Feldfrüchte – und schon haben Sie alles. Ich habe gehört, daß alles noch knapper wird, was sie uns zuteilen wollen. Die Rationen sollen noch mehr gekürzt werden. Die Menschen in den Städten verhungern, und dann wagen sie es auch noch, bei uns an die Türen zu klopfen und für die deutsche Winterhilfe zu betteln. Letztens war bei uns so eine Sammlerin. Aber meine Frau hat ihr gehörig die Wahrheit gesagt. ›Wenn die Deutschen nicht hierhergekommen wären, dann hätten wir von allem genug gehabt, und dann hätte niemand solchen Winterhilfskram nötig!‹«

»Und was hat die Sammlerin darauf gesagt?« fragte Domie.

»Sie hat ihren Kopf in den Nacken geworfen und ist davongelaufen«, antwortete der Monteur. »Aber um nun auf die Sache wieder zurückzukommen . . . Wäre die Mühle nichts für Sie, Domie?«

Domie war sehr interessiert und betrachtete sich die Mühle und den Motor von allen Seiten. Eigentlich war er schon ganz für den Plan gewonnen.

Er dachte daran, daß der »Maulwurf« wieder kommen würde, und dann würden sie zusammen überlegen, wie das im Pfarrhaus zu machen wäre. Da stand ja noch ein altes Fahrrad auf dem Boden; vielleicht würde man es gebrauchen können, um einen Treibriemen in Bewegung zu setzen. Dann müßten die »Mäuse« keine Gymnastik mehr am Balken treiben, sondern könnten ein festmontiertes Fahrrad treten. Dabei würde man dann die Augen zukneifen und sich vorstellen können, daß man durch grüne Landschaften führe, und man könnte sich dann sagen: Heute bin ich zehn Kilometer gefahren und bin da und da entlanggekommen!

Zu Hause angekommen, erzählte Domie das den »Mäusen«, aber die lachten erst und dachten sich dazu laufend neue Dinge aus. Aber allmählich wurde daraus ein handfester Plan: Eine große Kiste mit Gerste von De Lange wurde nach Amsterdam geschickt, und ein Motor kam dafür zurück.

Ein alter Waschtisch, der noch auf dem Boden stand, wurde für die

Mühle auf Maß gezimmert, mit einem großen Trichter darüber. Das sah sehr kompliziert aus: Auf dem Boden stand der Motor; es war dann noch sehr schwierig, an einen guten Treibriemen zu kommen, mit dem die ganze Sache in Bewegung gesetzt werden konnte, aber das glückte schließlich auch.

Wenn es windig war, war »Mahl-Wetter«, wie der Groninger sagt, denn dann konnte man das Geräusch des Motors nicht hören. Die »Mäuse« zogen ihre Trainingsanzüge an und setzten weiße Mützen auf, um ihre Haare zu schützen. Sie sahen nämlich im Laufe eines »Mahl«-Tages so weiß bepudert aus wie echte Müller. Wenn jemand an der Tür klingelte, konnte mit einer einzigen Handbewegung der Motor abgestellt werden, denn das Brett mit dem Hauptschalter hing im Flur neben der Vordertür.

Frühere Pastorenfamilien mögen schon mal über das »unkomfortable alte Pastorenhaus« geklagt haben; für uns ließ es nichts zu wünschen übrig und schien im übrigen extra für diese Zeit gebaut worden zu sein. Was hätten wir auch mit einem übersichtlichen, rechtwinklig kontruierten Haus ohne tiefe Schränke und Betten und ohne Kriechgänge anfangen sollen? Uns war jede Ecke vertraut, und jede Ecke wurde benutzt, ein Fremder aber konnte gar nicht so einfach alles durchschauen.

Das wurde besonders deutlich, als Anfang Oktober Fräulein Van der Pol kam. Das war endlich einmal kein Mensch zum Verstecken, sondern unsere legale Assistentin, zugewiesen durch das Kirchenrentamt, als Helferin für die Gemeindearbeit. Das Dorf Oldiek war inzwischen mit einem eigenen Vereinslokal dazugekommen, und auch noch eine vakante benachbarte Gemeinde, aber mehr als sieben Abende hat eine Woche eben nicht, und darum brauchten wir eine Helferin. Sie war uns völlig unbekannt. Die Direktorin der Berufsschule, in die ich selbst früher gegangen war, hatte ich bei der Einstellung der neuen Kraft nach drei Dingen gefragt:

Zum ersten: »Ist sie für diese Arbeit geeignet?« – »Ja, sie hat in ihrem Praktikum in Bussum sehr gute Arbeit geleistet.«

Zum zweiten: »Ist sie eine gute Niederländerin?« – »Ja, gewiß. Sie stammt aus einer Missionarsfamilie aus Indien. Ihre Eltern sind noch dort. Sie ist hundertprozentig zuverlässig.«

Zum dritten: »Kann sie schweigen?« Die Direktorin schaute mich verwundert an und lachte. »Das weiß ich nicht«, sagte sie. »Aber ich denke schon. Ist das bei Ihnen nötig?«

»Ja, es ist äußerst wichtig. Sie wissen schon, in dieser Zeit...«

»Ja, natürlich. Ich werde nicht weiter fragen. Aber ich werde ihr sagen, daß mit ihrer Verschwiegenheit gerechnet wird.«

Anfang Oktober holte ich die neue Helferin vom Bahnhof ab. Dort war es schrecklich windig. Das Land sah kahl und naßkalt aus. Ich dachte darüber nach, was für einen Eindruck so etwas auf jemanden aus Indien machen mußte und sagte entschuldigend: »Es ist hier nicht immer so.«

»Das glaube ich wohl«, lachte sie, und in ihrem Lachen war etwas von der Wärme der Sonne Indiens.

»Ich habe an Ihre Direktorin die Frage gerichtet«, sagte ich während der Fahrt nach Hause, »ob Sie schweigen können.«

»Ja, das hat sie mir erzählt. Ich werde es auf jeden Fall probieren.«

»Dann werde ich Ihnen im Pfarrhaus von unserem Geheimnis erzählen«, sagte ich.

Domie stand schon auf der Teppe und begrüßte »Polletje«, wie die Kinder und auch wir sie bald nannten, auf dem Gartenweg. Dann kamen auch Greet und der kleine Hans, der nun beinahe ein halbes Jahr alt war. Er schaute »Polletje« lange und ernst an. Sie sprach zu ihm liebe, freundliche Worte, mit ein paar indischen Ausdrücken dazwischen, die sehr lieblich klangen. Hansje verstand sie gut. Die Sonne leuchtete auf sein Gesichtchen, und er streckte seine Arme nach ihr aus. Sie mußte ihn auf den Schoß nehmen. »Außer diesen Menschen, die Sie da sehen, gibt es im Pfarrhaus noch einige Bewohner, die man nicht sehen darf«, sagte ich.

»Ja, das ist ein großes Geheimnis«, sagte Domie.

»Ich habe ihr schon unterwegs einiges erzählt, aber es ist vielleicht am besten, wenn wir ihr gleich oben alles zeigen, dann ist alles von Anfang an klar.«

Nachdem ich Polletje auf dem Dachboden die große und die kleine »Maus« vorgestellt hatte, ging ich nach unten, um Tee zu holen. Menschen gewöhnen sich am schnellsten aneinander, wenn man sie miteinander alleinläßt. Bei meiner Rückkehr war das Eis schon ganz gebrochen, und als ich später bei den »Mäusen« zurückblieb, kamen wir zu dem Schluß, daß Polletje ein Gewinn für das Pfarrhaus wäre.

Sie durfte am ersten Morgen lange ausschlafen, aber sie stand doch früh auf und nutzte die freie Zeit für einen Brief an ihren Verlobten, dem sie von dem weiten Blick schrieb, den man hier hatte. Und von der Sonne, die auf ihr Bett schien. Denn die Sonne, diese treue Freundin, die sie von ihrer frühesten Jugend an begleitet hatte und die ihr Heimatland so warm und fruchtbar machte, war auch hier hinter den Oktoberwolken hervorgekommen und strahlte Wärme und Glanz über das weite Land.

Ein paar Meisen wärmten sich in den Sonnenstrahlen und zwitscherten leise im farbigen Laub einer Buche. Die Pappeln waren schon beinahe kahl, aber die Buche stand noch in voller Pracht und reckte ihre volle Krone in den Himmel. Ein Rotkehlchen hüpfte über den Gartenweg. Eine graue Katze lag lang ausgestreckt im Windschatten eines Strauches an der Sonnenseite und fühlte sich sehr behaglich, während sie auf Vögel lauerte.

»Ich finde es hier herrlich«, sagte Polletje aus vollem Herzen.

Bei der Jugend kam sie sehr gut an. Aber wie sollte das bei den Älteren werden? Ein richtiger Groninger liebt keine Veränderungen. Der Holländer im allgemeinen mag schon hinter der neuesten Mode her sein, aber der Groninger hält sich lieber an das bewährte Alte. Wenn z.B. in Holland ein Pastor von »woanders her« predigen kommt, dann ist die Kirche brechend voll, weil jeder ihn einmal hören will. Der Groninger bleibt dann zu Hause.

»Und nun also so eine neue ›Juvver‹ aus der Stadt«, sagten die Frauen in Oldiek an ihrem Versammlungsabend. Sie waren immer schon sehr früh dran. Meist eine Viertelstunde »veur tied« – und dann wurde schon eine Menge vorher besprochen, noch ehe ich kam. Auch die »neie juvver« war ein Gesprächsthema. Aber von ihr waren sie offenbar nicht sehr erbaut.

Frau Courts als älteste Anwesende – wir haben sie schon kennengelernt, als sie Hansje im Krankenhaus besuchen kam – nahm das Wort. Sie war richtig aufgeregt, und ihre Apfelwangen glühten: »Wir können es ja mal probieren«, sagte sie, »und wenn es nicht gut geht, dann bleiben wir einfach fort. Wir werden nicht einfach gleich am Anfang so fortbleiben, erst wollen wir es probieren. Und wenn es so eine Neue aus der Stadt ist, eingebildet und so, dann sagen wir: Sie sehen uns nicht wieder. Wir sind zu alt geworden, um uns kommandieren zu lassen durch ›zo'n jonk wicht‹ – was denken Sie!«

Sie stimmten alle den weisen Worten von Courtsje zu, auch die Jüngeren.

Nur gut, daß Domie und ich – und vor allem Polletje – nicht wußten, wie heikel die Sache mit dem Frauenkreis in Oldiek war.

Aber Polletjes erste Begegnung mit den Frauen war wirklich gelungen. Erst blieben sie noch auf Abstand. An ihren Gesichtern war nichts abzulesen, aber sie hörten mit so gespannter Aufmerksamkeit zu, daß man eine Nadel hätte auf den Boden fallen hören, als Polletje sprach. Vor ihnen saß ein bescheidenes junges Mädchen, das durch Intuition den richtigen Ton zu treffen wußte. Sie versprach, gerade die Dinge nicht tun zu wollen, vor denen die alten Damen Angst hatten.

»Sie sprach natürlich hochholländisch«, erzählte Courtsje mir später, als ich sie zum Jahreswechsel besuchte, »aber sie wollte nur sagen, daß sie uns nicht kommandieren will.«

»Waren Sie denn davor bange?«

»Joa, man, zo'n vremde juvver ...« Ich konnte nur froh darüber sein, daß alles so gut abgelaufen war, und daß sie anscheinend am ersten

Abend, als sie in einer langen Reihe Arm in Arm im Dunkeln den Oldiek entlang nach Hause liefen, zueinander gesagt hatten, daß »man sich mit der ›neie juvver‹ wohl ganz gut vertragen konnte«.

In Oldiek gab es auch einen Männerkreis, einen ganz kleinen, der aus treuen und zuverlässigen Leuten bestand.

Eines Tages, ganz unerwartet, bekam Domie einen Hautausschlag. Lag das an der Ernährung? Zu wenig Fett?

Die »Mäuse« bekamen dicke Gelenke. War das auf die gleiche Ursache zurückzuführen?

Das erste Schwein aus dem Schutzkeller war schon lange aufgegessen, und nun lebten wir von den Buttermarken, die nur an unsere Familie und nicht für die »Mäuse« ausgegeben wurden. Die Rationen waren also sehr klein. »Nur gut, daß wir noch den Diokletian im Schutzkeller haben«, sagte Domie. (Die »Schutzkellerbewohner« trugen die Namen der römischen Kaiser der Zeit der Christenverfolgungen: Nero, Diokletian, und das Schwein von De Lange hieß Domitianus).

Domies Hautkrankheit heilte zwar langsam aus, aber ein Furunkel, das durch die Infektion entstanden war, blieb. Es saß an einer sehr lästigen Stelle; Domie konnte nicht mehr radfahren, eigentlich auch gar nicht mehr sitzen. Er lag auf dem Bauch auf einer kleinen Matratze vor dem Ofen, hatte seine Bücher vor sich und studierte.

Die Arbeit durfte inzwischen nicht liegenbleiben; Fräulein Van der Pol und ich hatten alle Hände voll zu tun.

»Könntest du auch den Männerkreis in Oldiek übernehmen?« fragte mich Domie.

»Was soll ich denn mit den Männern anstellen?« fragte ich.

Domie schaute mich verwundert an.

»Gruppenstunden halten – ganz normal«, sagte Domie.

Aber ich fand es nicht so normal. Die würden wohl Augen machen, wenn ich anstelle von Domie zur Tür hereinkommen würde. Sollte ich einen Diaapparat mitnehmen oder einen kleinen Film zeigen? So etwas interessiert doch immer.

Wenn man im verschlafenen Oldiek wohnte, dann wollte man gewiß auch einmal etwas von anderen Ländern sehen. Die Männer saßen schon in aller Ruhe beim Ofen und warteten. Sie zeigten keinerlei Verwunderung, als ich hereinkam. Ich erklärte die Lage. Ob sie wohl einen kleinen Film sehen wollten? »Joa, mach mal!«

Sie setzten sich an den Tisch. Die Lampen gingen aus, und Südengland erschien an der Wand. Ich war selbst dort gewesen, da konnte ich also viel erzählen.

»Mann, was ist die Küste felsig!« sagten sie, als sie den Film gesehen hatten. »Da kommen die Preußen nie gegen an!«

»Nee, man, das sollen sie ja auch nicht!«

Sie redeten noch etwas darüber und rauchten gemütlich ihre Pfeifen. Um neun Uhr gab der Älteste das Zeichen zum Aufbruch. Alle schauten interessiert zu, wie ich die Apparatur auseinandernahm und im Koffer verpackte. Dann halfen sie mir, den Koffer auf den Gepäckträger zu binden und schoben mir das Fahrrad durch den langen, dunklen Schulgang nach draußen, wo sie es die Treppen hinunter auf die Straße trugen, sehr behutsam und vorsichtig wegen der zerbrechlichen Lampe, die in dem Koffer war.

»Dank u wel«, sagte ich. »Guten Abend und kommt gut heim!«

»'n Oavend!« brummten sie zurück. Dann verschwanden ihre Umrisse im Dunkeln. Ihre Schritte klangen vom Deich herüber und wurden allmählich leiser.

Hatten sie es schön gefunden? Das fragte ich mich, während ich nach Hause radelte. Etwas hatte natürlich gefehlt: eine Bibelbesprechung. Aber die war ja Domies Angelegenheit.

In der folgenden Woche zog ich wieder alleine los, mit meinem Köfferchen hintendrauf auf dem Fahrrad.

Den Montag darauf fragten die Frauen von Oldiek, als sie um den Tisch saßen: »Ist es mit Domie nicht schon wieder besser?«

»Nein, noch nicht besser.«

»Das ist ja schade, Mann.« Frau Courts, die so ein halber Doktor war, wußte gleich ein Rezept. »Hai mout kamillethee drinken. Was? Sie haben keinen Kamillentee im Haus? Mein liebes Kind, dann will ich Ihnen gleich etwas mitgeben. Den müssen Sie immer in der Küche haben – der ist gut gegen alle Krankheiten!«

Ol Geertje hatte das Gespräch über den Kamillentee wohl nicht mitbekommen, sondern ihre eigenen Gedanken weitergesponnen.

»Die Bilderchen«, sagte sie plötzlich, »da haben die Mannsleute kein Interesse dran.«

Das kam völlig unerwartet, und ich schaute etwas verdutzt. War ich dafür durch die Glätte und den Regen nach Oldiek gefahren, mit meinem schweren Koffer hintendrauf, nur um jetzt zu hören, daß ich mit den Dias danebengegriffen hatte?

Aber sie hatten anscheinend untereinander darüber gesprochen, denn nun sagte eine junge Frau: »Mevrouw muß Bibelarbeit mit ihnen halten, genau so wie mit uns.«

So war das also: Sie waren trotz der Bilder aus fernen Ländern unbefriedigt nach Hause gegangen, weil das, wofür sie eigentlich gekommen waren, gefehlt hatte. Also gut, wenn sie eine Frau akzeptierten, die ihnen das Wort auslegen würde . . .

»Nächsten Mittwoch Bibelarbeit, sagen Sie ihnen das«, antwortete ich.

Und weil es kurz vor Weihnachten war, habe ich die ersten drei Kapitel aus dem Prophetenbuch des Daniel mit ihnen besprochen: die Traumvisionen des Königs Nebukadnezar, der das große Bild mit dem goldenen Haupt sah, mit der silbernen Brust, mit den Armen, dem Rumpf von Kupfer, den Beinen von Eisen und den Füßen von Eisen und Lehm, und dem kleinen Stein, der ohne Hände abgehauen wurde und von den Bergen ins Rollen kam. Der Stein wurde beim Fallen immer größer und rollte dann gegen das große Bild, das auf so schwachen Füßen stand, so daß es mit einem schweren Schlag auf den Grund stürzte und Gold, Silber, Eisen und Lehm zermalmte. Aber der Stein wurde so groß, daß er die ganze Erde bedeckte.

Die aufeinanderfolgenden und zum Untergang verurteilten Weltreiche so bildhaft darzustellen, das kann so schön nur einer aus dem Osten.

Und der Gedanke an den rollenden Stein, der das kommende Reich Gottes darstellt, das mit der Geburt eines Kindes in der Krippe von Bethlehem so unauffällig beginnt – das war etwas, das uns allen eine gute Vorbereitung für das Weihnachtsfest gab. Gesegnet gingen wir an diesem Abend durch den Schnee nach Hause.

Winter mit Hindernissen

Für die »Mäuse« war nun auch die Wintersaison angebrochen. Damit wurde ihre Tageseinteilung verändert. Im Sommer und auch während des schönen Nachsommers hatten sie oft im Mondlicht in der Kuhle gesessen. Wenn man sich nämlich zwischen den hochgewachsenen Sträuchern aufhielt, die zu beiden Seiten des Gartenweges standen und zur Kuhle hinführten, konnte man nicht gesehen werden.

Überdies erwarteten wir abends nach zehn Uhr keine Besucher mehr im Garten. Höchstens De Lange kam dann und wann, um für seinen Diokletian und unseren Domitian Schrot in den Schutzkeller zu bringen. Er hatte dann seinen schweren Futtersack vorn auf dem Rad und sagte sehr leise, um die »Mäuse« nicht zu erschrecken, im Dunkeln zu ihnen: »Goeienavond, dames!«

»Goeienavond«, war die Antwort.

Dann wieder Stille, in der die »Mäuse« gespannt lauschten. Hörten sie etwas? Kam da jemand? Ganz still standen sie an der Hintertür. Nur ein Blatt raschelte. Das war alles.

Im Sommer, wenn die Neffen zu Besuch da waren, stand einer der Jungens manchmal an der Ecke des Hauses, um aufzupassen, ob jemand zur Pforte hereinkäme, und um einen solchen späten Besucher dann abzufangen. Aber es kam nie jemand. Es ging immer gut.

Monatelang waren die »Mäuse« nun schon bei uns im Haus, ohne daß jemand sie gesehen hätte. Auch Imke nicht, die von ihrer Existenz nichts wußte. So dachten wir wenigstens.

Im Winter kam Imke stets um acht Uhr. Vor dieser Zeit mußte schon vieles erledigt sein. Die »Mäuse« machten morgens in aller Frühe den Abwasch vom Abend zuvor, hackten Holz, setzten Tee auf, buken Pfannkuchen, aßen ihr Frühstück und zündeten ihren Ofen an.

Wenn dann Imke kam, mußte jede Spur des Frühstücks weggeräumt sein. Im Wohnzimmer, wo die »Mäuse« zu sitzen pflegten, weil dort bei nicht zu strengem Frost der Ofen die Nacht über warm war, räumte Greet ihre Teller, Gabeln, Messer und Tassen fort. Der Wecker stand auf dem Tisch, solange die elektrische Uhr kaputt war. Es kam wegen Imke darauf an, daß die »Mäuse« äußerst pünktlich verschwunden waren.

Polletje war auch meist dabei, und so war dann an dem runden Tischchen für vier Personen gedeckt. Für Domie und mich gehörte die Teilnahme an diesem Frühstück für Frühaufsteher mitten im Winter zu den seltenen Ausnahmen.

Wenn wir beide nach einem Versammlungsabend noch miteinander zu reden hatten, dann wurde es sehr schnell spät, und in der Zeit, als Domies Hautkrankheit behandelt werden mußte, wurde es immer sehr spät.

Und man durfte die römischen Kaiser im Schutzkeller nicht vergessen! Sie waren für Greet immer ein Grund, früh aufzustehen. Ihr gebührte wirklich hohes Lob für all die Treue, mit der sie die Tiere versorgte. Auch das Füttern mußte im Halbdunkel oder noch ganz im Finstern erledigt werden, bevor Imke kam; unsere Vierzehnjährige war ja auch in dieses Geheimnis nicht eingeweiht worden.

Fräulein van der Pol gab sich sehr sportlich. Sie wollte die Imperatoren im Schutzkeller auch einmal füttern und zog dafür eigens ein Galakostüm an, bestehend aus hohen Stiefeln, einer alten Hose und einer zerschlissenen Jacke von Domie, mit der Greet stets ihre Aufwartung bei Hofe machte. Beim ersten Mal fand sie es noch recht gruselig im Keller, aber mit der Zeit gewöhnte sie sich an die lieben Tiere, so daß sie sogar beim Ausmisten helfen wollte.

Die Gefahr, entdeckt zu werden, war und blieb immer sehr groß. Wegen Kohlenmangel blieben die Schulen im Winter 1941/42 häufig geschlossen. Und so spielten viele Schulkinder in der Nähe des Pfarrhauses, rund um Imke herum, die selbst gerade dem Schulalter entwachsen war.

»Ich muß mal hinter in den Garten«, sagte Imke.

»Den goan wie mit die«, sagten Ginie und Binie, zwei von den Schulkindern.

Wenn man in den Garten wollte, um zum Beispiel Grünkohl zu holen, dann mußte man den Schlängelpfad entlanggehen, und wenn man zum Schutzkeller wollte, dann mußte man auch diesen Schlängelpfad entlang, aber danach links abbiegen.

Der Weg war ein bißchen gefroren, also gut zu begehen. Die Stengel der Goldruten und einige Herbstastern standen noch da, aber sie waren weiß von Reif. Der Garten sah winterlich und kahl aus.

Die Grünkohlstrünke konnten das gut vertragen. Imke schüttelte den Schnee von ihren Köpfen und brach sie ab. Mit einem vollen Korb an ihrem Arm ging sie wieder zum Haus.

Wo waren Ginie und Binie geblieben? Sie rutschten zum Schutzkeller hinunter.

»Kommt da runter«, sagte Imke, »der könnte sonst einfallen.«

Jetzt saßen sie oben über dem Eingang zur Tür. Es war völlig still, wie es in den Wochen vor Weihnachten öfter vorkommt.

»Lüsterachting«, sagen die Menschen hier.

Auf einmal wurde ihre Aufmerksamkeit auf ein unterirdisches Grunzen gelenkt. Konnte Imke das hören?

»Da's 'n swientje!«

Sie horchten noch einmal.

»'n swien in schoelkelder!« riefen sie aufgeregt.

Imke hörte es nun auch und begriff sofort die Situation.

»Ihr seid verrückt«, sagte sie, »das sind Iltisse, die knurren auch so.«

Sie liefen alle drei zum Haus, zur Hintertür hinein.

»Greet«, schrien sie in die Küche, »da sind Iltisse im Schutzkeller!«

Greet erschrak, lief aufgeregt zu Domie und erzählte, was los war.

Inzwischen kam ich von einem Einkauf zurück.

»Mevrouw, ... in schoelkelder!« Ginie machte das Geräusch nach. »Die haben genauso gegrunzt wie Schweinchen. Ich hab' doch solch einen Schreck bekommen.«

Ich wußte genug und lief nach vorne. Da saßen sie alle zusammen im Studierzimmer: Domie, Greet und Fräulein van der Pol, die es auch schon wußte. Greet war das Weinen näher als das Lachen. Sie war Domies Bundesgenosse in dieser Angelegenheit.

Jetzt bloß kein Gesicht machen: »Da seht ihr's ja! Was habe ich euch gesagt?« Sie schauten schon bedeppert genug drein und dachten selbst natürlich daran. Für Triumphe war jetzt keine Zeit.

Ich fragte also nur: »Was macht ihr jetzt?«

»Imke hat die ganze Sache eigentlich gerettet«, sagte Domie, selbst nicht so ganz überzeugt von dem, was er sagte.

»Dachtest du, daß sie das schlucken werden bei Ginie zu Hause? Wenn sie das Geräusch nachmacht, das die Iltisse machen, wie sie es bei uns vorgemacht hat, dann wissen die Eltern gleich, daß da keine Iltisse sind.«

Und doch täuschte ich mich. Wahrscheinlich hatte Ginie die Geräusche nicht nachgemacht, denn zu unser aller Überraschung kam sie mit einer gewaltigen Falle zurück. Mit einer Iltisfalle.

»Ob dann der Vater das Fell haben darf?« fragte sie dazu.

Wenn es nicht so ernste Folgen für uns alle hätte haben können, hätte ich lauthals loslachen können über diese Komödie, in der Imke und Ginie die Regisseure waren und wir die Zuschauer.

Aber dann sagte ich doch leise zu Domie: »Nun sieh selber zu, wie du da wieder herauskommst; ich spiele bei dieser Komödie nicht mehr mit!« Damit lief ich aus der Stube.

Die Angelegenheit ging aus wie das Hornberger Schießen. Wir hörten nichts mehr von »Iltissen«, nur Ginie kam ab und zu und fragte, ob schon einer in der Falle säße, aber die Falle stand hinter dem Kamin in der Küche, und da hätten wir höchstens eine Ratte fangen können, aber die fingen wir auch nicht, so daß Petertje – der schon eingeweiht war – die Falle schließlich wieder zurückbrachte.

Aber diese Geschichte hatte noch ein »Schwänzchen«.

Imke hatte nun das Geheimnis des Schutzkellers aufgedeckt, aber sie hatte im stillen noch mehr Geheimnisse entdeckt, nur niemals davon gesprochen. Aber nun – in unserem eigenen Interesse – kam sie vorsichtig mit der Sprache heraus.

»Diese Schritte da«, sagte sie eines Morgens verlegen zu Greet, »da muß ich drüber nachdenken.«

»Warum sagst du das so?«

»Maarchie fragt mich jedesmal, wenn ich in den Laden komme. ›Was machen die Schritte?‹ fragt sie dann.«

Arme Imke, die wir, ohne es zu wollen und zu ahnen, in solche Verlegenheit gebracht haben und die mit ihren jungen Jahren schon erfahren mußte, daß wir in einer schrecklichen Zeit lebten, in der man Menschenleben in Gefahr bringen konnte, wenn man ein Geheimnis verriet ...

»Wir hatten dir nichts davon sagen wollen, weil wir das alles für so junge Schultern noch viel zu schwer fanden, aber du kannst mehr tragen als wir dachten, und weil du ein Groninger Mädchen bist und zu einem so verschlossenen Volk gehörst, hast du die Kunst des Schweigens erlernt!«

Imke vermutete etwas, das war klar. Aber was wußte oder vermutete sie wirklich?

»Einfach ruhig bleiben«, riet ich, aber Domie fand es gefährlicher, daß sie eine halbe Wahrheit wußte, als eine ganze, und da mußte ich ihm recht geben.

Er rief Imke darum zu sich in das Studierzimmer.

»Imke, du hast die Schritte erwähnt und gesagt, daß wir da vorsichtiger sein müßten, weil Maarchie dich ständig danach fragt. Was meinst du eigentlich damit?«

Imke rutschte unruhig auf ihrem Stuhl hin und her: »Och, Domie ...«, sagte sie, verlegen lachend, »nee, Domie ...«

»Nun, du darfst es getrost sagen. Sag mal, was du denkst.«

Imke wurde rot und sagte dann: »Da ist jemand auf dem Boden!«

Das große Wort war ausgesprochen, und es folgte eine kleine Stille. »Und was dachtest du denn – wer da sein könnte?«

Sie zog ihre Schultern hoch: »Ich weiß nicht – ein Domie oder so.«

»Nein, kein Domie, aber doch zwei Menschen, die flüchten mußten, um ihr Leben zu retten. Du hast ja schon erfahren, daß in dieser Zeit Menschen manchmal einfach ermordet werden.«

Sie nickte still und schien auf einmal viel älter zu sein als ein unbekümmertes Kind von vierzehn Jahren.

»Wie kam es eigentlich, daß du einen Verdacht geschöpft hast?«

»Als ich während der Kirchzeit aufpassen mußte, da war ich mit Hansje allein im Haus, und da hörte ich es plötzlich oben laufen. Da hatte ich solche Angst, denn ich dachte natürlich an Einbrecher oder sowas. Ich bin schon mal vor lauter Angst in den Garten hinausgelaufen, aber dann habe ich angefangen, nachzudenken. Später habe ich die Teller gezählt und die

Löffel, Gabeln und Messer, die immer zu viel abgewaschen wurden, und da dachte ich, Sie haben jemanden versteckt oben auf dem Dachboden und wollen nicht darüber reden.«

»Und hast du mit niemandem darüber gesprochen?«

»Mit niemandem.«

»Ich danke Gott, daß du das nicht getan hast.«

»Ich wußte doch, wie gefährlich das war!«

»Dann kannst du natürlich auch künftig schweigen, aber du begreifst sicher, daß wir dir das nie erzählt haben, weil wir es bei deinem Alter als ein viel zu großes Geheimnis empfanden. Du solltest noch nicht an solche Dinge denken und dir darüber keine Gedanken machen, dachten wir. Nun weißt du alles, aber mit dem Reden mußt du noch bis Kriegsende warten. Verstehst du das?«

»Joa, ich sage natürlich nichts, Domie. Das ist besser«, sagte Imke weise.

Dann ging sie ganz einfach wieder an ihre Arbeit, so als ob nichts geschehen wäre.

Die »Mäuse« waren erstaunt über so viel Einsicht. Alles gewußt zu haben und nichts zu verraten... Sogar uns in dem Glauben zu lassen, als wüßte sie nichts!

»Imke ist der lebendige Beweis dafür, wie gut eine Frau schweigen kann«, sagte ich.

»Eine erwachsene Frau hätte es nicht besser machen können«, fanden die »Mäuse«.

»Wenn doch alle erwachsenen Frauen so viel Verstand hätten wie Imke!« seufzte Domie.

Die Sonne war zurückgekommen, und das Land war kahl, sehr früh für die Jahreszeit. Im Jahr davor hatte das Getreide noch in der zweiten Augusthälfte auf den Feldern gestanden. Jetzt war schon alles gemäht und in den Scheunen.

Einige Bauern hatten schon mit dem Dreschen begonnen. Alles geschah einen Monat eher als in »normalen« Jahren.

Vor meinem Fenster sah ich nur noch ein großes Feld mit blühendem Klee. Die Rüben standen noch auf dem Feld, die Pferdebohnen »in hokken«, auch die Kartoffeln waren noch nicht gerodet, aber die wirklich große Arbeit war getan: ganze Hektare von Getreide waren gemäht. Auf amerikanische Weise, mit Selbstbindern und Traktoren: Innerhalb weniger Tage lag das ganze Getreide eines riesigen Stückes gemäht da und wurde in Garben zum Trocknen aufgestellt. Und etwas später standen die Scheunentore offen, und die hochbeladenen Wagen fuhren hinein.

Hier und da sammelte einer die liegengebliebenen Ähren vom Feld auf, aber das waren dann Leute aus der Stadt. Polletje hat so etwas auch immer gerne getan. Wie ein großer bunter Farbtupfer hockte sie dann auf dem Land von Elderling und suchte, ähnlich wie Ruth auf dem Lande von Boas, die Ähren auf, die von den Mähern liegengelassen worden waren. Heiß brannte die Sonne vom Himmel herunter. Nirgends gab es Schatten. Polletje fühlte die Hitze durch ihre Haut dringen und war nun erst richtig in ihrem Element, wie ein Fisch in seinem Wasser.

»Warm? Ja, lekker!« sagte sie, als ich sie danach fragte. Zweimal kam sie mit einem Sack voller Ähren nach Hause, die dann von den »Mäusen« mit den Händen für sie gedroschen wurden.

Wenn das Korn in den Scheunen war, bereiteten wir uns wieder auf den Winter vor. Dann begann die kirchliche Arbeit in den Gruppen und Kreisen von neuem; wir riefen die Jungen und die Alten zusammen.

Wie lange die »Mäuse« es bei uns aushielten . . .

Wie sie durch den ersten Winter kamen? Mit Arbeit, mit viel Arbeit. Die große »Maus« studierte historischen Materialismus. Sie weckte Bohnen ein, Kohl und Endivien, mahlte Korn und tippte meine Aufzeichnungen. Manchmal war die kleine »Maus« wieder in ihrem alten Fach. Dann machte und entwickelte sie Fotos. Sie war dann mit starken Lampen und Schüsseln mit chemischen Lösungen beschäftigt. Aber sie bastelte auch gerne. Ihre Hände waren dann stundenlang geduldig mit einer kleinen Puppe beschäftigt, mit einer bestimmten Figur, die sie sich ausgedacht hatte: mit einem spanischen Landjunker oder einer Dame aus dem 19. Jahrhundert; die entstanden dann aus farbigen Stoffresten, die die kleine »Maus« in einer Kiste fand.

»Auf dem Boden«, sagten die »Mäuse«, »da findet man alles! Genug, um für jeden Sinterklaas Geschenke zu basteln.« Und sie schnüffelten, wie echte Mäuse, in den dunklen Ecken und Winkeln herum und fanden überall etwas, das sie gebrauchen konnten.

Der »Maulwurf« kam zu Besuch. Niemand hatte ihn kommen sehen, denn er traf immer mit dem letzten Zug ein und ging ein paar Tage später morgens im Dunkeln wieder fort. Einmal brachte er ein wunderschönes Sortiment von Puppenköpfen mit, genug, um einen ganzen Puppenladen damit auszustatten. Die »Mäuse« sollten mit Stoffresten aus der Lumpenkiste für Kleider sorgen. Das Ganze wurde dann ein Geschenk für den Jugendkreis.

Und für Hansje wurde ein Strampelanzug gestrickt, eine Überraschung für seine Mutter, so daß ich schon vom November an nicht mehr unangemeldet auf das Stübchen kommen durfte.

Als der Nikolaustag kam, war der »Maulwurf« auch da. Die Geschenke wurden ausgepackt und die selbstgemachten Gedichte vorgelesen. Wir konnten kaum fassen, daß es möglich war, in einer so schlimmen Zeit ein so schönes Fest zu feiern.

Eines Tages wurde der Kriechgang entdeckt. An einem Samstagabend war Fräulein Van der Pol mit den Jungen allein im Konfirmandenraum, weil Domie einen Vertretungsdienst hatte und schon weggefahren war.

Da hörte ich an dem Lärm, daß da irgend etwas nicht stimmte. Petertje stand mit erschrockenem Ausdruck im Flur und sagte: »Jungs sind im Tunnel und sagen, da ist ein unterirdischer Gang!«

Petertje, der vom Geheimnis des Schutzkellers wußte, vermutete auch hier etwas ähnliches – und zu Recht! Er muß wohl an meinem Gesicht gesehen haben, wie sehr ich erschrak.

»Kommt sofort heraus!« rief ich den Jungen in der Tiefe zu. Einer nach dem anderen kam aus dem Loch und kroch auf den Händen und Füßen unter der Bühne hervor.

Es waren vier Bengels im Alter von sechzehn, siebzehn Jahren, die jetzt beschämt und eingeschüchtert vor mir standen.

Eine Standpauke folgte, und dann die sofortige Schließung des Konfirmandenraumes.

Nach einer Viertelstunde kamen die vier »Entdecker unterirdischer Gänge« zurück, um sich zu entschuldigen. Die Entschuldigung wurde ihnen sofort gewährt; meine Standpauke stand in keinem Verhältnis zu ihrer »Tat«. War mir denn jeder Sinn für Humor und jedes Verständnis für die Jungen verlorengegangen? Sie konnten doch gar nicht wissen, weshalb ich so böse gewesen war, und ich durfte es ihnen nicht erzählen. Das war nun einmal die Tragik unseres Zusammenlebens, daß es so viele Mißverständnisse gab. Jedenfalls gingen die Jungen getröstet nach Hause an diesem Abend, nach erhaltener »Vergebung«.

Alles nahm so seinen gewohnten Verlauf. Bei De Wissings waren zwei Familien auf dem Boden versteckt. Auch dort gab es ein Stübchen, das die verborgenen Gäste mit einem Minimum an Möbeln als Wohnung eingerichtet hatten. Es standen da ein Bett, ein Tischchen und ein paar Stühle. Später wurde auch ein Ofen aufgestellt.

De Lange machte sich dabei sehr verdient. Er kam jeden zweiten Abend, um kurze Zeit mit den Versteckten zu reden, denn wer so abgesondert leben muß, völlig isoliert von der Außenwelt, der braucht das dringend und freut sich über jeden Besuch als willkommene Abwechslung in der Eintönigkeit seines Daseins.

»Ich hab' es den Leuten gleich zu bedenken gegeben«, sagte De Wissing, »wenn das nun ein Jahr oder noch länger dauert, was dann? Aber die junge Frau hat gemeint: Man muß eben sehen ... Ich rechne damit, daß die Invasion bald kommt.«

Wissing hat Recht bekommen, und gerade die junge Frau hatte auf die Dauer schwer zu kämpfen. Ständig saß sie da mit drei Männern eingeschlossen, und De Wissing und De Lange waren ja auch Männer. »Ich werd' noch verrückt bei all den Männern«, sagte sie. Ob denn Polletje und ich nicht einmal kommen könnten?

Das war einfacher gesagt als getan, denn die Gebrüder De Wissing bewachten ihr Haus wie eine Festung. Groß und einsam stand es hinter einer Gracht und einer hohen Hecke.

Die Gardinen, besonders die oben bei den versteckten Menschen im Dachgeschoß, waren fest zugezogen, und der Zugang zum Boden war verschlossen. Alles machte den Eindruck eines Märchenschlosses. Nur die undurchdringliche Dornenhecke fehlte.

Aber der Arzt, der eingeweiht war – der, der zusammen mit Domie die Kleider und Decken geholt hatte –, mußte einspringen, denn der jungen Frau ging es längere Zeit nicht gut. Er schrieb auf das Rezept: Damenbesuch!

Da öffneten sich plötzlich die Tore dieser »Männerburg«. Die Riegel wurden von den Türen geschoben, und wir erhielten Zugang zum Allerheiligsten dieses geheimnisvollen Hauses, zum Raum, in dem die versteckten Leute wohnten.

Ich brachte der jungen Frau ein Heilmittel mit: Papier und Bleistift. Damals hatte ich diesen Vorratsboden noch nicht, wollte gerne schreiben, hatte aber in unserem eigenen, überall bewohnten Haus nirgendwo eine stille Ecke, wo das möglich gewesen wäre.

An einem Sonntagnachmittag machte ich meinen ersten Besuch. Wir kletterten eine Leiter nach oben, die junge Frau und ich. Dann saßen wir zusammen auf einem Strohballen. Der Regen schlug regelmäßig und leise gegen das Dachfenster.

»Wenn ich solch einen Boden hätte, solch einen prächtigen Bauernhofboden«, sagte ich fast neidisch, »dann würde ich hier tagelang sitzen und schreiben.«

Der Besuch dort hatte mich auf die Idee gebracht, meine Fühler auszustrecken, bis ich selber einen Boden gefunden hatte. Aber die junge Frau war apathisch und zog die Schultern hoch: »Was soll ich denn schreiben?« fragte sie.

»Über euer Leben hier. Das ist doch interessant genug . . . Über deine Gefühle, über deine Genossen im Versteck und über deine Bewacher, oder besser: deine Schutzengel, die De Wissings. Die sind einer wie der andere der Mühe wert. Auch wenn du das nur als eine Art Schuttabladeplatz ansehen würdest. Du wirst sehen, wie man dann aufatmet, wenn man sein Herz einmal dem Papier ausschüttet. Das kann mindestens genau so viel helfen wie das Gespräch mit mir. Es hat sogar den Vorteil, daß du Papier und Bleistift immer zur Hand hast, mich aber nicht.«

»Ich will es einmal probieren«, sagte sie. »Aber ich fürchte, daß dieses Tagebuch nie geboren wird.«

Es war immer ein Fest, wenn De Lange kam, denn er konnte so schön erzählen. Genauer genommen, schauspielerte er, denn er kroch völlig in die Haut dessen, von dem er gerade erzählte, und ahmte Stimmen und

Bewegungen so nach, daß man den Eindruck hatte, da saß nicht mehr De Lange, sondern der eine oder andere Dorftyp, den er imitierte.

Bei der darauffolgenden Kirchenratssitzung waren auch De Lange und De Wissing anwesend.

Ein Diakon war von weither mit dem Rad gekommen; er wohnte am äußersten Rand unserer Gemeinde. Er war immer der erste, wie Mulder, der immer aus Oldiek kam. Dann war da noch Elderling mit einem weiteren Kirchenältesten.

Zu sechst saßen sie im Studierzimmer. Domie dazugerechnet, waren es sieben. Eine heilige Zahl.

Ich wartete meist mit dem Tee-Einschenken, bis De Lange, der Sekretär, seinen tadellosen Bericht vorgelesen hatte.

Wir sprachen über die Weihnachtsfeier, und dabei waren auch immer einige praktische Dinge zu besprechen.

Wer muß in Oldiek ein Weihnachtsgeschenk bekommen?

Wieviel Geld hat Frau Pastor mit der Weihnachtslistensammlung zusammenbekommen, oder ist sie noch nicht durch? Wird sie mit dem Geld wohl auskommen? Und wieviele Weihnachtsbäume werden benötigt?

Das war immer De Wissings Sache. Er ging immer in den Wald, um die Bäume auszusuchen, denn niemand hatte davon so viel Ahnung wie er.

»Und Baumschmuck – muß Frau Pastor den noch dazukaufen? Denn vergangenes Jahr ist uns doch der Weihnachtsbaum umgefallen und dabei sind einige Sachen kaputt gegangen.«

In der Sitzung selbst wurde immer holländisch gesprochen, aber die Randbemerkungen wurden regelmäßig in Gronings gemacht.

Domie hatte noch eine Bitte. Er hatte einen Brief aus Amsterdam erhalten, mit der Anfrage, ob wir hier noch Marken für Hülsenfrüchte übrig hätten, für ein Weihnachtsfest mit Kindern in Amsterdam.

»Der Kram mit den Marken is nix«, fand De Wissing.

»Wir sollten besser Hülsenfrüchte hinschicken«, sagte De Lange. Jetzt redeten sie wieder durcheinander.

Als sie zu einer Übereinstimmung gekommen waren, nahm Elderling offiziell das Wort. Domie solle einen Brief an den Pastor aus Amsterdam schreiben und mitteilen, daß wir eine Kiste Erbsen als Weihnachtsgeschenk für die Kinder schicken würden. Davon hätten sie mehr als von den Marken.

Domie war dankbar.

Aber wieviele Weihnachtsbäume müssen wir haben? Zwei oder drei?

Sieben Paar Augen, alle auf mich gerichtet. Die Evangelistin mußte es ja wohl wissen.

»Drei«, sagte ich. »Einen für die Kirche, einen für den Konfirmandenraum und einen für Oldiek. So hatten wir's im vergangenen Jahr auch.«

De Lange notierte: Drei. Das Gespräch, ein Murmeln tiefer Männerstimmen, rauschte wieder vor sich hin, aber ich achtete nicht darauf. Etwas anderes hielt meine Gedanken gefangen. Eine Erinnerung an das Weihnachtsfest mit den Frauen im vergangenen Jahr, als die Tische mit den weißen Weihnachtsdecken gedeckt waren, auf denen selbstgebakkene Kuchen zwischen den grünen Tannenzweigen und den Kerzen standen, in einer Ecke das warme Licht vom Tannenbaum – die Weihnachtsgeschichte, die vorgelesen wurde und die uns so ans Herz ging, weil niemand einfältiger und sicherer in das Gottesreich kommen kann, als durch den Stall von Bethlehem.

Der Unbegreifliche kommt uns dort ganz nahe in einem Kind. Er wird sichtbar und greifbar für unsere ungeschickten Hände. Das Wort ward Fleisch. Das große Geheimnis – Gott, der sich in Menschengestalt offenbart, damit wir ihn begreifen lernen und lieb haben –, das ist doch etwas, nach dem unsere Augen immer wieder neu in großer Ehrfurcht schauen, so wie die Augen der Maler im Mittelalter mit ihren Fresken von der Madonna mit dem Kind.

Ich war mit meinen Gedanken an dem Punkt angekommen, an dem inzwischen auch die Besprechung gelandet war, als De Lange fragte: »Bekommen wir dieses Jahr auch wieder eine Kantate zu hören?« – »Dann aber dieselbe«, sagte Domie. »Ich kann nicht jedes Jahr eine neue einstudieren, denn da steckt unglaublich viel Arbeit drin.«

Ja, das verstanden sie wohl. Wir sollten wieder ein Programm für das Weihnachtsfest aufstellen, so wie es uns am besten erschien. Waren nun noch mehr Dinge auf der Tagesordnung? Ja, aber nichts, was das Weihnachtsfest betraf.

Es gab andere Beschäftigungen, die auf mich warteten. Ich kam nur noch einmal kurz herein, um die leere Flasche zurückzugeben und vor allem den Herren, die so weit entfernt wohnten und erst im Dunkeln nach Hause kamen, »een goede reis« zu wünschen.

Ein paar Tage später brach ein gewaltiger Sturm los. Aus heiterem Himmel, völlig unerwartet, fegte er über das Land, ungebrochen in seiner Gewalt riß er an unserem Dach. Der Schornstein wurde schwer angeschlagen, die Kappe heruntergerissen, das Fenster der »Mäuse« eingedrückt. Mit donnernder Gewalt kam die Kappe dicht neben der Küche herunter, zum Glück nicht durch die Fensterscheiben.

Die »Mäuse« waren tödlich erschrocken. Sie riefen nach unten. Im nächsten Augenblick schon waren wir oben.

»Was war los?«

Domie stand schon auf dem Tisch im Dachstübchen, streckte seinen Arm durch die Fensteröffnung und bekam den Fensterrahmen zu packen, den er krampfhaft festhielt. Der Wind heulte in die Stube herein, Schneeflocken wirbelten um seinen Kopf, er sah aus wie ein Matrose in den Wanten eines Schiffes, mitten im Sturm.

Über den Orkan hinweg rief er nach einem Tau und einem Sack mit Mehl. Er band das Fensterkreuz fest und verankerte es mit dem schweren Sack Mehl. Nun konnte es nicht mehr herausgerissen werden, oder der Wind hätte den Mehlsack mit wegtragen müssen.

Vorläufig war die Sache gerettet, aber der Schmied mußte alles erst noch richtig in Ordnung bringen und der Zimmermann vielleicht auch noch, ebenso einige Kirchenälteste. Wo sollten dann die »Mäuse« so lange hin?

In den Versteckschrank. Das war ja ab und zu sowieso nötig, z. B. wenn der Schornsteinfeger kam, oder wenn die Dachrinnen sauber gemacht werden mußten, und früher sogar immer dann, wenn Imke den Kaffee für Domie ins Dachstübchen brachte, noch ehe wir gewußt hatten, daß sie das Geheimnis kannte.

Der Schmied setzte bald darauf gänzlich unerwartet seine Leiter an das Haus und kletterte auf das Dach. Die »Mäuse« konnten noch im letzten Augenblick gewarnt werden und waren im Handumdrehen verschwunden, so daß der Schmied und sein Knecht – wie einst Sankt Nikolaus und der Schwarze Piet, die beide auch erst kürzlich durch das Dachfenster geschaut hatten – in ein leeres Stübchen blickten.

Als der Schmied die letzten Reste Zink abmontiert und zusammen mit seinem Knecht die schwere Kappe auf einen Wagen geladen hatte, mußte auch noch der Zimmermann kommen.

Der mußte innerhalb des Hauses arbeiten, konnte uns also nicht so überrumpeln wie der Schmied. Während ich ihn unten noch in ein Gespräch verwickelte, ging Polletje nach oben, um die »Mäuse« zu warnen.

Rutsch, rutsch, krochen sie in ihren Schrank. Die Falltür über ihren Köpfen ging zu, das Stübchen war leer.

Der Zimmermann ging mit mir nach oben und inspizierte das Dach.

»Das sitzt ja alles lose, und Dachpfannen sind auch herausgerissen! Mann, solch einen Sturm haben wir lange nicht gehabt!«

Auf einmal stellte der Zimmermann eine Frage, die mich sehr verwunderte.

»War das da mal eine geheime Klingelanlage?« fragte er.

Ich war zu verwundert, um zu erschrecken, aber ich fürchtete, die »Mäuse« könnten es verstanden haben und würden es in ihrem Schrank dort unten ziemlich eng bekommen.

»Was meinen Sie?« fragte ich interessiert.

»Hier ...« und er zeigte mit seiner Hand auf die Klingel.

»He, die hab' ich hier noch nie gesehen. Sicher etwas von unseren Vorgängern.«

Wie war es nur möglich, daß der Mann die Klingel entdeckte! Mir war sie noch nie aufgefallen. Er brachte die Leitung jetzt sicher mit der Mühle in Verbindung, die er auf dem Boden hatte stehen sehen. Ich ließ ihn ruhig raten.

Aber es war in Wirklichkeit eine Alarmanlage für die »Mäuse«! Jeder hatte schon versucht, die alte Leitung in Ordnung zu bringen. Früher war das wahrscheinlich eine Leitung gewesen, mit der man das Dienstmädchen hatte rufen können. Nun war ein Summer im Versteckschrank damit verbunden, den man auf dem Dachboden als Warnzeichen für die »Mäuse« hören konnte. Aber es steckte irgendwo ein Fehler in der Leitung, denn man konnte sich nicht auf die Anlage verlassen. Domie und der »Maulwurf«, außerdem Polletjes Verlobter, hatten daran gebastelt, aber niemand wußte, wo die schwache Stelle saß.

Imke hatte Domie schon einmal in ihrer Unwissenheit fürchterlich erschreckt, als sie, ohne daß sie etwas wußte oder auch nur vermuten konnte, auf das Knöpfchen gedrückt und das Notzeichen gegeben hatte.

Die »Mäuse« eilten in den Schrank und Domie kam käsebleich nach unten gerannt – alles für nichts und wieder nichts. Nur wegen eines neugierigen Mädchens, das ein Lämpchen in Greets Zimmer hatte ausprobieren wollen und per Zufall den verkehrten Knopf gedrückt hatte.

Ich erzählte dem Zimmermann lieber nichts davon, welche Schrekkensbilder dieses schwarzumwickelte, dünne Drähtchen in mir wachgerufen hatte, sondern ging mit ihm nach unten, während er mir darlegte, welche Materialien er noch nötig hätte, um den Schaden zu reparieren.

»Wann kommen Sie wieder?«

»Morgen, denke ich.«

»Ja, aber wann morgen?« fragte ich, »morgen früh oder morgen nachmittag?«

Er schaute mich verwundert an. So direkt hatte ich ihm noch nie die Pistole auf die Brust gesetzt. Man kam eben, wenn es am besten so auskam, nicht wahr?

»Waarom vraagt Mevrouw dat?« sagte er.

»Damit wir uns wegen der ›Mäuse‹ besser darauf einstellen können«, hätte ich beinahe gesagt.

Aber statt dessen sagte ich: »Weil ich es gern so schnell wie möglich wieder in Ordnung haben möchte, und wenn wir keine Zeit absprechen, bin ich vielleicht gerade einkaufen, und dann wird es wieder einen Tag später.«

»Nein, morgen früh um acht Uhr kann Mevrouw mit mir rechnen.«

»Das ist gut«, sagte ich und dachte bei mir selbst: »Das wird ein früher Morgen. Jetzt, wo wir es wissen, können die ›Mäuse‹ sich im Gästezimmer aufhalten, bevor er kommt.«

Der einzige im Hause, der sich nicht aus der Ruhe bringen ließ, war Hansje. Er wurde Mitte Januar neun Monate alt und krabbelte in seiner Box auf Händen und Füßen hin und her, manchmal auch nur auf den

Füßen, denn er konnte sich schon selbst aufrichten und stehen, genau seit dem Tage, an dem er sieben Monate alt wurde.

Er hatte viel Spaß an einem kleinen Spiel, das man mit seinen Händen spielen mußte: »Torentje, torentje, bussekruit«, mit einem kleinen Lied, das man dazu sang. Wenn der Deckel des Klaviers offenstand, griff er manchmal nach den Tasten und freute sich über den Lärm, den er selbst machen konnte.

Was war das Leben schön und interessant für den kleinen Mann, jeden Tag aufs neue!

Das Bad stand morgens warm und sicher auf dem Boden. Hansje wollte am liebsten einfach so hineinsteigen, mit Kleidern und Schuhen. Herrlich planschte er dann mit seinen Händchen herum, wenn er endlich in der Wanne saß, und schaute triumphierend in der Runde herum.

War das alles neu für mich? In gewissem Sinne schon, so wie alles neu bleibt, was wirklich schön ist, aber andererseits war es mir doch auch sehr vertraut.

Als junges Mädchen hatte ich täglich ein Baby meiner Schwester gebadet. Sie war bei der Geburt gestorben.

In den Ferien kam dann der kleine Neffe oft zu seinen Großeltern, und ich durfte für ihn sorgen.

Ebenso goldig wie ich jetzt mein eigenes Kind fand, hatte ich damals das Baby gefunden. Ich hatte es gebadet und ins Bett gebracht und wie ein kleines Wunder betrachtet. Später kamen noch mehr Enkelkinder hinzu; ihre hellen blauen Augen hatten vor Leben gestrahlt, als ob sie nur Gutes erwarten könnten. Sehr früh war damals das Gefühl in mir herangereift, daß die Kleinen, die mit so viel Vertrauen dem Leben entgegengehen, unbedingt Geborgenheit erleben sollten, und daß wir alle Gemeinheit und Niederträchtigkeit von ihren kindlichen Augen fernhalten müssen.

Nun waren sie ungefähr zwanzig Jahre alt, also in der Blüte ihrer Jahre, und da plante Hitler Anschläge gegen unsere Jugend.

»Mutige Jungen melden sich zur Waffen-SS!«

»Dein Platz ist noch frei . . .«

So lockte der Rattenfänger mit seinem Flötenspiel, aber nur ein einziger Dummkopf ließ sich fangen und meldete sich an die Ostfront.

Sie konnten jetzt noch freiwillig ihren Hals in die Schlinge stecken. Bald würde man sie wohl dazu zwingen.

»Aber dann verstecke ich sie«, sagte mein Bruder. Ja, auf jeden Fall mußte etwas dagegen unternommen werden, daß dieser Moloch unsere Jungens fraß!

Die Tragödie Napoleons an der Beresina durfte sich nicht wiederholen. Sie durften nicht sinnlos an der Ostfront abgeschlachtet werden. Hatten ihre Mütter sie dafür zur Welt gebracht, großgezogen und mit ihren innigen Sorgen umhegt, und hatte ich meinen kleinen Neffen dafür mit Liedern und Gute-Nacht-Geschichten zu Bett gebracht?

Ich wußte, daß es keinen Unterschied ausmachte, ob es ein eigenes Kind oder das eines anderen war, sondern daß die Jugend ganz allgemein in Gefahr war, und daß ein Appell sich an uns alle richtete, auch an die ältere Generation.

Denn wie konnten sie sich zur Wehr setzen, wenn wir ihnen nicht dabei halfen? Was gab uns das Recht zu sagen: »Geh nicht«, wenn wir ihnen nicht Unterschlupf verschafften und für sie geradestanden?

Wir mußten in unserer Lage tun, was geboten war. Wir mußten passiven Widerstand leisten. Das war unsere Pflicht, unsere Möglichkeit. Es war unsere Weise zu kämpfen: die einzig mögliche, die einzig erlaubte jedenfalls.

Es war kein »Schlagen mit dem Schwert«, aber ein energischer passiver Widerstand, Zeichen einer zähen Unbesiegbarkeit des Geistes, der Weigerung, sich vor dem Gewaltherrscher zu beugen, der unser Recht und unser Gesetz schändete.

»Ich glaube an das Gute«, sagte ein junger Bauer zu mir.

So etwas klingt gut und weise in einer kaum bewegten Zeit, in der das Leben einem stillen Weiher mit nur wenigen Wellen gleicht. Zu solchen Zeiten können wir klug über Gott, Tugend und Unsterblichkeit, die bekannte Dreizahl, philosophieren und sagen, daß wir daran glauben.

Aber wenn das alles wäre, dann hätten die Menschen des Mittelalters die Tiefe und die düsteren Gewalten des Lebens besser begriffen als wir. Sie haben ja die dämonischen Mächte noch gekannt, die über die Menschen herrschen können, sie wußten von dem ewigen Streit zwischen Gut und Böse und kannten das Reich der Finsternis, von dem allein Christus uns befreien kann, der Tod und Hölle besiegt hat.

Ein junger Pastor hielt in einer Gemeinde eine sehr ausgewogene, gut durchdachte Antrittspredigt. Da saß auch ein alter Professor in der Kirchenbank. Der sagte zu ihm: »Du glaubst an Gott, nun mußt du noch lernen, auch an den Teufel zu glauben.«

Für uns ist das nicht so schwierig. Wir sehen die Macht des Teufels überall, wo sie um sich greift. Die Zeiten, die wir durchgestanden haben, haben uns auch mit dem Bösen bekannt gemacht.

An den Widerstand gegen das Böse hatten wir uns noch nicht gewöhnt. Er wuchs erst langsam.

Als die Juden zu Tausenden beraubt und verfolgt wurden, da brach in Amsterdam ein großer Streik aus. Aber mit der Zeit gewöhnten wir uns auch an diese furchtbaren Dinge und ließen alles auf sich beruhen. Das hatte zur Folge, daß das Böse immer mehr Macht über uns gewann.

Denn: »Ärgernisse werden kommen«, sagt Christus, »aber wehe dem, durch den sie kommen.«

Das deutsche Volk war dabei, eine große Schuld auf sich zu laden. Wer so überzeugt und sicher den ersten Teil der Warnung Christi in Verbindung mit dem jüdischen Volk und seiner besonderen Geschichte brachte, der mußte sich auch ernsthaft fragen, ob der zweite Teil der Warnung nicht auf uns zuträfe, so daß wir – als Christen – verantwortlich blieben für das Schicksal unserer Nächsten.

Wenn jeder seine Pflicht täte, sagten wir uns, dann könne nur wenig geschehen. Auch unseren Jungen geschähe dann nichts. Als Angehörige eines Volkes stünden wir füreinander ein und wären gemeinsam stark gegenüber den Angriffen der Tyrannen. Doch jeder Schritt, den wir zurückgingen, bedeutete einen Schritt vorwärts für den Feind. Er probierte ständig, wie weit er gehen konnte. Nie öffentlich und auf einmal unternahm er seine Angriffe, sondern Schritt für Schritt, so daß die meisten Menschen es gar nicht merkten, wie er sein Netz spann.

Erst kam ein ganz harmloses Papierchen. Darauf mußte man eintragen, ob man jüdische Vorfahren hatte. Die meisten füllten den Fragebogen aus. Man hatte ja keine jüdischen Ahnen... Was steckte aber in Wirklichkeit dahinter?

Es folgte die Entlassung aller Reichsbeamten, die jüdische Vorfahren hatten.

Eine neue Anordnung folgte: Man durfte keine jüdischen Angestellten mehr haben. Jüdische Geschäfte wurden enteignet – oder beschlagnahmt, wie man es so »schön« ausdrückte, und »Verwalter« wurden eingesetzt. Die Eigentümer wurden ohne weitere Angabe von Gründen auf die Straße gesetzt.

Es folgten Bestimmungen, daß Juden nicht mehr reisen dürften, daß sie kein Radio, kein Telefon und kein Fahrrad mehr besitzen dürften, daß ihnen verboten war, sich in Straßenbahnen, Parks, Hotels, Cafés und anderen öffentlichen Gebäuden aufzuhalten, und schließlich, daß sie nicht mehr zusammen mit »Ariern« in einem Haus wohnen dürften. Nun konnte man sie überall erkennen, überall berauben, Razzien durchführen. Sie wurden durch den gelben Stern gebrandmarkt. Sie waren vogelfrei und den bösen Lüsten des Teufels ausgeliefert.

Wenn die Christen, vor allem die Kirchen, das »Salz der Erde« und das »Licht auf dem Leuchter« sein wollten, dann mußten sie dagegen protestieren. Und das taten sie auch. Die Haltung der Kirche in jener Zeit war bewundernswert. Die Spreu trennte sich vom Weizen, in einem fast apokalyptischen Sinne.

»Der Mietling und falsche Hirte flieht...«, sagt Jesus. Aber viele treue Diener Jesu Christi – auch unter unseren Freunden – haben ihr Zeugnis mit dem Leben bezahlen müssen, während viele andere Pastoren in die Konzentrationslager gebracht wurden.

Unter all dem Schaum, der sich in ruhigen Zeiten an der Oberfläche zeigt, sind die ewigen Wahrheiten im Schoß der Kirche verborgen. Wahrheiten, die über unsere Zeitlichkeit hinausreichen und die uns durch die Jahrhunderte hindurchtragen. Daß die Macht des Bösen durch eine Schlange dargestellt wird, beginnt man da zu verstehen. Aalglatt ist die List, mit der das Böse vorgeht. Falsch und giftig sind die Losungen, mit denen die Menschen betäubt werden, damit sie die Gefahr nicht erkennen.

Hatten wir aus den Methoden, die an den Juden ausprobiert wurden, nichts gelernt? Mußten wir die Lektion noch einmal von vorne lernen?

Die Kirche hatte gegen die Verschleppung von Arbeitern nach Deutschland protestiert. Wartet nur, sagten die deutschen »Autoritäten«, bald werden wir die Söhnchen der Reichen auch noch kriegen. Das Studieren hier an den Universitäten ist doch nur Zeitverschwendung. Unsere Jungen können das auch nicht tun. Die tun nützliche Arbeit: sie sind Soldaten (und eine produktivere Beschäftigung ist ja nicht denkbar). Also sollen die holländischen Herrchen wenigstens hinter der Front die Munition herstellen!

Was sagen sie? Die Munition könnte gegen ihr eigenes Vaterland gerichtet werden? Stopft ihnen den Mund und schließt die Universitäten, diese Brutnester des Widerstandes! Steckt die alten Zöpfe von Professoren in Arbeitslager und laßt die Studenten Papiere unterzeichnen, auf denen sie erklären, mit allem einverstanden zu sein! Wenn wir die Papiere beisammen haben, können wir weitersehen. Wenn alle sie unterzeichnen, haben wir freies Spiel. Dann können wir sie ohne Gewaltanwendung deportieren. Unterzeichnet aber nur ein kleiner Teil – womit wir bei diesem störrischen Volk ja rechnen müssen –, dann dürfen diese Unterzeichner zur Belohnung hierbleiben. Der Rest aber muß weg. Von den wenigen haben wir dann kaum etwas zu befürchten.

Aber es geschahen immer wieder unerwartete Dinge. Die Kartei mit den Namen der Studenten der Universität Utrecht verbrannte plötzlich. Die Deutschen mußten ihre Methoden ändern. Sie hielten Razzien in den Straßen, in denen viele Studenten wohnten. Sie kamen mit Überfallwagen und zerrten die jungen Leute nachts aus ihren Betten. Oder sie besetzten die Universität und die Laboratorien. Sie jagten die Studenten. Sie flüchteten bis unter die Balken auf dem Dachboden. Aber die Verfolger kannten keine Scham. Mit starken Scheinwerfern, die eigens für diese Menschenjagd angefertigt worden waren, leuchteten sie in die äußersten, dunkelsten Ecken. Und wenn sie dort einen Menschen im Gebälk entdeckten . . .

»Runter! Sofort!«

Ein Augenblick spannungsgeladener Stille. Der Junge rührte sich nicht. Dann wurde ein Revolver gezogen.

»Runter! Oder wir schießen!«

Ein zitternder Junge klettert nach unten.

Fein gemacht, wirklich! Großartig! Tapfere Helden...

Der Junge hätte auch unser Neffe Chris sein können, denn kleine Kinder werden schnell groß. Das Baby, das ich als junges Mädchen versorgt hatte, war inzwischen einen Kopf größer als ich. Es war Student in Utrecht geworden. Wir machten uns Sorgen.

Ich hatte schon einmal in verschlüsselter Form einen Brief geschrieben, aber keine Antwort darauf erhalten. Er war sicher nicht deutlich genug geschrieben für Menschen, die keine »Geheimsprache« verstanden, doch wenn ich zu deutlich formulierte, würde es zu gefährlich.

Der »Maulwurf« half uns aus der Klemme. Er war bei uns gewesen und ging nun wieder nach Amsterdam zurück. Er wollte es auf sich nehmen, zu Chris' Vater zu gehen und ihm anzubieten, seinen Sohn zu uns zu schicken.

»Verstecken?« sagte der Vater, »völlig unnötig! Man darf doch nicht so ängstlich sein!«

Er hatte noch wenig aus den Methoden des »Dritten Reiches« gelernt. Mut ist nicht eine Unterschätzung des Gegenspielers, sondern die richtige Einschätzung seiner Kräfte und ein Durchschauen seiner Absichten. Dagegen gilt es allen Scharfsinn, alle Zähigkeit und alles Durchhaltevermögen einzusetzen, damit sich alle Praktiken des Gegners totlaufen. Aber man überzeuge einmal jemanden, der anderer Meinung ist und denkt, daß man selber zu wenig Gottvertrauen habe...

Kurze Zeit später hatten wir ein Gespräch, in dem ich gegenüber Chris' Vater das gute Recht auf solche Schutzmaßnahmen verteidigen mußte.

»Gottvertrauen ist keine Versicherung gegen Lebensgefahr, aber es ist der Glaube, daß Gott einem hilft, wenn man seine Pflicht tut«, sagte ich, »und nicht einem Aufruf Gehör schenkt, der sich gegen das eigene Vaterland richtet, für ein Regime, das vom Teufel ist.«

»Soweit ist es noch nicht«, sagte mein Schwager.

»Nein, aber soweit kommt es!«

Ungefähr eine Woche später wurde der Bahnhof von Utrecht hermetisch abgeriegelt, und alle Personalausweise wurden kontrolliert. Wenn da »Student« stand, wurde der Betreffende in ein Auto geladen und für den Abtransport nach Deutschland aussortiert.

Chris war gerade mit dem Zug dorthin gefahren.

Nun wurde es doch höchste Zeit. Das fand auch mein Schwager.

Eines Morgens, völlig unerwartet, wurde an unser Küchenfenster geklopft; dort war nur noch die große »Maus« mit ihrer Morgenarbeit beschäftigt.

Sie rannte, zu Tode erschrocken, die Treppe hinauf und rief, an unsere Schlafzimmertür klopfend: »Domie, da ist jemand an der Hintertür!«

»Es wird wohl De Lange sein«, stellten wir beruhigend fest, aber es war Chris, der sich verstecken wollte.

Ein Glück. Er war in Sicherheit! In großer Dankbarkeit umarmte ich ihn. Er hatte im Warteraum des Bahnhofs übernachtet und war in aller Frühe zu Fuß hierhergekommen.

Es war noch dunkel gewesen, und niemand hatte ihn erkannt.

Das gewohnte Rezept: ein Teller Brei, und nach aller Aufregung ein gutes Bett. Chris sollte das Gästezimmer haben.

Er war noch dabei, von seiner Flucht und den Razzien zu erzählen, als Imke kam.

»Imke, da ist wieder ein Gast, von dem man nichts verraten darf!« Imke schüttelte den Kopf und lachte. »Och, och, was das nur immer ist«, sagte sie.

Eine bessere Philosophie hatten wir auch nicht.

Chris fiel, wie man so sagt, mit der Nase in die Butter, denn Domitianus sollte gerade geschlachtet werden, und Chris, als zukünftiger Tierarzt, konnte dabei guten Anschauungsunterricht bekommen.

Es gefällt mir nicht, mich darüber auszulassen, denn ich muß offen bekennen, daß ich mich bei der ganzen Schlachtung, die mir in jeder Hinsicht gegen den Strich ging, völlig abseits gehalten habe. Ich weiß wohl, daß sich alle dagegen gewehrt haben, und daß bis tief in die Nacht eingemacht und geschrubbt wurde. Aber einer mußte ja am nächsten Morgen wieder für die normale Tagesarbeit zur Stelle sein und auch für Hansje sorgen. Das wollte ich dann tun.

Dann mußte auch De Langes Diokletian geschlachtet werden – und der Schutzkeller war leer. Innerhalb von vierzehn Tagen hatten ihn seine Bewohner verlassen. Welche Ruhe!

Es war Anfang Februar geworden, das Frühjahr kam näher. Der Schnee auf dem Schutzkeller schmolz weg und es entstanden bedenkliche Löcher im Strohdach, das unter der Erdschicht langsam, aber sicher zu faulen anfing. Es durfte nun, da der Keller leer war, getrost einstürzen, wenn nur das Holz noch gerettet werden konnte. Es mußte ausgegraben werden. Das konnten die »Mäuse« und Chris des Nachts gut tun, wenn die Jahreszeit etwas mehr fortgeschritten und es etwas milder geworden war.

Chris hatte im Herbst Krokuszwiebeln in den Rasen gesetzt, dabei hatte er große Stiefel an. Das stünde ihm sehr »handlich«, hatte Elderling dazu gesagt, worauf wir lachend bemerkten, daß man in diesem Fall eigentlich besser »beinig« als »handlich« sagen müsse.

Als Chris die Zwiebeln pflanzte, war er noch ein freier Mann gewesen. Nun saß er da und schaute durch einen kleinen Spalt der Vorhänge, um das erste Sprießen der Blumen zu beobachten. Er sehnte sich nach dem Frühling, wie wir alle es taten. Er fand sich merkwürdigerweise recht gut in seinem neuen Leben zurecht. Für die »Mäuse«, die schon viel länger »saßen« als er und die es daher schwerer hatten, war der neue Leidensgefährte im Versteck ein großer Gewinn. Sie schenkten ihm eine süße kleine Puppe, die von Lilys geschickten Fingern gemacht worden war und seine Freundin vorstellen sollte.

Es war eine nette Gesellschaft da oben, und alle kamen gut miteinander aus. Chris hatte entdeckt, daß sie von der Sonne profitieren konnten, wenn das große Flurfenster offenstand. Wenn man darunter lag, schien einem die Sonne direkt auf die Haut.

Von da an wurde die Sonne stets mit Jubel begrüßt. Die Versteckten kuschelten sich behaglich im Sonnenstrahl zusammen wie die Vögel, die ebenfalls vorsichtig zum Vorschein kamen. In der Buche saß eine Amsel. Sie sang jeden Abend ihr schönstes Lied, wenn die Sonne wie ein roter Ball hinter dem fein verästelten Gewebe der Buche verschwand.

Wir mußten auch an den Garten denken. Wegen des Schutzkellers war er im Herbst nicht umgegraben worden, das mußte nun also nachgeholt werden. Jetzt war der Schutzkeller leer, es stand nichts mehr im Wege, und wir konnten uns für die Gartenarbeit jemanden holen.

Ja, aber wer sollte das tun? Alle leichteren Arbeiten erledigte ich selbst; ohnehin waren keine Arbeiter dafür zu bekommen. In jenen Jahren gab es einen großen Mangel an Arbeitskräften, weil viele Menschen zur Zwangsarbeit nach Deutschland verschleppt worden waren. Domie hätte zwar auch im Garten arbeiten können, aber er war damals zu sehr mit anderen Dingen beschäftigt.

Elderling half uns aus der Not. Er schickte uns drei von seinen eigenen Arbeitern und prophezeite uns ein fruchtbares Jahr, für den Fall, daß der Mist der kaiserlichen Schweine aus dem Schutzkeller in die Erde käme. Die Männer brachten ihre Spaten mit, verbreiteten den Mist gut über das Land und begannen mit dem Graben.

»Die Fallgrube muß auch noch leer werden«, sagten sie zueinander.

Sie hatten die Jacken ausgezogen, um sich besser bewegen zu können, spuckten in die Hände und griffen wieder zu ihren Spaten.

Als es zehn Uhr war, rief ich sie ins Haus zum Kaffee. Sie kamen herein und setzten sich auf die Stühle, die Polletje schon für sie am Ofen bereitgestellt hatte.

»Der letzte macht die Türe zu«, sagte ein kleines Kerlchen mit funkelnden Augen zu einem sehr langen Menschen, der eine Brille trug. Er war als letzter hereingekommen und hatte die Tür offenstehen lassen. Der dritte war mittelgroß, aber von breiter Statur.

»Wir hatten so gedacht«, sagte Berends (der kleine), »den Inhalt der Fallgrube kippen wir in den Schutzkeller, dann sind wir fertig.«

»Kommt Ihnen das nicht gut vor?« fragte der Dicke, der mich aufmerksam ansah.

»Nein, nicht sehr gut, denn im Dach gibt es noch sehr viel Holz, und das muß erst heraus.«

Das war ein neuer Gesichtspunkt. Berends hatte schon ein Auge auf einen der schweren Balken geworfen und wollte ihn für seinen Schweinestall haben.

»Oh, will Domie die da herausholen?« sagte er.

»Ja, natürlich, Holz ist heutzutage sehr teuer.«

»Ja, Holz ist fast so teuer wie Öl«, sagte der älteste mit bedeutungsvollem Gesicht, während er nachdenklich durch seine Brillengläser in den Kaffee schaute, den Polletje ihm gereicht hatte.

»Joa, es ist kaum noch was zu kriegen. Das ganze Holz ist schon alle!«

Aber Berends war nicht so schnell von seinem Thema abzubringen. Er war mit seinen Gedanken noch bei der Fallgrube.

»Wir werden den Chef fragen, wo wir mit dem Kram hin können, wenn wir ihn nicht in den Schutzkeller werfen dürfen.«

Plötzlich hatte der Dicke eine glänzende Idee. »In die Kuhle«, sagte er.

»In welche Kuhle?«

»Beim Schutzkeller!«

»Das ist unsere Grube!« sagte ich erschrocken. »Da sitzen wir im Sommer, und da steht Hansje mit seiner Box im Windschatten. Die dürft ihr nicht zuwerfen!«

Nun lachten sie. »Wir wollen es nur ein bißchen glatt machen«, sagte Berends. »Nicht so Berge und Täler, einfach eben!«

»Ja, aber ich will mir in meinem Garten vorstellen können, daß ich die Hügel der Landschaft meines Geburtsortes sehe. Für mich braucht es nicht so eben und glatt zu sein.«

»Sind Sie schon einmal in Friesland gewesen?« fragte der Dicke.

»Ja, schon das eine und andere Mal.«

»Da ist auch alles eben, genauso wie hier«, sagte der Große. »Wir gehen da jedes Jahr zum Heuen hin.«

»Auch mit den Pferden«, sagte der Dicke. »Wenn wir hier mit dem Säen klar sind, ist dort schon Grünland, wissen Sie, und dann gehen wir dort zum Heumachen.«

Polletje schaute mich mit großen Augen an, die fragten: »Was sagt er?« Sie verstand die Menschen in ihrer Mundart noch nicht gut, und ich übersetzte: »Tjammes sagt, daß sie manchmal mit den Pferden nach Friesland zum Heuen fahren, wenn man hier im Groninger Land mit dem Säen fertig ist, weil man dann dort nötig Hilfskräfte braucht.«

»O ja, natürlich«, sagte Polletje, »das verstehe ich auch.«

»Dann ist es ja gut«, sagte Berends verschmitzt.

»Die friesische Sprache«, wirft Tjammes plötzlich ein, »da begreift man kein Wort von! Da fühlt man sich wie ein Fremder!«

»Ja, das sind da ganz andere Menschen«, sagt der Dicke.

»Das Essen ist da auch völlig anders. Taugt nicht viel«, läßt er ein wenig abschätzig folgen. »Morgens kriegen wir um sechs Uhr zwei Scheiben Brot und dann um acht Uhr wieder zwei. ›Mit dem Sparprogramm kann ich nicht arbeiten‹, sage ich zu der Frau. ›Was bekommt ihr denn zu Hause?‹ fragt sie. ›Pfannkuchen‹, sage ich, ›ein paar richtig dicke und eine Brottrommel voll Schnitten, und mittags Bohnen mit Speck‹.«

»Jetzt begreife ich auch, warum Sie so gut aussehen«, sage ich, aber er geht auf meinen Scherz nicht ein, denn nun sitzt er auf seinem Steckenpferd, und davon läßt er sich nicht mehr abbringen.

»Und mittags stand da eine Schüssel mit Rhabarber auf dem Tisch. Davon aßen sie alle. Nee, liegt mir nichts dran, nee, Rhabarber! Ich sage: ›Halten Sie das man für sich selber, und geben Sie mir Bohnen mit Speck!‹ Damit kann ich nicht arbeiten!« wiederholt er noch einmal ausdrücklich.

»Sonst sind es ganz nette Leute«, sagt Tjammes, der da auch mitreden kann.

»Joa, aber jeder ist doch am liebsten in seinem eigenen Stall«, findet Behrends, während er mit einer stolzen Gebärde sagt: »Das hab' ich doch wieder gut gesagt«, seine Tasse umdreht und damit das Zeichen gibt, daß er keinen Kaffee mehr haben möchte.

Der Dicke – Klaassens heißt er – kaut phlegmatisch auf seinem Keks herum. »Das will ich wohl glauben«, sagt er. »Darin sind Mensch und Tier ähnlich.«

»Weißt du noch, Tjammes: Das alte Pferd vom Bauern, das schwarze, das Heimweh hatte? Es wollte nicht fressen, es wollte nicht trinken, es wollte nichts mehr! Da mußte es wieder zurückgeschickt werden aus Friesland. Und als es wieder auf seinem alten Hof war, da war alles gut!«

»Wie ist das möglich bei einem Tier?«

»Manchmal sind aber Tiere viel schlimmer als Menschen«, sagte Berends, und er schaute bei dieser Bemerkung nach Polletjes Gesicht, so als ob er von ihr Zustimmung erwartete. Aber sie schaute mich nur hilflos an; den eigentlichen Sinn dieser Bemerkung hatte sie wieder nicht begriffen.

»Berends sagt, daß Tiere schlau sein können«, sagte ich.

»Das kann man wohl sagen«, meinte Polletje begeistert. »Hatten Sie so ein schlaues Pferd?«

»Nee, was soll ich mit'm Pferd? Ich hab' lieber ein Schwein!«

Nun lachten sie alle drei. Sie standen auf, und Klaassens sagte beim Weggehen:

»Wenn der Chef kommt, dann werden wir ihn nach der Kuhle fragen.«

»Das tun Sie man ruhig«, sagte ich.

»Da kommt der Bauer«, sagte Berends. Er hatte es an dem Hund gesehen, der jenem vorauslief. Jetzt erschien auch Elderling selbst und kam um die Ecke des Hauses.

»Elderling, was sollen wir mit dem Abfall machen? Wir wollten den Dreck in den Schutzkeller schütten, dann wären wir ihn los, aber Frau Pastor sagt, das Holz muß da erst raus, sagt sie.«

»Na, ist das denn nicht richtig?« fragte Elderling ruhig.

»Ja, kann schon sein«, sagte Berends, »aber wir dachten, dann wären wir es los.«

»Domie ist nach Groningen gefahren«, sagte ich, »und nun wollen sie den Abfall in seine geliebte Grube schütten. Da muß ich mich doch ein wenig für ihn einsetzen!«

»Natürlich«, sagte Elderling. Unversehens waren wir beim Schutzkeller angekommen. Die Männer stießen die Tür auf und gingen hinein.

»Stinkt hier!« stellte Berends fest. Die anderen schnupperten auch den besonderen Duft.

»Mann, was stinkt das hier so merkwürdig!« sagten sie.

»Das wird wohl von dem verfaulten Stroh kommen«, sagte Elderling zu mir.

»Unter anderem«, sagte ich, und wir dachten nun beide an das »andere«, denn Elderling wußte Bescheid.

Da war jetzt ein großes Loch im Schutzkellerdach, durch das Tageslicht nach innen kam. Die Männer schauten sich neugierig um. Das durften sie inzwischen ruhig tun. Auch wenn die früheren Insassen des Schutzkellers ihre Anwesenheit noch durch ihren Duft verrieten, andere Spuren gab es von ihnen nicht zu entdecken. Der Stall war abgebrochen, der Futtertrog herausgeholt.

Etwas später standen wir wieder draußen in der Sonne, die warm auf unseren Rücken strahlte.

Das Trio fand bei Elderling keine Unterstützung. Unser »irdisches Paradies«, wie er es einmal genannt hatte, besonders die schöne Kuhle und ihre Umgebung, sollte nicht eingeebnet werden.

»Dann müssen wir eben ein anderes Loch graben und dort den Abfall hineintun«, war die allgemeine Folgerung.

»Wir müssen bald auf dem Hof mit dem Säen beginnen«, sagte Elderling, »aber ihr müßt euch nicht abhetzen – das hier muß erst fertig werden. Die Himbeeren müssen hochgebunden werden, aber für Domie müssen wir auch noch etwas zu tun übriglassen. Das ist doch eine schöne Arbeit für Domie.«

Sie nickten alle drei. Dann wandte sich Elderling an mich.

»Ist noch etwas zu besprechen?« fragte er.

»Nein, ich glaube nicht. Heute nicht mehr.«

»Dann komme ich eben morgen wieder.«

Er stieg auf sein Fahrrad und fuhr davon. Die Hunde liefen bellend hinter ihm her.

Die warmen Tage kamen, und auch die milden Nächte. Der Garten lag umgegraben da, die Kartoffeln wurden gepflanzt, das Gemüse gesät. Auch auf den Feldern wurde gesät, mit der Sämaschine: Spinat, Sommergerste, Roggen. Der Raps war schon im vorigen Herbst ausgesät worden und kam jetzt gut heraus, ebenso die Wintergerste.

Die Pferde zogen die Sämaschine, die die fruchtbringenden Samen auf das umgepflügte Land streute.

Es fiel schwer, im Haus zu bleiben. Am Tage lockte ein Vogel mit seinem Lied, in der Nacht hörte man die Stille. In solchen geheimnisvollen, monderhellten Nächten arbeiteten die »Mäuse« und Chris im Schutzkeller. Domie hatte am Tage das Dach heruntergeholt, so daß da nur noch eine tiefe Grube mit hohen Wällen war, hinter deren Schutz sie ungestört und sicher arbeiten konnten. Es war eine harte Arbeit: Die »Mäuse« schaufelten die Erde fort, die auf das Holz gefallen war, und Chris schüttete die vollen Körbe aus.

Es war so still draußen, daß man den eigenen Atem und ab und zu das dumpfe Geräusch fallender Erde hören konnte. Das verzauberte Licht des Mondes schien in die offene Grube und auf die drei Menschen, die arbeiteten, ohne zu sprechen. Nur dann und wann flüsterten sie leise miteinander.

Sie lauschten gespannt auf die kleinen Geräusche, die sie selber machten und hörten sofort auf zu arbeiten, wenn sie von der Straße her etwas hörten: Stimmen auf dem Weg, das Knacken eines Zweiges in den Büschen, die den Garten umstanden. Viele Nächte waren nötig, um die Arbeit zu schaffen. Manchmal kamen auch Flugzeuge, und in der Ferne wurde geschossen.

Eines Nachts mußten sie Deckung hinter einem Erdwall suchen, denn grelles Licht, das von einem Bombenteppich auf den Emdener Hafen herrührte, erhellte ihr Versteck. Danach wieder Stille und weiches Mondlicht. Der Bombenschlag, der das Schweigen zerbrochen hatte, war wie ein Stein, der in einen tiefen See geworfen wurde. Ein Plumps, und dann schloß sich das Wasser wieder. Der Oberfläche war nichts mehr anzusehen. Wasserrosen trieben über die glatte, unbewegte Oberfläche. Sie verrieten nichts von den Geheimnissen der Tiefe. Manchmal, wenn ich vom Wege aus unser Haus betrachtete, das da so ruhig und harmlos dastand, dann mußte ich an einen solchen See denken. Niemand vermutete etwas von dem, was sich da hinter den weißen, geschlossenen Gardinen im Dachgeschoß abspielte.

Unser Pastorenhaus war wie ein echter Groninger, dem man von seinem unbewegten Gesicht nicht ablesen konnte, was in seinem Herzen vorging. Das Leben ist manchmal wie ein Buch, dessen Sätze wir nicht entziffern können, und die Natur ist geheimnisvoll und rätselhaft. Nie werden wir ihre Wunder ganz erfassen können.

Eines Abends kam ich in den Stall, um vor dem Schlafengehen die Tiere zu versorgen. Da hörte ich in der Dunkelheit ein leises, hilfloses Piepsen.

Es war mir noch aus meiner Jugend bekannt. Zu diesem Piepsen gehörte ein warmes Nest mit jungen, kahlen Körpern, gehörten kleine Schwänzchen, bewegliche Pfötchen und ein großer, eckiger Kopf mit breitem Maul, stumpfer Nase, blinden Augen und langen, seidigen Ohren. Es waren junge Kaninchen!

Mit der gleichen Aufregung, die ich als Kind bei einer solchen Entdekkung empfunden hatte, lief ich ins Haus, um eine Laterne zu holen. In einer mit Gerümpel vollgestellten Ecke des Stalles lag das Nest. Die Kaninchenmutter hatte, als sie diese Stelle ausgesucht hatte, nicht damit gerechnet, daß hier eine Tür geöffnet und geschlossen werden mußte. Sie kuschelte sich mit ihrem warmen Fell über die weiche Wiege. Ein kleines Kaninchen lag außerhalb des Nestes auf den kalten Steinen und piepste kläglich. Es schob sich tastend vorwärts, auf der Suche nach den Geschwistern, nach der Mutter und nach Wärme. Es war schon bedenklich nahe am Abflußrohr. Ich nahm es in meine warme Hand, da wurde es gleich still, lag in Saughaltung auf dem Rücken und zappelte nur noch ein wenig mit den Pfötchen. Die Mutter schaute argwöhnisch zu mir hin. »Ja, es gehört dir, sei nur still«, beruhigte ich sie, »ich will es doch nur zu den anderen legen.«

Dann schob ich das weiche Fell der Kaninchenmutter etwas zur Seite und legte das Kleine ins Nest zurück. Dort war nur unruhige Bewegung zu spüren, und ein Gepiepse vieler lebender Wesen. Wieviele mochten es wohl sein? Ich konnte sie nicht zählen, sie lagen kreuz und quer durcheinander. Ich schätzte, daß es sich vielleicht um zwölf junge Kaninchen handeln mußte.

Sie schienen Hunger zu haben, darum stellten sie sich jetzt so an; die Berührung durch meine Hand hatte in ihnen das Verlangen nach ihrer Mutter und nach Nahrung geweckt. Wenn ich wieder verschwand, würden sie sich sicher wieder ruhig hinlegen. Ich ging also mit meiner Laterne fort, und der Stall mit den vielen Tieren, der jungen Mutter und dem Nest lag wieder im Dunkel. Aber ich hatte keine Ruhe. Auch das Leben dieser jungen Brut war gefährdet. Ratten waren die schlimmsten Feinde der Kaninchen. Das Abflußrohr mußte abgedeckt werden, mit einem Brett oder etwas Ähnlichem. Ich konnte auch die Ritzen der Tür neben dem Nest von der Außenseite her zustopfen.

»Wir haben ein Nest mit jungen Kaninchen«, sagte ich, zu Hause angekommen.

Alle wollten es sehen.

»Jetzt können sie noch nicht so viel Besuch haben; sie sind doch gerade erst geboren worden, und eines lag schon draußen vor dem Nest«, sagte ich.

Alle schauten entzückt auf das weiche Nest, und die kleine »Maus« sagte, es sei »snoezig«.

Dann gingen sie wieder weg.

»Ich hätte ganz gerne, wenn du mir noch eben hilfst«, sagte ich zu Domie, »denn wir müssen dafür sorgen, daß die armen Kaninchen, die noch frei herumlaufen, wieder in ihren Stall kommen. Die Löcher im Draht müssen noch geflickt werden, die Alte muß eine Schale Milch bekommen, auch etwas Hafer, und wir müssen die Ritzen der Tür stopfen.

Domie seufzte. »Ausgerechnet am Samstagabend«, sagte er. Er dachte sicher an Hansje, der es ihm so schwer gemacht hatte mit seiner Geburt in der Nacht zum Sonntag.

»Ja, es trifft sich schlecht«, sagte ich, »aber da läßt sich eben nichts dran ändern. Du warst so begeistert von den Kaninchen, da muß man auch selber etwas für übrig haben.«

»Was sollen wir denn mit all diesen Kaninchen?« fragte Domie jetzt sehr praktisch.

»Die drei anderen großen verkaufen wir am besten, und diese hier könnten wir für Hansje behalten. Vielleicht können wir im Garten einen Kaninchenhügel anlegen, wenn sie groß genug sind. Ob das wohl geht?«

»Ja, das würde Hansje bestimmt schön finden«, sagte Domie.

Dann reparierte er das Drahtgitter, während ich die anderen Kaninchen einfing und in den Stall setzte, das Abflußrohr abdeckte und Milch und Hafer holte.

Domie stopfte noch die Ritzen an der Außenseite der Tür, so daß wir das Babyzimmer für diese Nacht nach bestem Können versorgt hatten.

Noch mehr Flüchtlinge . . .

Greet wollte Krankenschwester werden. Sie mußte sich dafür beim Groninger Diakonissenhaus vorstellen. Während der vorgeschriebenen Untersuchung stellte sich heraus, daß sie Röteln hatte. Weil in den Baracken damals gerade kein Platz frei war, schickte man sie in einem Krankenwagen nach Hause. Das gab uns einige Probleme auf. Hansje konnte zur Not zu Elderlings gegeben werden, aber was sollte aus den »Mäusen« werden, wenn sie die Röteln bekamen?

Doch Greets Krankheit gab dann doch keinen Grund zu neuer Unruhe. Ihr Bett stand vor dem Fenster, sie schaute nach draußen und sah, wie das Korn gesät wurde. Sie bekam auch oft Besuch von den »Mäusen«, die sich in den Versteckschrank hinunterließen, der in Greets Zimmer führte, und durch die dünne Holzwand hindurch mit ihr sprachen. So kamen sie nicht mit Greet in Berührung, ebenso wenig wie die Freundinnen, die vom Wege aus winkten.

Eine große Schürze hing bereit. Ich band sie um, wenn ich zu Greet ging, und stellte eine Schale mit verdünntem Lysol in ihr Zimmer. Darin wusch ich mir die Hände, wenn ich wieder hinausging. Wir hofften, daß solche Vorsichtsmaßregeln genügen würden, um weitere Ansteckung zu verhindern.

An einem Nachmittag schien die Sonne warm ins Haus herein. Wir gönnten uns eine gemütliche Ruhepause und tranken Tee in Polletjes Zimmer.

Da klingelte es und ich mußte nach unten, um Frau Doktor hereinzulassen, die uns warnen wollte.

»Bei De Lange ist Haussuchung. Sicher wegen Hafer oder Gerste oder dergleichen. Das ganze Dorf hat ja etwas von ihm bekommen, Sie doch sicher auch!«

Ich dankte für die Warnung, ging schnell wieder nach oben und mußte abrupt die stille Idylle der Menschen dort oben stören.

»Bei De Lange ist Haussuchung. Gleich kommen sie vielleicht auch zu uns. Der Küchenschrank muß leergeräumt werden, und alles, was auf dem Boden herumsteht, muß im Versteckschrank verschwinden!«

Was sind wir Menschen in solchen Augenblicken doch flink und erfinderisch!

Imke, die während Greets Krankheit bei uns geblieben war, verwandelte einen Eimer mit Schweinefutter, der schon für den Abend bereitstand, in einen Toiletteneimer, indem sie ihn ins W.C. stellte. Kein Fahnder würde dort den Deckel hochheben, um nach markenfreier Ware zu suchen.

Säcke wurden auf den Boden geschleppt, die kleine »Maus« kam mit einer Haferschüssel an, die Chris für das kleine Kaninchen gebraucht hatte, und die auf unerklärliche Weise im Badezimmer abgestellt worden war. Wir waren alle schwer beschäftigt, als es plötzlich wieder klingelte, laut und nachdrücklich.

Wir standen wie gelähmt. Waren sie schon da? Dann kamen sie sehr ungelegen, wir waren doch noch längst nicht fertig.

Polletje schaute mich an, ich schaute Polletje an – aber es konnte doch auch jemand anderes sein. Ich ging also zur Tür, um sie mit Angst und Bangen zu öffnen.

Da stand Frau De Lange. Sie kam aufgeregt herein. Ich war dennoch nicht beruhigt. Dieser Besuch stand natürlich in Verbindung mit der Haussuchung.

»Wir sind schon dabei, alles wegzuräumen«, sagte ich, »wir sind von Frau Doktor gewarnt worden.«

»Frau Doktor? Was hat Frau Doktor gesagt?« fragte Frau De Lange streng.

»Sie sagte, daß bei Ihnen Haussuchung sei.«

»Und was wollte sie Ihnen damit sagen?«

»Daß ich mit Hafer, Getreide und anderen Sachen vorsichtig sein muß, damit man nichts finden kann.«

»Es handelt sich nicht um Hafer«, sagte Frau De Lange, aber mitten im Satz blieb sie stecken und meinte dann: »Ja, ich weiß natürlich Dinge, die ich besser nicht weiß.«

»Dann handelt es sich um Juden«, sagte ich zu Polletje, die hinten im Gang stand. Sie erzählte mir später, daß mein Gesicht schneeweiß geworden wäre.

Polletje hatte genug gehört. Sie rannte nach oben, riß der kleinen »Maus« die Schüssel mit Hafer aus der Hand und sagte: »Schnell in den Kriechgang! Es handelt sich um Juden!«

Augenblicklich waren auf dem Boden alle menschlichen Spuren wie weggewischt. Jeder war darauf trainiert. Auch auf das schnelle Verschwinden im Kriechgang.

Chris sagte kein Wort. Er packte seine Sachen zusammen, auch den Mantel der kleinen »Maus«, die furchtbar nervös war, und war mit wenigen Sprüngen die Treppe hinunter. Auch die große »Maus« wußte, was sie zu tun hatte, und erledigte das in diesen kritischen Augenblicken schnell und beherrscht. Sie krochen hintereinander in die Öffnung, verschwanden im Gang, schlossen die Luke und schoben den Riegel davor.

Ich war inzwischen mit Frau De Lange ins Zimmer gegangen. Ich hatte Polletje die Treppe nach oben laufen hören. Das war also in Ordnung: sie waren gewarnt.

»Und glauben Sie nun, daß auch wir eine Haussuchung erwarten müssen?«

»Ich weiß es nicht. Ich weiß natürlich nicht, ob sie eine Spur verfolgen oder nur etwas vermuten, weil sie wissen, daß wir miteinander befreundet sind und jüdische Familien kennen.«

»Sind die Wissings neben Ihnen gewarnt?«

»Ja. Nachdem sie mein Haus durchsucht hatten, habe ich gesagt: Der Flurhüter kennt sich hier in den Ställen und Scheunen so gut aus, der kann Ihnen behilflich sein und Ihnen den Weg zeigen. Dann bin ich schnell hinausgegangen, während sie hinter dem Haus beschäftigt waren, und bin wie der Wind auf dem Fahrrad zu den Wissings gefahren. Das war an sich schon gefährlich genug, aber ich hatte keine andere Wahl.«

»Hat denn jemand beobachtet, daß Sie hierhergekommen sind? Das könnte doch Vermutungen nähren, daß hier auch etwas zu finden sein könnte, und daß Sie gekommen sind, um uns zu warnen.«

»Nein, das braucht keinen Argwohn zu wecken. Jeder kann begreifen, daß man von so einer Sache einen Schock bekommt und dann natürlich jemandem sein Herz ausschütten möchte. Sie haben sofort gesagt, als sie hereinkamen: Es wird behauptet, daß Sie Juden im Haus versteckt halten. Aber darauf habe ich sofort geantwortet: Würden Sie dann bitte mein ganzes Haus durchsuchen und nichts auslassen? Ich glaube, daß so ein erster Eindruck entscheidend ist, und daß sie gleich dachten, sie hätten sich geirrt. Ich bin so froh, daß mein Mann nicht zu Hause ist, so ist er wenigstens nicht in Gefahr.«

»Domie ist auch nicht zu Hause.«

»Im Kohlenkeller haben sie gründlich nachgeschaut und mit ihren starken Lampen alles abgesucht, aber im Eßzimmer hätte gut jemand unter dem Tisch sitzen können, da haben sie so gut wie überhaupt nicht nachgesehen. In die Schränke schauten sie auch. Da entdeckten sie die Instrumente vom Posaunenchor, die wir wegen der Kupferabgaben versteckt hatten, ungefähr sechs oder sieben Instrumente. Höhnisch meinten sie: »Ihr Mann ist sicher sehr musikalisch! Aber darum ging es ihnen diesmal nicht, es ging um Menschen!«

»Was für ein Segen, daß sie bei Ihnen im Hause waren, nicht bei den Wissings. Hoffentlich gehen sie da nicht hin!«

Plötzlich sahen wir ein Motorrad mit Beiwagen und Polizisten vorbeifahren.

»Da fahren sie ab!« sagte Mevrouw De Lange. »Wollen Sie gleich bei Wissings Bescheid sagen, daß sie weg sind? Es ist so komisch, wenn ich da jetzt wieder erscheine. Ich gehe lieber so schnell wie möglich nach Hause.«

Gesagt, getan. Sie stand schnell auf.

»Herzlichen Dank für alles, was Sie getan haben«, sagte ich. Sie wollte aber nichts von Dank wissen, stieg auf ihr Fahrrad und fuhr davon.

Jetzt mußte ich erst die Leute im Versteck beruhigen.

»Das Motorrad ist vorbeigekommen, sie sind abgefahren!« rief ich ins Dunkel unter die Bühne.

Erst bekam ich keine Antwort. Dann eine beklemmende Stimme:

»Ja, es kann natürlich auch ein Trick sein, aber macht euch keine Sorgen, ich glaube, daß die Gefahr vorüber ist.«

»Ich muß eigentlich so schnell wie möglich zu den Wissings, um es ihnen auch zu melden, dann brauchen sie nicht länger in so einer elenden Spannung zu sitzen. Schließ bitte die Tür hinter mir, Polletje.«

Als ich auf meinem Fahrrad saß und die frische Luft einatmete, erholte ich mich langsam wieder. Es war frühlingshaft milde und duftete so herrlich!

Wie war es nur möglich, daß sich Menschen an einem so wunderschönen Tag mit derart infamen Dingen beschäftigen konnten und auf Menschenjagd gingen! Bei der Hecke von Wissings schaute ich mich um. Niemand war zu sehen. Dann fuhr ich hinein. An der Hintertür stand »Ol Moeke«. Ich hoffte nur, daß sie keine Ahnung hatte. Warum sollte ich sie beunruhigen?

»Ist Ihr Sohn zu Hause?«

»Welchen meinen Sie, den Hildbrand?«

»Ja, den Ältesten.«

»Ist auf der Diele. Gehen Sie hier entlang, Mevrouw.« Sie öffnete für mich die Tür, die zur Diele führte.

Hier war es still. Ich hörte nur, wie die Milch in einen Melkeimer strömte. Ayolt war beim Melken. Wissing blieb mitten auf der Diele stehen, als er mich sah. Seine dunkle Silhouette zeichnete sich deutlich gegen das Licht der geöffneten Scheunentür ab. Sein großer Schäferhund stand neben ihm, und ein Kälbchen öffnete sein weites Maul und schnappte harmlos nach Hertas Ohr. Aber der Hund nahm nur wenig Notiz davon. Er bewegte nur ein wenig seine Ohren und dachte offenbar: »Das Kalb ist auch nicht klüger.«

Die ganze Szene war so friedlich und widersprach so völlig der Nervenanspannung, die ich gerade durchgemacht hatte, daß ich mich verwundert fragte, ob sie hier wirklich Angst hatten.

»Sie sind weg«, sagte ich leise zu dem ältesten Wissing.

»Oh, sind sie weg?« fragte er leise zurück. »Das ist sehr gut!«

Ich fühlte auch hier die Spannung, die in Wissings sparsamen knappen Worten lag und in der Stille rundum.

»Wir reden am besten nicht weiter! Ein Wort zuviel kann für uns beide lebensgefährlich sein. Wir sind in der gleichen Lage.«

Wissing schien beunruhigt zu sein. Das Strömen der Milch in den Eimer war wieder das einzige Geräusch, das auf dieser großen Diele zu hören war.

Durch die offene Hintertür strömte süße, klare Frühlingsluft herein. Ich sah die grünen Hafer- und die gelben Rapsfelder, die sich weit unter dem blauen Himmel dehnten.

Wir waren wieder aus einer großen Gefahr gerettet worden und dankten in der Stille dafür, der Diakon und ich.

Mit der Zeit gingen auch die anderen Tiere fort. Zuerst Sarah, die in diesem Frühjahr kein Lämmchen bekommen hatte. Dann die kleine Ziege, die einer von Elderlings Arbeitern für treue Dienste beim Säubern der Ställe bekommen hatte. Schließlich die alte Ziege, die zu ihrem früheren Herrn zurückging. Aber dafür kamen einige Schafslämmer zurück, die ich schon immer gern gehabt hatte, denn ein Schaf gab Milch, Wolle und eventuell, wenn Not am Mann war, auch noch Fleisch, und es beanspruchte nur wenig an Pflege und Zeit. Hansje war nach Hause zurückgekommen, weil es Greet wieder besser ging. Er war von den wollenen Spielgefährten, die sich wie echte Zwillinge keinen Augenblick voneinander trennten, ganz begeistert.

Damals kam auch das neue Mädchen, Froukje, anstelle von Greet, die ins Krankenhaus verzogen war. Vorher hatte sie im Konfirmandenraum noch ein schönes Abschiedsfest für die Jugend gegeben.

Das Loch des Schutzkellers wurde von einigen Jungen der Jugendstunde ganz zugeschüttet und mit Blumen bepflanzt. Abenteuer gab es da nicht mehr zu erleben.

Es war wunderbar, den Frühling so genießen zu können, die Sonne, die Vögel und die Blumen, die nichts vom Krieg wußten und ebenso farbenfroh waren wie in jedem Frühling. Und es war ein erhebendes Gefühl, mitten zwischen dem leuchtend roten Mohn zu stehen. Eine artverwandte Blume, der Klatschmohn, blühte hier auf großen Feldern. Leicht wiegten sich die hellvioletten Blumen mit den schlanken Stengeln im leichten Windhauch. Besonders im Mondlicht war so ein großes blühendes Mohnfeld von zauberhafter Schönheit. Man muß sich die Zeit nehmen, diese Dinge zu genießen, auch in einem vielbeschäftigten Leben, ja, gerade dann, sonst besteht die Gefahr der Verflachung. Wer selbst nichts mehr aufnimmt, hat innerhalb kürzester Zeit bald nichts mehr zu geben.

An einem dieser mondhellen Abende hörte ich im Futterkasten ein schreckliches Gepiepse. Das mußten kämpfende Ratten sein, die da immer noch unter den Brettern hausten und die Planken durchnagten, um an die Gerste zu kommen. Als ich aber die Tür öffnete, sah ich, daß es da keine Kämpfe gab, sondern daß sich eine Ratte mit den Pfoten in einer Falle von Chris festgeklemmt hatte. Ein Tier Schmerzen leiden zu lassen, auch wenn es tausendmal ein Feind ist, das ist eine elende Sache.

Ich lief nach oben und rief: »Da sitzt eine Ratte in der Falle!«

»Endlich«, sagte Chris, »dann haben wir sie wenigstens.«

»Ja, aber es wäre schon gut, wenn du sie da so schnell wie möglich herausholtest. Das ist so für die Ratte keine angenehme Situation.«

»Nein, bestimmt nicht, aber was wollen Sie mit ihr anfangen? Doch sicher ersäufen.«

»Das muß ich wohl, aber angenehm finde ich das nicht.«

»Die hat doch ein ganzes Kaninchennest ausgeräubert.«

»Ja, wenn ich an die jungen Kaninchen denke, dann hat sie es doppelt verdient.«

»Nun, dann denken Sie getrost daran«, schlug Chris vor.

Dann gingen wir zusammen nach unten. Chris wollte noch nicht in Erscheinung treten; es war zu hell draußen.

Ich pumpte einen Eimer voll Wasser, und Chris packte die Rattenfalle an der langen Kette. Dann tauchte er die Falle mit der Ratte in den Eimer. Die Ratte aber schwamm heraus, bewegte sich unten an der Kette und versuchte an ihr hochzuklettern.

Noch ein Versuch, und dann noch einer. Dasselbe Resultat.

Wir fanden es beide furchtbar und wurden ganz nervös.

»Das geht so nicht«, sagte Chris, »die schwimmt immer wieder heraus. Es ist zu flach«, und dann zögernd:

»Im Regenfaß draußen müßte es gehen.«

»Dann muß ich das wohl tun.«

»Ja«, sagte er. »Es ist noch zu hell draußen, und der Mond zieht auch herauf.«

»Es bleibt sich auch gleich, ob du dieses Henkerswerk verrichtest oder ich, es muß nun einmal sein.«

Er brachte mich bis zur Tür des Studierzimmers. Dann übernahm ich die Kette mit der zappelnden Ratte, befestigte an ihr eine zweite lange Kette und ließ die Falle in die Regenbacke sinken.

Ich sehe es noch genau vor mir, wie der silberne Schimmer des Mondlichts die Szene erhellte. Die jungen Blätter warfen kleine Schattenflecken auf den Grund, der zauberhafte Glanz dieses friedlichen Abends stand in schreiendem Gegensatz zu meinen Mordplänen.

Unten zog es an der Kette, das Tier zappelte und kämpfte um sein Leben. Ich konnte kaum hinschauen.

Als ich es dann doch tat, sah ich, daß die Ratte wieder ein Stück an der Kette hochgeklettert war. Ich mußte die Kette tiefer sacken lassen. Aber nach einigen Augenblicken war das Resultat das gleiche. Noch tiefer! Ich mußte mir klar machen, was ich tat.

Das Wasser war auch einmal über meinem Kopf zusammengeschlagen. Das war schrecklich gewesen! Ich hatte große Angst. Ich konnte damals nur noch eine Hand aus dem Wasser strecken, das war mein einziges Mittel, um nach Hilfe zu rufen. Schreien konnte ich nicht, denn ich stand auf dem Grund und hatte den Mund voll Wasser. Damals hatte eine bekannte Stimme zu mir gesagt: »Kom maar«, und hatte mich herausgezogen.

Die gleiche tödliche Beklemmung erlebte jetzt dieses Tier.

Aber da war niemand, der helfen wollte. Im Gegenteil. Wenn die Ratte kämpfend an die Oberfläche kam, drückte ich sie wieder unter das Wasser, unter dieses abscheuliche, Angst einjagende Wasser ...

Sie gab nicht auf. Es dauerte eine Ewigkeit. Aber das Ende mußte doch kommen. Einmal mußte sie doch nicht mehr können, mußte zu müde und abgekämpft sein und den Kampf ums Leben aufgeben.

Endlich kam dieser Augenblick. Das Ziehen an der Kette hörte auf. Ob sie tot war? Oder nur bewußtlos? Sie durfte nicht wieder zu sich kommen, dann begann die Marter von neuem. Still stand ich da und hielt die Ratte unter Wasser. Eine Viertelstunde? Zwanzig Minuten? Ich weiß es nicht mehr, aber das Mondlicht glitzerte durch das junge Grün, und eine Nachteule flog geräuschlos über meinen Kopf hinweg. Man konnte die Stille förmlich hören!

Endlich wagte ich es, die Kette wieder hochzuziehen. Unten dran hing die Ratte, mein Feind, dem ich Rache geschworen hatte. Die Vorderpfoten waren gekrümmt, eine Hinterpfote war von der scharfen Klemme durchbohrt, ein spitzes, weißes Zähnchen ragte aus dem Mund, die Augen starrten groß und ängstlich. Sie standen richtig heraus – oder bildete ich mir das nur ein? Ich hatte gesiegt. Aber ich fühlte weder Triumph noch Befriedigung. Im Gegenteil: Selten habe ich mich so geschämt wie damals. Es blieb nur noch eine Pflicht: Ich legte die tote Ratte neben die Hintertür, dann konnte Chris sie nach elf Uhr, wenn keine Menschen mehr auf der Straße waren, begraben.

Die Gruppenstunden dauerten in diesem Jahr sehr lange, weil das Pfingstfest erst so spät kam. Das Ende des Kirchenjahres fiel meist mit dem Ende der »Hochsaison« zusammen.

Polletje hatte sich richtig gut eingearbeitet. Sie hatte mit Erfolg den unterhaltenden Teil der Jugendarbeit geleistet, hatte mit den jungen Leuten Handball gespielt und kam nach einem solchen Abend in »Oldiek« mit einer Farbe nach Hause wie ein Buschwindröschen. Den letzten Abend, den sie hielt, schienen die Jungens in prächtiger Stimmung zu sein. Nach dem Spiel rief sie die Jugendlichen herein.

Diesmal waren sie so zahm wie Lämmer. Sie taten genau, was sie sagte, liefen ruhig durch den Flur und setzten sich still an die Tische. Das war Polletje meist anders gewöhnt, aber diese besonnene Art war wohltuend.

Während der Bibelbesprechung, die Domie zu Anfang des Abends mit den Jungen gehalten hatte, waren sie auch sehr still und aufmerksam gewesen und hatten gut zugehört. Dabei hatten sie unbemerkt irgendwo im Raum ein Buch versteckt. Das kam nun am Ende zum Vorschein, denn einer von ihnen stand auf und zauberte ein kleines Päckchen hervor, das die Form eines Buches hatte.

Es wurde plötzlich so still, daß man eine Nadel hätte fallen hören können. Alle Augen, auch die von Polletje, waren auf den Jungen gerichtet, der das Buch überreichen sollte und dazu auch etwas sagen wollte, so wie sie es vorher untereinander abgesprochen hatten.

Er mußte doch jetzt eigentlich beginnen, fanden die Jungen, aber ihr Wortführer, der sonst immer zu Scherzen aufgelegt war, fand diese Stille »maal« und stand plötzlich mit einem »Mund voller Zähne« da. Er schluckte. Und dann schluckte er noch einmal.

»Na, los doch«, sagte sein Nachbar und gab ihm unter dem Tisch einen kleinen Stoß. Das löste die Zunge des Redners.

»Fräulein Van der Pol«, sagte er würdevoll, »im Namen aller Mitglieder...« Er schluckte, und es folgte eine peinliche Stille. Polletje schaute auf ihre Nägel.

»Tou jo«, ertönte es wieder neben dem Sprecher: »bieten wir... bieten wir Ihnen ein kleines Geschenk an, weil Sie immer so...«

Er suchte nach Worten und fand dann endlich den Dreh: »So gut mit uns gespielt haben.«

Dann überreichte er Polletje das Päckchen. Sie war ein wenig verlegen, aber doch sehr überrascht und ließ das auch merken. Sie wickelte das Buch aus der Verpackung.

»Das Leben Jesu« hieß es und war von einem französischen Autor.

»Das Buch ist sicher mit viel Überlegung von euch ausgesucht worden«, sagte sie, während sie es hochhielt und alle es sehen konnten.

»Da steht aber auch noch was drin«, sagte der vorherige Redner.

Polletje schlug das Titelblatt auf und sah darunter einen Brief liegen.

»Vorlesen!« riefen die Jungen.

Dann wurde es wieder still, und Polletje begann laut zu lesen:

»Sehr geehrtes Fräulein!

Wir haben es für gut gefunden, Ihnen ein Geschenk zu überreichen, weil Sie immer zu unserer Jugendstunde gekommen sind. Wir hoffen, daß Sie das Buch gern lesen möchten und nicht sagen, an diesem Buch ist nichts dran. Wir haben Sie abends nötig gehabt, aber wir haben uns nicht immer so angestellt, wie es Ihnen gut deuchte. Wir wollen Sie um Vergebung bitten.

Ihr dienstwilliger Diener!
Jan HARMS.«

»Ich finde, das ist ein besonders lieber Brief, den ich gut aufheben werde«, sagte sie.

»Wir müssen noch unsere Unterschrift daruntersetzen«, riefen ein paar.

Dann beugten sich viele Jungensköpfe über das Buch, und es begann ein kleiner Streit darüber, wer denn wohl zuerst seinen Namen schreiben dürfe. Auch um die Frage ging es, wie man unterzeichnen solle: nur mit dem Vornamen, oder auch mit dem Nachnamen, oder auch mit Adresse?

Alles gewichtige Fragen, über die sie sich nicht so schnell einigen konnten.

Aber schließlich wurde dann doch eine für alle befriedigende Lösung gefunden, und man schob das Buch die Reihe entlang. Jeder kam dran und durfte unterzeichnen. Der Name mußte schön aufgezeichnet werden! Sie strengten sich gewaltig an! Einige unterzeichneten mit der Zunge im Mundwinkel.

Als das geschafft war, kam Polletje zu Wort. Sie sagte, daß sie sehr gerührt wäre durch dieses Zeichen von Herzlichkeit und Wertschätzung.

Jetzt käme erst einmal eine Ruhepause, aber dann, im Herbst, würden sie wieder mit neuem Mut beginnen!

Dann stimmten sie mit ihren jungen, kräftigen Stimmen, unterstützt von der Orgel, das Abendlied an und gingen dann nach Hause.

Das Ende des Krieges kam näher. Die Ostfront brach zusammen, die Alliierten rückten fast ohne Gegenwehr in Italien ein, die englische Flotte lag vor der Südküste bereit, um zum Festland herüberzukommen, jeden Tag konnte die Invasion erwartet werden.

Es war Anfang September. Der Zug der Vögel hatte begonnen. Ich hörte sie in der Luft. Ihre schrillen Schreie unterbrachen die Stille. Ich hatte nichts mehr zu tun und saß auf dem Rand des Treibhauskastens.

Ein Vers aus einem Psalm kam mir in den Sinn: »Die Nacht ist hell wie der Tag«.

Jesaja, Hiob, das Hohe Lied.

»Wirklich große, tiefe Poesie kennt unser Volk nur aus der Bibel«, schrieb Van Eeden.

»Je älter ein Mensch wird, desto wählerischer wird er. Ich lese nicht mehr viel, nur noch die Bibel, Shakespeare. Meine Sammlung hat sich beschränkt auf die wirklich Großen«, sagte diesen Sommer eine Malerin zu mir.

Und ich sehe auch wieder das ungeduldige Abwinken von Catharine van Rennes, als wir mit dem Utrechter Chor »Die Schöpfung« sangen. Als junges Mädchen hatte ich in dem Chor mitgesungen.

»Viel zu flach«, sagte Catharine. »Ihr erlebt nicht, was ihr singt. Lest ihr denn nie etwas Schönes, lest ihr denn nicht die Bibel?«

Für einen Pastor, der zu uns gekommen war und zuvor ein halbes Jahr lang im Konzentrationslager gesessen hatte, war die Bibel das einzige Buch, das er mitgenommen hatte. Man hätte es ihm beim Eingang abgenommen, wie auch seinen Füller, seine Brieftasche und seinen Ehering, wenn nicht einer seiner Mitgefangenen das Buch zwischen seinen Decken hineingeschmuggelt hätte. Auf den Besitz einer Bibel stand schwere Strafe, und ab und zu wurde der Saal nach diesem gefährlichen Buch durchsucht. Aber im Geheimen bildeten sich Bibelkreise um den Pastor. Ein zum Tode Verurteilter ließ sich im Konzentrationslager taufen. Unwiderstehlich ist das lebendige Wort.

»Schlüge ich mein Lager in der Unterwelt auf – auch da bist du . . . So würde auch dort deine Hand mich greifen und deine Rechte mich festhalten.«

So steht es im 139. Psalm. Auch in der Hölle des Konzentrationslagers bricht Gottes Geist durch. Ich mußte an alle diese Dinge denken, während ich da auf dem Gewächskasten unter dem Sternenhimmel saß.

Der Himmel, der sich weit über meinem Kopf spannte, war wie ein dünnes Tuch, war wie ein Gedicht Gottes.

Man konnte es auf zweierlei Weise lesen.

Man konnte nur die Buchstaben sehen, ohne Zusammenhang. Dann sagte man: das ist alles »von selbst« so gekommen.

Aber man konnte auch im Lied der Sterne die göttliche Poesie hindurchklingen hören, wie Jesaja sie wahrgenommen und für uns übersetzt hatte.

»Sollte ER, der das Ohr gebildet hat, nicht hören?« fragt Hiob.

»Sollte ER, der das Auge gemacht hat, nicht sehen?«

Hinter unserer kleinen, begrenzten Intelligenz steht das Unaussprechliche: »ER, der die Welten erdachte, und sie waren.«

Dann kommt von selbst die Anbetung und ein Gefühl der Befreiung von allem Kleinmut und eigenen Bedenken, von eigenen Sorgen und Verlangen. Dann wird es groß, weit und friedvoll in einem Menschen, weil er weiß, daß Gottes Geist alle Dinge durchdringen will, auch das eigene Herz – wenn es sich vor IHM öffnet wie eine Blume vor der Sonne.

Dann werden auch alle Beziehungen anders, und alle Ängste fallen weg.

Dann ist nur noch eines nötig: Übergabe, Gehorsam gegen unsere Pflicht, der Drang in uns zu unbekannten Taten, wie bei den jungen Vögeln, die in diesem Jahr hier geboren wurden, dem geheimnisvollen Drang in sich gehorchten und über mich hinweg in ferne, unbekannte Länder flogen.

Drei Flüchtlinge hatten wir zu Beginn des Sommers gehabt. Jetzt hatten wir inzwischen sechs. Drei waren also noch hinzugekommen. Einer Anfang August: Frits, der Sohn meines verstorbenen Bruders. Dann noch Mirjam, die Schwester eines der Gäste, die bei den Wissings untergetaucht waren. Schließlich Naomi, eine junge Krankenschwester aus dem jüdischen Krankenhaus von Amsterdam.

Sie hatten alle ihre eigene Geschichte. Auch ihre eigene Weise, wie sie zu uns gekommen waren.

Wir hatten das nicht gesucht, denn wenn eine schwierige Periode sehr lange dauert, dann tritt eine Art Ermüdung ein.

Frits hatte zum Arbeitsdienst gehen sollen. »Wir halten für dich einen Platz frei«, hatten wir nur gesagt. »Du kannst bei Chris im Zimmer schlafen.« Aber er ging nach Hause, danach in ein Lager, sagte er, und dieser Besuch im Juni war sein Abschiedsbesuch. Wir unternahmen keine großen Anstrengungen, um ihn davon abzubringen und hofften nur, daß der Krieg bald zu Ende sein würde, ehe sie die Jungen nach Deutschland transportierten, denn daß sie da eines Tages hinkommen würden und letzten Endes auch noch an die russische Front, davon waren wir fest überzeugt.

Als es dann darauf ankam, ging er schließlich doch nicht. Der Gedanke an seinen Vater hielt ihn zurück. Auch die Kirchen warnten nachdrücklich vor der aufdringlichen und wirksamen Propaganda, die in den Lagern betrieben wurde.

Nachdem er sich fest entschlossen hatte, nicht hinzugehen, nahm er sein Fahrrad und zog in der Gegend umher. Eine Razzia folgte. Mitten in der Nacht kamen sie in das Haus, wo Frits seine Adresse hatte. Meine Schwester und mein Schwager waren nicht zu Hause, nur das Dienstmädchen, das in aller Ruhe erklärte, die Hausdurchsucher könnten den Jungen nicht finden, weil er in ein Arbeitslager in Mook gegangen sei. Also zogen sie unverrichteter Dinge wieder ab mit dem Versprechen, noch einmal zurückkommen zu wollen.

Der Vogel war zum Glück rechtzeitig ausgeflogen, aber er wurde überall gesucht. Es wurde also Zeit, daß er sein freies Leben so bald wie möglich aufgab.

Gottes Schutzengel sehen verschieden aus. In diesem Falle kam einer in Gestalt eines Mädchens daher, das die Haussuchung tapfer überstanden hatte. Sie ging Frits suchen und brachte ihn sicher im Dunkeln – zusammen mit einigen schweren Koffern – in unser Pfarrhaus.

Frits war der letzte, der Unterschlupf bekommen konnte, darüber waren wir uns alle einig, denn nun war unser Haus voll. Alle Betten waren belegt, und wenn noch mehr kämen, gäbe es keine Sicherheit mehr. Frits hatte eine schlechte Zeit angetroffen, denn als er kam, war gerade die »Grüne Polizei« in der Nähe. Sie machte in verschiedenen Orten der Provinz Haussuchungen und fand auch hier und da einige Verstecke. Auf einigen Bauernhöfen hatte die »Grüne Polizei« bereits versteckte Menschen aufgestöbert. Wir mußten also auf der Hut sein. Sie durften uns vor allem nicht im Schlaf überraschen.

Darum wurden nachts Wachen aufgestellt. Einer saß im Studierzimmer bei einer kleinen Lampe, der andere schlief auf der Bank und wurde nach drei Stunden zur Ablösung gerufen. Die Wache dauerte jeweils von zwölf bis drei und von drei bis sechs. Tagsüber hielten wir die Türen geschlossen.

Jeden Abend übten wir, in kürzester Zeit und so leise wie möglich in den Kriechgang zu gelangen. Domie und Polletje paßten bei der Tür zum Konfirmandenraum auf und achteten auf etwaige Geräusche, ich stand mit der Uhr in der Hand daneben und nahm die Zeit ab. Drei Minuten. Zu lange. Sogar viel zu lange! Noch einmal. Zwei Minuten und zwanzig Sekunden. Das war schon besser. Noch ein paar Mal. So wurde mehrere Abende lang geübt.

An einem der Abende, ausgerechnet in dieser aufregenden Zeit, kam spät und unerwartet der Bürgermeister zu Besuch. Er wußte von unserer Lage, und darum dachte ich, er sei gekommen, um uns zu warnen. Aber er hatte keine alarmierenden Berichte über die »Grüne Polizei«; er hatte nur die Bitte an Domie, einen abgeschossenen amerikanischen Piloten zu begraben. Domie war aber nicht zu Hause, so mußte es ein Kollege aus dem benachbarten Dorf tun. Domie war oft unterwegs, in Angelegenheiten, die nicht unbedingt in seinem eigenen Interesse lagen.

»Stehen Sie auf Wache?« fragte der Bürgermeister. »Sie hatten schon geöffnet, noch bevor ich klingeln konnte.«

»Ich hatte Sie kommen sehen, und abends nach zehn sind wir immer auf der Hut«, sagte ich, »weil dann unsere Gäste unten sind.«

»Was für eine Spannung, in der Sie täglich leben!«

»Das gehört dazu, wenn man Menschen im Versteck hat, aber auf die Dauer gewöhnt man sich daran.«

Sonst ging das Leben so seinen normalen Gang. Da waren die täglich wiederkehrenden Pflichten, die Menschen aus dem Dorf, die uns nichts anmerken durften, da war die herrlich warme Sonne, »die aufgeht über Gute und Böse«.

Elderling empfand das besonders. Ein so schöner September und ein so herrlicher Oktober ... Man konnte alles trocken in die Scheunen bringen, auch noch die Kartoffeln und Zuckerrüben. Das kam normalerweise nicht oft vor.

Elderling saß still da und nahm das goldene Licht und die Farben der Blumen in sich auf. Es entwickelte sich ein theologisches Gespräch. Das hatte ich mit Elderling öfter. Er sprach langsam und deutlich. Es gibt viele Arten von Menschen, es gab aber nur sehr wenige, die die Gaben Gottes so dankbar annahmen wie er. In seinem Zimmer hing ein Spruch, in Holz gebrannt: »Sta stil en aanschouw de wonderen Gods.« Das konnte gut und gerne der Spruch seines Lebens sein. Für ihn waren der regelmäßige Wechsel der Jahreszeiten und das Säen und Ernten wie selbstverständlich; die Schöpfung war für ihn ein immer neues Wunder. Jesus sprach darüber, daß wir das Königreich Gottes nur empfangen könnten wie ein

Kind. Ich mußte mich später, auch als wir schon lange nicht mehr dort wohnten, an diesen Groninger Kirchenältesten erinnern. Ich mußte daran denken, daß er nie über etwas klagte, auch nicht über Gott, sondern dankbar war für das Licht und für die Blumen, für die Weite des Landes und für die Tatsache, daß er dies alles sehen durfte.

Es war auch immer sehr an den Menschen interessiert, die wir in unserem Haus versteckt hielten. Und jeder Familienzuwachs bei der Familie »Schuilenga«, wie die Pastorenhausbewohner scherzhaft genannt wurden, ging ihm zu Herzen. Besonders die junge Mirjam, die »jüdische Braut«, die wir ins Haus bekommen hatten; sie war nämlich eine gute Bekannte von ihm und De Lange.

Mirjam kannte alle Bauern in der Umgebung, weil sie vor ihrer Zeit als Krankenschwester mit ihrem Vater oft hier gewesen war. Sie waren damals mit ihrem kleinen Auto überall hingekommen, um Korn einzukaufen. De Lange hatte Domie gefragt, ob er für ihn nach Amsterdam fahren könne, zum Krankenhaus, in dem Mirjam arbeitete, denn einem Brief hatte er entnommen, daß sie in Not war und bald wegtransportiert werden sollte. Domie zog los, um Mirjam noch rechtzeitig vor der »Grünen Polizei« zu retten.

»Sie kann für kurze Zeit hierherkommen, aber dann mußt du etwas anderes für sie suchen«, sagte ich zu Domie. »Du weißt selber, daß unser Haus voll ist. Alle Betten sind belegt, und ich finde vier zusätzliche Menschen genug. Ebenso die Menschen im Versteck selbst, die wieder andere Beschwernisse haben und Platzangst bekommen – wie Lily es nennt – bei dem Gedanken, daß nun noch ein fünfter hinzukommen muß. Ich könnte schon damit fertig werden. Wenn wir Schwierigkeiten haben, dann können wir das auf vielerlei Weise abreagieren, aber unsere Gäste hocken sich dauernd auf der Pelle und können nicht nach draußen.«

»Ja, ja«, sagte Domie, »wenn ich sie da erst einmal herausbekomme, dann können wir weitersehen.«

Es war ein dunkler Abend, als Domie mit Mirjam ankam. Sie saß hinten auf seinem Fahrrad, zusätzlich beschützt durch einen niederländischen Verkehrspolizisten, der meinte, seine Pflicht besser zu kennen als die Besatzungsmacht es ihm vorschrieb. Eigentlich hätte er Mirjam anzeigen müssen, und Domie dazu. Statt dessen begleitete er sie nach Hause.

Ich saß im Studierzimmer und schrieb, als die beiden ankamen. Mirjam wurde mir vorgestellt. Domie tat bei dem Gespräch so, als wäre es schon eine abgemachte Sache, daß Mirjam bei uns blieb. Ich fürchtete, das würde falsche Erwartungen wecken.

»Wir hatten doch abgesprochen, daß es nur für kurze Zeit sein würde«, sagte ich.

»Das hättest du aber nicht sagen sollen«, sagte Domie, als wir wieder allein waren.

»Warum bringst du mich dann in eine so schwierige Lage? Du hast mich ja geradezu gezwungen, eine solche Bemerkung zu machen, obwohl ich das auch nicht gut fand gegenüber jemandem, der nach so langer Zeit endlich wieder ein sicheres Dach über dem Kopf hatte. Aber schließlich ist sie noch nicht an uns gewöhnt, und sie würde es nicht schlimm finden, zu jemand anderem zu kommen. Ich finde es besser, wenn sie gleich richtig informiert wird und weiß, woran sie ist.«

Dann begann Domie von Amsterdam zu erzählen und was er da alles gesehen und erlebt hatte. Von jüdischen Häusern, aus denen man die Menschen geholt und in denen man die Möbel geraubt oder vernichtet hatte. Von der Angst und Verzweiflung von Hunderten und Tausenden. Was hatten wir es da doch gut, verglichen mit ihnen! Konnten wir uns dann nicht zurechtfinden und uns gegenseitig helfen, wenn es sein mußte?

»Ich bin sicher, wenn du gesehen hättest, was ich habe sehen müssen, dann hättest du genauso gehandelt. Dann könnte hier im Notfall sogar noch ein Sechster dazukommen«, meinte Domie.

»Du hast einen Männerverstand und argumentierst wie ein Mann«, sagte ich. »Darum begreifst du nicht, daß das allein schon auf allerlei praktische Probleme im Haushalt hinausläuft. Wo sollen wir denn allein die Bettwäsche hernehmen, heutzutage, wo man nichts kaufen kann? Und dann die Wäsche – wie soll ich die für eine so große Familie im Winter trocken bekommen? Und wo willst du alle die Menschen nachts schlafen lassen? Bei fünfen haben wir schon zu wenig Betten und Decken. Dann muß unbedingt noch ein Sechster dazu!«

Der Gedanke an eine zusätzliche sechste Person hatte sich in mir festgehakt. Ich schlief in dieser Nacht schlecht. Wir konnten vielleicht doch noch jemanden mit durchschleppen, wenn wir uns anstrengten und erfinderisch genug waren. Wenn wir uns ernsthaft bemühten, alle Beschwernisse abzufangen und zu überwinden.

»Wenn da noch jemand ist, bring' ihn dann ruhig mit«, sagte ich am nächsten Tag zu Domie.

Er erschrak ein wenig. Jetzt lag die Verantwortung bei ihm. »Weißt du auch, was du sagst?« fragte er. »Natürlich ist da noch jemand. Da sind noch viele. Und ich werde auch noch anderswo Platz suchen. Meine Eltern könnten vielleicht noch einige aufnehmen, und . . .« Er fing an, einige aufzuzählen, und wir besprachen miteinander die Möglichkeiten.

Aber der Plan, noch jemanden zu uns zu holen, fiel bei den Menschen im Versteck nicht auf guten Boden.

Als ich Hansje zu Bett brachte, hörte ich Lily an der Bodentreppe aufgeregt mit Chris flüstern und dabei immer wieder meinen Namen nennen.

»Was ist denn los?« fragte ich leise, um Hans nicht aufzuwecken.

»Kommt da wirklich noch ein sechster dazu«, fragte Lily mit erstaunten, großen Augen.

Chris stand da wie ein Standbild. In der einen Hand hielt er die Wasserkanne, die er füllen wollte.

»Ja, ich weiß wohl, daß es schwierig ist«, sagte ich, »aber in außergewöhnlichen Zeiten werden eben auch außergewöhnliche Dinge von uns verlangt. Aber komm doch einmal, jetzt, während die große Maus krank ist, mit nach unten und erzähle alle deine Bedenken.«

Am späten Samstagabend saßen wir im Studierzimmer zusammen, und die kleine »Maus« berichtete über ihre Bedenken. Die Jungen befürchteten, daß unsere Sicherheit immer mehr gefährdet wurde.

Der sechste, den wir zu uns holen wollten, sollte nun aber auch wirklich der letzte sein. Wir wollten versuchen, uns noch mehr zusammenzunehmen und Rücksicht zu üben, um diesen sechsten noch retten zu können. Aber damit war dann auch die äußerste Grenze erreicht, die nicht mehr überschritten werden durfte.

Und so zog Domie in der Woche danach wieder nach Amsterdam und kam erneut mit einem Hausbewohner zurück.

Bei der Ankunft gab es unglaublich viel zu erzählen. Unser neuer Gast war gerade achtzehn geworden, aber er hatte in seinem kurzen Leben schon mehr durchgemacht als einige Achtzigjährige. Die Eltern waren nach Polen verschleppt worden, dann auch zwei Brüder. Mirjams Mutter hatte man auch weggeführt, aber ein Bruder und die Schwägerin saßen sicher bei den Wissings.

Wenn wir Imke mitrechneten, waren wir nun acht Frauen im Haus, davon vier jüdische. Acht Frauen, die von Haushaltsdingen Ahnung hatten, und dann noch vier Männer, Hans mitgerechnet, die ebenfalls noch ihren Senf dazugeben konnten. Das brachte ein ziemliches Durcheinander, und wir konnten nur miteinander auskommen, wenn wir das Wort des Apostels Paulus unsichtbar über die Haustür schrieben: »Ertraget einander in Liebe.« Und dazu brachten wir auch noch etwas von Hiobs Geduld, von Salomos Weisheit – und schließlich einen guten Schuß Humor, um uns immer wieder über tote Punkte hinwegzuhelfen.

Sicherheitshalber hatten wir der Mutter von Frits nicht erzählt, daß er bei uns gelandet war, auch Chris' Vater wußte nichts. Wenn die »Grüne Polizei« die nächsten Verwandten in die Mangel nimmt, ist es besser, wenn die Angehörigen selber nicht wissen, wo ihre Kinder stecken.

Ein kleines Problem gab es unter den Menschen im Versteck immer mit dem Aufstehen. Ich wollte in ihrem eigenen Interesse, daß dies frühzeitig und regelmäßig zu einer bestimmten Zeit geschehe. Der

Maulwurf, mit dem ich darüber sprach, gab mir Recht. Ein Mensch habe nun einmal einen kleinen Stachel nötig, sagte er, sonst bestehe die Gefahr, daß man sich schnell hängen lasse.

Domie war damals viel unterwegs. Wer einmal damit anfängt, Menschen zu helfen, die in Not sind, der findet immer noch mehr zu tun. Ich war wie eine Seemannsbraut, viele Wochen über allein, denn Domie kam immer erst gegen Ende der Woche zurück. Der Unterschied war nur, daß eine Seemannsfrau meist nicht mit der ganzen Verantwortung für ein Haus voller versteckter Menschen und einer Gemeinde dazu zurückbleibt.

Was die Arbeit in der Gemeinde anging, so hatte ich die tatkräftige Hilfe unserer Assistentin, und im Hause halfen mir Froukje und Imke treu und aufopfernd. Sie gehörten ganz dazu, so sehr sogar, daß ich mich völlig auf sie verlassen konnte und mir bis Mitte September den Luxus erlauben durfte, morgens auf meinen Dachboden zu gehen, um dort einige Stunden lang an diesem Buch zu schreiben. In dieser Zeit nahm dann Polletje meinen Platz in der Küche ein.

Dann kam der Winter, in dem sie vormittags in der Gemeinde gebraucht wurde. Danach wurde es auch Zeit, die Kartoffeln zu roden und die Äpfel zu pflücken.

Nachmittags war ich an der Reihe, denn auch wir hatten Kartoffeln – ein großes Stück Land hinter dem Haus, und diese Früchte mußten auch heraus. Von wem hätte ich dabei wohl Hilfe bekommen sollen? Es wurden zehn Hektoliter, zwölf, vierzehn, immer mehr. Auch auf den Bauernhöfen fehlten Hilfskräfte, und die Arbeiter benötigten jede freie Stunde, um ihre eigene Kartoffelernte einzuholen. Es lief dann immer auf einen großen Wettstreit hinaus, wer zuerst mit dem Roden fertig war. Die Leute wurden nervös und gereizt und schienen nur noch für ein Ziel zu leben: Die Kartoffeln müssen heraus!

Kartoffeln und Bohnen. Wer wollte ihre wertvolle, nährende Kraft leugnen? Wenn man damals im Zug saß, hörte man nichts anderes als nur Gespräche über Ernährungsfragen. Von Zwolle bis Groningen saß ich einmal mit vier Herren in einem Abteil, die über nichts anderes als nur über das Essen redeten. Die materiellen Dinge nehmen eben in unserem Dasein einen sehr großen Platz ein. In Zeiten des Überflusses merken wir das nicht so sehr, in Zeiten des Mangels kommt es aber deutlich zum Vorschein.

Endlich waren die Kartoffeln im Keller, die Äpfel auf dem Boden, die Bohnen im Faß, und die Winterarbeit mit dem Konfirmandenunterricht und den Gruppenstunden war in vollem Gange. Die Feder mußte deswegen lange ruhen, aber es schien auch gar nicht nötig zu sein, daß ich mich mit der Vollendung des Buches beeilte, denn der Krieg war noch lange nicht zu Ende. Nach dem Fall von Italien hatte es so ausgesehen, als wäre das Ende in Sicht. Aber es sollte noch lange dauern... Es war Anfang Februar geworden. Ein milder Winter war vorbeigegangen, mit einigen Stürmen in den letzten Januartagen, und mit einem Tag dazwischen, der an den Frühling erinnerte.

Die Frostzeit ging vorüber. Die Sonne schien immer häufiger ins Zimmer, und die Schneeglöckchen standen schon im Gras. Die Haselruten blühten, und am Kastanienbaum schwollen die Knospen. Es schien, als sollten wir einen frühen Frühling bekommen.

Im Gästezimmer oben blühte eine einzelne Hyazinthe, und im Bett neben dem Tischchen, auf dem die duftende Blume prangte, träumte, einsam wie die rosa Blume, die jüdische Braut in ihrem lachsfarbenen Kimono, und ihre dunklen Locken wirkten noch dunkler.

Das Bett neben mir war immer öfter leer. Es gab keine geteilte Verantwortung mehr, sondern nur noch die volle Verantwortung, die auf mir lastete. Sechs erwachsene Menschen, die alle in großer Lebensgefahr steckten... Das ließ mich nicht mehr los, sondern wirkte bis ins Unterbewußtsein hinein und erzeugte eine ständige Wachsamkeit, eine fortdauernde Spannung. Jedes Gerücht ließ einen aufhorchen und hellwach sein. Ich schlief beinahe wie ein Hase mit offenen Augen, weil die Gefahr in allen Ecken lauerte. Auf Gefahren zu achten, das wurde mir zur zweiten Natur, wie man das auch an verfolgten Tieren beobachten kann.

Wir Menschen des zwanzigsten Jahrhunderts hatten es wieder mit Verfolgung zu tun. Wir wurden versteckt oder versteckten andere, um dem harten Griff der Deutschen zu entkommen. Wir lebten in einer krankhaften Welt, in der sich die Macht des Antichristen offenbarte, aber wir stemmten uns dagegen an. Damit stand auch das leere Bett in Verbindung: Domie war wieder auf dem Kriegspfad. Ich lag da und fragte mich, wo er wäre, was er tun würde, wenn er Donnerstagnacht wieder nach Hause käme. Und Domie würde wieder viel zu erzählen haben.

Aber die Arbeit, die er tat, war gefährlich. Höchst gefährlich. Sie war nicht mehr und nicht weniger als ein Versuch, Menschen aus den Klauen eines alles verschlingenden Monsters zu retten.

Bewahrung? Die gab es bestimmt in all dieser Zeit, sonst wäre es schon von Anfang an schiefgelaufen. Aber auch der Glaube ist nicht ohne Spannung. Er ist kein gemütliches Ausruhen in einem ruhigen Lebensschifflein, während es draußen auf See stürmt. Wir können nicht sagen: »Nun soll Gott einmal zusehen, wie er uns hier herausrettet.«

Obendrein war unser Haus voller Menschen, die durch Domies Unternehmungen in Gefahr gerieten.

»Muß das sein...?« fragte ich dann. »Denk an die Menschen hier im Haus.«

»Muß ich nicht?« fragte er dann. »Denk an die Menschen, die sich an mich klammern. Soll ich sie im Stich lassen?«

Dann schwieg ich und lag nachts wieder allein da und horchte auf den Wind und die Schritte, Treppe rauf – Treppe runter. Eimer wurden geleert, Kannen gefüllt. Torf geklopft, Brennholz geschlagen, Körbe mit Torf nach oben geschleppt.

In der Küche wurde der Abwasch gespült, das Frühstück fertiggemacht, Gemüse und Kartoffeln für den folgenden Tag vorbereitet. Manchmal wurde gemangelt, einige Tage und Nächte hintereinander Öl aus Raps gepreßt.

In der Regel wurde um halb zehn, also nach den Gruppenstunden, begonnen, und gegen elf war die Arbeit für den Haushalt geschafft. Aber dann begann der gemütliche Teil des Tages im behaglichen Bodenstübchen. Butterbrote wurden aus der Brottrommel geholt, der Kaffee brutzelte auf einem kleinen Ofen, manchmal gab es auch einen Apfel dazu.

Später, viel später schlürfende Schritte auf der Treppe. Das waren die Jungen, die zu Bett gingen. Danach kehrte Ruhe im Haus ein. Erst wenn ich jeden im Bett wußte, fielen auch meine Augen zu.

Domie im Untergrund

Und dann trat das ein, was wir immer befürchtet und geahnt hatten, die Menschen im Versteck genauso wie ich. Irgendwo schlug eine Sicherung durch. Jemand, zu dem Domie Beziehungen hatte, war geschnappt worden. Was hatte er bei sich? Was würde er aussagen? Würde die Gefahr bis in unser abgelegenes Pfarrhaus reichen? Würde in der Nacht ein Überfallwagen vor unserem Haus halten und Domie abholen kommen? Dann würde man bei uns noch mehr finden. Darum: evakuieren! Wie ein Schock fuhr dieses Wort durch uns alle hindurch.

»Noch ist nichts passiert, aber es ist nötig, etwas zu tun, um Unglück zu vermeiden«, sagte Domie.

»Alle die warmen, benutzten Betten, wenn sie nachts kommen, das geht nicht. Aber wenn ihr woanders seid, dann kann ich schon alleine darauf sehen, wie ich in Sicherheit komme. Keine Spur wird dann auf meine Anwesenheit hindeuten. Auch kein warmes Bett, denn ich habe es dann mit Tante Jo geteilt, und sie kriegen mich nicht.«

Haben Sie schon einmal mit einem Stock in einem Ameisenhaufen herumgestochert? Unser Haus glich plötzlich einem solchen gestörten Ameisenhaufen. Alle liefen durcheinander und schleppten ihre Sachen herum. Dies mußte mit und jenes mußte mit in die neuen Schlupfwinkel, die Domie für sie ausgesucht hatte. Die »Mäuse« sollten zusammenbleiben, und die Jungen auch. Domie rief sie jeweils zu zweit zu sich, denn sie sollten voneinander nicht wissen, wo sie hingingen. Die »Mäuse« kamen auf einen großen Bauernhof in der Nähe, die Jungen ins Doktorenhaus, Naomi in ein benachbartes Dorf und Mirjam sollte zu ihrem Bruder, der mit seiner Frau bei den Wissings versteckt war. Aber das klappte dann doch nicht, und Mirjam blieb bei uns.

Ich hatte, um den bitteren Abschied etwas zu versüßen, Pfannkuchen gebacken. Aber so gern sie sonst auch Pfannkuchen aßen, jetzt war es nichts damit. Die kleine »Maus« saß da, hatte einen Arm um mich gelegt und schaute mich mit ihren dunklen Augen traurig an. »O Tante Jo, ich möchte überhaupt nicht weggehen!« sagte sie bedrückt, »wir haben uns hier so eingelebt.« »Ihr kommt ja wieder zurück«, tröstete ich sie. »Es ist doch nur für ein paar Tage.« »Ja, aber wenn wir dann zurückkommen, wird es wieder gefährlich.«

»Macht euch schon einmal fertig, um Viertel vor neun werden die ›Mäuse‹ schon geholt.«

Domie und Polletje hatten an jenem Abend Dienst im Konfirmandenraum. Sie konnten beim Abschied leider nicht mit dabei sein. Aber beim

Essen hatte Chris mit bleichem Gesicht und heiserer Stimme zu Polletje gesagt: »Noch eine Stunde, Polletje!«

Ich weiß nicht, was das nette Groninger Meisje, das die »Mäuse« abholen kam, von den »Holländern« gedacht hatte, aber der Abschied war so herzzerreißend, sie umarmten sich so innig, als ob es für immer wäre, als wollte der eine Teil nach Polen und der andere direkt an die Ostfront gehen. Wenn ich das alles noch einmal überdenke, dann muß ich noch heute lächeln. Was für feste Bande hatten sich doch um die Menschen im Versteck und um uns gesponnen!

Dann waren sie die Treppe vor unserem Haus hinuntergegangen, nach anderthalb Jahren in die weite, gefährliche Welt hinein. Es sah draußen aber überhaupt nicht gefährlich aus. Nur Stille und Sternenglanz.

»Wie märchenhaft!« flüsterte die große »Maus«. Sie vergaß auf diesem kurzen Spaziergang alle Angst, »gesnapt« werden zu können. Sie genoß den Augenblick. Aber die kleine »Maus« konnte nicht genießen. Sie lief und weinte leise vor sich hin. Sie hatte das Gefühl, stets in die falsche Richtung zu laufen und daß sie wieder nach Hause müßte. Sie hatte auch nicht alle ihre Sachen bei sich, und das gab ihr ein unsicheres Gefühl.

Ich beschloß, ihr den Rucksack hinterherzubringen. Das würde ihr in der neuen Umgebung den nötigen Komfort verschaffen, ohne den sie es sich schlecht vorstellen konnte.

Ich ging also mit Lilys Rucksack nach draußen, als das Doktorenauto aus dem benachbarten Dorf kam, um die Jungen abzuholen. Der Doktor hupte kurz vor unserem Pfarrhaus – das abgesprochene Zeichen – und fuhr weiter.

Er wollte bei dem Haus warten, in dem ein Baby erwartet wurde.

Jeden Tag konnte es dort soweit sein. Es war also nicht verdächtig, wenn der Arzt dort wartete. Wir liefen hin, die Jungen und ich. Das rote Rücklicht des Autos sahen wir schon von weitem. Wir öffneten die Autotür, stiegen ein und warteten. Das Haus, in das der Doktor gegangen war, stand weit ab vom Wege. Keine Menschenseele war zu erkennen.

»Ich bringe den Rucksack schon einmal fort«, sagte ich. »Vielleicht steht ihr noch da, wenn ich zurückkomme.« Aber sie standen später nicht mehr da. Der Doktor war inzwischen eingetroffen. »Twee man?« hatte er gefragt. Dann hatte er Gas gegeben. Das Auto war weg.

Zu Hause fand ich Mirjam vor, und eine sehr dicke Naomi. Ihr Umfang hatte seine Ursache darin, daß Naomi alle ihre Kleider angezogen hatte, daß sie mit sechs Hemden, fünf Schlüpfern, Unterhemden, Nachthemden, Kleidern, Pullover und schließlich noch einer Trainingshose mit Mantel im Zimmer saß. Kein Wunder, daß sie kaum aus ihrem tiefen Stuhl aufstehen konnte, und doch war es ein Wunder, daß das Fahrrad, mit dem sie und Domie dann ins benachbarte Dorf fuhren, unter diesem Gewicht nicht zusammenbrach.

So war nun Mirjam allein bei uns zurückgeblieben. Sie zerstreute sich beim Abwasch, den sie in der Küche vorfand. Ich half ihr dabei. Es war eine merkwürdige Sache, daß wir nun wirklich mit Hansje, der oben schlief, die einzigen lebenden Wesen im Hause waren (abgesehen natürlich von einer großen Zahl von Mäusen, die immer und überall unsichtbar, aber manchmal doch hörbar anwesend waren).

Froukje, die ihren freien Mittwochnachmittag gehabt hatte und von der ganzen Blitzaktion nichts wußte, mußte sich nach ihrer Heimkehr alles anhören.

»Ich wollte, sie wären morgen alle wieder hier«, seufzte sie am Ende der Erzählung. Mirjam und ich dachten das gleiche.

Es lag nicht an den Menschen, zu denen sie gekommen waren, daß die »Mäuse« und die Jungen bald Heimweh bekamen. Sie wurden bei den »Übergangsadressen« sehr herzlich empfangen. Am ersten Abend, als ich den Rucksack hinterhergebracht hatte, saßen die »Mäuse« wie Fremde jeder an einer Ecke des Herdes. Mevrouw zeigte mir das kleine Zimmer, in dem sie schlafen sollten. Da stand ein Bett mit einer dunkelroten Decke und weißem Bettzeug. Es war ein warmes, gemütliches Nest.

Allmählich gewöhnten sich alle an die neue Situation. »Die Menschen hier sind sehr lieb und nett«, schrieben die »Mäuse«. Am Sonntagnachmittag durften sie die Ställe sehen. Die Tochter des Hauses führte sie herum. Ganz prächtig fanden sie die großen Räume und die gut gepflegten Tiere!

Schwere Pferde, drei Kühe, einige Schweine, ein paar Kaninchen, in deren zartes, weißes Fell Lily gern ihr Gesicht gekuschelt hätte.

Es war ein früher Frühjahrstag. Gelblich fiel das Licht durch die Stallfenster. Sabbatruhe herrschte in den Ställen und Scheunen, da jetzt nicht gearbeitet wurde. Eine Atmosphäre von Weite und Güte, die wohltuend wirkte und in der man sich frei bewegen konnte, wenn man so viele Stunden auf einer Liege zubringen mußte. Wenn sie aufstanden, konnten die »Mäuse« durch die hohen Fenster von draußen gesehen werden, daher mußten sie immer auf der Liege sitzenbleiben. War es da ein Wunder, daß sie ihre Freiheit ausgiebig genossen und in ihrem Drang nach Bewegung auf die Strohballen kletterten?

Es waren dort noch einige weitere Menschen im Versteck. Studenten. Freunde des jüngsten Sohnes und der jüngste Sohn selbst. Aber sie wurden streng von unseren »Mäusen« abgesondert. Die Studenten dachten, daß unsere »Mäuse« auch Jungens wären. Um sie in dieser Annahme zu bestärken, bekamen die »Mäuse« die Anweisung, im Flur kräftig mit den Schuhen aufzutreten. Ob sie es nicht gut genug getan haben? Die Studenten schickten jedenfalls mit Mevrouw ein Päckchen Zigaretten, auf dem stand: »Mit Taucher-Grüßen!« Sie fragten auch gleich, ob vielleicht Mädchen dabei wären, worauf Mevrouw geschickt antwortete: »Das hättet ihr wohl gerne, was?«

Nach dem Tode ihres Mannes hatte Mevrouw jahrelang den Hof verwaltet, bis der älteste Sohn in die Schuhe des Vaters steigen konnte. Aber dieser junge Mann unternahm nichts, um sich bei den »Mäusen« beliebt zu machen. Im Gegenteil, er jagte ihnen bei der ersten Begegnung einen Schrecken ein, indem er erklärte, daß er von den »Holländern« im allgemeinen und von den Städtern im besonderen nichts halte.

Sie sagten dann, daß es ihnen zwar leid täte, aber sie seien sowohl Holländer wie Städter.

Als aus einigen Gesprächen, die er mit ihnen führte, deutlich wurde, daß die »Mäuse« keineswegs an Überheblichkeit litten und daß sie nicht so kurzsichtig waren zu meinen, jeder Bauer sei einer, der notwendigerweise dumme Dinge tat und sagte, lenkte er ein wenig ein, taute auf, und es stellte sich heraus, daß der anscheinend so strenge Herr in Wirklichkeit ein sehr sanftmütiger Jüngling war.

Nach hartem Widerstand hatte mich die Grippe doch zu packen bekommen, und ich lag im Bett. Eine Niederlage, wie sie im Leben schon einmal vorkommen kann. Und doch – wenn man sich dann endlich geschlagen gibt, hat man es leichter. Viel einfacher, als sich hustend und prustend durch Haus und Hof zu quälen.

Überall gab es doch so viele einschneidende Veränderungen. Konnte sich ein Mensch da einfach ins Bett legen? Domie lag auch schon, ebenfalls mit Grippe.

Die Gefahren waren inzwischen wieder von unserem Haus gewichen, so daß die »Mäuse« und die Jungen zurückkommen konnten. Aber zwei ältere Leute, die Domie beim Doktor untergebracht hatte, mußten dort plötzlich wieder verschwinden, denn es gab Befürchtungen, daß eine Haussuchung unmittelbar bevorstand.

Unser »Waisenhaus« hatte somit also einen Vater und eine Mutter bekommen. Meneer war Koch und Konditor gewesen, »doctor in de vergulde letteren«, wie er es geistvoll nannte. Anläßlich eines Geburtstags machte er uns einen leckeren Zwieback mit Traubensaft.

»Wenn mir das gut gelingt, darf ich dann bleiben?« fragte er. Er war jemand, der selbst ein gutes Geschäft in Deventer gehabt hatte. Aber was bleibt einem übrig, wenn einem alles geraubt wird? Man kann nur noch demütig um eine Gunst bitten. Große Menschen werden in solch einer hilflosen Position wieder zu Kindern, die um Schutz bitten. Besonders wenn sie körperlich nicht ganz gesund sind und noch unter den Nachwehen einer Operation zu leiden haben.

Was war mit mir eigentlich los? Lähmende Müdigkeit hing in allen meinen Gliedern. Ich hätte im Garten arbeiten müssen, konnte mich aber kaum bewegen, zu nichts aufraffen und zu nichts entschließen. Erst

Domies Grippe, dann meine. Ich war gerade zwei Tage im Bett, da fing Hans an. Er war auf einem kleinen Geburtstagsfest gewesen und begann jämmerlich zu heulen, als er nach Hause kam: »Mama! Mama!«

Es folgte ein unruhiger Schlaf, unterbrochen von Weinen. Um sieben Uhr am folgenden Morgen saß er im Studierzimmer auf meinem Schoß und klammerte sich an mich. Er war krank. Der Doktor kam und stellte Grippe fest. Hansjes Bett wurde ins Studierzimmer geholt. Ich schlief bei ihm auf einem Notbett. Aber an wirkliches Schlafen war kaum zu denken. Immer wieder rief er mich. Er hatte Fieberträume und fühlte sich erst sicher, wenn er in meinen Armen war.

Einen Tag und eine Nacht dauerte das Fieber, aber plötzlich war es gesunken. Hans setzte sich morgens früh aufrecht hin und begann in seiner Kindersprache ein munteres Gespräch über seinen Hund.

Dann ließ ich ihn etwas trinken, legte ihn hin, deckte ihn zu und sagte, daß er nun noch etwas schlafen müsse. Danach sangen wir noch zusammen ein Lied, aber den letzten Vers sang Hansje schon nicht mehr mit, er war schon eingeschlafen.

Ich saß auf dem Rand seines Bettchens und betrachtete ihn. Ein Händchen lag auf der Decke, das andere hielt er an seinem Mund. Er atmete ruhig. Sein blondes Haar lag gekräuselt um sein kleines Köpfchen, die Augenlider mit den langen Wimpern waren geschlossen. Und so etwas Schönes und Zartes war mein Kind! Eine Welle dankbarer Rührung überwältigte mich. Hansje war krank gewesen, aber er wurde wieder gesund. Er schlief. Der kleine Körper erholte sich, ich brauchte hier nichts mehr zu tun, sondern konnte nun getrost selbst etwas schlafen gehen. Über meinem Kopf hörte ich Geräusche. Polletje und Fraukje standen auf.

Bruchstücke von Gesprächen tauchten wieder in mir auf, die ich am Tag zuvor kaum wahrgenommen hatte, weil ich nur an Hans gedacht hatte. Es war irgend etwas mit Mirjam gewesen. Man hatte in Limburg einen Platz für sie gefunden, und nun sollte sie dorthin gehen. Was für einen Sinn sollte es haben, daß Mirjam alleine wegging, wenn noch sieben andere übrigblieben? Das Wort »evakuieren« hatte in der letzten Zeit wieder in der Luft gehangen, aber wenn es um der Sicherheit willen nötig war, warum sollte Mirjam dann schon vor den anderen fortgehen?

Wie dachte sie eigentlich selbst darüber? Ich hatte sie am Tag zuvor kaum gesehen und gesprochen, aber nun wollte ich zu ihr. Ich lief leise die Treppe hinauf, um die Schlafenden nicht zu wecken und steckte dann meinen Kopf zur Schlafzimmertür hinein.

»Mirjam, bist du wach?«

»Ja, Tante Jo!«

Ich kroch in Polletjes leeres Bett neben ihr, und sie streckte im Dunkeln die Hand zu mir aus und tastete nach meinem Gesicht.

Ich ergriff die Hand.

»Mirjam, was hast du?«

»Oh, Tante Jo, ich finde es so schrecklich, weggehen zu müssen.«

Ich dachte an Hansje, den ich eben in den Schlaf gesungen hatte. Sind wir nicht alle Kinder, wenn es darauf ankommt, die ein Paar sichere Arme um sich fühlen wollen in dieser kalten Welt?

Ich streichelte Mirjams schwarzes, lockiges Haar und tröstete sie wie ein Kind. Nein, sie mußte nicht fort, ich würde eine andere Lösung suchen und Domie vorschlagen.

Das Schluchzen hörte auf, und ich erzählte von Hansje und vom plötzlichen Fallen des Fiebers.

Durch die Ritzen der Blenden an den Fenstern kroch das Morgenlicht herein, die ersten Geräusche von draußen kamen zu uns durch: Stimmen von Arbeitern, die zu ihrer Arbeit gingen, ein Wagen, der über den Weg holperte.

Aber im Zimmer war es still. Ich lag da und lauschte, bis Mirjams regelmäßiges Atmen mir sagte, daß sie schlief. Dann fiel auch ich in Schlaf.

Hatte ich nun nicht gute Gelegenheit, mich auszukurieren? Wie konnte es nur kommen, daß ich so wenig Widerstandskraft hatte, und manchmal auch das Gefühl, nicht mehr dagegen anzukönnen? Ich konnte die Sorgen meiner Hausgenossen kaum noch teilen – oder war das schon die Vorahnung einer sich nähernden Katastrophe?

Meine inneren Reserven waren aufgebraucht.

Neue Initiativen oder Pläne hatte ich nicht. Litten alle unter einer solchen Depression wie ich? Zu meiner Überraschung stellte ich fest, daß sie doch noch Dinge anpackten und Pläne schmiedeten, daß sie Oberhemden reparierten, Zeichnungen anfertigten und sich mit Fototechnik beschäftigten. Wo holten sie nur den Mut und die Energie dafür her?

Ich war ein echter Defaitist geworden, der bei den Radionachrichten nur darauf wartete, ob es endlich so weit wäre . . . die Befreiung und damit das Ende des Krieges. Wenn der käme, dann könnten wir dieser harten Bedrohung, die über unserem Hause hing, vielleicht noch entkommen. Aber mir fehlte der starke Glaube, mir fehlte der Mut, ich fühlte mich schuldig.

Dann kamen eines Morgens Deutsche auf Fahrrädern unseren Weg herauf. Einer hatte eine blaue, der andere eine grüne Uniform. Ich sah sie vom Fenster aus, und der Schreck schlug mir ins Herz. Was in Gottes Namen wollten die hier suchen?

Waren das die gefürchteten »Grünen«? Dann waren wir verloren! Die Hälfte der Menschen im Versteck schlief noch, die anderen zogen sich gerade an. Wie bekam man acht Menschen innerhalb von wenigen Sekunden aus den Betten? Und das am hellen Tag? Unmöglich!

Ich beschloß, gar nichts zu tun. Ich stand wie gelähmt vor Schreck oben an der Treppe. Dort stand auch Naomi. Sie hatte die Deutschen sicherlich auch gesehen. Sie lief schnell die Treppe hinunter und kroch in die Öffnung unter der Bühne. »Die Besten sind in Sicherheit«, dachte sie sicher für sich.

Ich stand da und lauschte gespannt. Ich hörte die unerwünschten Besucher am Türknopf drehen, aber die Tür war verschlossen. Danach lautes Schellen. Polletje ging öffnen, und mit ihrer allerfreundlichsten Stimme empfing sie die Herren. Inzwischen war auch noch ein Dritter hinzugekommen, ein junger Pastor aus einem benachbarten Dorf, aber in dieser merkwürdigen Gesellschaft hielt ihn Polletje für einen Sympathisanten der Deutschen.

Sie wollte alle in die Studierstube lassen, aber der Pastor sagte: »Ich gehöre da nicht dazu, lassen Sie mich lieber in ein extra Zimmer.«

»Oh«, sagte Polletje, denn ihr ging ein Licht auf. Polletje fand, daß man Fliegen besser mit Sirup als mit Anis fangen konnte, und danach handelte sie nun auch. Sie lotste die Deutschen mit Umsicht in das Studierzimmer und den jungen Pastor in die Wohnstube. Der schaute noch immer, als hätte er einen Schlag mit dem Holzhammer auf den Kopf bekommen. Wie gebannt starrte er auf die Studierzimmertür: »Denen kann man nicht über den Weg trauen!« Aber Polletje ließ nichts von ihrer inneren Unruhe durchblicken, ging zu den Deutschen und fragte mit dem liebenswürdigsten Gesicht, wie sie den Herren dienen könnte.

Sie wollten vom Herrn Pastor einen Taufschein haben, von jemandem, der vor hundert Jahren gelebt hatte und in unseren Büchern verzeichnet war.

»Herr Pastor ist nicht zu Hause«, sagte Polletje bereitwillig.

Sie war froh, in einer so unschuldigen Sache behilflich sein zu können und fügte hinzu: »Aber ich will Frau Pastor gern fragen.«

Sie kam die Treppe herauf.

»Was wollen denn die Leute?« fragte ich.

»Eine Taufurkunde«, sagte Polletje, »von vor hundert Jahren.«

»Laß sie zum Mond laufen!«

»Bemühen Sie sich doch, dann gehen sie wieder weg«, drängelte Polletje. Aber so bereitwillig Polletje auch war, so unwillig war ich. Mußten dafür unsere kirchlichen Taufbücher mißbraucht werden, daß man in Nazi-Deutschland registrieren konnte, daß ein junger Mann, der heiraten wollte, von arischer Rasse war? Und wenn der Nachweis nicht gelang, dann bekam der junge Mann keine Zustimmung zur Eheschließung. Und ausgerechnet dafür gab die Kirche eine Taufurkunde her, jene Kirche, die sich immer über die Unterschiede in Nationalität und Rasse gestellt hatte: In Christus sei weder Jude, noch Grieche, Freier oder Unfreier.

Aber Polletjes Augen blieben erwartungsvoll auf mich gerichtet. »Sagen Sie doch, daß ich danach suchen werde, hier in der Kiste vom Archiv, daß aber sehr wenig Hoffnung besteht, daß ich es finde«, sagte ich. Doch einen Augenblick später kam ich mit einem alten Taufbuch unter dem Arm nach unten.

»Was wollen Sie genau?« fragte ich an der Tür, und Polletje sagte mir später, daß meine Stimme sehr barsch geklungen habe, wie die eines Majors.

Ach, was für schöne Uniformen, und was für tolle Kerle! Konnte man davor wirklich Angst haben? Diese Männer waren zufällig von der Marine und lagen in Delfzijl, wie sie erzählten, aber wenn sie solche Uniformen trugen, nur mit einigen anderen Abzeichen, dann konnten sie auch von der »Grünen Polizei« sein, und dann hatten sie die Macht, einen aus dem Hause zu schleppen und in ein Lager zu stecken oder einem die Kugel zu geben, wenn ihnen das besser erschien.

Aber mußte man denn nun wirklich Angst haben vor solchen Jungen? Das war doch unter der Würde eines Christen!

Ihre Vorfahren seien aus Ostfriesland gekommen, erzählten sie mir. So sei es auch gekommen, daß ein gewisser Peter Zweig hier in der Kirche getauft worden wäre. Sie sprachen untereinander Plattdeutsch, wie das auch in unserer Gegend üblich war, und flochten dazwischen nur einige deutsche Wörter ein.

Ob ich Peter Zweig wohl finden könne? Ich suchte das Jahr 1844 und überreichte ihnen das Taufbuch. So, auf dieser Seite sollten sie nun selbst einmal suchen.

Es war gar nicht so einfach. Die Tinte war etwas verblichen, und die Seiten waren sehr eng beschrieben. Gut, wenn sie ihn nicht fanden, war's auch gut, sie konnten es dann keinem Menschen übelnehmen, wenn sie ohne Taufurkunde nach Hause kamen.

Ein dicker Finger glitt die Reihe der Namen entlang.

»Ah, da ist er! Das ist der Peter Zweig!«

Nun wurde noch ein offizielles Formular gesucht. Hinter dem Schreibtisch ließ ich mir die Namen diktieren. Der Deutsche machte dabei auch noch einen Fehler. War nun das ganze kostbare Stück wertlos?

Aber nein, wir nehmen einfach den Radiergummi.

»Muß da jetzt nicht stehen: ›Gestrichen durch ...‹? Haben Sie in Holland auch solche Papiere für Leute, welche sich verheiraten? Doch wohl auch?«

»Nein, bei uns geht es auch ohne so viele Papiere!«

Das fanden sie gar nicht in Ordnung. Das Leben wird doch erst bedeutungsvoll, wenn man möglichst viele offizielle Papiere hat.

Endlich, nach vielen Mühen, standen die Namen schwarz auf weiß da.

Ich öffnete das Stempelkissen.

»Was machen Sie?«

»Ich setze das Kirchensiegel darunter.«

Sie schauten begeistert zu. Wenn das nicht wirklich echt war! Mit solch einem schönen Stempel darunter! Und mit einem Blick auf das Taufbuch: »Ein wunderbares Buch!«

Ja, da konnte man alles drin finden, auch noch Namen aus einer Zeit, die weiter als hundert Jahre zurücklag.

Von der Kirche hatten diese Herren wohl nicht viel Ahnung, aber sie bekamen nun doch Respekt vor ihrem administrativen Selbstverständnis. Wenig später zogen sie beglückt von dannen, mit dem Beweis in der Tasche, daß die Nachkommen von Peter Zweig aus arischem Geschlecht stammten. Wenn sie gewußt hätten, in was für einem »semitisch befleckten« Haus sie gewesen waren! Aber ich vertraute darauf, daß sie es nie erfahren würden.

Als sie weg waren, kam der junge Pastor an die Reihe. Jeder kann sich 'mal irren! Das wurde auch hier wieder deutlich. Die Deutschen schienen gefährlich zu sein und kamen doch nur mit einer ganz harmlosen Frage, aber der Pastor, von dem wir es gar nicht erwartet hätten, kam mit alarmierenden Nachrichten.

In Groningen hatte man eine Organisation aufgedeckt, zu der Domie in unmittelbarer Verbindung stand. Als der junge Pastor fort war, gab ich den Bericht an unsere Versteckten weiter. Während des Essens wurde dann intensiv darüber gesprochen. Ich konnte aber nicht darauf eingehen, denn ich hatte um ein Uhr in der Schule Religionsunterricht.

Während der Stunde wurde ich durch ein Klopfen an der Tür gestört, und da stand Polletje. Ob ich mal eben in den Gang kommen könnte, sie wolle mich etwas fragen.

Die Leute im Versteck waren sehr unruhig geworden und hatten Polletje gebeten, neue Adressen zu suchen. Sollte sie das tun?

Ja, das war nun wohl nötig, obwohl es eine harte Sache war. Acht Menschen unterbringen! Andere Menschen fragen, ob sie ihnen Unterschlupf gewähren könnten! Mit all den Gefahren, die damit verbunden waren! Lieber wollte man alles selber tragen, als andere damit zu belasten. Polletje gebrauchte all ihren Takt und ihre Überredungskraft, und es gelang ihr, an diesem einen Nachmittag sechs Versteckte anderswo unterzubringen.

Der Doktor aus dem benachbarten Dorf wollte probieren, die beiden alten Menschen unterzubringen, die ursprünglich bei ihm im Hause gewesen waren.

Wieder dieselben Vorbereitungen zum Umzug wie das vorige Mal, aber diesmal, weil die Versteckten selbst es nötig fanden. Wieder der Abschied im Studierzimmer und eine herzergreifende weinende Naomi. Neue Menschen, die ein Versteck suchten, kamen und gingen.

Elderling hatte am Nachmittag seine Fahrradtaschen mit illegalen Papieren vollgestopft und war damit weggefahren. Es blieben noch zwei Menschen übrig, die nicht geholt werden konnten: das ältere Ehepaar. Der Doktor hatte keinen Platz für sie finden können. Im Hause unseres eigenen Doktors wurde nun intensiv überlegt. Da waren aber schon drei: Zwei eigene Versteckte und unsere Mirjam. Mehr war nicht möglich! Wir hatten uns schon mit dem Gedanken ausgesöhnt, daß das ältere Ehepaar würde hierbleiben müssen.

Der Kriechgang half nun nicht weiter, denn in den konnten die alten Leute in ihrem Alter nicht mehr schnell und wendig genug hineinkommen.

Ich schaute in die besorgten Gesichter meiner Gäste. Sie schienen mir sehr nervös zu sein. Das zwang mich dazu, ganz ruhig zu bleiben und auch sie zu beruhigen. Sie sollten erst einmal schlafen. Wenn jemand käme, wären sie ein Onkel und eine Tante von mir, die hier ein paar Tage zu Besuch waren.

Wir konnten das ja wenigstens probieren! Zum Glück kam im letzten Augenblick aber dann doch noch eine Nachricht aus dem Doktorhaus, daß sie dorthin kommen könnten.

Sie ergriffen krampfhaft meinen Arm, als ich sie durch die Dunkelheit begleitete. Sie atmeten wie gejagt. Wenn sie nun geschnappt würden... Umherirren – umherirren, von einem zum anderen, und nirgendwo in Sicherheit sein.

Als sie sicher untergebracht waren, kam ich in mein leeres, stilles Haus zurück und war mit Polletje und dem schlafenden Hansje allein. Um elf Uhr kam Froukje nach Hause. Dann riegelte ich die Tür ab, mit einem beklemmenden Gefühl beim Gedanken an das Los all dieser Menschen.

Ich mußte mich später noch einmal gut darauf besinnen, wie sich alles abgespielt hatte, und was genau geschehen war. Im Lichte eines warmen Frühlingsabends, am ersten Mai, mit strahlendem Sonnenlicht auf dem Grün der Pflanzen an der Böschung, die Domie in unserem Garten angelegt hatte, mit den grünenden Kornfeldern dahinter, einigen Stücken Raps dazwischen, die schon etwas gelb waren, schien mir später alles wie ein Alptraum, aus dem ein Mensch am Morgen erwacht, den Schlaf aus seinen Augen reibt, sich vor das Fenster stellt und sich von der kühlen Morgenluft und der Wärme der Sonne davon überzeugen läßt, daß seine schweren Träume wie Fledermäuse gewesen sind, die beim Tageslicht davonflüchten.

Aber alle Güte der Erde, alle Wärme der Sonne und der Duft der Blumen können die Tatsache nicht verdecken, daß es düstere Mächte gibt, die unser Leben bedrohen.

Es begann an jenem Nachmittag mit einem Telefongespräch zwischen Domie und dem Doktorhaus: Tante Jo müsse nun einmal an ihre eigene

Gesundheit denken und die evakuierten Kinder zu anderen Leuten bringen. Zugleich waren Wil und noch drei andere ernsthaft krank und befürchteten Komplikationen.

Hatte Domie die alarmierenden Berichte aus Groningen schon gehört? Das war mein erster Gedanke. Die evakuierten Kinder waren jetzt aus dem Hause, aber was bedeutete die ernsthafte Krankheit von Wil und drei anderen? Waren sie gefangengenommen worden? Das wäre entsetzlich! Wil mit ihren Lebensmittelkarten – da stand Todesstrafe drauf! Polletje war nach Amsterdam gefahren, um Domie unterwegs aufzustöbern und ihm zu sagen, daß er keine neuen Gäste mitbringen solle. Alle Adressen im Dorf, die für so etwas in Frage kamen, waren schon durch unsere versteckten Leute belegt. Domie und Polletje würden erst nach zwölf Uhr nach Hause kommen.

Ich saß im Studierzimmer und wartete. Was dauerte das lange! Um viertel nach zwölf hätten sie schon hier sein können und jetzt war es bereits halb eins.

Sollte unterwegs etwas passiert sein? Dann konnte ich von mir aus überhaupt nichts tun. Ich durfte sowieso nach elf Uhr nicht mehr nach draußen. Sie eigentlich auch nicht, aber Domie hatte einen Erlaubnisschein, der ihm die Ausübung seines Berufes auch nach elf Uhr gestattete.

Was für eine elende Spannung, in der man die ganze Zeit lebte! Immer diese furchtbare, lähmende Müdigkeit, der Schmerz in meinem Rücken! Ich wollte aber wachbleiben, auch wenn es die ganze Nacht dauern sollte. Wer konnte auch unter solchen Umständen ins Bett gehen?

Ich knipste das große Licht aus und ein kleines Lämpchen an, legte mich auf die Bank und deckte mich mit einer Jacke zu. Auf jeden Fall war es besser so. Ruhe. Werde ich die noch einmal wiederfinden? Ein normales, geregeltes Leben? Es war ja keine normale Zeit, wie sollte man da normal leben können und sich von alledem nicht stören lassen? Um Schutz für alle betend, die mir lieb waren, fiel ich in leichten Schlaf.

Plötzlich ein leises Ticken am Fenster. Das vertraute Klopfzeichen. Viermal. Gott sei Dank, sie waren da! Ich schaute auf meine Uhr: fast halb zwei. Bestimmt war etwas Besonderes passiert. Ich öffnete. Auf der Treppe sah ich eine Reihe von glitzernden Knöpfen blinken, ein paar weiße Tressen, eine hohe Uniformmütze. Vor mir stand de Opper, der Domie und Polletje hatte abholen sollen.

»Wo sind Domie und Polletje?« fragte ich, während ich de Opper einließ.

»Hintenherum gelaufen mit den Fahrrädern.«

In der erleuchteten Studierstube schaute ich in sein fröhliches, offenes Gesicht.

»Ist etwas Besonderes?«

»Nein, Mevrouw«, klang beruhigend seine hohe Tenorstimme mit dem eigenartig metallischen Klang. »Wir mußten noch einen Gast unterbringen, der ursprünglich die Ostertage im Pfarrhaus verbringen wollte.«

Sicherlich war das Lisette, dachte ich, während ich nach hinten lief. Ein jüdisches Mädchen, das »arisch« aussah und nun unter neuem Namen und mit neuen Papieren zu Domies neuen Mitarbeitern zählte.

Ich schob die Riegel von der Hintertür. Da standen Domie und Polletje mit den Rädern im Dunkel der Nacht.

»Seid ihr da?« sagte ich ohne Enthusiasmus. »Was ist es spät geworden!«

Ich half ihnen mit den Rädern und dem Gepäck.

Sogar Polletje hatte etwas von ihrer gewohnten Heiterkeit verloren.

Müde lehnte sie an der Wand im Flur. Domie sah aschfahl aus, übermüdet und hungrig. Das machte mir Sorgen. Ich konnte nicht mit Eiern und Brei wiedergutmachen, was er in einer einzigen Woche an Kräften verlor.

Ich schenkte Kaffee ein. »Noch etwas zu essen? Butterbrote? Brei?«

»Nein, danke, bitte nichts.«

»Ein Stück Kuchen wenigstens.«

Domie aß ihn mechanisch auf. Er saß zwar körperlich im Zimmer, aber mit seinen Gedanken war er irgendwo anders. Wo?

»Was ist denn nun eigentlich passiert?« fragte ich.

Da begann Domie zu erzählen, mit einer sich überstürzenden Flut von Worten. Wil, ebenfalls eine Mitarbeiterin von Domie, war geschnappt worden, mit allem, was sie bei sich hatte an Lebensmittelmarken, Personalausweisen usw. Durch Verrat war das geschehen, weil sie eine Jüdin war und frei herumlief. Sie wohnte in dem Haus, in dem auch ihre Eltern untergetaucht waren. Man hatte sie mit ihrer Tasche mitgenommen zum Hauptquartier der »Grünen« in der Euterpestraat, während ihre Eltern und ihr Bruder nach Westerbork abgeführt wurden. Wir würden Wil wahrscheinlich nie mehr lebend wiedersehen. Wil hatte Gift in ihrer Tasche. So konnte sie sich umbringen und niemanden verraten, ehe sie ohnehin totgeschossen werden würde. Sie hatte schon lange den Plan, ihrem Leben selbst ein schnelles Ende zu setzen, wenn sie gefaßt werden würde. Aber die Tasche hatten sie ihr ja abgenommen.

Ich sagte nichts. Entsetzen hatte mich ergriffen. Die Folgen dieser Katastrophe waren nicht zu übersehen! Für Domie die Kugel, wenn Wil ein Wort sagte, und vorher eine Razzia, um nach ihm zu suchen. Man würde ihn hier zwar nicht finden, aber sicher unsere versteckten Menschen, die hier überall untergebracht waren. Sie konnten mich zum Verhör mitnehmen. Und was sollte dann aus Hansje werden? Arme verzweifelte Wil – sie bettelte um Gift! Sie kannte als Laborantin die geheimnisvolle Wirkung verschiedener Stoffe. Gib mir Salicyl und . . . ein

Name, den ich vergessen habe. Das schrieb sie in einem Brief an Margo, meine Nichte, die ebenfalls Domie half. Wenn das in verkehrte Hände gekommen wäre! Margo war neunzehn, also noch minderjährig. Sie würden meinen Bruder anstelle seiner Tochter ergreifen.

»Und was dachtest du nun zu tun?« unterbrach Domie meine Gedanken.

»Ich bleibe zu Hause. Wenn sie kommen und mich holen, dann lassen sie mich nach einer bestimmten Zeit gewiß wieder los.«

De Opper nickte. »Ja, drei Monate bekommt man gegenwärtig dafür. Wenn man dann nichts ausgesagt hat, lassen sie einen von selbst wieder frei.«

»Wenn ich mich verstecke, dann wird die Gefahr akut, denn dann fragt sich jeder: ›Was ist denn im Pfarrhaus los?‹ Wenn ich aber zu Hause bleibe und alles seinen gewohnten Gang nimmt, kann es zunächst so aussehen, als wäre ich krank. Ich kann dann auch die Interessen der Menschen im Versteck besser berücksichtigen, und Hans braucht dann auch nicht weg.«

»Aber ich würde doch raten, alle wertvollen Dinge aus dem Haus zu bringen«, sagte de Opper. »Rechnen Sie damit, daß Sie eine Räuberbande ins Haus bekommen. Die Methoden der SS bei so einem Verhör sind unmenschlich. Wil scheint mir ein Mädchen mit sehr starken Nerven zu sein, aber hier sind so viele belastende Momente, und Sie dürfen nicht damit rechnen, daß sie nichts herausfinden.«

Dann stand de Opper auf, um zu gehen. Ja, wir durften unsere Zeit hier nicht verreden. Es mußten noch hundert Dinge erledigt werden. Wir mußten die Nachbarn wecken. Sie konnten uns helfen, indem sie das eine oder andere für uns aufhoben. Ich ging nach oben, um ein paar Dinge zusammenzusuchen. Domie ging mir nach. Nun waren wir zum erstenmal wieder allein. Da brach es aus mir heraus.

»Nun ist es endlich so weit! Du hast uns alle tief unglücklich gemacht! Alles, alles nur für die anderen! Nichts für uns selbst!«

Auf dem Frisiertisch stand das kleine Porträt, das Johan gemacht hatte. Ein Brautpaar, das aus der Willem de Zwijgerkerk herauskam, mit zwei Mädchen in Weiß, die den Schleier trugen. Eines von den Mädchen war Margo, damals noch ein kleines Ding. Und das Brautpaar, das waren wir – und darüber der Giebelstein von Willem van Oranje, der die Worte gesprochen hatte, deren Initialen in unsere Trauringe graviert worden waren: S. T. I. U. Saevis, Tranquillus in Undis.

Aber mir war nicht danach zu Mute, »Ruhe inmitten der wütenden See.« Nicht in diesem Moment! Eine große Bitterkeit war in meinem Herzen, denn ich sah nichts anderes als schwarze Nacht vor mir.

»Ich habe nicht anders gekonnt«, sagte Domie, »es sind immer dieselben, die alles ertragen müssen.«

Das stimmte mich ruhiger. Eigentlich wußte ich das selber. Not, Not an allen Enden, die auf einen einstürzte. Mußte man da nicht sein Leben für andere einsetzen als Christ, und für seine Landsleute als Holländer? Was hatte Prinz Willem anderes getan? Aber jetzt war eigentlich keine Zeit zum Philosophieren. Wir mußten handeln! Domie weckte die Nachbarn, ich suchte die Sachen zusammen.

Mitten in der Nacht kam der Nachbar an – kaum angezogen, mit ungekämmten Haaren, aber fest entschlossen, zu helfen, wo er konnte.

»Hier die Schreibmaschine, der Fotoapparat, der Dia-Apparat. Hinter solchen Sachen sind sie her. Auch das Tafelsilber. Auch noch einige Decken und Bettwäsche? Das Eingemachte auch – von dem kleinen, frisch geschlachteten Schwein? Nein, das lassen wir ruhig stehen, man kann nicht alles hinüberschleppen!

Froukje war auch wach geworden von all dem Räumen, Schleppen und Treppenlaufen. Sie saß zitternd am Ofen im Studierzimmer, während Polletje ihr berichtete.

Endlich waren wir dann wieder allein, mein Mann und ich. Die eiskalte Bitterkeit war weggeschmolzen und hatte sich in Traurigkeit verwandelt. Würden wir uns noch einmal wiedersehen? Und wann? Domie mußte bald fort. Es war schon fünf Uhr, gleich würde es hell werden, und dann würde er nicht mehr sicher fortkommen können. Der Abschied war doch gut. Aber wir konnten noch nicht zusammen beten. Das kam erst später, viel später wieder.

Nun reihten sich die Tage aneinander. Besuche bei den Menschen im Versteck, die ich doch nicht einfach im Stich lassen konnte. Ja, aber ich müsse aufpassen, flüsterte man nach einer Woche, nach vierzehn Tagen. Man warnte mich. Domie war spurlos verschwunden, war unterwegs krank geworden. Es verschwanden gegenwärtig so viele Menschen von der Bildfläche.

Der Morgen, an dem Domie weggegangen war, war der Morgen des 6. April 1944. Karfreitag. Am selben Abend um sieben Uhr Heiliges Abendmahl in der Kirche. Domie konnte diesen Dienst nicht tun. Dafür kam ein älterer Pastor aus einer Nachbargemeinde. Ich bereitete das Abendmahl vor, deckte den Tisch, stellte das prächtige, alte Silber zurecht – und währenddessen schien die Sonne durch die hohen Fenster herein, es war so gut in der leeren Kirche, in der ich allein beschäftigt war, daß die stille Klarheit der Anwesenheit Gottes mich umfing und ich die Worte Christi in der Stille hörte. Der Herr sprach vom Kreuz zu mir: »Dies tat ich für dich – was tust du für mich?«

Da brach alles Aufbegehren in sich zusammen. Es wich die Angst um das eigene Leben, das Wort schuf Platz für einen tiefen Frieden.

Auf den Karfreitag folgte ein stilles Osterfest, mit schönem, strahlendem Frühlingswetter. Polletje war ausgegangen und hatte Hans für einen

Tag und eine Nacht nach Hause mitgenommen, so daß ich völlig allein war. Ich hatte nun Zeit, über alles nachzudenken, über den Besuch des Maulwurfs, der die »Mäuse« abgeholt hatte und mit dem ich in der mondhellen Studierstube die besten Möglichkeiten für ihren Umzug erwogen hatte. Die Adresse war aber nur vorübergehend. Nun kam der Maulwurf, um die »Mäuse« nach Amsterdam zu holen.

Ich war denselben Abend noch bei ihnen gewesen, um ihnen die schlimme Nachricht zu überbringen. Die Hausmutter nahm großen Anteil. »Och, was für eine böse Überraschung! Und sie sitzen so unbekümmert in dem kleinen Stübchen wie Sperlinge im Sand.«

Dieser Sorglosigkeit mußte ich leider ein hartes Ende bereiten. Es gab nur einen kleinen Lichtpunkt: daß der Maulwurf sie holen kam.

Und so zogen sie am folgenden Morgen ab. Behutsam schlichen sie sich dicht an der großen Scheune entlang, noch vor Sonnenaufgang, um nicht von den Arbeitern gesehen zu werden, die so früh zur Arbeit gingen. Sie erreichten den Bahnhof. Polletje ging mit dem Fahrrad voran, aber die »Mäuse« mußten eine Dreiviertelstunde laufen.

Später schrieben sie einen Brief aus Amsterdam, den ich nachstehend zitieren möchte, weil er ihre Reise und die ersten Eindrücke beim Wiedersehen mit ihrer Geburtsstadt besser beschreibt, als ich es selbst tun könnte.

»Liebe Polletje! Du wartest sicher schon auf einen Bericht von unserer Reise und der Ankunft hier. Wie wir bis nach Groningen kamen, weißt du schon. Ich muß ein dummes Gesicht gemacht haben, als der Zug abfuhr. Lily drin, und wir blieben auf dem Bahnsteig zurück! Ich fühlte mich in diesem Augenblick sehr unglücklich; doch wagte ich es nicht, noch aufzuspringen, mit drei Paketen in der Hand und ohne Brille. Aber ich war froh, als wir uns in Amersfoort auf dem Bahnhof wieder vereinigen konnten.

Es war proppenvoll, aber ein netter Herr bot mir seinen Platz an, dem ich von Herzen dankbar war, denn ich sackte fast durch mit meinen Knien vor lauter Müdigkeit, nach all den anstrengenden Tagen, die vorangegangen waren. Das war auch einer der Gründe, weshalb wir in Amersfoort beschlossen, gleich weiter nach Amsterdam zu reisen.

Sonst wäre es sehr verlockend gewesen, dort von dem herrlichen Wetter zu profitieren und ein Stündchen auf der Heide spazierenzugehen. Aber wir waren zu müde, also ging es gleich weiter nach Amsterdam. Wir hatten ein Abteil für uns drei – wie ist so was möglich in dieser Zeit! – und machten von der günstigen Gelegenheit Gebrauch, unsere schmutzigen Stiefel auszuziehen, denn einige Mitreisende hatten schon mit Verwunderung danach geschaut. Wir schmückten uns noch ein bißchen heraus, denn wir fanden, daß unser Aussehen zu sehr an Leute aus dem Busch erinnerte. Wir bemühten uns also, wie Damen auszusehen, damit wir in die Stadt gehen konnten. Der Erfolg war übrigens recht mäßig.

Den Maulwurf als einen Herrn herauszuputzen, das war natürlich ein hoffnungsloses Unterfangen, abgesehen davon, daß er es gar nicht nötig fand und es nicht mochte. Wir brauchten es also erst gar nicht zu probieren. Die Fahrt ging besonders schnell. Keine Verspätungen, keine Kontrollen (ich hätte den Kontrolleur auch ganz gerne in Aktion gesehen in solch einem vollen Abteil – da konnte kein Spatz mehr dazwischen), und genau auf die Sekunde fuhren wir im Hauptbahnhof in Amsterdam ein.

Die Stadt begrüßte uns mit Luftalarm: Der begann, als wir bei der Straßenbahnhaltestelle standen und warteten. Mit der bekannten Trägheit und einem gewissen Widersinn kehrten die Reisenden um und gingen in den Schutzraum, wo wir uns eine Dreiviertelstunde mit dem Beobachten von waghalsigen Leuten amüsierten, die der Anordnung zum Trotz ruhig ihren Weg weiterzogen. Als das Entwarnungszeichen ertönte, hatten sich so viele Menschen an der Haltestelle versammelt, daß wir beschlossen, unser Gepäck aufzugeben und zu Fuß zu Lilys Freundin zu gehen, wo wir den Nachmittag bleiben wollten.

Wir waren gerade dicht davor, als – diesmal ohne Vorwarnung – eine fürchterliche Schießerei mit schweren Maschinengewehren über unseren Köpfen losbrach: Luftgefechte. Ich hatte richtig Angst, aber wir mußten noch etwa hundert Meter weiter, und so liefen wir einfach durch.

Wir wurden auf das Freundlichste empfangen, in einem gemütlichen, sonnigen und künstlerischen Haus. Ich kannte die Gastfrau noch von früher her. Wir fühlten uns richtig wohl, erzählten hundert Dinge, aßen zusammen usw.

Wie Du weißt, sollten wir erst mit einem späteren Zug ankommen. Wir wollten nicht früher zum Maulwurf gehen, um sie nicht beim Aufräumen zu überfallen und beim Herrichten des Gästezimmers. Wir blieben also bis zu der abgesprochenen Stunde. Dann kam der Maulwurf, der inzwischen unser Gepäck abgeholt hatte, uns abholen.

Beim Maulwurf zu Hause wurden wir sehr freundlich empfangen – und überall standen Blumen.

Seit unserem letzten Besuch hat sich in ihrem Haus eine Menge verändert. Zu Ehren der Gäste war das Haus extra schön geputzt und aufgeräumt worden. Ich mußte sogleich an Domies Erzählung denken, daß am Tisch immer ein Platz freigehalten werden muß für eine Tasse! Wir haben natürlich noch lange mit jedem über alles und noch was gesprochen.

Es war so gegen ein Uhr, ehe wir im Bett lagen! Eigentlich war es für Lily und mich zusammen bestimmt, aber L. opferte sich für mich und kroch auf den Divan.

Und nun will ich mich endlich informieren, wie es Dir geht. Das ist kein Mangel an Interesse, daß ich es jetzt erst tue – aber die ganze Reisegeschichte gehört doch zusammen, und darum habe ich es nicht unterbrochen. Kannst Du mir glauben, Polletje, daß ich mich hier überhaupt nicht so zurechtfinde? Daß es für mich fremd ist – die vielen Menschen, die hohen Häuser, der Lärm und das Gedränge und die Amsterdamer Aussprache. Wenn man so lange im Norden gearbeitet hat, dann gewöhnt man sich mehr und mehr an die Menschen und fühlt sich mit ihnen verbunden, mehr als man ahnt. Das wirst Du sicher auch noch merken, wenn Du wieder eine Zeitlang in Bussum bist.

Eigentlich war es mehr oder weniger enttäuschend: ich hatte mir beim Wiedersehen mit meiner Geburtsstadt ein emotionales Ergriffensein vorgestellt, doch ich erlebte nur rummelhaftes Treiben. Ich habe dann auch Augenblicke mit echtem Heimweh nach unseren frischen, weiten Gegenden, den einfachen, schlichtgekleideten Menschen und der ›gezelligen‹ Sprache. Ich kann es nicht lassen, meine Sätze mit viel Groninger Platt zu würzen, um die Sprache nicht zu verlernen ...«

Sie waren also gut und sicher angekommen, ohne Kontrolle der Personalausweise usw. Das war ein Dankgebet wert! Wenn es doch auch weiterhin mit ihnen gut gehen würde! Wenn man Menschen so lange Unterkunft gewährt hat, bleiben die Gedanken ständig bei ihnen. Die Liebe ist ein wunderliches Ding. Mit ihr umfängt man ein ganzes Feld von Menschen nahebei und weit entfernt.

An diesem strahlenden Ostermorgen, an dem Christi Auferstehung und Sieg über die düsteren Mächte, Sünde und Tod nahezu greifbar wurden, fand ich jenes Glück wieder, das tiefer wurzelt als die stets wechselnden Umstände des täglichen Lebens.

Domie kam ab und zu in der Nacht nach Hause. Für eine Stunde manchmal nur, aber dann mußte er wieder fort auf »Urlaub«.

Einmal kam er um drei Uhr nachts in mein Zimmer. Ich warf eine Jacke über und ging mit ihm nach unten, um Eier zu backen und Milch zu kochen. Er blieb hungrig. Dann saßen wir am Herd, der noch warm war, und vergaßen die Zeit. Wir wurden vom Tageslicht überfallen. Domie konnte nicht mehr fort; es waren schon zu viele Menschen auf dem Weg. Draußen zeigte ich ihm, ohne zu sprechen, die blühenden Narzissen, Hyazinthen und Tulpen im Vorgarten.

Er konnte noch gerade zu den Nachbarn kommen, die ihn herzlich empfingen und ihm ein Bett gaben, in dem er schlafen konnte.

Domie war ein armer Vagabund geworden, vertrieben von Haus und Hof, gejagt vom einen zum anderen, so daß er uns nur noch nachts gelegentlich sehen konnte. Er war einer von vielen, mit denen er dieses Los teilen mußte in dieser Zeit.

Mitten hinein in unsere alltäglichen und manchmal ja auch ganz friedlichen Beschäftigungen kam eine schreckliche Nachricht. Der Maulwurf war geschnappt worden. Auch die große »Maus« und noch zwei andere Menschen, die beim Maulwurf gewohnt hatten. Sie alle wurden nach Westerbork geführt, und Mol, der »Arier« war, auch.

Hatten wir sie dafür beinahe zwei Jahre lang im Haus gehabt, damit sie doch noch nach Westerbork kamen? Es blieb noch eine Hoffnung: daß die Invasion nun bald kam, ehe sie nach Polen verschleppt wurden! Sie hatten das S von »Strafwürdiger Jude« auf dem Rücken, weil sie sich versteckt hatten. Wer das S trug, wurde zuerst abtransportiert.

Eine dunkle, regnerische Mainacht. Es mußte wohl irgendwo ein Gewitter sein, das Wetter war in jenen Tagen plötzlich schlecht geworden.

Aber vielleicht war das für unseren Plan gerade gut. Nicht die nassen Wege, aber die Dunkelheit und das unfreundliche Wetter.

Drei Juden mußten aus unserem Haus zur Bahn gebracht werden: Naomi und zwei Männer, die ich im Haus gehabt hatte, weil sie nirgendwo anders sein konnten und weil ich auch keinen anderen fragen wollte. Wenn damit Risiken verbunden waren, dann wollte ich sie selbst tragen.

Die Gefahr einer Haussuchung war noch lange nicht gebannt. Man gönnte mir die »Ehre«, mich zu beschatten, wie man mir erzählte. Deshalb durfte ich nicht mehr in Häuser gehen, in denen Menschen versteckt lebten. Die Wissings, das Doktorenhaus, der Bauernhof, in dem die »Mäuse« beherbergt waren und wo noch mehr »saßen«, wo man früher schon einmal eine Haussuchung durchgeführt hatte, das Haus der Jungen und das von Mirjam, alle diese Häuser waren für mich verbotenes Terrain geworden.

Nun sollten meine Gäste in dieser stürmischen Nacht, die alle Blüten von den Bäumen schüttelte, verreisen. Domie wollte beim Bahnhof auf sie warten. Er war einmal nachts zu Hause gewesen. Als er leise viermal hintereinander klingelte, hatte er die beiden Männer, die reihum wachten, in den Kriechgang wegeilen gehört.

Damals hatte er beschlossen, sie sobald wie möglich in ein sicheres Haus zu bringen. Aber bei der eingrenzenden Bestimmung: »Abends um acht Uhr muß alles drinnen sein« war es ausgeschlossen, daß sie auf die Straße gehen konnten. Also wurden um halb zwölf die Schuhe gewechselt und Stiefel angezogen. Die Koffer waren schon am Tag zuvor weggebracht worden, so daß sie jetzt nur noch eine Tasche mit Schuhen und einen dicken Knüppel mit einem weißen Lappen bei sich hatten. Der Stock sollte bei der Bahnlinie aufgestellt werden, um Polletje für den Rückweg ein Zeichen zu geben, in welche Richtung sie gehen müsse, um gegenüber vom Pfarrhaus herauszukommen.

Warum wollte ich, daß Polletje diese gefährliche Aufgabe übernahm? Und warum machte ich das nicht selbst? Die Frage stellte ich mir noch einmal, als ich in der Dunkelheit die Tür hinter den vieren schloß.

Ich horchte auf den Wind. Nun verwehten draußen die Blüten. Aber viele Bäume hatten schon Frucht getragen, denen machte es nichts aus. Bei einer kleinen Lampe zog ich mich leise aus, um Hans nicht aufzuwecken.

»Blühen, Frucht tragen.« Das Leben setzte sich durch, trotz aller Stürme. Auch in mir wuchs wieder neues Leben, und ich hatte es nur zögernd angenommen. Ob das zarte Leben nicht gelitten hatte von den vielen Schocks und Emotionen der letzten Monate?

Würde es ein nervöses Kindchen werden? Aber ich war doch eigentlich nicht nervös, die dankbare Freude über dieses Wunder mußte doch durchbrechen!

Esther hatten sie nun auch in den Klauen. Und Wil? Durfte ich aus dem Brief, den ich von ihrer Familie bekam, herauslesen, daß Esther und Wil nun beide in Westerbork saßen? Wie konnten sie sonst »viel aneinander haben«, wie meine Schwägerin schrieb?

Dann hatten sie es wohl aufgegeben. Die Verhöre und Quälereien waren also überstanden. Warten, bis Polletje zurückkam... Sie würde mehr wissen, würde Domie beim Bahnhof gesprochen haben. Domie fuhr mit einem Transport von sechs Mann (außerdem noch zwei jüdische Mädchen, die bei meinen Schwiegereltern gewesen waren) und Lisette, seiner früheren jüdischen Assistentin, nach Limburg. Man hatte dort für sie Plätze gefunden.

Ich mußte geschlafen haben. Als ich durch das Geräusch einer sich öffnenden Tür wach wurde, brannte Licht in Polletjes Zimmer. Ich sah es unter der Tür hindurchscheinen und ging zu ihr. Auf meiner Uhr war es halb vier. Eine Wärmflasche lag verlockend in Polletjes Bett.

»Kommen Sie rein«, sagte Polletje, die sah, wie ich fror. Sie hatte noch ihren Mantel an und gab, auf dem Rand des Bettes sitzend, ihren Bericht. Wil war tatsächlich mit Esther zusammen in Westerbork. Esther hatte großes Heimweh, aber nun trösteten sie einander und sahen sich jeden Tag. Domie konnte jetzt auch kleine Päckchen schicken.

Das war wenigstens etwas; so brauchten sie keinen Hunger zu leiden. Polletje schrieb sogar einen Brief an die Jungen über ihre Erlebnisse in der letzten Nacht:

»Der Weg ist geschafft, und ehe ich alles vergesse, sende ich Euch einen Bericht. Alles bis zur Bahnlinie gut abgelaufen. 11.45 gingen wir aus dem Hause. Ich nahm die Schlüssel von der Vordertür mit. Zu viert, wie kleine Hunde, die sich noch nicht gewöhnt haben, gingen wir die Treppe hinunter zum Feldweg, den wir wegen der Dunkelheit kaum finden konnten. Einen dicken Stock mit einem weißen Tuch, als Erinnerungszeichen für meinen Rückweg, hatten wir mitgenommen. Auf dem Hinweg diente dieser als Spazierstock, um nicht vom Wege abzukommen. Es war stockdunkel. Der Älteste lief mit mir im Arm vorweg, der jüngste mit Naomi dicht dahinter. Vor verschiedenen Lichtern blieben wir stehen und versuchten zu unterscheiden, ob es stillstehende oder sich bewegende Lichter waren. Meist bewegten sie sich. Der Älteste verzögerte stets den Marsch, indem er still stehen blieb, aber ich nahm ihn kräftig am Arm und zwang ihn, weiterzulaufen. Endlich bei der Bahnlinie angekommen, habe ich meinen Stock an einem Telefonmast in den Grund gesteckt. Wir sind über die Schienen gelaufen, ein Stück ins Land, weil ein Licht in unsere Richtung kam. Als sie an uns vorbeikamen, lagen wir flach auf dem Bauch und schielten auf die Lichter. Dann konnten wir mit ruhigem Gewissen den Pfad rechts von den Schienen bis zum Bahnhof nehmen. Es war eine ziemliche Strecke, aber als wir zum Bahnhof kamen, sahen wir ein mir nur zu vertrautes Licht kommen. Zwei Männer gingen an uns vorbei, ohne etwas zu sagen, aber ich dachte mir das meine. Ich ging den Männern hinterher, so daß eine Begegnung stattfand. Es waren Domie und der Chef. Das allerletzte Ende war nämlich sehr holprig, und wir durften kein Licht anmachen. Es war alles gut organisiert, dank sei dem besten Chef, der durch all sein Mitwirken mein Herz gestohlen hatte.«

Ich würde dieses Kapitel aus meinem Buch und meinem Leben gern überschlagen, aber nicht jede Geschichte endet immer mit einem Happy-end.

Von der kleinen »Maus« hatte ich lange nichts mehr gehört. Zwar hatte ich eines Nachmittags ganz Amsterdam durchkreuzt, um sie zu finden, aber es war mir nicht gelungen. Die Menschen, bei denen sie war, waren sehr vorsichtig, wurde mir erzählt.

Ich fand es schade, daß meine Anstrengungen vergeblich gewesen waren, aber es war doch ein beruhigender Gedanke, daß sie so sicher untergebracht war, bei äußerst vorsichtigen Menschen. Sie war in einer ziemlich luxuriösen Umgebung untergekommen, wenn ich es richtig verstanden hatte.

Da war ein Brief aus Westerbork gekommen, und der war von Lily geschrieben worden. Zögernd begann Polletje von ihm zu erzählen. Sie hatte schon länger von ihm gewußt, aber Domie hatte es besser gefunden, daß ich nichts wußte, weil es mir zu sehr ans Herz gehen würde. Darum hatten sie es mir verschwiegen, aber nun fragte Lily im Brief nach Decken und warmen Sachen, die noch von ihr hier waren, weil es im Lager so kalt wäre. Jetzt mußte man mir also von dem Brief sagen. Lily? Lily auch? Aber die war doch so sicher untergebracht gewesen! Wie kommt nun, um Himmels willen, Lily ins Lager?

Ich brauchte fürs erste nichts mehr zu wissen. Aber am folgenden Abend, am Samstagabend, erzählte mir Polletje den Rest. Lily war im

Hause einer Frau gewesen, die einen Sohn hatte. Dieser war ein Jugendfreund von Lily, und er hatte eine »arische« Freundin. Das »arische« Mädchen nun soll eifersüchtig geworden sein und Lily angezeigt haben. Diesem Gerücht wurde aber später widersprochen. Eine andere hätte Lily verraten, ein Mädchen, das der Maulwurf kannte, und die auch ihn und die große »Maus« verraten haben sollte. Wer konnte so etwas genau sagen? Aber daß die beiden letzten auch geschnappt worden waren, das stand fest. Domie war einmal ins Haus gekommen, als die »Grüne Polizei« gerade dagewesen war. An dem fürchterlichen Durcheinander von Kleidungsstücken und allerlei anderen Sachen, die über den Boden verstreut lagen, stellte er fest, daß sie überrascht worden waren. Das erwies sich später auch als richtig.

Alles war sehr, sehr traurig.

Der Maulwurf hatte eine widerstandsfähige Gesundheit. Esther gab ich auch eine Chance durchzukommen, aber Lilly war eine so zarte Blume, daß ich um sie besonders Sorge hatte. Keine warmen Kleider, nichts hatte sie bei sich. Sie war im Hause überfallen worden, und man hatte sie so, wie sie war, ins Gefängnis zur Weteringschans in Amsterdam geschleppt, danach in das Lager in Westerbork. Wenn es doch nur eine Möglichkeit gäbe, ihr etwas zu schicken, vor allem Decken! Über einen Umweg bekamen wir auch einen Brief von Esther. Sie teilte in der Küche das Essen aus, so wie sie es auch für die Menschen im Versteck bei uns getan hatte. Wunder über Wunder – sie hatte dort auch Wil getroffen. Die war ebenfalls nach Westerbork geschickt worden, nachdem sie nichts aus ihr herausbekommen hatten. Wenn sie doch nur dort blieben! Auch wenn es dort, auf der Heideebene in Drenthe, kahl und rauh war, auch das Frühjahr kalt war, und der Wind einem um die Ohren blies – sie waren doch immerhin in den Niederlanden, und wir hatten nicht allen Kontakt verloren. Vielleicht konnten wir auch noch etwas für sie tun.

Sie hatten nach Bibeln gefragt. Domie hatte am Himmelfahrtstag einige lange Briefe an sie geschrieben. Ob sie die wohl empfangen hatten? Ich wußte es nicht, denn am Montag darauf bekamen wir einen Brief von Kapitän K., dem Beschützer der polnischen Flüchtlinge, die zu Beginn des Krieges aus einem deutschen Lager geflohen und hier über die Grenze gekommen waren. Er war bei den Nachbarn untergebracht gewesen, aber die »Mäuse« kannten ihn nicht.

Der Brief lautete:

»Freitagnachmittag stand ich auf dem Bahnhof in W., als ein langer Zug voller Juden aus Westerbork durchfuhr. Aus einem der Viehwagen, hinter einer offenen Luke stehend, mit Stacheldraht davor gespannt, riefen mir drei Damen etwas zu. Ich konnte nicht nahe genug herankommen, weil der ganze Bahnsteig von der Grünen Polizei abgesperrt war. Sie hielt die Menschen ständig auf Abstand vom Zug. Es gelang mir dann aber doch, etwas näher heranzukommen, und da baten mich diese armen, unglücklichen Menschen, Ihnen ihre Grüße zu überbringen, welchen Wunsch ich gerne erfülle.

Hochachtungsvoll,
Kapitän K.«

Ich brachte den Brief, ohne ein Wort zu sagen, in die Küche, wo Polletje und Froukje damit beschäftigt waren, das Frühstücksgeschirr abzuwaschen, flüchtete dann in die Einsamkeit des Studierzimmers und wurde von tiefer Traurigkeit überfallen.

Ich sah den Viehwagen mit der offenen Luke, den davor gespannten Stacheldraht, drei bleiche, ausgezehrte Gesichter dahinter. Sie hatten uns noch einen Gruß geschickt. Den letzten? Sie waren also noch nicht verbittert. Aber ich fühlte Gewissensbisse. Daß die »Mäuse« geschnappt worden waren, kam doch daher, daß sie unser Haus hatten verlassen müssen. Was kümmerten mich in diesem Augenblick die Dutzende von anderen, unbekannten Menschen! Mit denen war ich nicht so verbunden, denen gegenüber hatte ich keine unmittelbare Verantwortung. Arme, arme »Mäuse«, die beinahe zwei Jahre unter unserem Dach versteckt gewesen waren. Und Wil hatte für ihr heldenhaftes Leiden auch etwas Besseres verdient als einen Transport nach Polen in einem Viehwagen. Ob die kleine »Maus« die Fahrt überstehen würde? Wie lange dauerte die Reise? Manchmal Tage, weil so ein Zug dann einfach auf ein totes Gleis gefahren wurde. Kein Essen, kein Trinken, keine Ventilation, aber mit vielen, viel zu vielen, zusammengepfercht im Viehwagen.

Und das war das Ende? Wenn der Zug sich wieder in Bewegung setzte, dann konnten sie außerhalb der Stadt, aus der sie ihren Gruß an uns geschickt hatten, die blühenden Rapsfelder sehen, deren sonnige Schönheit sie im vorigen Jahr so manches Mal aus ihrem Dachfensterchen erblickt hatten. Sie würden die Bauernhöfe unseres Dorfes liegen sehen, schließlich den Turm unserer Kirche über den Bäumen herausragen, und wissen: Wenn wir hier aus dem Zug springen könnten und den Feldweg etwa zwei Kilometer entlang liefen, dann wären wir zu Hause.

Jeder Kontakt war von nun an gebrochen.

Polen! Land des Schreckens. Wie viele haben nicht in Angst und Spannung wie auf ein Todesurteil gewartet, ob ihr Name auch vorgelesen würde, wenn wieder ein Transport aus Westerbork abfuhr.

Ein Junge schrieb einen Brief an seine Freundin. Ich habe den Brief in meinem Besitz und gebe davon einen kleinen Auszug:

»Westerbork, 6. Juli 1943

Es ist jetzt vier Uhr, und es werden gerade die Namen von den Abreisenden vorgelesen. Jetzt bin auch ich dran. Was kann ich dagegen tun? Liebes Kind, du weißt, wie ich bin. Ich finde es schrecklich, daß ich hier fort muß, doch wenn ich auch weit weg wäre, aber deine Briefe und deine Päckchen bekommen würde – dein letztes habe ich gerade noch erhalten –, dann wäre das für mich eine Freude, die nicht zu beschreiben ist. Es ging so viel Liebe von dir aus, es war, als wärest du ganz dicht bei mir. Liebe Elly, auch wenn ich mit Tränen in meinen Augen schreibe, wie es geschehen ist, so warst du doch immer bei mir.

Liebste, ich hoffe nicht, daß du jemals hierher kommen wirst, aber sorge dafür, daß du die Papiere von Palästina oder Hachera bei dir hast, denn daran hast du große Hilfe. Mache dein Leben in dem N. I. Z. so gut wie möglich und trauere nicht um mich, denn das ist nicht mein Wille. Ich muß, ich will dich wiedersehen, was auch geschieht!«

Für einen, der mit all diesem Leid so eng in Berührung gekommen war, war so ein Brief kaum zu ertragen. Ach, die Menschen, die einfach so auseinandergerissen wurden, und die sich in ihrer Not an Domie festklammerten! Mußte man dann nicht so handeln, wie er es tat? Das Mädchen, dem der obige Brief geschrieben worden war, ist auch von ihm herausgeholt worden.

Aber die »Mäuse«! Die waren durch Domies Arbeit aus unserem Haus vertrieben und zu Opfern geworden. Dauernd hatten sie gewarnt und gesagt: »Paßt auf, wir landen noch in Polen.« Und nun waren sie tatsächlich nach Polen gekommen. Wenn wir die Mäuse und Wil nicht mehr wiedersahen, dann würde das Ende des Krieges kaum etwas Festliches für uns bedeuten. Im Gegenteil, es würde ein sehr großer Schatten über dem Fest liegen, wenn sie nicht dabei waren, oder wenn einer von ihnen fehlte. In solchen Augenblicken der Mutlosigkeit war die Welt schwarz, und kein einziger Lichtstrahl schien mehr durchzudringen.

Esther schrieb an die Jungen:

»Mittwoch, 17. Mai 1944

Es ist soweit, daß wir unser geliebtes Land und die noch lieberen Menschen verlassen müssen, und es ist uns dabei ein bißchen ängstlich zu Mute. Aber ich will nicht fort, ohne Euch beiden noch einmal einen besonderen Gruß zu senden, denn dafür haben wir eine viel zu herrliche Zeit miteinander verbracht, auch wenn sie nicht immer so einfach war. Bisher konnten wir alles einigermaßen ertragen, hoffentlich wird es weiterhin so bleiben: solange man es noch vor sich hat, erscheint es schrecklich, ist es dann soweit, schlägt man sich durch. Lily steht ein bißchen unter meiner Obhut – ich habe hier schon viele Bekanntschaften und Freundinnen und bin eigentlich völlig eingebürgert in den zwei Wochen Vorsprung, den ich vor ihr hatte. Aber sie hält sich gut, wirklich, ist in vielen Dingen geschickter, als ich erwartet hatte. Ich hatte mich sehr erschrocken, als sie plötzlich vor mir stand – das hatte ich am allerwenigsten erwartet! Wil ist sehr lieb zu mir. Sie läßt Euch auch von Herzen grüßen. Ich denke so oft an Euch – vergeßt Ihr uns auch nicht? Natürlich leben wir in der Hoffnung, Euch alle noch einmal wiederzusehen. Aber erst wird wohl noch eine saure Zeit kommen. Ich hoffe innigst, daß Ihr mit heiler Haut hindurchkommt. Bei aller Misere ist es für mich ein Trost zu wissen, daß Ihr in Sicherheit seid. Habt Ihr unsere vorigen Briefe empfangen? Ich rechne damit, daß Ihr Euch tapfer haltet – denkt an uns – wir müssen alle zusammen durch diese schwere Zeit hindurch. Glücklicherweise erhielt ich gestern einen Brief von Greet, Nel und Bep. Den kann ich gut mitnehmen. Eure Fotos habe ich auch noch bei mir.«

Und Lily schreibt:

»Ich habe Heimweh nach Euch und nach allem, was mit Euch zusammenhängt. Ich wollte, alles wäre nur ein Traum.

Aber wir müssen da hindurch, denn es geht nicht anders. Wenn es uns bestimmt ist, gut hindurchzukommen, dann wird es auch geschehen, und wenn es nicht so ist, können wir auch nichts daran ändern. Aber die Hoffnung haben wir natürlich noch lange nicht aufgegeben. Ich hoffe, daß Ihr es wenigstens gut habt. Ich habe ein Foto von Euch. Meine eigenen Fotos kann ich nicht mehr erreichen, leider. Ich weiß nicht, was ich noch alles schreiben muß. Ich denke nur noch an unser Bodenstübchen. Ich bin froh, daß ich Esther und Wil bei mir habe. Noch ein Stück aus der Vergangenheit, das ist so viel wert. Ihr lieben Jungen, vergeßt mich nicht, ich hoffe so sehr, Euch wiederzusehen, am liebsten draußen irgendwo in der Sonne, und endlich einmal ausruhen. Ich muß weitermachen, das Abenteuer fängt jetzt an, so muß man es eben auffassen.

Lieber Chris, alles Gute und schon herzlichen Glückwunsch zum 26. Mai.«

Ausruhen wollte die kleine »Maus«. Das hatte sie auch bitter nötig. Denn sie wurde von einem Lager zum anderen geschleppt. Nach der Gefangennahme zur Weteringschans, dann nach Westerbork, schließlich nach Polen.

Von Wil war auch ein kleiner Brief an Domie gekommen, in dem sie von ihm Abschied nahm, denn sie schätzte alles sehr düster ein und hatte keine Hoffnung mehr, zurückzukommen. Sie war sehr bedrückt. »Ich kann wohl kämpfen, aber nicht so«, schrieb sie, »nicht auf diese Art.« Sie nahm Abschied von Domie, auch von den Jungen und von uns, von ihrem Land und eigentlich vom Leben. Die tapfere, kämpferische Wil, die sich bei den Verhören, den Mißhandlungen und Beleidigungen nicht von der »Grünen Polizei« hatte kleinkriegen lassen, war dann eigentlich nur noch ein junges, trauriges Mädchen, mit großem Verlangen nach verstehender und helfender Liebe.

Verrat an Domie

Eine Katastrophe folgte der anderen, im Jahr des Zusammenbruchs 1944.

Der Schlag mit den Mäusen hatte mich tief getroffen. Er machte mich aber immun gegen andere Dinge, widerstandsfähig auch im Blick auf eigene Gefährdungen. Was sollte ich noch jede Nacht in einem herrlichen, warmen Bett liegen, mit leichten Wolldecken, während so viele andere, auch meine früheren Hausgenossen, so furchtbar an Kälte litten. Ich dachte viel an sie. Eines Nachts träumte ich, daß sie alle drei vor der Hintertür stünden. Ich ließ sie sofort ein. Sie waren aus dem Zug gesprungen und entkommen. Meine Freude kannte keine Grenzen. Aber es war nur ein Wunschtraum.

Die Wirklichkeit sah anders aus. De Opper hatte ein Gespräch zwischen einem berüchtigten Nazisympathisanten und einem anderen, einem früheren Mitglied unserer Jugendgruppe, aufgeschnappt, das sich nun als Judas entpuppte. Sein Vorschlag war, mal eine Haussuchung bei Domie zu machen, denn da säßen Juden, es müsse der Mühe wert sein, denn auf jeden Kopf sei eine Prämie gesetzt. Und der Doktor hänge auch irgendwie in der Sache mit drin. Alles eingefädelt von diesem verdammten Domie ...

De Opper sorgte sofort dafür, daß das ganze Dorf, sofern irgendwo Menschen im Versteck waren, alarmiert wurde, und Domie kam extra in Elektrikeruniform und holte am zweiten Pfingsttag die Menschen ab. Er wurde natürlich gesehen. Aufgeweckte Jungen hatten ihn kommen sehen. Sie erzählten, ein englischer Pilot sei heruntergekommen.

Beruhigend waren diese Nachrichten nicht. Domie konnte nicht mehr nach Hause kommen, und ich ging nicht zu ihm, um keinen Verdacht zu wecken.

An unseren dauernden Besprechungen nahmen De Lange und Wissing auch teil. Es ging um das Wohl der Menschen, die woanders untergebracht werden mußten. Absprachen wurden getroffen. Domie und Poletje gingen mit, und auch ein Garagenbesitzer versprach seine Mitarbeit. Er wollte sehr früh am nächsten Morgen die Gefährdeten zu einem Bahnhof bringen, der weiter weg lag als der unsere.

Das Dorf wurde langsam leer, und auch unser Haus, in das Naomi wieder zurückgekehrt war. Nur die Jungen blieben vorläufig, wo sie waren, und ich harrte der Dinge, die da kommen sollten. Hinterher wurde mir klar, daß ich nicht sehr lange warten mußte.

Etwas behinderte mich sehr: das Kind, das ich erwartete. Frauen sind so verletzbar! Nicht um ihrer selbst willen, sondern für das Leben, das sie tragen! Denn wir haben in erster Linie doch die Pflicht, das Ungeborene zu beschützen.

Sollte ich in die Lage geraten, notfalls sogar das Heil meines eigenen Kindes in die Waagschale zu werfen und im Vertrauen auf Gottes Hilfe so zu leben, daß ich nicht kapitulierte und dem Konzentrationslager Vught und anderen schrecklichen Dingen fest ins Auge sehen konnte?

Um so etwas kann ein Mensch nur bitten, weil es schließlich eine Gnade ist, wenn es einem gegeben wird – und das tat ich.

Wie klein ist der Mensch im großen Kampf des Lebens! Wie sehr steht er immer im Konflikt zwischen Gut und Böse! Zwischen den Impulsen des Herzens und den Überlegungen des Verstandes. Und wie kann ein Mensch den rechten Weg zwischen all diesen widerstreitenden Gegensätzen finden, wenn sich die Zusage von Pfingsten in seinem Leben nicht verwirklicht, daß der Geist in alle Wahrheit führt? Das wurde schließlich auch meine Erfahrung, am einsamen Pfingstfest des Jahres 1944.

Große Ereignisse werfen oft frühzeitig ihre Schatten voraus. Das ist auch gut so, denn ein Mensch kann sich dann geistlich darauf vorbereiten und auf den Schlag vorbereitet sein, bevor er kommt. Und doch erschrak ich gewaltig, als der Überfallwagen am Dienstag nach Pfingsten vor unserem Haus hielt. An diesem stillen Abend, nach der Sperrstunde, kam eine ganze Bande von »Landwächtern« herbeigestürmt, sie warfen ihre Fahrräder an den Straßenrand und kletterten über unser Gartentor. Sie stürmten über den Rasen an alle Ecken des Hauses, um dort Posten zu beziehen, damit niemand rein oder raus konnte. Einer legte sich auf der Wiese flach auf den Bauch, ein zweiter zeigte großes Interesse an einem Loch in der Hecke, durch das ich in der Woche davor einen jüdischen Jungen hatte entkommen lassen, der einige Tage in unserem Haus versteckt gewesen war. Ein dritter kroch in die Kuhle. Alle hatten sie das Gewehr im Anschlag. Es war die reinste Wildwestszene. Ich war an diesem Morgen sehr früh aufgestanden und früh zu Bett gegangen. Ich hatte Hansje noch einmal gut zugedeckt, da stoppte das Auto vor dem Pfarrhaus. Mit einem Satz stürzte ich ans Fenster und sah die Bande näherrücken. Die Turmuhr schlug zehn. Die Vordertürglocke klingelte.

»Soll ich öffnen, Mevrouw«, fragte Froukje, die noch angezogen war. »Ja, Augenblick noch«, rief ich zurück. »Ich ziehe mich erst an.«

Das Allernötigste zog ich über: ein Paar rote Schnallenschuhe, die vor meinem Bett standen, ein geblümtes Kleid, das über einem Stuhl hing. Dann machte ich meine Haare. Zu meinem Ärger zitterten meine Hände. Ich hatte es erwartet – und war doch tief erschrocken. Ich hatte nicht genug Zeit, mich herzurichten, ich mußte rasch nach unten, denn sie waren schon am Werk.

In der Küche untersuchten sie den Schrank.
»Wer hat Ihnen dazu einen Auftrag gegeben?« fragte ich.
»Unser Chef.«
»Wer ist das?«
»Der Polizeiinspektor.«
Inzwischen kam »unser Chef« zu mir.
»Sind Sie Mevrouw so und so?«
»Ja, die bin ich.«
Er schaute mich durchdringend an und fragte:
»Haben Sie fremde Menschen hier im Haus?«
»Nein, niemanden.« Gott sei Dank war das wahr, denn wahrscheinlich hätten sie nicht genügend Zeit gehabt, in den Kriechgang zu kommen, bei dieser Schar von »Springhühnern«, die das Haus plötzlich von innen und außen belagerten.
»Haben Sie keine Juden im Haus?«
Wieder dieser durchdringende Blick, der offenbar zu seiner Taktik gehörte.
»Nein.«
»Auch nicht gehabt?«
»Ich sage Ihnen, daß ich im Augenblick niemanden im Hause habe, außer Mitgliedern der Familie. Nur Froukje, das Mädchen, das Ihnen die Tür geöffnet hat, und den kleinen Hans.«
Der Inspektor und der Landwachtkapitän gingen jetzt in ein kleines Zimmer neben dem Flur. Ich blieb im Gang am Gartentisch stehen und hörte sie miteinander sprechen:
»Die war ziemlich nervös! Die weiß bestimmt mehr!«
»Ja, die kann uns bestimmt etwas erzählen!«
Das gab mir meine Selbstbeherrschung zurück.
In der Nähe der Vordertür stand Froukje, unter der Bewachung eines tapferen Landwachtmannes, der natürlich auch wieder das Gewehr im Anschlag hatte.
»Mußt du da stehen bleiben, Froukje? Oder darfst du mit mir ins Zimmer gehen?«
Meine Stimme klang nun wieder ganz normal, sogar ein bißchen spöttisch wegen der Lächerlichkeit der Situation.
»Ich werde mal fragen«, sagte der Räuberhauptmann, freundlicher, als man es, nach seiner kriegerischen Haltung zu urteilen, von ihm wohl hätte erwarten müssen.
Ich ging in das Studierzimmer, in dem niemand war, und betete. Danach fühlte ich mich vollkommen ruhig. Über mir hörte ich die Schritte schwerer Stiefel. Nun waren sie in unserem Schlafzimmer. Würde Hansje anfangen zu weinen? Aber nein, anscheinend saß der kleine Kerl mit seinen zwei Jahren aufrecht in seinem Bettchen und beobachtete mit

größtem Interesse die schwarzen Männer, wie sie sein Gitterbettchen von der Stelle rückten, um in die Schränke dahinter zu schauen.

Ich steckte meinen Kopf zur Flurtür herein.

»Muß ich mitgehen?«

»Das können Sie tun«, sagte er, »aber es ist nicht nötig.«

»Dann bleibe ich lieber hier. Ich habe kein Interesse an der Durchsuchung.«

Froukje mußte mit. Sie machten im Keller ihre Bemerkungen über die Weckgläser, aber Froukje legte dar, daß wir erst im Frühjahr geschlachtet hätten. Die Milchkanne mit Öl, die auch da stand, sahen sie nicht, sie schauten zumindest nicht hinein. Und auf dem Boden sagten sie nichts über das Getreide und die auseinandergenommene Mühle, die da noch stand; das nicht abgelieferte Kupfer monierten sie. Sie machten auch Witze über die große kupferne Tuba. Dann klopften sie mit bedeutungsvollen Gesichtern gegen die Wände des Bodenstübchens und stellten fest, daß dahinter ein Hohlraum liegen müsse. Mit ihren grellen Lampen beleuchteten sie den Raum, aber den Versteckkasten unter dem Schreibtischchen fanden sie nicht; dabei hätte dort gut jemand drin sitzen können.

Auch der Konfirmandenraum fand ihr Interesse. Sie leuchteten mit ihren Lampen unter die Bühne.

Sie krochen aber nicht unter die Bühne, denn dann hätten sie auf ihren Bäuchen über den Grund unter den niedrigen Balken hindurchkriechen müssen, und dabei wären ihre schönen Uniformen dreckig geworden. Die Luke war fest zugenagelt, das hatten Froukje und Petertje getan. Froukje hatte die Nähte mit Stoff zugemacht, so daß man die Luke nicht sehen konnte, erst recht nicht, wenn man nicht unter die Bühne kroch. Das war auch gut so, denn im Kriechgang war ein Radioapparat versteckt, und eine Spardose mit Kupfergeld für Hansje. Das alles lag eingepackt unter dem Sand, aber wenn sie den Gang gefunden hätten, dann hätten sie auch angefangen zu graben. Sie begnügten sich aber zum Glück mit der Feststellung, daß niemand darunter säße. Sie schauten auch hinter die Vorhänge – mit dem gleichen negativen Resultat.

Inzwischen lief der Inspektor mit Froukje überall hin. Er meinte von ihr mehr erfahren zu können. Und er belehrte sie auch. Warum sie wohl diese fremden Menschen schütze? Warum sie für andere ins Gefängnis gehen wolle? Sie brauche nicht mitzugehen, wenn sie sage, was hier im Haus losgewesen sei und wo die Menschen geblieben wären.

Aber Froukje wußte es besser. Sie war nicht in die Lehre des Nationalsozialismus gezwängt worden, sondern man hatte sie im christlichen Glauben erzogen. Froukje verriet nichts, nur um ihr eigenes Schäfchen ins Trockene zu bringen. Sie schwieg.

Als gar nichts glückte, kam der Inspektor zu mir ins Studierzimmer.

»Ich weiß, daß Sie Juden im Haus gehabt haben«, eröffnete er uns.

»Wenn Sie das so sicher wissen, dann brauche ich ja nichts mehr zu sagen.« Meine Gelassenheit machte ihn wütend, und er sagte bissig: »Sie werden doch gestehen und mir verraten, wo die Juden geblieben sind, oder ich lasse Sie einsperren. Ein langer Leidensweg erwartet Sie dann. Sie werden von Gefängnis zu Gefängnis gebracht oder gleich in ein Lager.«

»Für mich selbst wäre das nicht so schlimm, aber ich erwarte ein Baby. Macht das nicht einen Unterschied?« fragte ich.

»Und wenn Sie drei Babys erwarten würden«, sagte er, »das macht überhaupt nichts aus.«

Ich ärgerte mich darüber, das mit dem Baby gesagt zu haben, denn nun spekulierte er gewiß auf meine Liebe zu dem Kind und hatte eine neue Waffe, um mich klein zu kriegen und zum Verrat zu zwingen.

»Sie können sich unter diesen Umständen viele Unannehmlichkeiten ersparen, wenn Sie alles sagen.«

Das war wieder dasselbe Motiv wie bei Froukje, nur übertrieb er bei mir nicht so stark. Er drohte nicht mit den schrecklichsten Dingen, die ich mir würde ersparen können, wenn ich andere verriete.

»Ihre Familie und alles wollen Sie in die Waagschale legen, nur für fremde Juden? Ja, Sie haben acht oder zehn Juden im Haus, oder Sie haben sie zumindest im Haus gehabt!«

»Ich kann dazu nichts sagen!«

»Ich bin Polizeiinspektor, und Sie geben mir eine solche Antwort! Sie haben mir sofort zu sagen, wo die Juden geblieben sind, sonst werden Sie dafür büßen. Ich muß dann auch Ihr Dienstmädchen in Haft nehmen. Und das alles für andere, für Juden, die sowieso geschnappt werden!«

»Wir leiden gegenwärtig alle und opfern uns für andere«, sagte ich und mußte dabei an Wil denken, die die schrecklichsten Dinge, Schläge und Quälereien um unseretwillen ertragen hatte.

»Ja, das tun wir gewiß«, stimmte er zu und begann eine lange, wütende Schimpftirade über die Engländer, die alles zerstörten. Und daß es ein Skandal wäre, daß da sogar Christenmenschen beteiligt seien.

Es hatte keinen Sinn zu widersprechen und zu sagen, daß es hier nicht um Engländer oder Amerikaner ginge, sondern um unsere eigenen Volksgenossen. Er war zu wütend und vernünftigen Argumenten nicht mehr zugänglich. Es schien mir das beste zu sein, überhaupt nichts mehr zu sagen, sondern ihm nur beizupflichten.

Dann schnauzte er mich an, ich müsse nun zum Auto gehen. Im Flur tobte er weiter. Als ich meinen Kopf zur Seite wandte, um meinen Mantel von der Garderobe zu nehmen, mußte ich befürchten, von ihm einen Schlag ins Gesicht zu bekommen.

»Los, los! Zum Auto«, schrie er. »Ich habe versucht, Sie als Dame zu behandeln, aber Sie sind ...« Es folgte ein Schimpfwort, das ich hier nicht wiederholen möchte.

»Danke sehr«, erwiderte ich auf dieses »Kompliment«. Seine grenzenlose Wut konnte mir nicht imponieren, und er merkte das.

»Ich kann Ihnen den Mund nicht öffnen, aber ich habe Beweise! Ich kann auch anders als immer nur freundlich aufzutreten.«

»Das merke ich«, hätte ich beinahe gesagt, aber ich schluckte die Worte gerade noch herunter. Warum sollte ich den Mann reizen? Er war eigentlich beklagenswert in seiner Ohnmacht und seiner Angst vor Engländern und anderen Geistern, am meisten wohl vor seinem eigenen schlechten Gewissen. Ich fand ihn ängstlich und unsicher und gerade dadurch so unbeherrscht.

Inzwischen hatte ich meinen Mantel an, und der Landwachtmann an der Tür, der mit dem Gewehr, wiederholte nun wie ein Papagei in schlechtem Holländisch die Worte seines Kapitäns: »Los! Ins Auto!« Er zeigte dabei mit seinem »Blasrohr« zur Tür. Plötzlich kam mir der Gedanke, wer denn für Hans sorgen würde, wenn Froukje auch würde mitkommen müssen.

Ich lief zurück in den Flur, trotz des drohenden Gewehrs, das immer noch nach draußen zeigte. Der Inspektor war schon auf der Treppe.

»Wer paßt heute nacht auf mein Kind auf?« fragte ich.

»Mit Ihnen rede ich kein Wort mehr«, sagte der Inspektor und drehte sich um.

Aber Froukje hatte meine Frage auch gehört. Mit ihr würde der Inspektor vielleicht noch das eine oder andere Wort über das Los eines zweijährigen Kindes wechseln.

Dann ging es zum Auto. Ein Landwachtmann folgte mir mit geladenem Gewehr auf den Gartenweg. Wenn diese Leute ihre Gewehre nicht hätten, dann wären sie nichts. Nur ein Haufen schwacher, schlecht erzogener Kerle. Mein Respekt vor der »Landwacht« hatte nach dieser ersten näheren Bekanntschaft nicht zugenommen. Auch der Chauffeur, der die »Herren« fuhr, beeilte sich, sobald er die Tür hinter mir zugeschlagen hatte, mir zu versichern, daß er nicht zu »denen« gehöre.

Die anderen »Kameraden«, die sich so heldenhaft im Garten postiert hatten – der eine im Gras auf dem Bauch liegend, bereit, auf den ersten Untergetauchten, der aus dem Hause floh, zu schießen, oder andere, die sich in den Sträuchern bei der Kuhle versteckt hatten –, machten es sich nun etwas gemütlicher. Das erzählten mir später die Nachbarn, die mit Ferngläsern das ganze Schauspiel beobachtet hatten.

Die »Kameraden« machten es sich also etwas gemütlicher, standen in Gruppen beieinander und zündeten sich Zigaretten an, so daß die Lichtpunkte durch die Zweige der noch spät blühenden Apfelbäume hindurch zu sehen waren. Es war übrigens der 30. Mai des denkwürdigen Jahres 1944.

Ich saß noch im Auto und wartete. Die »Herren« hatten das Haus in volles Scheinwerferlicht getaucht. An Verdunkelungsvorschriften schienen sie nicht gebunden zu sein. Alle Lampen in allen Zimmern brannten gleichzeitig, und aus allen Fenstern schien Licht. Ich sah vom Auto aus, wie sie im Studierzimmer den Schreibtisch durchsuchten und einige Briefe lasen. Dann öffnete sich die Tür, und Froukje kam die Treppe herunter mit einem großen, rosa Paket: Hansje in einer Decke. Natürlich wurde auch sie durch einen Landwachtmann mit Gewehr auf dem Fuße verfolgt. Froukje würde vielleicht den Versuch unternehmen können, mit dem schweren Jungen von dreißig Pfund in ihren Armen zu fliehen! Dann würden die »Herren« sofort schießen. Froukje sollte Hans zu einer Familie in der Nachbarschaft bringen. Dort hatte er schon manchmal mit einigen älteren Jungen gespielt. Aber Froukje hatte vom Inspektor den strikten Befehl, daß ich Hansje nicht sehen dürfe. Das wußte ich aber nicht und drückte mich dicht ans Fenster. Wie lange würde es wohl dauern, bis ich ihn würde wiedersehen dürfen? Die Decke war vorne etwas offen, und dort schaute sein Näschen heraus. Ein kleiner Finger streckte sich hervor, und eine hohe Stimme sagte: »Auto! Auto van de dokter!« Ob er mich wohl darin sitzen sah? Sollte ich Froukje rufen, um ihm einen kleinen Kuß zu geben? Lieber nicht. Er würde dann »Mamma sootje« sagen und anfangen zu heulen, wenn er wieder von meinem Schoß heruntermüßte.

Ich schaute Hansje also nur sehnsuchtsvoll an. Den Chauffeur rührte das alles sehr. Er schluckte einmal heftig und brachte ein »Verdammt!« heraus. Das war das einzige Mal, daß ich einen Fluch haben würdigen können. Als die »Herren« endlich im Hause fertig waren und nichts gefunden hatten (in den sechs bis sieben Wochen, nachdem Domie untergetaucht war, hatten wir wirklich Zeit genug gehabt, alle Papiere und jedes verdächtige Zeichen wegzuräumen), kam die Kirche an die Reihe.

Es war inzwischen nach elf Uhr. Sie mußten den Schlüssel beim Küster holen, der natürlich schon im Bett lag.

Auch in der Kirche wurde alles durchsucht, aber nichts gefunden. Sogar unter die Grabsteinplatten leuchteten sie mit ihren großen Lampen, hinter die überstehenden Ränder und bis auf den Grund. Auch der Stall wurde nicht ausgelassen, wo das neugeborene Schaf mit seinen gelbgrünen Augen erschreckt die Gäste anschaute und in das grelle Licht blinzelte. Endlich mußte die Untersuchung als beendet angesehen werden, aber zu meiner Verwunderung fuhr das Auto auch dann noch in die verkehrte Richtung. Es stellte sich heraus, daß der Bürgermeister des benachbarten Dorfes bei unserem Bauernleiter während der Haussuchung ein Gläschen Schnaps getrunken hatte. Wir mußten den Herrn jetzt wieder abholen.

Als Seine Durchlaucht einstiegen, brachte er eine starke Alkoholfahne mit. Ich erkannte ihn erst gar nicht, so dick war er geworden. Es mußte jemand von der Hinterbank zu mir nach vorne, so daß wir zu dritt auf dem Vordersitz saßen, aber es ging gerade noch. Dann wendeten wir und fuhren zurück. Vorbei am Pfarrhaus, das nun verlassen im Dämmerlicht dieser Maiennacht dalag.

Aber nun mußte der Chauffeur noch einmal stoppen, und zwar bei dem Bauernhof, auf dem die »Mäuse« einige Tage lang gewesen waren. Auch dieses Versteck mußte also entdeckt und verraten worden sein, ebenso wie die Tatsache, daß auf dem Hof Studenten beherbergt worden waren, denn immer wieder war davon die Rede. Noch einmal wurden Mevrouw, die Tochter und der Sohn durch eine Haussuchung aufgeschreckt. Es war eine elende Quälerei, aber ich fand es beruhigend zu wissen, daß das Bauernhaus nun leer war.

Auch diese Haussuchung verlief ohne Resultat. Froukje mußte auf dem Fahrrad mitkommen, begleitet von einer Eskorte der Landwacht.

Im Auto drehte sich das Gespräch um die Abwehr von Flugzeugen mit Hilfe von Maschinengewehren. Worüber sollten diese Leute anderes sprechen? Sie erschienen mir auf einmal sehr menschlich. Selbst der so gefährliche Inspektor erwies sich als gewöhnlicher Mann, bei dem Tabak einen wesentlichen Bestandteil seines Lebens ausmachte.

Auf dem Polizeibüro begann der Inspektor von neuem mit seinen Beschuldigungen. Ich hätte »Juden« bei »Menschen« untergebracht, hieß es nun.

»Keine Ahnung.«

»Lügen Sie doch nicht so herum!«

Es schien besser zu sein, die Konversation nicht auf diese Weise fortzusetzen. Ein junger Beamter mit schwarzem Lockenhaar bekam den Auftrag, mich in eine Zelle zu bringen. Er ließ mich die Treppe vorangehen, auch in die Zelle. Dann fühlte ich plötzlich eine Hand, die meine Schulter fest ergriff. Ich drehte mich um und sah in ein treuherziges Gesicht. Der junge Beamte legte seinen Finger auf den Mund. Ich begriff das sofort. Es bedeutete: »Schweigen!«

»Ja, bestimmt«, sagte ich. Dann schloß er die Tür hinter mir. Aber mitten in der Nacht ging das Licht in meiner Zelle wieder an. Neben meiner Pritsche, auf der ich angezogen unter meinem Mantel lag (Decken gab es nicht, auch kein Kopfkissen, nur eine harte Strohmatratze) stand der junge Beamte.

»Wissen sie etwas?« flüsterte er. Er hatte das Verhör im Büro miterlebt, weil er die Namen registrieren mußte. Er wußte also, wessen ich beschuldigt wurde.

»Nichts Positives. Sie haben wohl die Uhr schlagen hören, wissen aber nicht genau, wo der Klöppel hängt.«

»Dann unter allen Umständen schweigen«, sagte er.

»Ja.«

»Weiß Ihr Dienstmädchen das auch? Soll ich zu ihr auch noch eben gehen?«

»Ja, das wäre gut, und sagen Sie ihr dann auch, wenn sie behaupten, ich hätte schon alles gestanden, daß sie das nicht glauben dürfe, und daß sie nicht allein wäre, sondern daß Gott mit ihr ist, und daß sie für eine gute Sache kämpft.«

Er nickte, drehte das Licht wieder aus, schloß leise die Zellentür und ging.

Ich schlief nicht mehr ein. Dafür war viel zu viel Lärm im Haus. Einige Männer mit bärtigen Gesichtern hatten durch ihr Guckloch gesehen, wie ich hineingeführt wurde.

»He, Fräulein, wofür sitzen Sie?« hatten sie kollegial gerufen. Sie hatten einen unverwechselbaren Amsterdamer Akzent.

»Das kann Sie unmöglich interessieren«, wehrte ich ab.

Nun hörte ich die »Nachbarn« laut schnarchen. In anderen Zellen redete oder fluchte man, es wurde über die Gänge gelaufen, ein Mann, der laut johlte und schrie, wurde betrunken hereingeschleppt. Nach langen Pausen schlug eine Uhr irgendwo im Gebäude: drei Uhr . . ., und nach einer endlos langen Zeit: vier Uhr. Irgendwann mußte ich eingeschlafen sein.

Um halb sechs wurde ich wach. Ich suchte Waschlappen, Seife, Handtuch, Taschenkamm zusammen, alles was Froukje für mich eingepackt hatte, und klingelte, um nach unten gehen zu können. Als niemand kam, um mich aus der Zelle zu lassen, klingelte ich noch einmal und noch einmal.

»Wer hat es hier so eilig?« fragte eine bemüht barsche Stimme. Es war der junge Beamte von heute nacht.

»Ich würde mich gerne unten in der Garderobe waschen«, sagte ich, »denn hier in der Zelle ist dafür keine Gelegenheit.«

Wieder drehte sich der Schlüssel im Schloß. Er ließ mich heraus.

Unten im Flur war Froukje. Ich fand, daß sie bleich und verstört aussah und hatte tiefes Mitleid mit ihr.

»Froukje, wie geht es dir? Hast du nicht geschlafen?«

»Nein, überhaupt nicht. Ich finde es schrecklich für die Eltern. Ich habe zwei Pfefferminzbonbons von dem netten Beamten bekommen. Wollen Sie auch eines?«

»Und willst du dich nicht auch mal waschen? Hier ist ein Handtuch und Seife.«

»Hat der Beamte dir heute nacht noch meine Nachricht überbracht?«

»Ja. Nein, ich sage nichts.«

»Gut so, Froukje, denk daran.«

»Ja, aber er weiß ziemlich viel.«

»Er tut so und vermutet es, aber er weiß nichts Positives.«

»Nicht sagen, daß du Kontakt gehabt hast, denn die Vorschrift lautet: Kein Kontakt, kein Besuch!« sagte der junge schwarze Lockenkopf.

»Nein, natürlich, ich werde Sie nicht in Schwierigkeiten bringen.« Wieder die Treppe hinauf, in die Zelle hinein, die Tür wieder geschlossen.

»Machen Sie das Licht ruhig aus, dann schlafe ich vielleicht noch ein wenig.«

Dann breitete ich mein Handtuch – als Schutz gegen die Läuse – wieder am Kopfende meines Strohsackes aus und stopfte meine Toilettenartikel in die große Tasche, die die »Mäuse« für Polletje gemacht hatten, und die Froukje mir im letzten Moment, ehe das Auto abfuhr, noch durch das Wagenfenster hatte reichen können.

Ich war jetzt wenigstens frisch gewaschen und gekämmt und fühlte mich wieder wie ein Mensch, nach der Übelkeit, die mir jetzt jeden Morgen in kleinerem oder größerem Maße zu schaffen machte. Wenn das Licht aus war, war es pechschwarz in der Zelle, weil kein Fenster eingebaut war.

Um acht Uhr sollte ich mein Frühstück bekommen. Um sieben Uhr stand ich richtig auf und fragte, ob ich lesen dürfe. Sie gaben mir ein Buch: Ein »Lappen« mit zwölf Morden für zehn Pfennig, aber es paßte gut zu dem Wildweststil des vorhergegangenen Abends, der mir so frisch im Gedächtnis lag.

Dann kamen sie mit drei dicken Scheiben Brot mit Marmelade. Ich aß eine Scheibe beinahe auf. Anstelle von Tee bat ich um Wasser, was sie dumm fanden, aber ich bekam es zum Glück doch. Besuch um elf Uhr. Nicht für mich, aber für meine Nachbarn.

Die Zellen waren überfüllt. Ich traf eine Mutter mit Tochter, die ihren Sohn bzw. Bruder besuchen gekommen waren, »der nicht nach Deutschland gewollt hatte«. Jetzt würde man ihn kriegen; er sollte nach Borkum.

Sie schauten bei ihrem Besuch auch durch die Luke, hinter der ich saß, um ein wenig von der frischen Luft aufzufangen, die durch die Luke nach innen kam. Sie fragten mich sehr mitfühlend, weshalb ich da säße, und schenkten mir ein gekochtes Ei. Ich aß es sofort auf, und auch den durchwachsenen Speck mit dem Butterbrot, das sie mir durch die Luke zusteckten.

Dann versprachen sie mir noch, zum Rektor des Gymnasiums am gleichen Ort zu gehen. Er würde mir sicher zu dem einen oder anderen Buch verhelfen, das ich dann im Gefängnis würde lesen können.

Dann kam der Wärter. Ob ich wohl Stampfkartoffeln und Schnippelbohnen haben wollte?

»Ja, natürlich.« Ich mußte doch essen!

Also warten aufs Essen! Ich legte mich einstweilen auf die Pritsche, denn mir war plötzlich schwindlig. Wie lange würde es wohl dauern mit der Haft? Und wenn sie mich wieder zu einem Verhör riefen, was sollte ich dann sagen? In keinem Fall etwas über die, die wir versteckt hatten. Das wäre Verrat gewesen gegenüber allen denen, die Versteckte beherbergt hatten. Sie mußten entlastet werden, und das konnte ich tun, indem ich den Eindruck erweckte, ich wollte eine ausführliche Erklärung abgeben und ein Geständnis ablegen. Der Wärter wußte etwas. Wir mußten verraten worden sein, das stand nun fest. Davor hatte de Opper uns auch immer gewarnt. Es kam jetzt also nur darauf an, die Katastrophe möglichst einzugrenzen und nur die Dinge zu sagen, die niemandem außer mir selbst würden schaden können. Ich könnte von den »Mäusen« erzählen, denn die würde man nicht mehr belangen können; sie waren ja schon in Polen.

Die sechs oder acht anderen könnte ich auf den nachbarlichen Hang zu Übertreibungen schieben. Für mich würde die Strafe dieselbe sein, ob ich nun zwei oder zehn Menschen beherbergt hätte. Sie konnten mich nach Vught schicken, unser Haus ausräumen, oder auch beides tun, ganz wie sie wollten, aber es würde beim Verhör darauf ankommen, die Zähne zusammenzubeißen und nur die Dinge zu sagen, die zu verantworten waren, denn ich hatte unter Umständen das Schicksal von vielen Menschen in den Händen.

Ich trug eine entsetzliche Verantwortung, fast zu schwer für einen einzigen Menschen.

»Und wenn ihr vor Könige und Statthalter gestellt werdet, so sollt ihr nicht überlegen, was ihr sagen und was ihr antworten sollt, denn ich werde es euch in der Stunde geben, was ihr sagen und was ihr sprechen sollt.«

Das war auch wahr. Das hatte Jesus gesagt, und die Apostel waren oft vor heidnische Obrigkeiten gestellt worden, um sich für das eine oder andere zu rechtferigen. Sie hatten es dann getan und für ein christliches Zeugnis genutzt.

Eine feige Haltung paßte nicht zu dem, was ich getan hatte. Ich hatte meine Überzeugung zu verteidigen. Sie lief, einfach ausgedrückt, darauf hinaus, daß es besser war, einen Menschen aus christlicher Liebe zu beschützen, als ihn aus Haß und Rassenwahn zu vernichten. Das müßte doch auch für jeden Menschen so einsichtig sein, daß es verrückt gewesen wäre, darüber viele Worte zu machen. War die Welt denn wirklich ein so großes Irrenhaus geworden, daß man versuchen mußte, zu beweisen, daß weiß weiß und schwarz schwarz war?

Unser lieber Herr würde mir »geben«, was ich zu sagen und was ich zu sprechen hätte. So wie er es versprochen hatte. Eine Nachricht kam vom Inspektor. Ich solle zu ihm kommen. Jetzt ging es also los! Die eiserne Zellentür schwang auf, und kurze Zeit später stand ich in einem großen Raum, der einem Platz ähnelte, auf dem Maidorn blühte. Es tat mir gut, danach zu sehen und das Sonnenlicht wieder zu empfinden, während ich warten mußte. Als der Inspektor mit einem Untergebenen fertig war, sollte ich mich an seinen Schreibtisch setzen.

Froukje, das erfuhr ich, war schon vor mir verhört worden. Sie habe eigentlich nichts mit der ganzen Sache zu tun, versicherte ihr der Inspektor immer wieder, und sie würde nicht bestraft werden, wenn sie sagte, wer bei uns im Haus versteckt gewesen wäre. Sie war also eigentlich arretiert worden, um zum Verrat veranlaßt zu werden. »Außerdem«, sagte der Inspektor, »würde niemand es je merken, daß Sie es mir gesagt haben. Ihr Name würde nie genannt werden!«

Mit mir war die Sache etwas anders. Ich hatte am Abend zuvor darauf hingewiesen, daß eine verheiratete Frau nach den holländischen Gesetzen als unmündig angesehen würde, daß sie also bei mir an der falschen Adresse wären. Aber der Inspektor versicherte mir, daß ich doch zur Verantwortung gezogen werden würde.

»Domie kriegen sie doch nicht, der ist zu schlau«, hatten die Nachbarn, die hinter ihren Fenstern das ganze Geschehen mit angesehen hatten, prophezeit. Das meinten die »Herren« offenbar auch. Und darum nahmen sie wohl oder übel mich mit. Erst einmal probieren, was ich unter Drohungen über die Juden und ihre Verstecke ausspuckte, und wenn ich mich als leichte Beute entpuppte, könnten sie mich auch noch über meinen Mann ausquetschen. Nicht auf einmal, sondern nach und nach. Ich wurde aber absichtlich noch nicht über meinen Mann ausgefragt. Der Inspektor umging dieses Thema. Froukje wurde desto mehr über ihn ausgehorcht. Wie lange war Domie schon weg? Gab er vielleicht Kommunisten Unterricht?

»Kommunisten . . .?« sagte Froukje sehr erstaunt.

»Ja, es wird ihm zur Last gelegt, daß er in englischer Sprache Kommunisten unterrichte, damit sie den Engländern, wenn sie hier einfielen, als Führer dienen könnten.«

»Aber Domie gibt doch überhaupt keinen Unterricht«, sagte Froukje. Ihr Erstaunen war so echt, daß es den Inspektor entwaffnete.

»Mevrouw gibt Englischunterricht, weil sie das studiert hat. Mir auch, weil ich für das Examen arbeite. Dafür muß man Kenntnisse in einer fremden Sprache nachweisen – und noch viel mehr.«

»Der Pastor hat also keinen Unterricht gegeben?«

»Wer waren seine Freunde? Wo kam er häufig hin? Wer kam häufig ins Haus?

Froukje mußte alles sagen, was sie wußte. Man bedrohte sie mit der

Einlieferung ins berüchtigte Lager Groningen. Sie dachte an Wil und sagte schneidig: »Meneer, ich würde es schrecklich finden, nach Groningen geschickt zu werden, aber wenn das Ihre Pflicht ist, dann müssen Sie es tun!«

Damit konnte der Inspektor nichts anfangen. Er war gezwungen, Wasser in seinen eigenen Wein zu schütten und sich den Weg für einen Rückzug zu bahnen.

»Wenn du mir sagst, wohin Domie so oft geht, dann laß ich dich frei.«

Froukje schluckte und seufzte voller Erleichterung. »Zu den Mitgliedern seines Kirchenrates«, sagte sie. Denn es hätte doch mit merkwürdigen Dingen zugehen müssen, wenn ein Pastor da nicht hinginge. Das wäre dann ein Zeichen dafür, daß etwas nicht in Ordnung wäre.

»Wer gehört dazu?«

Froukje nannte einige Namen.

»Kommt Kapitän K. manchmal ins Pfarrhaus?«

Das war der Name des Kapitäns, der uns die Grüße der »Mäuse« und von Wil aus dem Viehwagen übermittelt hatte, nachdem sie nach Polen transportiert worden waren. Wer hatte dem Inspektor das verraten?

»Nein, in dem ganzen Jahr, in dem ich schon da bin, ist der Kapitän noch nicht ein einziges Mal hier im Hause gewesen. Vielleicht war er mal in der Kirche.«

»Kam der Pastor ab und zu zu den Nachbarn?«

»Ja, schon mal, aber nur, weil es Nachbarn waren und nicht, weil es irgend etwas mit versteckten Menschen zu tun hatte, nehme ich an.«

»Wenn du gestern abend schon die Erklärung abgegeben hättest, wohin der Pastor so oft zu Besuch geht, dann hätte ich dich nicht erst einsperren lassen müssen«, sagte der Inspektor.

»Ja, aber das haben Sie mich gestern nicht gefragt«, sagte Froukje, »da haben Sie mich ganz andere Dinge gefragt.«

Er ging darauf nicht ein und sagte nur, es freue ihn sehr, ihr die Freiheit wiedergeben zu können.

Was für ein Beruf! In dieser Zeit Inspektor der Polizei sein zu müssen! Das konnte man nur, so schien mir, wenn man maßlos ehrgeizig war und hoffte, dadurch nach oben zu kommen. Der Ehrgeiz des Inspektors war grenzenlos; das war mir gleich aufgefallen.

Nachdem ich eingetreten war, eröffnete er das Verhör mit den Worten: »Ich habe Ihr Dienstmädchen auf freien Fuß setzen können und würde mich freuen, mit Ihnen das gleiche tun zu können.«

»Freiheit!« Eine lockende Verheißung für jemanden, der eine ganze Nacht und einen ganzen Vormittag in einer muffigen, dunklen Zelle eingeschlossen gewesen war. Aber aufgepaßt! Welche Schlange versteckte sich da im Grase? Wenn ich nur auf Kosten anderer die Freiheit würde erlangen können, dann begehrte ich sie nicht.

»Ich weiß bestimmte Dinge ganz genau«, fuhr der Inspektor fort, »und ich will Ihnen raten, sie zu bekennen und nicht frech zu werden, so wie gestern. Ich möchte gerne von Mensch zu Mensch mit Ihnen reden.«

Er schlug tatsächlich einen menschlichen Ton an, und ich beschloß, ihm nun zu sagen, was ich ihm am Abend zuvor nicht hatte sagen können, weil er sich da nur als »Inspektor« aufgespielt hatte, der mir mit seinen Spürhunden dicht auf den Fersen saß.

In der wohltuenden Umgebung an diesem sonnigen Vormittag der Ruhe und dem großen, schönen Raum hatten die Dinge ihre monströse Bedrohung verloren und waren auf normale Maßstäbe zurückgeführt worden.

»Was Sie da von den acht oder zehn Juden erzählten, war auch nur so aus der Luft gegriffen«, sagte ich, »aber wir sind hier unter vier Augen, und darum will ich Ihnen – nicht als Inspektor der Polizei, sondern als Mensch – etwas sagen.«

Er nickte zustimmend und erwartungsvoll.

»Sie sprachen gestern über das Christsein. Es schließt ein, daß wir, unserer Überzeugung entsprechend, bereit sein müssen, einem Menschen, der in Not ist, zu helfen, gleichgültig, wer es ist. Wenn also jemand zu uns kam, der verfolgt wurde, sich in Lebensgefahr befand und uns um Schutz bat, dann versuchten wir ihm zu helfen, auf Kosten unserer eigenen Sicherheit.«

Er nickte wieder.

»Und nun hat – und das dürfen Sie getrost als offizielle Erklärung ansehen – eine jüdische Fotografin, die mir auf dem Redaktionsbüro in Amsterdam immer Pressefotos für das Blatt angeboten hatte, für das ich arbeitete, zu Beginn der Judenverfolgungen einen Brief geschrieben. Darin bat sie um Schutz unter unserem Dach. Den konnten und wollten wir ihr aus christlicher Überzeugung nicht verweigern. Wir haben sie aufgenommen, mit noch einer Freundin, die Sekretärin war. Sie waren etwa ein und ein halbes Jahr bei uns und sind dann nach Amsterdam zurückgegangen. Später erhielten wir einen Brief von beiden, daß sie nach Westerbork und danach nach Polen gebracht worden seien.«

Es wurde einen Augenblick still. Am Abend zuvor hatte er noch wütend zu mir gesagt, daß man sich doch nicht für Juden aufopfern solle, die »doch sowieso alle geschnappt würden«, aber es schien ihn jetzt wenig zufriedenzustellen, daß nun beide gefangen waren und dem tragischen Schicksal, das sie in Polen erwartete, nicht entkommen konnten.

»Aber Ihr Mann hat acht oder zehn Juden betreut«, sagte er, »das weiß ich sicher.«

»Wenn Sie wüßten, daß es über zweihundert waren«, dachte ich bei mir, aber ich schwieg.

»Und wohin sind die jungen jüdischen Frauen denn gegangen, als sie aus ihrem Hause gingen?« fragte er.

»Sie wurden am Bahnhof abgeholt«, sagte ich.

»Durch einen Juden?«

»Nein, durch einen Arier, einen Freund eines der Mädchen, der inzwischen auch in einem Lager sitzt, wahrscheinlich in Amersfoort, wegen Hilfe für Juden.«

»Und wie sind sie damals gereist? Per Auto?«

»Nein, einfach mit dem Zug.«

Seine Neugierde schien befriedigt.

»Möchten Sie über das, was Sie gesagt haben, eine formelle Erklärung abgeben?« fragte er und holte einen Notizblock heraus.

»Ja, gern.«

»Ich werde Sie jetzt freilassen, wenn Sie mir versprechen, daß Sie an Ihrem Wohnort bleiben.«

»Ja, das ist auch meine feste Absicht, sonst wäre ich schon früher weggegangen, damals mit meinem Mann. Dann hätte ich die Ankunft der Landwacht nicht erst abzuwarten brauchen, denn das war doch vorauszusehen, daß Sie eines Tages kommen würden.«

Ich hatte ihm versprochen, an meinem Wohnort zu bleiben und wußte, wozu das dienen sollte. Die Deutschen wollten mich zu jeder Zeit holen können – für alles, was sie wollten, vor allem als Lockvogel, mit dessen Hilfe sie meinen Mann zu packen hofften. Wenn er nur nicht so unvorsichtig war, darauf hereinzufallen, wenn er nur wegblieb!

Der Inspektor war noch so aufmerksam, für mich ein Taxi zu bestellen, aber es dauerte doch noch eine halbe Stunde, bis der Wagen kam.

Aber schließlich holte mich das Taxi doch ab. Hinterher betrachtet, war es eine hohe Ehre, vom Polizeibüro abgeholt zu werden. Der Chauffeur beruhigte mich in dieser Hinsicht, er wurde geradezu vertraulich und erzählte mir von seinen eigenen Erfahrungen im »Knast«, wegen einer guten Sache, für die er arbeitete.

Wie war es doch wohltuend, die Blumen wieder zu sehen und die Sonne auf meinem Rücken zu fühlen. Vor allem aber – was war es schön, wieder nach Hause kommen zu können!

Froukje war bedrückt, weil sie dem Inspektor gesagt hatte, Domie sei immer zu den Kirchenältesten zu Besuch gegangen. Sie machte jetzt die Runde bei allen Mitgliedern des Kirchenrates und erzählte ihnen, daß wir wieder freigelassen worden wären und daß sie beim Verhör ausgesagt hätte.

De Lange war bei Elderling und überlegte gerade mit ihm zusammen, was sie als Kirchenrat wohl unternehmen könnten, um uns herauszubekommen.

»Wir können sie hier ja nicht missen«, sagte De Lange, »und wir müssen das auch den Leuten beibringen.« Sie waren noch schwer am Überlegen, als sie Froukje kommen sahen.

»Wir sind beide frei!« sagte Froukje, »aber ich habe Ihre Namen genannt und gesagt, daß Domie ab und zu bei seinen Kirchenältesten zu Besuch gewesen wäre.«

»Und was geht das uns an?«

»Sie könnten jetzt vielleicht auch eine Haussuchung bekommen.«

»Laß sie nur kommen! Mit Vergnügen!« sagte De Lange.

»Wir werden ihnen schon Rede und Antwort stehen! Und sonst war nichts?«

»Nein, weiter habe ich denen nichts gesagt.«

»Na großartig! Hast dich tapfer gehalten, du Wicht! Wo ist Mevrouw?«

»Sie kommt mit einem Taxi, aber ich wollte lieber mit dem Fahrrad fahren, weil ich doch Ihnen Bescheid geben wollte.«

Froukje hatte nun nur noch den einen Wunsch, so schnell wie möglich nach Hause zu kommen, und sie ließen sie gehen.

Ich war überglücklich, weil ich wieder zu Hause war. Später kamen Menschen und gratulierten mir, weil alles so gut gelaufen war. Eine ältere Arbeiterfrau schüttelte den Kopf, als ich sie auf der Straße traf und sagte: »Was bin ich glücklich! Mann, Mann, was bin ich glücklich!«

Petertje kam auch zum Pfarrhaus gelaufen. Er hatte morgens nicht zur Schule gehen wollen, weil er ja auf unser Schaf hatte aufpassen müssen.

Hinterher wurde mir versichert, daß es mehrere gegeben hatte, die an diesem Morgen ihre Gedanken nicht auf die Arbeit konzentrieren konnten. Woran deutlich wurde, daß das Dorf großen Anteil genommen hatte, und daß ich mich hier wirklich nicht einsam zu fühlen brauchte, auch wenn Domie fort war.

Eines Morgens standen dann wieder drei schwarze Uniformen auf der Treppe. Der Leiter des Trupps ergriff das Wort und erklärte, er müsse bei uns sechs Hektoliter Getreide beschlagnahmen.

»Soviel haben wir nicht. Gehen Sie ruhig auf den Boden und schauen Sie nach, wieviel da ist.«

Bei der Zählung stellte sich dann heraus, daß vier Säcke da waren, darunter ein Sack, in den die Jungen beim Mahlen das Mehl gefüllt hatten. Ich hielt es nicht für nötig, den Uniformen das extra zu erklären. Sie waren von ihrem »Kapitän« nach sechs Hektolitern ausgeschickt worden, und was sie nach Hause bringen konnten, waren nur fünf Sack.

»Der eine Sack ist ja völlig von Mäusen zerfressen«, sagte der Leiter, indem er auf den Mehlsack zeigte. »Wir müssen einen anderen Sack haben, denn in dem ist ein großes Loch drin.«

»Von wem haben Sie die?« Auf den Säcken standen die verschiedensten Namen: De Lange, Elderling usw.

»Von jedem Bauern etwas«, sagte ich.

»Welcher Bauer wohnt hier am nächsten, der Ihnen Getreide geliefert hat?«

»De Lange.«

»Dann muß das Bäuerlein mal hierherkommen und uns die Säcke vom Boden holen«, bestimmte der Leiter. Ich dachte an die gewaltigen Ausmaße des »Bäuerleins«, an seine langen Beine und Arme, aus denen man zwei Leiter machen konnte. Auch in anderer Hinsicht ragte das »Bäuerlein« mit Kopf und Schulter weit über den Leiter hinaus.

Als der Leiter abgezogen war, blieb ich mit den beiden anderen »Herren« auf dem Boden und dachte darüber nach, wie schade es war, daß ich meinen Plan, den Bauern das Getreide wieder zurückzugeben oder es auf irgend eine andere Weise aus dem Hause zu bekommen, nicht früher hatte ausführen können. In der letzten Zeit war dauernd etwas anderes los gewesen, von dem Tage an, als das Pfarrhaus geräumt wurde. Die Woche davor war die Pfingstwoche gewesen. Am Pfingstmontag hatte natürlich nichts geholt werden können, und am Dienstag waren wir selbst abgeholt worden. Daher waren wir auf diesen großen Vorräten, die für acht Personen mehr berechnet waren, leider sitzen geblieben. Na schön, daran war also nun nichts mehr zu ändern. Der Leiter blieb ziemlich lange fort. Seine beiden Helfer hatten es sich im Bodenstübchen gemütlich gemacht und saßen am Schreibtisch, als ob sie da zu Hause wären. Im Stübchen der »Mäuse« wohlgemerkt.

Plötzlich rief der eine, der frechere, »Mevrouw!« über den Boden. »Kommen Sie doch mal her!«

Ich ging zum Stübchen und fragte noch in der Tür: »Womit kann ich dienen?«

»Was ist das hier für ein Stübchen?« fragte er streng.

»Ein Bodenstübchen. Mein Mann braucht es, um hier Fotos zu entwikkeln.« »Ja, aber diese Fotos, das sind doch jüdische Fotos.«

»Ja, wirklich?«

Er saß mit gekreuzten Beinen auf einem Stuhl und hielt ein Negativ gegen das Licht.

Sein Kollege saß auf einem anderen Stuhl, auf dem, zusammengefaltet, noch Lilys Decke lag.

»Ja, schauen Sie, das sieht wie eine jüdische Versammlung aus.«

»Das ist schon möglich, aber das können auch Türken oder Araber sein. Es sind auf jeden Fall Leute aus dem Osten, das sieht man an der Kleidung.«

»Wie kommen Sie daran?« setzte er sein Verhör fort.

»Mein Mann hat einmal eine weite Reise gemacht, bis nach Palästina.«

»Warum? Nur wegen der Juden?«

»Die waren damals noch nicht wichtig, denn es war noch vor dem Krieg, aber Sie haben vielleicht schon einmal gehört, daß ein Pastor etwas über das Heilige Land wissen muß. Darum dachte mein Mann, daß es das beste wäre, selbst einmal dorthin zu fahren und nicht nur immer alles in den Büchern zu lesen. In der Zeitung stand schon mal ein Bericht über seine Palästina-Vorträge hier in der Provinz.«

»Ein schönes Land, dieses Palästina«, sagte der eine von der Landwacht, der wohl etwas Ahnung von der Sache hatte. »Warum kommen dann bloß die Juden hierher, muß man doch fragen?«

»Sie sind schon seit einer ganzen Weile hier«, erlaubte ich mir einzuwerfen. Aber die Herren fühlten sich auf diesem Gebiet wie auf Glatteis. Geschichte schien nicht ihre starke Seite zu sein.

»Warum gehen sie dann nicht wieder zurück?« warf der vorherige Sprecher das Ruder wieder herum.

»Die Araber wollen sie dort nicht haben«, wußte der andere.

Von diesem dummen Gefasel aus ging der Prüfer wieder zum Verhör über. »Das ist doch kein Zimmerchen für einen Pastor! Das ist doch viel zu . . ., viel zu . . .«

»Nicht vornehm genug, meinen Sie sicher? Ja, aber wir finden Wärme wichtiger als vornehmes Aussehen. Als ich vor einem Examen war, habe ich auch hier oben gearbeitet.«

Da dröhnten die Stiefel des Leiters wieder auf der Bodentreppe. Ihm folgte ein Arbeiter von De Lange, der einen leeren Sack trug.

»Jetzt mußt du die Säcke nach unten tragen«, kommandierte der Leiter den Arbeiter, »du hast sie ja auch hier hochgebracht.« »Ich nicht, Herr!«

»Jawohl, du bist doch auch ein Bauer!«

Daraus sprach alle Hochnäsigkeit des Städters gegenüber dem Mann vom Lande.

»Ich? Ich nicht, Herr«, sagte der Arbeiter nochmals.

»Hier, pack an.«

Der Arbeiter – Klema hieß er – schwang den Sack locker auf seinen Nacken und ging damit die Treppe hinunter. »Die Bauern möchten ihre Säcke gerne immer wieder zurück haben«, brach ich eine Lanze für ihn.

»Geht nicht«, sagte der Leiter. »Die sind beschlagnahmt. Sie werden auch gekennzeichnet. Haben Sie Etiketten für uns?«

»Nein.«

»Dann machen wir selber welche.«

Sie klopften jetzt den Staub von ihren Hosen und Knien ab, denn sie hatten die Säcke selbst aus der Kammer herausgeschleppt. Während Klema die Säcke nach unten trug, mußte der Leiter mich verhören. Er sah sich auch die Negative an und studierte sie genau.

»So, der Herr Pastor hat also eine so weite Reise gemacht?«

»Ja, und das alles mit dem Fahrrad.«

Ich nahm an, daß die sportliche Leistung wahrscheinlich mehr Eindruck machen würde als Domies Studieninteressen. Ich hatte mich nicht getäuscht.

»Junge, Junge«, sagte er beeindruckt, »und wie lange ist er da wohl unterwegs gewesen?«

»Ein halbes Jahr.«

»Und alles mit dem Fahrrad? Nicht mit einem Boot oder Zug oder so?«

»Bis nach Ägypten – abgesehen vom Bosporus natürlich. Das Wasser konnte er mit dem Fahrrad nicht überqueren. Aber dann ging es weiter bis zum Mittelmeer. Dann ist er mit einem Frachtschiff nach Griechenland gefahren, von dort nach Italien und zum Schluß mit dem Zug zurück nach Amsterdam, wo wir damals noch wohnten.«

»Und jetzt hat er sich versteckt?«

»Ja.«

»Warum?«

»Dafür wird er wohl seine Gründe gehabt haben.«

»Wo ist er jetzt?«

»Das weiß ich zum Glück nicht.«

»Das begreife ich nicht.«

»Nein, aber das kommt heutzutage häufig vor, besonders bei Pastoren.«

»Wenn man nichts auf dem Kerbholz hat, dann braucht man sich doch nicht zu verstecken!«

»Ja, das kann man wohl sagen.«

Nun war Klema fertig, und so konnten auch wir nach unten gehen.

»Dies Volk geht zugrunde, weil es keine Erkenntnis hat«, sagt einer von den Propheten des Alten Testaments. Daran mußte ich jetzt denken. Dieser junge Mann hier war nicht böse, aber er war durch das völlige Fehlen von Moral zu allem zu gebrauchen. Dieser Sorte von Unwissenden konnte man alles weismachen; sie alle waren zu Opfern einer bösen Demagogie geworden.

Der Leiter bat um eine Kleiderbürste für sich und seine Leute. Er bekam sie. Sie putzten sich an der Hintertür den Staub von den Kleidern. Dann gingen sie fort. Draußen versahen sie noch die Säcke mit Etiketten und luden sie auf einen Schubkarren. »Beschlagnahmt durch die Landwacht«, stand darauf. Klema mußte den Karren zum Bauernführer wegbringen.

Einer der Leute von der Landwacht hatte sein Gewehr in der Vorküche vergessen. Ich trug es ihm nach.

»Das ist kein Kinderspielzeug«, sagte ich. Er schaute mich argwöhnisch an.

»Unser kleiner Sohn würde vielleicht probieren wollen, ob man an dem Hahn ziehen kann, darum ist es sicher besser, wenn Sie das Ding mal wieder mitnehmen.«

Gefangen – und doch frei!

Es war ein schöner Sommerabend, Anfang August. Die Vogelbeeren waren schon orangerot, die Rosen im Garten blühten. Das Sonnenlicht spielte auf den Kronen der Tannen, unter denen ich mit Hansje ein Stück gewandert war. Der Himmel war hellblau. Die friedliche Stille ließ einen an alles mögliche denken, nur nicht an den Krieg. Nur wenn ein Flugzeug dicht über die Dächer dahinraste, so daß Hansje hochschreckte und furchtbar zu heulen begann, dann wurde diese Wirklichkeit wieder greifbar, und die Erinnerungen an den gerade überstandenen Alptraum wurden lebendig. Denn ich war weit von zu Hause weg, von den Feldern, die im Abendlicht lagen, vom geliebten Groninger Pfarrhaus, dessen Bild mir immer im Gedächtnis geblieben ist.

Ich hatte lange nicht mehr geschrieben, weil der Strom meines Lebens ein ziemlich ausgefülltes Bett gefunden hatte: Gemeindearbeit, Religionsunterricht in der Schule, Haus- und Krankenbesuche, Garten- und Hausarbeit, die Versorgung und Erziehung von Hans, die Erwartung und das Wachsen eines neuen Kindes. Alles zusammen war genug, um ein Leben reich und ausgefüllt zu machen und mit tiefem Frieden zu erfüllen.

Aber eine Woche zuvor war Polletje mit dem Fahrrad gekommen. Sie hatte in den Sommermonaten woanders gearbeitet. Nun kam sie unseren Gartenpfad herauf, gerade als ich Hans mit seinen kleinen Freundinnen nachschaute. Hansje freute sich, Polletje wiederzusehen, lief auf sie zu und gab ihr einen Kuß. Aber Polletje schien nicht die alte zu sein, so daß der fröhliche, überraschte Gruß mir auf den Lippen erstarb. Warum kam sie wohl? Brachte sie eine Hiobsbotschaft? Sie stellte ihr Fahrrad gegen das Haus, kam in den Flur, fing an zu schluchzen und legte ihren Arm um mich.

»Was ist los?«

Da erinnerte ich mich daran, daß Domie am Tag vorher eine Verabredung mit De Lange versäumt hatte und wie sehr ich darüber beunruhigt gewesen war. Domie hatte gewiß einen wichtigen Grund dafür gehabt, das Treffen nicht einzuhalten. Da konnte sich schon etwas Schlimmes dahinter verbergen.

Die alte Angst vom Abend zuvor wurde wieder wach.

»Hat man Domie geschnappt?« fragte ich tonlos.

Polletje nickte. Dann gingen wir zusammen ins Studierzimmer, in das Sonnenlicht fiel, aber wir saßen fassungslos da. Endlich begann Polletje stockend zu erzählen. Aber es schien, als kämen ihre Worte von weither und als könnte ich die Bedeutung ihres Berichts nicht ganz erfassen.

Ein Polizist, Klaas Rodermond, der im geheimen für die Deutschen arbeitete, hatte sich Domies Vertrauen erschlichen, und nachdem ihm Domie im Verlauf von ein paar Wochen alles erzählt hatte, verriet er ihn an den Sicherheitsdienst. Für eine Handvoll Tabak und eine Beförderung. Aber als man Domie abholen kam, spielte Rodermond seine Rolle als zuverlässiger Freund so gut, daß er sich zum Schein mit gefangennehmen ließ, so daß Domie bis zur Stunde immer noch nicht wußte, wem er den Verrat zu verdanken hatte.

Polletje hatte einen Brief aus Haarlem bei sich. »Vielleicht haben Sie schon erfahren«, stand in dem Brief, »daß Ihr Mann in Haarlem gefangengenommen wurde. Er sitzt im Strafgefängnis von Haarlem und hält sich in Anbetracht der Umstände sehr mutig, weil er aus seinem Glauben Kraft schöpfen kann. Er läßt Sie wissen, daß er Sie innig lieb hat und daß Sie mutig sein müssen. Bald wird etwas geschehen. Haben Sie Mut!«

Es war nicht zu übersehen, welche Konsequenzen sich daraus für ihn und für mich ergeben konnten. Was mußte ich wohl unter den gegebenen Umständen tun? Würden sie mich auch holen kommen und mich wieder verhören? Was wußten sie? War Domie unter seinem eigenen Namen ergriffen worden? Mußte ich fliehen? Würden sie dann das Haus ausräumen?

»...daß Sie mutig sein müssen...« ich schluckte meinen Kummer hinunter. In der Küche war Janny mit dem Einmachen von Bohnen beschäftigt. Sie sprang in ihren Ferien für Froukje ein. Ich würde sie bitten, allein weiterzumachen, bis ich zurückkäme, denn ich mußte zu Elderling. Es durfte nicht über Domies Verhaftung geredet werden, aber der Kirchenrat mußte davon wissen.

Ich sagte Janny, daß ich aus einem wichtigen Grund weg müsse. »Es ist doch hoffentlich nichts mit Domie los?« Aber auf meinem Gesicht stand deutlich zu lesen, daß es sich doch um Domie handelte. »Fräulein Polletje ist da. Geh mal...« – aber Polletje kam schon in die Küche.

»Erzähl es ihr ruhig«, sagte ich, »aber sie darf nicht darüber sprechen, das macht alles nur gefährlicher für Domie.«

Dann nahm ich mein Fahrrad und fuhr fort.

Es war gerade die Zeit, die Erbsen zu ernten. Ich solle mal auf's Feld gehen, da würde ich ihren Mann finden, sagte Mevrouw. Der Feldweg war hart und trocken, ich konnte gut darauf fahren. Ganz am Ende des Weges, an der Bahnlinie, lag das Erbsenland. Als er mich sah, kam Elderling auf mich zu.

»Domie ist festgenommen worden«, sagte ich kurz und ohne Einleitung. Elderling schaute mich einen Moment fest an. Dann liefen wir zusammen den Feldweg entlang, und ich erzählte ihm, was ich wußte.

»Was wir schon so lange befürchtet hatten, ist also nun eingetreten«, sagte Elderling.

Am Anfang des Feldweges kam jemand mit dem Fahrrad auf uns zu.

»Ist das nicht De Lange?« fragte ich. Er war es tatsächlich, aber als ich sein unbekümmertes, lachendes Gesicht sah, fügte ich hinzu: »Er ahnt noch nichts.«

»Mevrouw sagte, daß ich zum Erbsenland fahren solle, weil ich dort Elderling treffen könne. Ist etwas nicht in Ordnung?«

Da klang wieder derselbe dumpfe Refrain, der die ganze Zeit in meinem Kopf gesummt hatte wie eine Biene, die nicht zum Fenster hinaus kann: »Sie haben Domie geschnappt!«

Das Gesicht vor mir verzog sich. Der Arm, dessen Hand in der Tasche war, blieb steif, die ganze Figur wurde zusehends älter.

Auch De Lange sagte zuerst nichts. Was sollte er auch sagen?

Endlich brachte er heraus: »Darum also ist Domie gestern nicht gekommen.«

»Ja, meine Unruhe war nicht ohne Grund.«

»Das hätte ich nie gedacht! Mann, Mann, das hab' ich doch nie gedacht«, sagte De Lange.

So gerissen wie die beiden immer waren ... Wir liefen nun zu dritt den Weg entlang und sagten nichts, wir waren alle drei erfüllt von unseren eigenen, bedrückenden Gedanken.

Die Sonne schien. Das Land war grün. Ein paar Tauben schwirrten in die Luft. Armer Domie, er konnte es nicht sehen. Der freie Vogel war gefangen und im Dunkeln eingeschlossen worden. Er war auch mißhandelt worden, aber das wußte ich noch nicht.

»Vielleicht Vught ... oder noch schlimmer«, sagte Elderling endlich. Ich wußte nur allzu gut, was er damit meinte.

Domie hatte im großen gewirkt. Er hatte gewußt, daß er dabei sein Leben aufs Spiel setzte. Viele Soldaten starben an der Front. Zu jeder Minute fielen Hunderte. Vielleicht Tausende? Sollte er sicher zu Hause sitzen und warten, bis andere die Kastanien aus dem Feuer holten? So hatte auch er sich ganz eingesetzt.

Am Nachmittag hatte ich bei Elderling zu Hause eine Unterhaltung mit De Opper, der nicht mehr ins Pfarrhaus zu kommen wagte. Ich erzählte ihm das Geschehene noch einmal so objektiv wie möglich und gab danach einen Kommentar. Es gab zwei Möglichkeiten, wie mir schien:

Bei den Durchsuchungen, die die Landwacht vor einer Woche auf verschiedenen Bauernhöfen gemacht hatte, u. a. auch bei Elderling, da hatte die Landwacht öffentlich gesagt, sie sei gekommen, um nach Domie zu suchen. Nachdem er nun gefangengenommen worden war, würden sie mich vielleicht in Ruhe lassen.

Die andere Möglichkeit jedoch war, daß sie mich jetzt erst recht in Arrest nehmen könnten, um mich zu verhören und uns gegeneinander auszuspielen.

De Opper nickte. »Es gibt für Sie nur einen Weg«, sagte er. »Sie müssen fortgehen und vermeiden, ein Opfer der teuflischen deutschen Methoden zu werden, denn wie satanisch ihr System ist, das wird vor allem bei solch einem Verhör deutlich. Mit ihrem Sadismus dürfen Sie keine Bekanntschaft machen.«

»Aber was soll mit alledem geschehen, was ich zurücklasse? Mit der Gemeinde, den Jungen im Krankenhaus, den Verwundeten?«

»Ein Hilfsprediger muß her«, war die Antwort.

»Und unser Haus? Werden sie da nicht alles herausholen, wenn ich fort bin?«

»Mevrouw, wenn wir durch diesen Krieg kommen, und wir haben überhaupt noch ein Hemd an, dann dürfen wir froh sein. Ich habe noch keinen einzigen Juden gehört, der über den Verlust seiner Möbel groß getrauert hätte. Wenn sie nur ihr Leben retten konnten. Die materiellen Dinge kommen wieder zurück.«

»Es ist einfach, so darüber zu denken, wenn man selbst nicht davorsteht. Dann würde ich auch ziemlich gelassen zu jemandem sagen: Laß den Kram getrost im Stich! Aber es gibt doch auch so etwas wie die Liebe zu den Büchern, die man gemeinsam angeschafft hat, die Möbel, die mein Mann gemacht hat oder die wir zusammen gekauft haben.«

De Opper lachte ein besorgtes Lachen.

»So sind die Frauen immer. Sie hängen an den Sachen.«

»Es wird wohl eine von unseren Schwächen sein, aber alles zusammengenommen finde ich es schrecklich, weggehen zu müssen, auch wenn ich meinen Verstand gebrauche und Ihrem dringenden Rat folge, um meines Mannes willen und für eine gute Sache.«

Es war nicht viel Zeit zu verlieren. Wenn schon gehandelt werden mußte, dann mußte es schnell geschehen. Es war schon spät am Nachmittag.

Ich beschloß, am selben Abend noch zu gehen, mit Hans und dem Allernötigsten für uns beide. Das Butterbrot, das Janny für mich gemacht hatte, aß ich während des Packens. Großen Hunger hatte ich nicht. An dieses denken, jenes regeln, Geld, Marken, Rentenmarken, dies und das ... Hans lief um Janny und mich herum. Er brauchte nicht zu Bett zu gehen und merkte an allem, daß etwas Besonderes los war, aber er fühlte an der ganzen Stimmung, daß es nichts Fröhliches war. Endlich waren die Koffer hinten auf dem Fahrrad, und Hans saß im Körbchen am Lenker. Es war gegen neun Uhr. Ohne einen geplatzten Reifen konnten wir die nächste kleine Stadt noch vor zehn Uhr erreichen, denn das war die Sperrzeit.

»Auf Wiedersehen, Janny, sorge gut für alles. Ich hoffe, daß ich noch einmal hierher zurückkomme.«

»Auf Wiedersehen, Mevrouw. Ich gehe heute abend Froukje abholen, dann sind wir heute nacht zusammen, und morgen komme ich nach und bringe Ihnen einen Koffer zur Bahn.«

»Froukje hat Ferien.«

»Ja, aber sie hat gesagt, daß ich ihr sofort Bescheid sagen soll, wenn Sie weggehen oder gefangengenommen würden.«

Gerührt von so viel Treue und Anhänglichkeit, fuhr ich den Gartenweg entlang und warf einen letzten Blick auf das gute, alte Haus. Janny schloß die Pforte hinter mir.

Dann ging es an den bekannten Bauernhöfen vorbei. Hier und da spielten noch einige Kinder am Wege. »Hallo Hans! Tag, Hans«, riefen sie. »Wo gehst du hin?«

Das fragte Hans mich auch, als wir zu niemandem auf den Hof fuhren, sondern stets weiterfuhren, so weit wie Hans noch nie gefahren war, und so spät, wie er noch nie auf dem Fahrrad gesessen hatte.

»Wo fahren wir hin, Mama?«

»Wir fahren zu Besuch, und da mußt du sehr lieb zu den Onkeln und Tanten sein.«

Er gab sich große Mühe, daran lag es nicht, aber als er einmal nach zwei Tagen in vier verschiedenen Betten geschlafen hatte (den Mittagsschlaf mitgerechnet), da kam die natürliche Reaktion nach all dem Reisen und Umherziehen. Unser Leben war ja unruhig und unstet geworden. Wir waren immer unterwegs.

Als ich eines Abends nach oben kam, lag Hans verdrießlich da und weinte. Ich nahm ihn zu mir ins Bett.

»Möchte nach Hause. Mama, möchte nach Hause«, seufzte er.

Er fing an zu würgen, dann zu brechen. Ich stieß in dem verdunkelten Zimmer gegen einen Stuhl; in einem fremden Haus findet man nicht so gut den Weg. Hans weinte ängstlich. Ich hatte Mitleid mit dem kleinen blassen Gesicht. Er saß da so unglücklich und steif in seinem Bettchen und verlangte nach Hause. Ich vergaß darüber mein eigenes Elend und die Sorgen um Domie, über dessen Geschick ich keine andere Sicherheit hatte, als daß er im Gefängnis saß. An ihn in seiner Zelle mußte ich stets denken, und beinahe unaufhörlich betete ich für ihn. Ich war gewiß, daß er das auch für mich tat, und daß unsere Gebete und Gedanken einander in der Einsamkeit begegneten.

Aber nun war die Sorge um das Kind akut geworden. Wie wäre erst sein Papa um ihn besorgt gewesen, wenn er ihn so dasitzen gesehen hätte, mit dem bleichen Gesicht und den häßlichen Streifen um den Mund! Als ich dachte, daß nun nichts mehr käme, wusch ich ihn, zog ihm neue Kleider an und legte mich selbst zu Bett.

Mit klappernden Zähnen stand Hansje vor meinem Bett.

»In Mamas Bett«, schluchzte er. »Ich bin Mamas liebes Tierchen.« Ich legte ihn in mein eigenes Bett, drehte das Licht aus und nahm ihn ganz dicht zu mir, um ihn zu wärmen. Dann erzählte ich ihm ganz leise von dem Bauernhof, von dem wir jeden Tag Milch holten, von den Tieren, die da waren und die er kannte. Da fühlte er sich wieder glücklich und schlief ein. Er war in seiner Einbildung wieder zu Hause, in der eigenen, vertrauten Umgebung.

Aber diese Nacht beschloß ich, eine feste Adresse zu suchen, wo wir bleiben konnten. Hans zumindest. Dieses unruhige Leben war nichts für einen so kleinen Kerl.

Zu Familienangehörigen konnte ich aber nicht gehen, da würde man mich zu schnell suchen. Aber ich hatte noch enge Freunde aus meiner Jugend. Zu einer Freundin würde ich gehen und gewiß mit offenen Armen empfangen werden.

Nach den Überlegungen zusammen mit Elderling hatte ich versucht, einen Hilfsprediger zu finden. Es war vergeblich. Niemand stehe zur Verfügung, sagte der Utrechter Professor, an den ich mich wandte.

Meine Schwiegereltern waren auf mein Bitten hin ins Pfarrhaus gezogen. Blieb mir nur noch, so schnell wie möglich herauszufinden, wie es meinem Mann ging. Ich ging zu meinem Bruder, dessen neunzehnjährige Tochter zu Domies Mitarbeiterstab gehörte.

Was mir mein Bruder so erzählte, klang alarmierend. Domie war in Gesellschaft zweier versteckter deutscher Offiziere und eines Juden gefangengenommen worden. Man hatte ihn beim Verhör dazu zwingen wollen, Namen preiszugeben. Deshalb hatten sie ihn mißhandelt. Nasenbein und Trommelfell waren mit einem Gummiknüppel zerschlagen worden. Die Organisation versuchte, etwas für Domie zu tun, aber sie stand wie vor einer Mauer, die sie nicht durchdringen konnte. Sie hatten ihn aus dem Gefängnis von Haarlem befreien wollen. Alle Pläne dafür waren fertig gewesen, aber kurz zuvor war Domie nach Amsterdam gebracht worden, und aus dem berüchtigten Gestapo-Gefängnis an der Weteringschans konnte man niemanden befreien.

Nun war Domie also noch in ihren Klauen, ohne eine Hoffnung auf Rettung. Ich konnte nichts sagen. Ich flüchtete mich auf den Boden (mein Bruder wohnte in unserem elterlichen Haus), wo ich in meiner Kinderzeit in traurigen Stunden immer Zuflucht gefunden hatte. Aber was war das schon gewesen im Vergleich mit der dunklen Stunde, die ich jetzt durchzumachen hatte! Pechschwarze Nacht schien überall zu sein, ohne Aussicht, ohne Hoffnung. Die Stunden, die wir zusammen erlebt hatten, standen lebendig vor meinen Augen. Würde ich Domie nie mehr wiedersehen? Ihm keine einzige Nachricht mehr geben können, nichts mehr von ihm hören, nicht wissen, was er nun fühlte, dachte, betete?

Ich hatte ihn zum letzten Male im Hause von Bertram, dem Schulrektor, gesehen. Ich hatte die Nachricht bekommen, daß er da wäre und daß ich ihn dort treffen könne. Er war dort gewesen, um einer großen kirchlichen Versammlung beizuwohnen, »aber wenn du es zu gefährlich findest, dann werde ich nicht fahren«, sagte er.

Er war still und fast demütig. Er genoß den Raum, den wir zusammen bekamen, um gemeinsam essen zu können. »Es ist fast so, als würden wir ausgehen«, sagte er.

»Ich kann leider nicht sehr lange bleiben, ich habe heute nachmittag um ein Uhr Religionsunterricht in de Hörn.«

»Kannst du den nicht absagen?«

»Ja, aber das geht doch eigentlich nicht.«

»Für dieses eine Mal. Wir sehen uns so wenig.«

Ich tat es. Natürlich tat ich es, auch mit bedrücktem Herzen. Jetzt, wo Domie nicht da war, mußte ich doch doppelt zuverlässig sein.

Wir konnten uns aber am gleichen Nachmittag nicht voneinander trennen. Wir wußten wohl, daß jedes Mal das letztemal sein konnte. Ich wäre so gern mit Domie zur Kirche gegangen, aber das ging nicht. Er hatte sich dort inkognito aufgehalten und lief in einem Elektrikeranzug herum. In dem kleinen Raum, den es zum Umziehen in der Kirche gab, wollte er ihn wieder ausziehen. Wenn ich aber mit ihm zusammen gehen würde, könnte das zu sehr auffallen, denn wir waren zu bekannt. Aber ich konnte es doch nicht lassen, hinter ihm her auf der anderen Seite zur Kirche zu gehen.

Vielleicht würde ich ihn wenigstens noch aus der Ferne sehen können oder seine Stimme hören, denn er sollte an jenem Tag auch sprechen.

Zögernd öffnete ich die Kirchentür. Ein Gewirr von Stimmen, keine Orgelmusik. Auf Zehenspitzen lief ich durch ein kleines Portal. Wieder eine Tür, die ich öffnete. Aber an der Tür stand ein Mann, der mich erstaunt von Kopf bis Fuß musterte. Eine Frau . . . Wie war das möglich? Über der Kirchentür stand doch für diese Versammlung deutlich geschrieben: »Voor Vrouwen verboden.«

In dem Augenblick, als der Zerberus und ich einander ansahen, ließ mich der Zerberus deutlich fühlen, daß ich hier nichts zu suchen hatte, daß vielmehr meine Anwesenheit als Frau in dieser Männergesellschaft völlig unerwünscht sei.

Ich warf also noch einen sehnsüchtigen Blick hinein und versuchte zwischen den Anwesenden auch einen blonden, welligen Schopf zu entdecken. Vergeblich! Ich wagte nicht länger zu bleiben und lief mit zugeschnürter Kehle nach draußen.

Das war das Ende unserer irdischen Begegnung. Die Himmelspforte, so hoffte ich, würde wohl weniger exklusiv sein als diese Kirchentür.

Es war Gott sei Dank nicht das Ende unseres geistlichen Kontaktes. Denn ich weiß wohl, was Domie in der Gefangenschaft gefühlt, gedacht und gebetet hat. Ich weiß es aus seinen Briefen, die er aus der Zelle schrieb.

Wem ich die Übermittlung seiner heimlichen Briefe und Gedichte zu verdanken hatte, das weiß ich bis heute nicht. Vielleicht war es jemand, der jetzt dieses Buch liest, ein Gefangenenwärter oder ein Mitgefangener. Ich danke ihm, wer es auch sei, auf jeden Fall sehr herzlich dafür. Die kleinen Fetzen Papier, mit einem Bleistiftstummel beschrieben, der im Futter von Domies Jacke versteckt gewesen war, bedeuten für mich einen Wert, der nicht in Geld auszudrücken ist.

Aus Domies erstem Brief übernehme ich den größten Teil:

»Der Gedanke, daß eine Möglichkeit besteht, Dir heimlich zu schreiben und so seit meiner Gefangennahme wieder Verbindung mit Dir aufnehmen zu können und Dich einiges wissen zu lassen, ruft ein Glücksgefühl in mir wach, das ich einfach nicht beschreiben kann. Ich weiß nicht, wann ich dazu wieder Gelegenheit haben werde, denn es ist ein Wunder, wenn das glückt, und andere begeben sich damit in große Gefahr. Aber darum bin ich so dankbar für dies eine Mal und will davon so viel wie möglich profitieren. Was Dich am meisten interessieren wird: mir geht es prima und die Gefahr einer Todesstrafe ist völlig verschwunden. Da besteht keine Gefahr mehr. Ich bin in Haarlem festgenommen worden wegen Verdacht auf Terrorismus, und es war in dem Augenblick tatsächlich eine hoffnungslose Lage, in der ich mich befand. Das war an einem Samstag, und ich bin an dem Tag noch mißhandelt worden durch die ›Niederlanders‹, die mich da festgenommen hatten. Die Behandlung hatte in Haarlem noch einige Wellen geschlagen, mit der Folge, daß von höherer Hand eine Untersuchung eingeleitet wurde und ich als Zeuge auftreten mußte wegen der Mißhandlungen. Die einzige nachteilige Folge für mich: einige Verletzungen am linken Ohr, die ich noch immer nicht los bin. Aber das übrige Haarlemer Polizeipersonal war sehr nett zu mir gewesen, und es sind einige dabeigewesen, die buchstäblich alles riskiert haben, um mir das Leben zu retten. Daß das überhaupt möglich gewesen ist, habe ich ihnen zu verdanken. Prachtkerle und eine Dame. Du hast, wie mir scheint, von ihnen noch Nachricht bekommen. Denn es wurde zu der Zeit noch meine Befreiung geplant! Aber ehe sie dazu kamen (Freitag darauf), wurde ich zum Sicherheitsdienst nach Amsterdam gebracht. Es stand damals fest, daß, wenn Deutschland nicht in ein paar Wochen zusammenbrechen würde, die Sache für uns hoffnungslos war. Auch für die drei anderen, die mit mir zusammen aufgegriffen worden waren. Zwei andere (versteckte deutsche Offiziere) sollten schon sehr bald hingerichtet werden, es sei denn, daß ich die Namen anderer versteckter Menschen verriete, die nicht mehr da waren. Das hätte die ganze Angelegenheit wenden oder hinauszögern können. Es ist zum Teil geglückt. Einer von den dreien kommt jetzt durch, aber die zwei anderen habe ich aus dem Blick verloren, sie sind bestimmt nicht mehr am Leben!

Die ersten Verhöre waren hier überhaupt nicht günstig. Ich

habe versucht, mich eisern zu wehren, es waren aber so viele belastende Stücke zum Vorschein gekommen, und es wird wohl kaum möglich sein, dem standzuhalten. Aber es wurde auch noch auf andere Weise hinter den Kulissen für mich gearbeitet...

Das Material erschien jedenfalls nie mehr auf dem Tisch, so daß ich hier nicht mehr wegen Terrorismus sitze (tödlich), sondern wegen illegaler Arbeit: Juden, Marken. Und ich habe nur ein ganz kleines Stück von meiner ›Schuld‹ zugegeben. Von dem Rest ›Keine Ahnung‹. Das letzte Verhör ist schon sechs Tage her, am Donnerstag. Es war wegen ganz kleiner Vergehen. Ich hatte dann ein Protokoll über einige Markenvergehen und Juden. Hatte einfach keine Ausrede. Wenn sie in dem Augenblick gewußt hätten, wen sie vor sich hatten...

Habe auch einige Namen genannt, aber nur von denen, die schon in Polen sind. Habe zum Glück keinen zum Opfer werden lassen. Hier in Amsterdam bin ich im großen und ganzen nicht mehr mißhandelt worden. Bin einmal beim Sicherheitsdienst in der Euterpestraat gewesen. Da haben sie mich gefragt, ob ich als Pastor ›glaube, daß der Herrgott mit meinen Tätigkeiten einverstanden sei?‹ Ich habe darauf mit ›Ja‹ geantwortet. Ich sitze nun schon wieder zwölf Tage in der Bewahranstalt an der Weteringschans beim Leidsche Plein, Deutsche Abteilung, Zelle A 1–19.

Ich habe schon gesagt: mir geht es ausgezeichnet. Aber ich habe die ganze Zeit eine ganz große Sorge gehabt, wie es Dir in der Zwischenzeit wohl geht und dem Kindchen, das Du trägst. Ich weiß, daß eine kleine Möglichkeit besteht, daß Du mir schreiben kannst. Wenn das so ist, dann schreibe mir bitte alles ehrlich, bitte! Denn das tue ich auch. Ich habe um Dich große Sorge gehabt. Denn ich weiß, wie empfindlich Du für Emotionen bist, besonders unter diesen Umständen. Und laß mich dann auch wissen, was unser Junge macht. Der wird sich wohl kaum noch an seinen Papa erinnern können. Und etwas von der Gemeinde. Aber ich höre lieber auf zu fragen. Du wirst wohl selbst wissen, was Du schreiben willst. Aber nichts beschönigen. Und klein schreiben, auf kleine Papierstücke, sonst ist es zu schwierig, es mir in die Hände zu spielen, und zu gewagt. Ich habe gleich noch einige wichtige Mitteilungen, von denen ich erwarte, daß Du sie in meinem und in anderer Interesse genauso ausführst...

Aber zunächst etwas über mein innerliches Leben. Es ist natürlich zuerst eine harte Sache, wenn man das Lebensende kommen sieht. Auch für Deinen Abenteurer. Dies war nicht mehr nur eine Gefahr, sondern der sichere Tod. Daß es nun anders aussieht, kommt durch spätere Verbesserungen und durch weitere Faktoren, die ich damals noch nicht vermutet hatte. Was damals in diesen Tagen in mir vorgegangen ist, können die paar kleinen Gedichte, die ich hier beifüge, Dir vielleicht besser sagen als viele Worte. Ich hatte sogar Frieden, aber ich fand es so schrecklich für Dich, denn ich hatte Angst, daß Du durch meinen Verlust gebrochen sein könntest und es kaum ertragen kannst, während ich mich innerlich gerade wie ein König fühlte gegenüber der ganzen Situation, aber nur um Deinetwillen und wegen unseres Jungen, weiterhin wegen meiner Landsleute und aus Haß gegen das verfluchte System, den festen Willen hatte, meine Haut so teuer wie möglich zu verkaufen, aber nicht so sehr um meines eigenen Lebens willen. Ich habe in Haarlem sogar gespannt in der Zelle gesessen, hier nicht mehr – was etwas Neues war, aber ich bin stolz darauf gewesen und bin es immer noch. Und dann: daß die Kinder keinen Vater mehr haben sollten. Was man selbst tragen kann, weiß man – aber man kann für andere schlecht einstehen. Aber abgesehen von der Tatsache, daß man natürlich nie weiß, wie das Ende der Gefangenen aussehen wird (es wird, wie mir scheint, noch zu ertragen sein), ist die Gefahr, zum Tode verurteilt zu werden, total gewichen. Was mir nun noch zur Last gelegt wird, sind ganz alltägliche Dinge, die nicht allzu schwer berechnet werden, wie mir beim letzten Verhör versichert wurde. Außerdem war bei dem letzten Verhör – das allein schriftlich festgehalten wurde, und das allein gilt – die Absicht deutlich zu spüren, alles zu vermeiden, was erschwerend für mich sein würde. Und ich habe doch wenigstens einen Mitbeschuldigten retten können, auch wenn es mir um die beiden anderen sehr leid tut. ›Terrorismus‹ lautete die erste Anklage, aber sie hatten nur etwas läuten hören. Aber es war kaum zu umgehen, daß sie meinem Plan, Westerbork zu sprengen, auf die Spur kommen würden. Das ist etwas, was ich moralisch gut verantworten kann und was auch sehr gut anlief (Mitarbeit von 200 Mann), aber das fällt bei ihnen sicher unter ›Terrorismus‹. Und da gibt es für die Anführer bestimmt kein Pardon. Aber doch ist es noch einmal gut ausgegangen. Dadurch gab es auch keine neuen Opfer. Aber zwei deutsche Offiziere sind wegen Desertion und Lieferns von Uniformen usw. zu meinem Bedauern nicht mehr zu retten gewesen. (Das waren die beiden, von denen ich Dir anfangs berichtete.)

Ja, und wie ich mich in meiner Zelle fühle? Manchmal sogar glücklich. Und das sagt schon was für einen Weltreisenden. (Die Weltreise hat hier auf die Herren auch großen Eindruck gemacht). Du darfst nun sicher wissen, wie oder wann ich sterben sollte, ich werde nie allein sein. Gott ist stets bei mir gewesen, und wenn ich Ihn gebeten habe, die Spannung nicht allzu groß werden zu lassen, dann hat er mich stets erhört. Denn viel schlimmer als die Sicherheit des Todes ist für mich die dauernde Aufgabe gewesen, die drei anderen zu entlasten und das Äußerste herauszuholen, was nur möglich war. Aber auch die Spannung ist nun gewichen. Und dann: Ich hoffe, daß Telepathie eine Wirklichkeit ist, und daß Du und unser Sohn dafür empfänglich sind. Du wirst dann oft gefühlt haben, mit welch herzlichen Gefühlen ich für Euch erfüllt bin. Ich will Dir und Hansje über den Kopf streicheln und sagen, daß ich Euch innig lieb habe. Ich stelle mir oft in diesen schönen Tagen vor, wie Ihr im Garten seid. Die Bohnen sind nun sicher schon schön groß. Was für eine Pracht wird nun in dem Garten sein! Die letzten Stunden des Tages, ehe es dunkel wird in der Zelle, denke ich vor dem Einschlafen sehr an Euch. Ich habe zum Glück eine Zelle für mich allein. Auch Lektüre und die Bibel. Ich lese Psalm 27 (unseren Trautext, weißt Du noch?), den habe ich selbst erfahren! Und nun wünsche ich mir, daß nach dem Krieg die Welt noch einmal so wird, daß man normal leben kann, ohne anderen so viel helfen zu müssen. Dann würde ich Dich und die Kinder so gern glücklich machen wollen! Weißt Du – wann ich nach Hause komme, das weiß ich noch nicht. Aber dann müssen wir füreinander festlich sein und lieb. Denn wir haben doch nichts Besseres als einander. Das habe ich gewiß nicht vergessen. Aber ich habe diese Jahre so handeln müssen. Ich wußte es schon von vornherein, als wir in diesem Land blieben. Es ist für mich die einzig mögliche Lebenshaltung gewesen unter diesen Umständen, und ich würde auch keinen Schritt zurückgehen wollen. Ich habe es in der Tat sehr lange aushalten können, habe die Genugtuung gehabt, viele Menschen retten zu können, und bin in der Haltung konsequent gewesen in der Meinung, daß unter diesem Regime von Raub und Unterdrückung die einzige legale Lebensweise die illegale ist. Daß ich Pazifist bin im Grunde meines Herzens, will noch nicht sagen, daß ich auch feige bin. Ich bin ein guter Kämpfer an der Heimatfront gewesen. Und ich hoffe, daß unsere Kinder es später an ihrem Vater schätzen werden ...

Viele Grüße an Elderling, De Lange, Froukje, die Nachbarn und andere ...

Von allen Groninger Hilfsaktionen wissen die Herren hier nichts. Also für Eure Ecke keine Gefahr. Sprich in dem Dorf weiter nicht viel über meinen Brief. Das könnte hier vielleicht Schwierigkeiten und stärkere Kontrollen zur Folge haben. Und warte mit dem Zurückschreiben nicht allzu lange, denn ich habe keine Ahnung, wie lange ich noch hier bleibe. Es kann sein, noch eine ganze Weile (gar nicht unmöglich). Es kann auch sein, daß ich bald in ein Lager gebracht werde. Aber das interessiert mich alles nur wenig. Es ist doch alles nur für kurze Zeit. Von den Ereignissen in der Welt mußt Du mir auch berichten, aber ich glaube, daß ich hier ziemlich gut informiert bin.

Ich habe hier keine Langeweile. Habe viel zu viel, woran ich zu denken habe. In die Zelle kommt jeden Tag ein bißchen Sonne. Ich kann den Himmel sehen. Täglich wird hier eine Viertelstunde gelüftet. Ich bin hier viel mit Gott im Gespräch, auch mit Dir und den Kindern. Ich denke auch oft an das noch ungeborene Kleine und bin mit vielen guten Freunden zusammen. Alles nach meinem Sinn. Es macht einen so reich. Ich hoffe, daß Du im Augenblick ebenso glücklich bist wie ich.

Mein Haar ist noch nicht kurzgeschoren. Geschieht hier nicht. Erst wenn man in ein Lager kommt. Ich habe also eine ziemliche Perücke, wie der Spiegel mir hier verrät.

Auch sorge ich mich um meine Eltern. Berichte ihnen gleich, wenn Du willst, daß es mir gut geht. Ich hoffe, daß es sie nicht allzu sehr angreift.

Und nun ist alles, was ich berichten wollte, zu Ende. Später hörst Du mehr Einzelheiten. Und nun möchte ich fortfahren, Dich zu streicheln und Deine Hand zu nehmen und Dir zu sagen, daß Du doch eine so liebe, tapfere Frau bist. Ich bin stolz auf Dich. Ich weiß, daß in der Gemeinde viele an Dir Anteil nehmen. Vielleicht auch an mir. Auf jeden Fall bin ich ihnen sehr dankbar für alles, was sie Dir Gutes erwiesen haben, mein Mädchen, das mit einem Sonnenhut in der Hand im Park angelaufen kam. So ist es noch in mir, aber es gibt hier auf dieser miserablen Welt immer noch so viel zu tun. Auf jeden Fall wird es doch so sein, wenn unser Kindchen ankommt. Ich denke, auch schon vorher. Wenn die ganze Geschichte vorbei ist, und ich bin dann noch nicht gleich zu Hause, mache Dir dann nicht gleich Sorgen. Ich komme wirklich so schnell wie möglich. Und wie ich nun einmal bin, steige ich dann den ersten Sonntag wieder auf die Kanzel.«

Soweit Domies Brief. Ich stand am Sonntagmorgen, am Tag nach Empfang des Briefes, um fünf Uhr auf, um den Brief zu beantworten. Ich war in Amsterdam zu Besuch, und so konnte Domie Gott sei Dank den Brief noch tags darauf erhalten. Um neun Uhr sollte ich am Montagmorgen beim Advokaten sein. Er wollte anhand meiner Angaben eine Biographie von Domie erarbeiten.

»... Als Kind häufig vom einen zum anderen Ort verzogen. Nach der Grundschule die Höhere Schule in Wageningen besucht. Wollte damals Ingenieur bei der Eisenbahn werden, wußte außerordentlich gut über den Eisenbahnbetrieb Bescheid. In jener Sturm-und-Drang-Periode wurde er sich des Rufs ins Pfarramt bewußt. Daher Wechsel zum Gymnasium in Deventer. Großes Interesse an Kirchenorgeln. Zugleich mit dem Abitur am Gymnasium ein Examen als Organist an der Kirchenorgel im Lochem. Die Orgel mit ihren 14 Registern wurde ein Jahr später unter Domies Leitung völlig restauriert.

Danach Trauung, Reise mit dem Fahrrad nach Palästina, Hilfsprediger in te Badhoevedorp, in der Nähe von Amsterdam, danach Berufung nach N. Beerta. Danach Einsatz im Kriege ...«

Während ich so sachlich die Berichte zusammentrug, bewegte es mich wieder, wie vielseitig Domies Leben doch gewesen war. »Ich werde nie ganz vollenden können, was ich tun muß«, sagte er manchmal etwas unruhig zu mir. »Ein solches Leben ist so kurz! Ich müßte sechs Leben haben!«

Ja, es ist nicht leicht, so vielseitig begabt zu sein. Zu einem stark entwickelten Sinn für technische Dinge gesellte sich bei Domie eine mystische Veranlagung. Und dann seine Liebe zur Musik, seine Doktorarbeit, seine Tätigkeit in der Gemeinde, die Verantwortung, die er für versteckte Menschen trug...

Und nun saß er untätig im Gefängnis auf der Weteringschans, während ich ganz in der Nähe im Büro eines Rechtsanwaltes war. Die Straße, in der ich saß, führte zum Leidseplein. Als ich nach draußen kam, wollte ich daran vorbeilaufen. Ich sah die kleinen, vergitterten Fenster. Hinter welchem Fenster er wohl saß? Über dem Ufer der Nassaukade konnte ich die Fenster sehen. Ich konnte noch etwas dichter herankommen, konnte einfach durch den Haupteingang gehen und so tun, als wollte ich die Wäsche abholen kommen, es war ja Freitag. Ich konnte es immerhin probieren. Ich ging durch den Torbogen hindurch. Gutmütige holländische Wachtposten standen da. Dann kam ich über einen Innenhof. Deutsche. »Wer den Schein hat, bekommt die Wäsche«, schnauzten sie. Aber ich hatte keinen Schein. So nah bei Domie zu sein und ihn doch nicht sehen können...

Es war unmöglich.

In der Nacht schlief ich nicht sehr gut. Immer wieder träumte ich unruhig. Sie hielten wieder Haussuchung bei uns, und der Bürgermeister war auch dabei. Träumte ich das wegen der schrecklichen Berichte über ungarische Kinder, die ich gehört hatte? Über Kinder im Alter von zwei bis acht Jahren, also im Alter von Hansje und seinem fünfjährigen Freund?

Wie ist das mit einem Kind von zwei Jahren? Es spielt im Garten und kommt während des Spielens zur Mutter, es klettert auf ihren Schoß und gibt ihr eine kleine Blume, die es gepflückt hat, gibt ihr einen Kuß, streichelt ihr Gesicht und sagt: »Lieber Schatz.« Oder es schaut voller Verwunderung auf ein kleines Tier im Sand. Es schippt einen Eimer voll und kippt ihn wieder um, es kriecht nachts in Mamas Arme, weil es vor einem tief fliegenden Flugzeug Angst hat, das direkt zum Fenster hineinzufliegen scheint. Es steht in stummem Erstaunen – ein Finger im Mund, eine Hand auf dem Rücken – und schaut einem Geiger zu. Beim Hören der Musik wird in ihm die Erinnerung an jemanden wach, der auch immer Musik gemacht hatte. Es läßt seinen Teddybären Kieselsteine essen und läßt eine Zelluloidente in einem kleinen Eimer schwimmen.

Ich habe ein kleines Mädchen gekannt, ebenfalls in diesem Alter, mit schwarzen Locken und dunklen Augen anstelle des blonden Haars und der blauen Augen meines Jungen; das war so, dachte ich mir, weil der Vater des kleinen Mädchens ein Ungar war. Er war in das Redaktionsbüro in Amsterdam gekommen und hatte uns Fotos aus seinem Land angeboten: Prächtige Fotos, meist Gegenlichtaufnahmen von Menschen seines Volkes in Kleidertrachten. Ein Hirte, der im Abendlicht eine Herde von Kühen mit langen, gekrümmten Hörnern an einer Wasserstelle tränkt. In unserer Küche in Amsterdam hatte dieser Ungar einmal ein Gulaschgericht zubereitet. Als die Deutschen kamen, war er plötzlich verschwunden. Das hörte ich von meinem früheren Direktor. Und wirklich, eines Tages, als das Land noch nicht in den Krieg eingetreten war, erhielten wir von ihm einen Brief aus Ungarn. Vajda war auf das Landgut seines Vaters zurückgekehrt. Ein kleines Bild von Anneke, seinem Töchterchen, war bei dem Brief. Aus den Zeilen wurde deutlich, daß er Jude war – was ich nie gewußt hatte –, und daß er in sein Töchterchen vernarrt war, was ich sehr wohl gewußt hatte.

Der Bericht, den ich gehört hatte, besagte, daß man sechs Waggons voller Kinder zwischen zwei und acht Jahren aus Ungarn herausgeholt und in die Gaskammern von Krakau transportiert hatte.

Muß ein Mensch, der eine solche Nachricht hört, nicht still vor Entsetzen werden und versuchen, seiner Phantasie harte Zügel anzulegen, damit er das Wimmern der Eltern nicht hört und ihren stillen Schmerz nicht sieht, damit er die Viehwagen nicht wahrnimmt, in die man die Kinder hineingepfercht hat, und die Schreie nicht hört, wenn sie unterwegs »Mama« rufen? Aber da ist niemand, sie zu schützen, und wenn sie endlich weinend vor Erschöpfung umfallen, ist da kein Platz zum Liegen, dann werden die Kleineren von den Größeren zertreten, wenn ein älterer Bruder oder eine Schwester von vielleicht acht Jahren den Kleineren nicht in Schutz nimmt. Den Kindern half niemand. Sie gingen alle gemeinsam ihrem furchtbaren Schicksal entgegen: den Gaskammern von Krakau.

War Anneke, Vajdas Töchterchen, auch mit dabei? Sind ihr die schönen, dunklen Augen vor Angst und Entsetzen aus den Höhlen getreten, als das Gas in ihre Lungen drang? Und wie ging es Esther, Wil und Lily? Ihre letzten Briefe an die Jungen hatten uns erst in der Woche davor erreicht. Sie hatten sie in Westerbork geschrieben und kurz vor ihrer Abfahrt noch herausgeschmuggelt.

Oft bin ich mit meinen Gedanken bei ihnen, träume von ihnen und bete für sie, daß sie in den Bibeln, die sie mitbekommen hatten, ihren Weg annehmen lernten, und daß die Erinnerung an unser letztes gemeinsames Weihnachtsfest ihnen Kraft schenken möge. Daß ihnen eine andere als diese grausame Welt eröffnet werde.

Weil er solchen Menschen geholfen hatte, sitzt mein Mann wie ein Verbrecher gefangen, abgeschlossen vom Sonnenlicht, von den Blumen, von seinen Freunden, seiner Gemeinde, seinem kleinen Jungen und mir. Er sitzt in vollkommener Einsamkeit. »Ich habe die Leiden der Verdammten mitgelitten...« Aber Domie hat zu mir gesagt, ich müsse wissen, daß er nie einen Schritt zurück würde tun wollen, denn er hätte nicht anders gekonnt. Die Liebe zu seinem kleinen Jungen machte sein Herz groß und weit – auch für andere.

Wie lange würde der Krieg noch dauern? Das fragten wir uns immer wieder. Die alliierten Truppen hatten an einem einzigen Tag Brest, St. Nazaire und Le Mans erobert und waren auf dem Wege nach Paris. Die Türkei brach die diplomatischen und wirtschaftlichen Beziehungen zu Deutschland ab, die sowjetischen Armeen waren aus ihren Steppen herausgekommen und standen vor Ostpreußen, Ungarn, Rumänien und den Ostsee-Ländern. Die Amerikaner waren schon an Avranches vorbeimarschiert und bestürmten die deutschen Stellungen von Florence. Es bestand begründete Hoffnung, daß das Ende nahe war. Und in dieser Hoffnung lebten wir.

Die Verhöre waren vorbei, ich durfte nach Hause zurückkehren. Ein Freund, der für die Lebensmittelversorgung arbeitete und noch fahren durfte, brachte Hans und mich mit seinem Auto heim. Dort war hart gearbeitet worden. Als ich weggegangen war, hatte das Getreide noch auf dem Halm gestanden, und bis zu unserer Rückkehr war alles schon in die Scheunen gebracht worden.

Meine Schwiegereltern und eine Tante waren da. Sie hatten in meiner Abwesenheit das Haus »besetzt« gehabt. Janny war auch noch da, und natürlich Froukje. Sie hatten Haus und Hof gut versorgt, hatten im Garten gearbeitet und eingemacht. Sollte man sich nicht über all diese Dinge freuen und seine Freude auch zum Ausdruck bringen? Es sah überall gut gepflegt aus, alles war mir noch vertraut, auch die Kirche am Sonntagmorgen, an dem der Pastor im Vertretungsdienst über den Text predigte: »Ihr Kleingläubigen, warum seid ihr so furchtsam?«

Ich saß da und grübelte, während das Licht durch die hohen Kirchenfenster nach innen schien. Nach dem Gottesdienst die Begrüßung durch Kirchenrat und Kirchmeister. Sie sagten nicht viel, aber sie schauten sehr vergnügt drein, weil nun vielleicht auch Domie bald wieder heimkommen würde. Ich bat den Kirchenrat, mit zum Pfarrhaus zu kommen, dann würden wir gemeinsam einen Text entwerfen, den wir an den Rechtsanwalt weiterleiten konnten, zugunsten von Domie. Es war gut, wieder in der Studierstube beieinander zu sein, wo beim Kamin und auf dem Tisch Blumen standen und wo der Kaffee duftete. Zu hören war nur die tiefe Baßstimme von Elderling, der den Text für den Anwalt vorlas. Ja, so war es gut. Es brauchte kein Wort hinzugefügt und kein Wort weggelassen zu werden.

Am Montagmorgen erhielt ich einen geheimen Brief von meinem Mann:

»Es ist jetzt Freitagabend, halb acht ungefähr. Es ist hier überall still.

Etwas von einem gewissen Frieden. Ganz anders als das freche Brüllen, das die schlecht gelaunten Bewacher hier morgens loslassen. Ein wenig Abendsonne gibt eine tiefe Ruhe. Und nun nehme ich wieder ein Stückchen Toilettenpapier und meinen Bleistiftstummel, um Dir zu schreiben. Denn mit welchem Menschen sollte ich mich hier mehr beschäftigen als mit Dir, auch wenn Du einige hundert Kilometer von mir entfernt bist. Übrigens: nicht weiter, als wenn Du hier im Augenblick in der Stadt wohntest. Sprechen könntest Du mich dann doch nicht, und es ist schon ein Wunder, wenn diese Episteln Dich erreichen.

Es ist möglich, daß mein erster Brief schon in Deinem Besitz ist. Er ist Donnerstagmorgen in See gestochen. Sonst bekommst Du ihn gewiß morgen. Ich hoffe von ganzem Herzen, daß Du es gut machst. Und daß es auch unserem zweiten Kindchen gut geht. Das ist für mich nun noch die große Sorge. Und in dieser Sorge und Unsicherheit werde ich vielleicht noch eine ganze Weile bleiben müssen, denn die Möglichkeit ist sehr groß, daß ich an einem der nächsten Tage in ein Lager gebracht werde. Ich denke, nach Vught. Das kann mir übrigens nicht viel ausmachen. Es wird nicht für sehr lange sein. Ich glaube, daß die Alliierten damit beschäftigt sind, sich für das letzte große Gefecht fertigzumachen. Paris wird dann wohl fallen, vielleicht gibt es noch irgendwo eine Landung. Und die Russen werden wohl nach Danzig und dann weiter ins Herz Deutschlands rücken. Wenn nicht im August, dann doch im September. Das kann schon das Ende sein. 1944 wird wohl 1918.

Und was ich noch sagen wollte: Wenn ich hier so schnell fortkomme, werde ich zu meinem großen Kummer Deinen Brief wohl nicht mehr bekommen. Und das macht mir im Augenblick mehr aus als alles andere. Wenn Du meinen Brief schon hast, dann weißt Du, daß es mir gut geht. Du weißt, daß ich stets über ein großes Anpassungsvermögen verfüge. Laß Dir das einen Trost sein.

Heute mittag habe ich auf genau solche Stückchen Papier eine Art Predigt mit Gebeten und Liedern für die drei Mitgefangenen geschrieben, die die Aufgabe haben, uns hier jeden Tag das Essen zu bringen usw. Das ist für sie wie Sonntag. Denn einen Gottesdienst gibt es hier nie. Ich hatte bemerkt, daß sie wohl etwas Geistliches verlangten. Einer von ihnen ist gläubiger Katholik.

So muß man die günstigen Gelegenheiten nützen. Hier ist zumindest Nachfrage nach solchen Dingen, und auch Offenheit. Der absolute Mangel daran hat mich immer sehr bedrückt und gelähmt im Blick auf einen großen Teil unserer Gemeinde. Und ich fürchte, daß diese vier Jahre da wenig dran verändert haben. Na gut: ich sitze hier nicht, um Klagelieder anzustimmen, sondern mit dem festen Vorsatz, bald mit Dir zusammen wieder das Beste zu versuchen, wenn zumindest eine Zeit sicherer Ruhe und Ordnung kommen will. Ich hoffe, daß unser Leben dann eine Zeitlang nicht so vollgepackt sein möchte mit anderer Not. Ich würde viel dafür geben, wenn ich wüßte, ob Du meinen Brief schon empfangen hast, und was Du beim Lesen empfunden hast. Und ob es Dir und den Kindern gut geht. Aber es ist die große Frage, ob ich das bald erfahren werde, denn jeden Tag kann ich abtransportiert werden. Dann werden bei meiner Ankunft meine Haare abgeschnitten, und dann bekommst Du ein gerupftes Huhn nach Hause. Das werden sie in unserem Groninger Dorf gewiß sehr amüsant finden. Na schön, daran müssen sie sich halt gewöhnen. Haben sie ihren Domie noch nicht vergessen? Ich glaube nicht, daß sie mir in all den Widerwärtigkeiten folgen können. Aber gut, daß Du dann das Bindeglied bist.

Die Umstände, unter denen ich festgenommen wurde (drei gezogene Revolver, »Hände hoch«), wirst Du später noch ausführlich hören. Es stellte sich hinterher heraus, daß sie eigentlich jemand anderen gesucht hatten. Aber ich konnte nicht mehr entkommen und mußte gleich meinen richtigen Namen sagen, denn der Mann, mit dem ich zusammen war, wußte, daß ich Pastor war, und nicht, daß ich inzwischen nach allen Regeln der Kunst Landbauinspektor geworden war. Darum halfen mir die Papiere in dem Augenblick nichts. Das lief gleich schief. Berichte das bitte auch S. und Driebergen. Und dann sind 14 Tage gekommen, die ich nie vergessen werde. Aber gut, das ist vorbei. Und es ist wohl die gesegnetste Zeit meines Lebens gewesen. Ich bin nie so dicht bei Gott gewesen wie damals. Es war nur so schwierig für mich, dich und die Kinder auch für Euer weiteres Leben Ihm ganz anzuvertrauen und das damit genug sein zu lassen. Aber mit mir selbst war ich ganz ins Reine gekommen. Ich hoffe, daß das mein Leben lang so bleiben wird. Aber man gewöhnt sich wieder so schnell an allerlei. Auch hier schon wieder. Aber vielleicht muß das auch so sein. Die Bereitschaft wird Gott zu seiner Zeit wohl wieder geben.

Während ich in Haarlem in den Händen einer Bande von niederländischen Nazis gewesen war, die der letzte Abschaum von der schlimmsten Sorte waren, bin ich hier durch die deutschen Sicherheitsbeamten sehr korrekt behandelt worden. Das Personal, das hier als Bewacher Dienst tut, ist meist nicht besonders. Meist schnauzen sie. Aber handgreiflich werden sie nicht. Der Hauptsturmführer, der mich verhört hatte, hat sich fast wie ein Freund benommen. Vielleicht kommt das von seiner Arbeit hinter den Kulissen. Aber es ist eine Tatsache, daß er den belastendsten Dingen bewußt auswich, mir Limonade anbot und mir die Hand gab. Ich weiß bestimmt, wenn er nicht für die Herren aus Haarlem etwas hätte tun müssen, dann hätte er mich gleich wieder laufengelassen.

Jetzt steckt er mich so bald wie möglich in ein Lager. Dann ist er eine lästige Angelegenheit, die er auf die kleinstmöglichen Proportionen zurückgebracht hat, von denen er am liebsten so wenig wie möglich wissen wollte, mit gutem Abstand zu meinem und anderer Vorteil los. Was wirklich dahinter steckte, wußte er Gott sei Dank nicht. Sonst hätte er wahrscheinlich zuschlagen müssen. Aber ich glaube nicht, daß ich es je zugegeben hätte. Ich habe in Haarlem auf jeden Fall ein gutes Debüt an Standhaftigkeit gegeben. Auf dem Boden war ein kleiner Fleck von Schweiß, der mir von der Stirn gelaufen war. Ich hätte mich mit einem Wort herausretten können. Aber dann wäre es für andere schwieriger geworden, die ich hätte verraten müssen. Ich werde immer darauf stolz sein, daß die mir mit aller Gewalt nichts herauspressen konnten. Aber dumm, wie diese brutalen Kerle sind! Na schön, das ist alles überstanden, und ich muß keine alten Kühe aus dem Graben ziehen.

Aber was langweile ich Dich an diesem schönen Abend mit allen diesen Dingen. Du bist nicht dabeigewesen. Wenn wir beide wieder zusammen sind, dann erzähle ich Dir noch alles.

Nun beginnt es in meiner Einmann-Wohn-Schlafkammer so langsam dunkler zu werden, und ich muß ans Schlafen denken. Ich weiß, wer über uns allen wacht. Ich hoffe so, daß Du meinen Brief hast. Er wird Dich so viel ruhiger machen. Was verrinnt die Zeit so schnell! Ich kann mir kaum vorstellen, daß es morgen schon drei Wochen sind, die ich gefangen bin. Nicht nur ein Gefangener der Menschen, sondern auch ein Gefangener Gottes. Und das ist so heilsam. Das würde ich allen Menschen gern wünschen. Und wenn der Rest der Zeit auch so schnell vergeht, bin ich bald wieder zu Hause.

Zu Hause! Man macht solche wunderlichen Versprechen! Ich hatte Augenblicke, in denen es mir sehr schwer fiel, Dich ganz Gott anzuvertrauen, manchmal hatte ich ganz kindlich Gott versprochen, daß ich immer brav meine Hände waschen will und meine Hose in ihren Falten aufhängen, wenn ich wieder zu Dir kommen kann. Das sind nur Kleinigkeiten, aber ich will Dich so gerne glücklich machen. Und das hängt oft von Kleinigkeiten ab. Und den Montag halten wir für unsere Familie frei! Das kann ich zwar abends nicht, aber dann nehmen wir statt dessen einen anderen Abend für uns selbst, z. B. den Donnerstag. Und wenn Du etwas Bestimmtes wünschst, möchte ich es Dir gern erfüllen. Denn Du bist mir so lieb!

Nun wird es ganz dunkel. Durch die dicke Mauer hat mein Nachbar mir soeben ein Klopfzeichen gegeben und mir ›Gute Nacht‹ zugerufen. Gibst Du Hansje einen Gutenachtkuß von mir? Was wird Hansje schon viel reden können . . . Schlaf gut.

Samstagabend –

Wieviel Zeit ich heute abend zum Schreiben haben werde, weiß ich nicht, denn Vorsicht geht über alles. Es kann doch noch sein, daß ich hier einige Tage länger bleibe, so habe ich es verstanden, aber sicher ist das noch nicht. Es macht mir nichts aus, hier habe ich wenigstens noch

Verbindung zu Dir, von Herz zu Herz, und das wird im Lager wohl nur durch eine Zensur möglich sein.

Ich habe auf jeden Fall mehr Möglichkeiten – wenn ich hier noch etwas länger bleibe –, Deinen Brief zu empfangen.

Wenn ich von hier fort bin, wirst Du es wahrscheinlich in ein paar Tagen erfahren. Habe heute zwei wichtige Dinge erlebt:

1. Einen Beutel mit Waschzeug empfangen. Da war auch meine Taschenbibel drin. Hinter dem allen merkte ich an Kleinigkeiten die treue Sorge von Lisette, vielleicht auch von Margo. Laß sie auf jeden Fall meinen herzlichen Dank wissen für alle gute Versorgung. Es tut einem so unbeschreiblich gut, zu wissen, daß man nicht vergessen wird. Laß Lisette auch wissen, daß sie nicht zu viel wagen soll. Sie darf nicht jetzt, im letzten Augenblick, noch nach Westerbork. Laß sie nicht mehr in die B.-Straße kommen. Viel zu gefährlich für sie! Sie können wohl das nächste Mal (wenn ich dann noch hier bin) einen Brief – oder mehrere – in meiner Wäsche verstecken. Wenn sie es nur gut machen! Z. B. Einnähen in den Saum und dergleichen. Mir kann dadurch nichts Böses geschehen. Sie dürfen nur keine gefährlichen Dinge wagen. Man kann nie wissen. Aber es wird wohl nichts damit geschehen, denn es geht hier ›durch gute Hände‹. Laß Lisette noch wissen, daß beim Bruder von S. in Amsterdam noch 1500 Gulden sind (Kasse für die Versteckten). Das weiß sie nicht, und sie wird sicher Geld nötig haben, um allerlei Unkosten zu decken.

2. Zweites wichtiges Ereignis heute: Ich mußte zu einem Verhör mit zwei Kriminalpolizisten. Ich dachte schon, daß ich von all dem Gefrage befreit wäre. Jetzt sollte das Spielchen noch einmal von vorne beginnen. Ich begreife nicht wieso. Und siehe, da kam das Äffchen aus dem Ärmel. Die Herren waren gekommen, um den Pastor zu fragen, ob er ihnen nicht Adressen von untergetauchten Juden verschaffen könnte, dann würden sie vielleicht etwas für den Pastor tun. Alles honigsüß.

Gewalt werden sie wohl nicht mehr an mir gebrauchen. Nach Haarlem wußten sie wohl, daß man damit bei mir nicht viel erreicht. Und die zwei Herren hatten eine ganz dumme Falle für mich aufgestellt. Es wären Juden gefaßt worden, und die hätten meinen Namen genannt. Ob das mich nicht beschwerte, denn für ein solches Volk brauchte ich doch nicht zu sitzen. Das machte nämlich noch einen Unterschied, ob man für ein halbes Jahr oder für ein ganzes oder sogar für die Dauer des Krieges nach Vught ging! Man konnte an ihren Gesichtern ablesen, daß sie logen.

Ich habe sie alle beide lange angeschaut und habe dann ganz freundlich gelächelt. Da begannen sie eine scheinbar wissenschaftliche Theorie über die Minderwertigkeit der jüdischen Rasse usw. Als sie ausgeredet hatten, setzte ich mich gelassen in einen Lehnstuhl zurück. Ich habe mich nicht bloßgestellt. (Ich werde mich hüten!) Aber ich habe ihnen eine Antwort gegeben, die sie hoffentlich nicht so schnell wieder vergessen. Sie wollten über die große Politik reden. Und ich habe ihnen dann geantwortet (auch sehr freundlich), daß ich es ihnen nicht übel nehme, daß sie es nicht besser wußten, weil sie nun einmal nicht mehr gelernt haben und nicht mehr gereist sind. Aber daß ich ein Recht auf ein selbständiges Urteil habe in all den Dingen.

Es war auch typisch, wie sie bestimmte Zeitungen nachplapperten. Daß sie natürlich nicht im Ernst annehmen konnten, daß ich Menschen, die einmal mit mir gerechnet hatten, nun auf einmal verraten würde. Daß sie also nichts weiter davon anfangen sollen. Und dann habe ich ihnen eine Stunde lang Unterricht gegeben. Die Großmäuler konnten nichts darauf erwidern. Und dann am Ende mußten sie doch etwas sagen: Der Pastor könne ihnen die Juden ruhig verraten, denn sie bekämen sie letzten Endes doch zu fassen. Antwort: ›Warum kommt ihr dann überhaupt noch fragen?‹

Ob der Pastor vielleicht Angst habe, daß den Juden etwas Schlimmes angetan werden könnte? Antwort: Da habe ich überhaupt keine Angst vor, besonders nicht, wenn sie in Haarlem am Nassauplein verhört werden. Und daß ich überhaupt der letzte sein werde, es ihnen übelzunehmen, wenn festgenommene Juden unter Mißhandlungen meinen Namen nennen werden.

Noch ein Versuch; beide wären doch eigentlich Christen. ›Um so schlimmer, dann wird es höchste Zeit, daß Sie das Gleichnis vom Barmherzigen Samariter wieder einmal nachlesen und was Paulus über diese Dinge schreibt: In Christus ist weder Jude noch Grieche usw. Und dann noch ein Anlauf. Es war für die Stümper so schlimm, zurückzugehen zu müssen und ihrem Chef zu sagen: Wir haben nichts aus ihm herauskriegen können.‹

›Könnte der Pastor uns dann nicht wenigstens einen einzigen Juden nennen, einen schlechten. Dann werden wir dafür sorgen, daß der Arier, bei dem er wohnt, frei bleibt.‹

›Es tut mir leid, daß ich den Herren nicht dienen kann. Sie kennen meinen Standpunkt.‹

Und dann war die Unterhaltung zu Ende. Es war einfach ein dummer Versuch der beiden gewesen. Welch ein Glück, daß man solche Schreihälse hat nach oben kommen lassen zu dieser Art kriminalistischer Arbeit. O ja, in einem anderen Zusammenhang habe ich ihnen noch sagen können, daß ich hoffte, wenn eines Tages ein Umschwung käme (wovor sie selbst große Angst hatten), daß die, die nicht aus Berechnung, sondern aus Dummheit mitgemacht hatten, dann eine gute Adresse zum Verstecken finden möchten. Ich konnte ihnen das alles so ruhig sagen, denn ich sitze hier doch fest, und ich sitze hier für die Deutschen, und was diese zwei Männer von mir denken, das laß ruhig die Sorge des Hauptsturmführers sein! ›Es muß doch eine neue Welt kommen‹, meinten sie. ›Wenn Sie die gründen wollen, indem Sie Pastoren zum Verrat anstiften, sehe ich noch nicht viel in Eurer neuen Ordnung. Ich werde die Sache einmal umdrehen. Was würden Sie von mir als Seelenhirte denken, wenn ich auch nur einen einzigen Augenblick daran dächte, auf Ihr Ansinnen einzugehen.‹

Na schön, ich höre auf, über diese schmutzigen Sachen weiter zu berichten. Die beiden Brüder waren in jedem Fall nichts für mich. Aber ich bin doch froh, daß ich mich äußern konnte. So eine faule Sache! Das wird hoffentlich der letzte Versuch gewesen sein, den sie mit mir wagten.

Vor ein paar Tagen mußte ich auf die Wache kommen. Alle meine Sachen, Portemonnaie, Brieftasche usw. waren von der Euterpestraat hierher gekommen. (Auch schon ein Zeichen, daß die Untersuchung im Grunde abgeschlossen ist). Mein falscher Paß war noch darin, außerdem mein Ausweis als Landbauexperte.

Es ist ein ziemlicher Halt, wenn man sich moralisch und intellektuell so ein Stück über diesen ganzen Sumpf erhaben fühlen kann. Wenn man weiß, daß es dem Gros der auf dieser Abteilung Inhaftierten, die nicht normal versteckte Leute waren, sondern vor allem ›Terroristen‹ und (etwas weniger schwere) illegale Arbeiter, ebenso ergeht. So, nun weißt Du wieder Bescheid. Die Glocke in dem großen Flur hat soeben halb neun geschlagen. Zeichen: Wer ins Bett will, kann schlafen gehen. Von dieser Zeit an bis zum Dunkelwerden, das ist immer die stillste, schönste Zeit. Man wird dann bestimmt nicht mehr gestört. Aber es wird jetzt schon früher dunkel. Man kann schon merken, daß die Tage kürzer werden. Hast Du in dieser Sommerzeit auch einmal draußen sitzen können, abends, oder war es dann zu kalt?

Ich kann mich in meinem abgeschlossenen Dasein noch recht gut anpassen. Ich bin viel beschäftigt. Ich hätte es auch gut für einige Zeit in einem U-Boot unter Wasser in engem Raum aushalten können. Wenn man sich nur zu beschäftigen weiß. Ich habe aus einem Buch von Karl May ein klein wenig Arabisch herausgefunden. Habe auch etwas Gymnastik gemacht. Ich bin vor allem mit meiner Taschenbibel überglücklich. Ich denke wieder über das Predigen nach, obwohl es zuerst sicher ungewohnt sein wird. Es wird auch sehr schwierig sein, was man selber so tief erlebt hat, an andere weiterzugeben: ›Und ob ich schon wanderte im finstern Tal, fürchte ich kein Unglück.‹ Mir stand schon ganz klar vor Augen, daß ich früher oder später, aber wahrscheinlich in einigen Tagen, morgens in der Frühe auf einem kleinen Feld vor einem Exekutionspeloton stehen würde, und daß ich dann stark wäre. Ich würde die Kraft gehabt haben, die anderen zu trösten und zuletzt meinen priesterlichen Segen zu geben. ›Der Herr behüte Dich, der Herr lasse sein Angesicht leuchten über Dir und gebe Dir Frieden.‹ (Aber mich – wenn naß die

Nebel sind und kalt das blasse Morgenrot – in endlosem Erbarmen für ewig bergen in deinem Schoß).

Wenn man das erlebt hat, bekommt man großes Mitleid mit den primitiven Leuten wie mit den beiden von heute morgen, die einen ernsthaft dazu bewegen wollen, Menschen zu verraten, und die in feurigem Eifer ihre Zeit damit verschwenden.

Nun soll es in unserem eigenen Dorf auch still geworden sein.

Samstagabend. Wer morgen predigt, weiß ich nicht. Ich halte hier auf meine eigene Weise Sonntag. In Verbindung mit einigen Kameraden, brave Kerle, die uns täglich bedienen müssen. Mitgefangene. Der eine, römisch-katholisch, bedankte sich bei mir für die schönen Gebete. Wirklich gut katholisch. Ein anderer gab mir einen sehr frommen Brief in die Hand, den er von seinem Vater erhalten hatte. Ich habe auch hier wieder eine Gemeinde, auch wenn sie sehr klein ist. Über meine Groninger Gemeinde und über meine Gemeinde von versteckten Menschen möge Gott nun wachen.

Er möge verhüten, daß sie nach Westerbork kommen. Schade, daß der Plan, Westerbork zu befreien, nun nicht laufen kann. Es war alles so gut eingefädelt, obwohl es ein großes Unternehmen war. Aber ich hatte auf viele Menschen großen Einfluß. Und es lief gut. Als militärische Fachleute hatten wir sogar einen Oberstleutnant. Und jede nötige Ausrüstung. 200 Leute zur Verfügung. Aber das hat anscheinend nicht so sein sollen. Ich kann es nun getrost aus der Hand geben.

Ich habe gedacht, wenn ich wieder zu Hause bin, möchte ich etwas von Dir lernen: Du mußt mir etwas von englischer Poesie beibringen. Es wäre schön, das gemeinsam zu haben, und ich möchte mehr von dem stillen Adel, den ich in der Poesie vermute, kennen.

Nun wird es wirklich dunkel. Gleich kann ich nichts mehr sehen. Hansje schläft schon lange. Ich werde glücklich sein, für Euch leben zu können. Gott hat mich diese Wege geführt, und ich fühle mich wie sein Ehrenbürger. Ja, ich bin sogar froh, daß ich dies habe mitmachen dürfen. Begreife Paulus nun besser. Aber ich fange jetzt nicht wieder an zu theologisieren.

Sonntagnachmittag.

Es ergibt sich eine gute Gelegenheit, diesen Brief an Dich weiterzuleiten, eher als ich dachte. Ich nehme einfach an, daß Du den ersten Brief schon empfangen hast. Und daß eine Antwort darauf noch hier in meine Hände kommt. Du siehst, ich bin noch hier in Amsterdam. Bei der Wäsche dürfen nicht zu viele Briefe versteckt werden. Erscheint mir doch nicht sicher genug.

Wie lange es nun wieder dauern wird, bis Du etwas von mir hörst, weiß ich nicht.

Es gibt keinen Grund zur Beunruhigung, wenn es lange dauert.

Behalte das.

Es geschieht mit mir jetzt doch nichts anderes mehr, als daß sie mich hier noch eine Weile festhalten und dann in ein Lager schicken. September oder Oktober kommt doch das Ende. Mein liebes Mädchen, ich hoffe, daß Du im Geiste dicht bei mir bist. Laß uns viel aneinander denken und füreinander beten. Herzliche Grüße noch an alle Bekannte. Aber laß nichts von diesen geheimen Briefen durchscheinen. Laß Lisette doch so viel wie möglich die Blasiusstraat meiden. Ich vertraue der Geschichte dort nicht. Die Haarlemer Herren ließen durchblicken, daß sie immer nach ein paar Wochen (3, 4, 5 oder 6) wieder zurückkämen.

Ich nehme erst wieder Abschied. Wenn das Teufelsreich aus ist, hoffe ich bald wieder bei Dir zu sein, meine treue Kameradin. Wie soll ich Dir je sagen können, wie froh ich bin, daß ich Dich habe. Mit einem Herzen voller Liebe komme ich bald wieder zu Dir und wünsche Dir nun alles Gute. Daß Gott Dich auch bei einem Umsturz bewahre. Hier werden wir es schon überstehen. Gib den beiden Kindern einen Kuß. Ich hoffe, daß es beiden gut geht.«

Ungewisse Zukunft

Diesen Brief von Domie hatte ich am Morgen nach dem Empfang gleich beantwortet. Dabei wurde mir die wohltuende Güte des eigenen Hauses, in das ich nach langem Umherziehen nun endlich wieder zurückgekehrt war, deutlich bewußt, und ich habe das dankbar genossen. Dann ging ich mit Hansje zum Hof von Elderling, um Milch zu holen. Kaum war ich da angelangt, als Froukje mir schon auf dem Fahrrad hinterherkam. Was war jetzt schon wieder los? In ihren Augen las ich Schrecken, und in ihrer Stimme hörte ich die Angst: »Mevrouw, da sind zwei Deutsche für Sie da.«

Deutsche? Das versprach nichts Gutes. Was wollten die von mir? Das wußte ich nicht. Es konnte sein, dachte ich, daß sie mich abholen kommen wollten, es konnte auch sein, daß es mit Domie etwas zu tun hatte. Ich war ja bei dem Amsterdamer Rechtsanwalt gewesen, um zu sehen, ob ich noch etwas für Domie tun könnte. Froukje hatte mitbekommen, daß die beiden Deutschen nur sehr wenig Zeit hätten.Darum beschloß ich, sofort mitzugehen. Während ich den Weg zurückradelte, kamen mir Schulkinder entgegen.

»Mevrouw, es sind Deutsche im Pastorat«, warnten sie mich.

Lief ich vielleicht mit geöffneten Augen in das geöffnete Maul? fragte ich mich selbst. Mußte ich denn dort hingehen? Aber ich dachte an Domie und fuhr weiter. Bei der Pforte standen sie schon und warteten auf mich. Es waren zwei »Grüne«. Und es liefen auch holländische Arbeiter herum, die zu einem großen Auto zu gehören schienen. Obwohl alles zusammen schlimm genug aussah, so hatte ich doch keine blasse Ahnung, weshalb sie gekommen waren.

»Sind Sie die Frau des Pfarrers?« eröffneten sie das Gespräch.

»Ja, kommen Sie mit hinein.«

Meine Schwiegereltern und meine Tante warteten gespannt im Wohnzimmer. Sie hatten die Deutschen durch das Studierzimmerfenster lauern sehen, hatten ihre Bemerkung wahrgenommen: »Viele Bücher!« und fragten sich nun besorgt, was der kleine dicke Herr Oberleutnant und seine viel längeren und schlankeren Untergebenen von mir wollten. Die Herren waren selbst mit einem kleinen gelben Auto gekommen, aber der große Lastwagen mit den vier Trägern weckte ihren Argwohn. »Ihr Mann ist schon fast fünf Monate aus dem Hause?«

Es ging also doch um Domie.

»Jawohl.«

Der kleine kurze Dicke holte Papiere zum Vorschein.

»Wir haben Befehl, Ihnen mitzuteilen, daß Sie schnellstens dieses Haus verlassen müssen.«

Das war ein Schlag, um schwindelig zu werden. Ich fühlte keinen Schmerz, nur eine Art Betäubung und sagte, so tonlos, als ob mir eine ganz unerwartete, unangenehme Mitteilung zur Kenntnis gebracht worden wäre:

»Wirklich?«

Es drang zu den Herren durch, daß ich den springenden Punkt noch nicht ganz begriffen hatte. »Was soll das Ganze?« fragte ich.

»Sie haben Juden im Haus gehabt, und Ihr Mann . . . Aber Sie müssen sich beeilen. Sie haben nur eine halbe Stunde. Sie können das Allernotwendigste an Kleidern und Familiensachen mitnehmen.«

Wieder diese Betäubung.

»Was denn?«

»Sofort, sogleich – beeilen Sie sich.«

Nun drang die volle Wahrheit bis zu mir durch: ich wurde von Deutschen aus meinem Haus gesetzt, weil es ein Unterschlupf für Juden gewesen war und auch für andere verfolgte Menschen. In Amsterdam hatte ich eine trostlose Reihe von Häusern gesehen, in denen die Tapeten halb von den Wänden hingen und hier und da noch ein paar zerstörte Möbel über den Boden zerstreut lagen. Unser Haus sollte nun ebenso verwüstet werden, und ich sollte wie diese Menschen bestraft werden, weil ich es als Nächstenpflicht angesehen hatte, zu helfen. Sie wollten mich treffen, aber sie bekamen mich dadurch nicht klein. Nicht durch so etwas.

Ich ging in das andere Zimmer, und die Herren folgten mir durch den Flur.

»Wir müssen in einer halben Stunde das Haus verlassen haben und dürfen nur das Allernotwendigste mitnehmen«, sagte ich ganz sachlich zu meinen Gästen. Aber es tat mir leid, daß sie das mitmachen mußten, denn es würde ihnen viel Kummer bereiten.

Mama versuchte die »Grünen« zu überreden, und Papa brachte vor, daß der Krieg doch ungefähr in vierzehn Tagen abgelaufen sein würde. was hatten sie denn davon, jetzt noch das Haus auszuräumen?

Aber weder das eine noch das andere war für den »Grünen« einleuchtend. Mit Räubern debattiert man nicht. Es gab auch keine Zeit zu verlieren. In der Küche waren die Mädchen mit dem Einmachen der Bohnen beschäftigt. Ich berichtete ihnen, worum es ging.

Da packten sie schnell mit an. Alles stand fürs Essen auf dem Ofen. »Schalte ruhig aus, an warmes Essen kommen wir doch nicht.« Nun mußte ich meine Gedanken zusammennehmen, denn die Zeit war kurz. Kleider, hatte er gesagt, und Dinge, an denen ich hing: Familienstücke.

Ich hatte noch vor kurzer Zeit einen holzgebrannten Text von Tante

Marie bekommen: »Ich weiß, daß Gott mit mir ist.« Den griff ich zuerst von der Wand. Der »Grüne«, der mir stets auf dem Fuß folgte, schaute danach und lachte höhnisch. Die dummen Holländer! Gab es nichts Wertvolleres als ein hölzernes Ding zu greifen? Oben hing Toorops Christuskopf. Den nahm ich auch mit und einige eingerahmte Handzeichnungen von Johan. Dann Bücher aus dem Studierzimmer. Es waren noch einige geborgte im Haus!

»Diese sind nicht von uns.«

Er nickte. Ich durfte sie herausholen. Er mahnte noch einmal zur Eile. Warum lief ich noch im Studierzimmer herum? Ich mußte zusehen, daß ich die nötigsten Kleider zusammenbekam – Marken und Geld, dachte ich – und rette etwas aus einem Kästchen. Dann rannte ich die Treppe hinauf, um Kleider von Hans und mir zu holen. Die Mädchen kamen schon mit ihren eigenen Sachen nach unten. Alles lief und trabte durcheinander. Jeder griff nach Sachen und warf sie aus den Fenstern, weil keine Zeit mehr zum Packen war.

»Mevrouw, was wollen Sie noch haben?«

»Mäntel und Kleider, räumt mal meinen Schrank aus. Nimm auch Sachen von Domie, soweit sie noch da sind.«

Ich lief ins Schlafzimmer. Da stand die alte Frisierkommode von zu Hause, mit Briefen und kleinen Schubfächern. Die mußten gerettet werden. Froukje griff meine Kleider. Mein Brautkleid hing auch noch da, und ganz unter dem Schrank waren das Nikolauskostüm und der Anzug von Zwarte Piet, den wir jahrelang zu Hause gebraucht hatten, und der nun hier ist, für die Jugendgruppen, wieder seinen Dienst tat. Danach bückte ich mich, aber der Herr Oberleutnant hatte Angst, daß ich Bettwäsche nehmen würde und sagte darum:

»Das dürfen Sie nicht mitnehmen.«

Das weiß ich wohl – ich wollte nur das Phantasiekostüm mitnehmen.«

Das wurde mir gnädiglich erlaubt, denn die Rollen waren nun vertauscht. Nicht ich war der Chef, sondern der »Grüne«. Die Dinge gehörten mir nicht mehr, sondern waren in die Hände von edlen Räubern gefallen, die einem noch erlaubten, etwas von ihren erbeuteten Sachen mitzunehmen.

Aber sehr weit reichten ihr Edelmut und ihre Geduld doch nicht.

»Das genügt«, sagten sie, als zwanzig Minuten später von der versprochenen halben Stunde um waren. »Nun ist Schluß!«

Dann mußten wir uns beeilen, daß wir aus dem Hause kamen.

»Es steht noch ein Koffer von unserer Assistentin auf diesem Zimmer. Den Koffer mit Kleidern muß sie zurückhaben.«

»Ja, ja, kommt in Ordnung.«

Im Gras hinter dem Haus, mitten in dem Wirrwarr, den wir da aus dem Fenster geworfen hatten, spielte Hansje friedlich mit einer Puppe, die die kleine »Maus« gemacht hatte.

»Noch etwas Spielzeug für das Kind«, sagte der lange »Grüne«.

Ich warf eine hölzerne Straßenbahn, mit der Domie schon gespielt hatte, nach draußen, dazu ein paar Autos.

»Das genügt«, sagte der Deutsche wieder. Dann standen wir, ehe wir's uns versahen, selbst auch auf dem Rasen hinter dem Haus. Da war eine leere Kiste, die bot ich meinen Schwiegereltern als Sitzplätze an. Wir jüngeren hockten uns ins Gras nieder und dachten an all die Dinge, die wir noch hätten mitnehmen sollen.

Da kam mir plötzlich in den Sinn, daß ich kein einziges Stück Unterwäsche eingepackt hatte. Um diese große Gunst noch zu erhalten, mußte Froukje fragen; sie würde das eher schaffen als ich, denn sie war wie Hans noch »unschuldig« in ihren Augen.

Das Fenster des Kinderzimmers stand auf, und drin war gerade der lange, schlanke Mann beschäftigt.

»Dürfte Mevrouw noch etwas Unterwäsche holen kommen?« rief Froukje.

Da wurde der »Grüne« giftig.

»Sie sprach nur von Büchern, Büchern!« sagte er, »sie hätte doch zuerst an die Kleider denken sollen.«

Dann schlug er das Fenster wieder zu. Aber Froukje ließ nicht locker und holte schließlich noch einen Arm voll Kleidung. Sie warf die Sachen wieder aus dem Fenster. Ich stand darunter, um sie aufzufangen, und schaute wie ein Bettler ins Haus. Da, über einem Stuhl, hing meine Sommerjacke. Ich hatte sie vergessen. Sollte ich sie noch bekommen können?

Ich wagte nicht mehr zu fragen, das Maß war schon voll. Aber Janny kletterte die Mauer hoch und eroberte die Jacke. Auf dem Tisch vor dem Fenster lag noch ein wollenes Tischtuch aus norwegischem Stoff. Es lag da zum Greifen nah, aber ich konnte mich nicht überwinden, zuzugreifen. Es war mir, als würde ich es stehlen. So können innerhalb einer Stunde die Rollen vertauscht, so kann die Welt auf den Kopf gestellt werden. Unsere Nachbarn hatten uns eine »nieuwe orde« gebracht, in der alle guten Taten christlicher Barmherzigkeit und die Gesetze von »Mein und Dein« ersetzt wurden durch eine neue Art von »Heil«, das von Anfang bis Ende für das holländische Volk unverdaulich geblieben ist.

Selbst dort, wo man die Bibel nicht mehr kennen will, wirkt ihr Einfluß auf unsere Kultur, unsere Rechtsprechung, unsere Gesetze und unser Zusammenleben noch nach. Und es war auch nicht verwunderlich, daß man die Sympathisanten der Nazis meist in den Kreisen völlig entwurzelter und haltloser Menschen fand, die sich bewußt vom Evangelium abgewendet hatten.

Das Licht im Keller ging an. Nun machten sie sich gewiß über die Weckgläser her, über all die Arbeit, die im Garten und in der Küche damit verbunden gewesen war. Aber das Licht im Keller ging sehr schnell wieder aus. Ich begriff: Sie waren nur auf der Suche nach Wein und hatten wohl den Abendmahlswein gefunden. Gott sei Dank hatten wir das Abendmahlssilber nicht mehr im Hause. Die alten silbernen Kannen und Trinkbecher der Kirche, die noch aus der Zeit um 1700 stammten und die sie sonst bestimmt mitgenommen hätten, mit denen sie ihr Saufgelage gefeiert hätten, wie damals König Belsazar auf seinem gottlosen Fest.

Ich lief am Haus entlang. Sie waren schon tüchtig am Ausräubern. Durch ein Seitenfenster des Wohnzimmers schaute ich hinein. Es war noch unversehrt, aber vor dem Buffet saß der lange »Grüne« und futterte Kekse aus einer Trommel. Ich nickte ihm freundlich zu, um ihm zu zeigen, daß ich ihn gesehen hatte.

Ob er noch etwas Schamgefühl hatte, und ob das nun herauskam? Ich weiß es nicht, aber mir schien, daß er sich genierte. Das konnte auch Einbildung gewesen sein, denn wenig später schrie er uns durch das Fenster an, wir sollten verschwinden und den Garten verlassen.

Um fünf solle ich wieder zurückkommen, aber nur ich allein. Sie hatten anscheinend keine »Topfgucker« mehr nötig, denn auch Elderling war inzwischen im Auftrage des Kirchenrates gekommen und hatte erklärt, daß alles, was im Konfirmandenraum stünde, der Kirche gehöre.

Der Herr Oberleutnant hatte es sich inzwischen hinter dem Schreibtisch im Studierzimmer bequem gemacht und beschäftigte sich mit der Durchsicht unserer Korrespondenz. Er war schon seit langem in Holland, er verstand natürlich ein bißchen die geschriebene Sprache, vor allem, weil er selbst Plattdeutsch konnte. Ansichten von unseren Reisen, vor allem nach England . . . alles fand sein Interesse.

Daß er plattdeutsch sprechen konnte, hatte Elderling entdeckt. Nachdem wir vom Grundstück des Pfarrhauses verjagt worden waren und bei den Nachbarn ein Butterbrot für die versäumte warme Mahlzeit bekommen hatten, ging Elderling noch einmal zurück, um zu erklären, daß die eine ganze Wand des Bücherregals zum Pfarrhaus gehöre.

Man war sich aber darüber einig, daß ich um fünf Uhr nicht ins Haus zurückgehen solle. Es gehe dabei natürlich um mich, so war die allgemeine Auffassung; sie würden mich bestimmt im Auto mitnehmen wollen.

Sie hatten am Nachmittag längst nicht alles geschafft, was mit ihrer Untersuchung zusammenhing. Die Bücher hielten so auf . . . Sie waren zum Teil noch in Kisten eingepackt. Buurman griff danach, nahm, was er tragen konnte, heraus und brachte die Bücher nach draußen. Das halbe Dorf stand dabei und schaute zu. Auch die Schüler wurden mutig, kamen durch den Zaun und schleppten Bücher weg. Das ging auch einige Male gut. Jeder schleppte sich mit unseren Sachen ab. De Lange kam auch noch, als er hörte, daß beim Pfarrhaus etwas los sei. Er kam direkt vom Feld, in seinen Arbeitskleidern, bedeckt mit Staub und Schweiß, denn es waren heiße Tage im August.

Der Herr Oberleutnant wurde schon ungeduldig. Der Menschenauflauf störte ihn. Außerdem war die Beute an Tafelsilber sehr mager ausgefallen, so daß der Herr Oberleutnant seine Enttäuschung darüber nicht verhehlen konnte.

»Solche Leute haben doch meist noch mehr Silber«, sagte er.

»Och nee«, sagte Buurman, »da haben die keinen Wert drauf gelegt. Sie haben jeden Cent, den sie übrig hatten, für Bücher ausgegeben.«

»Von silbernen oder goldenen Gegenständen kriegen wir nichts in den Wagen«, versicherten mir die einfachen Soldaten, »das nehmen sie immer in ihrem Extra-Auto mit.« Auch das Geld, das sie fanden, wanderte sofort in das Extra-Auto. Viele Büchsen mit dem Spargeld der Jugendgruppen hatten im Schrank gestanden. Es waren Zettel aufgeklebt, die fand ich später wieder: 34,65 Gulden Luje Vereen, hatte Polletje darauf geschrieben, 25,15 Gulden Kleuterklas, 12,95 Gulden Frauenkreis usw. Zusammen schätzte ich den Betrag auf 150.- Gulden.

Janny sah, daß sie damit beschäftigt waren, die Sparbüchsen auszunehmen und den Betrag in eine Serviette zu kippen. Da vergaß sie in ihrer Entrüstung alle Vorsicht:

»Das ist Geld von den Kindern«, platzte sie heraus, »Sie sind Diebe!«

Da lachten sie. »Mädchen, sei nicht böse«, sagten sie, »das konnten wir doch nicht wissen.«

Nun, sie würden alles mitnehmen und zu Hause untersuchen. Sie knüpften die Serviette zu und brachten sie sicherheitshalber in ihr eigenes Auto. So, sagten sie, würde damit nichts mehr geschehen können, denn auf das Geld der Kinder müßten sie ja extra gut aufpassen.

Am Tag kamen sie nicht zurück, aber einen Tag später kamen ein paar andere Vertreter der »Grünen Polizei«. Sie stellten mir im Namen ihrer Kollegen eine Büchse hin, in der vielleicht sechzig Cent waren. Ihre »grünen Brüder« hatten sie gebeten, uns zu übermitteln, daß damit das Geld der Jugendgruppen wieder abgeliefert sei. Was für ehrliche Kerle waren das doch! Ergreifend! Sie gaben das gesparte Geld der Jugendlichen wieder zurück. Bei allen ihren Wahnsinnstaten haben die Nazis doch immer noch einen Schein von Gerechtigkeit und »fair play« zu demonstrieren versucht. Dies war ein kleines Beispiel dafür gewesen.

Aber die Beute an silbernen Gegenständen war doch äußerst mager, und so hatte sich die schlechte Laune des Herrn Oberleutnants auch nicht verbessert. Als De Lange hereinkam, war seine Stimmung unter Null.

»Was wollen Sie hier nun auch noch«, schnauzte der »Grüne«.

»Ich komme zu retten, was noch zu retten ist«, sagte De Lange lakonisch.

Diese Antwort gefiel dem Deutschen überhaupt nicht.

»Wir haben keine Zeit«, sagte er.

»Zeit genug«, sagte De Lange schlagfertig.

Da hatte er es mit ihnen völlig verdorben. Der Deutsche begann zu schreien und zu rasen, daß man es vier Bauernhöfe weiter hören konnte. Er jagte alle zum Haus hinaus, außer Janny, die sich, als das Unwetter losgebrochen war, versteckt hatte und wieder zum Vorschein kam, als der Schauer vorbei war. Auch Buurman wartete auf eine günstige Gelegenheit und kam, als die Wut des Deutschen abgekühlt war, durch die Hintertür wieder ins Haus.

Der »Grüne« hatte inzwischen entdeckt, daß die Bank im Studierzimmer aufgeklappt werden konnte. Neugierig schaute er hinein. Da lagen Klarinetten und eine Oboe.

»Die sind von der Musikgruppe«, sagte Buurman.

»Wir haben auch eine Kapelle«, sagte der Herr Oberleutnant und steckte die Instrumente in seinen Sack.

Die Herren hatten ihre Zeit schon um einiges überzogen. Um fünf Uhr hatten sie weggehen wollen, aber es war sechs geworden, und sie waren immer noch nicht fertig. Der Umzugwagen war voll, das Haus war eine Ruine. Zerbrochene blaue Teller lagen auf dem Boden, eine Kachel von Königin Emma. Und was wohl noch alles in den Kisten fehlte! Die Porzellantassen in Delfter Blau, die noch von meiner Mutter stammten, waren schon im Wagen, die Untertassen fand ich später, in Zeitungspapier eingewickelt, in einer Ecke. Sie waren offensichtlich vergessen worden.

Sie wollten nun fortgehen, aber sie wollten am Tage drauf wiederkommen, versprachen sie, und den Rest des Inventars abholen.

Dann zogen sie ab. Der kleine Chevrolet voran, der große Umzugswagen mit unseren Möbeln, mit denen sich ein Stück Geschichte unseres eigenen Lebens verbunden hatte, folgte hinterdrein. Mit wieviel Liebe und froher Erwartung hatten wir das alles, meist Stück für Stück einzeln, gekauft, ehe wir heirateten. Mit der Zeit hatte sich das Mobiliar vermehrt. Als Studenten hatten wir angefangen, mit dem Allernötigsten: mit einem schmalen Bett, das Domie eigenhändig hergestellt hatte, mit einem Kleiderschrank, einem Tisch, einem Bücherregal.

Ach, es gab schönere Möbel auf der Welt, aber für uns nicht. Sitzt ein Mensch nicht lieber auf einem einfachen Stuhl, wenn er ihn selbst gemacht hat, als auf einem kostbaren Sessel, den er sich kaufen mußte?

Ich schlief diese Nacht bei den Nachbarn, aber sie und ich schliefen sehr schlecht, wegen der Hitze und der ganzen Aufregung. Hansje fühlte sich wieder nicht wohl und mußte sich öfter übergeben.

Um halb sechs stand ich auf. Es versprach wieder ein sehr warmer Tag zu werden. Um sieben Uhr rief ich meinen Bruder an und erzählte ihm, was bei uns losgewesen war. Ob er nicht mal zum Notar gehen und um eine Abschrift des Heiratsvertrages bitten könnte? Ja, er käme heute noch, er würde sich auch beim Notar erkundigen, ob es denn noch niederländische Gesetze gäbe, an die sich die Deutschen halten müßten.

Beim Scholtenshuis in Groningen könne ich Einspruch erheben, hatte die »Grüne Polizei« gesagt. Ob es wohl helfen würde?

Auf jeden Fall war es gut, Kontakt mit Groningen aufzunehmen. Selber zum Scholtenshuis zu gehen, das würde für mich bedeuten, mich in die Höhle des Löwen zu wagen, denn höchstwahrscheinlich würden die mich dann gleich dabehalten, nach allem, was geschehen war.

Wir warteten den ganzen Tag vergeblich auf den Möbelwagen und das kleine Militärauto. Sollte der telefonische Protest des Advokaten vielleicht schon Erfolg gehabt haben?

Am folgenden Tag fuhr ein Wagen vor, den diesmal nicht ein gelbes Auto, sondern ein Motorrad mit zwei Deutschen begleitete. Ich sah sie aus dem Fenster vom »Lord«; der alte Kirchmeister hatte sofort sein Dienstmädchen zu uns geschickt, um uns Unterkunft anzubieten.

Der Möbelwagen war zurückgekommen, um den Rest des Inventars zu holen. Diejenigen, die diesmal geschickt worden waren, hatten niedrigere Ränge. Sie waren auch freundlicher, sie schickten mich nicht fort. Auch Elderling nicht, der gleich gekommen war, und auch Janny nicht, die sofort zurückkam, als sie hörte, daß die Herren wieder da seien.

Sie hätten Befehl, den Bücherschrank auseinanderzuschrauben und die Tretnähmaschine mitzunehmen, sagten sie.

Elderling erklärte noch einmal mit Nachdruck, daß der Bücherschrank zum Pfarrhaus gehöre, und ich fragte sie, ob sie nicht an einer Nähmaschine genug hätten. Sie hätten meine schon mitgenommen, eine Singer-Tretnähmaschine. Diese hier gehöre nun Greet, einem Mädchen, das früher hier gewohnt hätte. Schließlich glaubten sie uns: es leuchtete ihnen ein, daß man mit zwei Nähmaschinen in einem einzigen Haushalt nichts anfangen konnte.

Es waren nun noch einige Kleinigkeiten übriggeblieben, die Janny für mich zur Seite geschafft hatte. Sie gab sich die größte Mühe und war stets meine treue Fürsprecherin.

Ich sah mir an, was geblieben war, und dachte mir, daß ich vielleicht noch mit ein paar Habseligkeiten hier würde wohnen bleiben können.

Für mich selbst wäre es eine peinliche Erniedrigung gewesen, um einen solchen Gefallen zu bitten. Darum tat ich es nicht. Aber Janny konnte es gut tun, und sie machte es auf sehr erfolgreiche Weise. In groben Zügen wiederholte sich nun immer wieder dasselbe.

Ich suchte oben noch einige Toilettenartikel, aber das gute Stück Seife, das eben noch auf dem Tisch gelegen hatte, war einen Augenblick später verschwunden, ebenso Domies Rasierseife. Plötzlich schaute ich überrascht auf. Unten in der leergeräumten Wohnstube spielte jemand sehr musikalisch Klavier.

»Wer ist das?« fragte ich den Mann vom Möbelwagen.

»Der eine ›Grüne‹, der kleine«, sagte er. Voller Staunen stand ich da und hörte zu. Ich fragte mich, wie sich dieser stille Mann, der da so melancholisch vor sich hinstarrte, freiwillig zur »Grünen Polizei« hatte melden können.

Als schließlich auch das Klavier, als letztes Möbelstück, ins Auto getragen wurde, bekam ich eine Antwort darauf.

»Es ist ein französisches Klavier«, sagte der kleine »Grüne«. »Ein Pleyel. Eine gute Marke. Ich habe selber auch eins davon gehabt.«

»Gehabt?«

»Ja, ich habe alles bei einem Bombenangriff verloren.«

»Wo haben Sie gewohnt?«

»In Duisburg. Ich hatte damals gerade Urlaub. Krieg ist die größte Schweinerei, die es gibt.«

Dann fragte ich ihn rundheraus: »Warum sind Sie freiwillig zur ›Grünen Polizei‹ gegangen?« Und ich wollte schon hinzufügen: »Dafür sind Sie viel zu menschlich . . .«

»Nicht freiwillig«, sagte er. »Ich bin im Kriege dreimal verwundet worden, und als ich für den Krieg nicht mehr tauglich war, da haben sie mich in diese Einheit gesteckt.«

Aber sein Vorgesetzter hatte es eilig, er wollte am Nachmittag auf die Jagd. Zum Mittag luden sie sich selbst zu gebratenen Eiern ein und holten Bier und Brot mit Butter aus dem Keller. Die Taufbücher würden zum Bürgermeister in Verwahrung kommen, erklärte der Kommandant, ebenso der Hausschlüssel. Der könne darüber verfügen und ihn mir nach Gutdünken wieder zurückgeben oder ihn mir vorenthalten. Was der Bürgermeister tun würde, war nicht zweifelhaft. Ich würde den Schlüssel bestimmt bald zurückbekommen.

Mein Bruder war inzwischen angekommen, während sie noch damit beschäftigt waren, die Möbel aus dem Hause zu räumen. Er zeigte seinen Personalausweis und die Akten des Notars vor, die er mitgebracht hatte, und ich erklärte den Herren, daß er mein Bruder sei. Mein Bruder schaute sich in dem Chaos um, und der große »Grüne« fühlte sich unsicher bei diesem Blick und angesichts der notariellen Akten. Was für ein Recht hätten sie, mich am hellichten Tag zu berauben? Darauf begann der »Grüne« zu schreien, über die stinkenden Juden, die wir im Haus gehabt hätten. Er schrie, wie sie ihn dressiert hatten.

»Stink-Juden«, das waren Lily und Esther, Naomi und Mirjam und die beiden bescheidenen, älteren Menschen, die wir im Haus gehabt hatten.

Gut, wenn das »Stink-Juden« waren, dann wollte ich tausendmal lieber einer sein als zum Beispiel ein Deutscher.

Als wir dann draußen standen, er bei seinem Motorrad und ich bei meinem Fahrrad, da war alle Dressur abgefallen, und er wurde zum Menschen.

»Was soll ich denn tun?« fragte er und schaute auf das leere Haus, das sie wie eine Ruine hinterlassen hatten, mit umgekehrten Schreibtischschubladen, schmutzigen Pfannen und Schüsseln von ihrem Mahl, leeren Flaschen und Papieren, die überall auf dem Boden verstreut waren.

Ich sagte, daß ich es auch nicht wüßte, und fragte, einem plötzlichen Impuls folgend: »Warum haben Sie das gemacht?«

Er schimpfte nicht, sondern sagte einfach: »Ich weiß es nicht, aber man sagt, Juden sind Terroristen, und mit Terrorismus will ich nichts zu tun haben. Wie lange ist Ihr Mann schon weg?«

»Fast fünf Monate.«

»Sie können reklamieren im Scholtenshuis. Es ist schon einmal geschehen, daß eine Frau alles zurückbekommen hat.«

»Damit darf ich nicht rechnen.«

»Doch, doch, Sie haben eine Chance«, sagte er. Und dann: »Haben Sie Geld?«

»Das nützt heutzutage nichts, Sie wissen selber, daß man sich dafür nichts kaufen kann.«

Er schaute nachdenklich. »Das ist wahr«, sagte er und trat auf das Gaspedal. »Aber ich habe keinen Haß«, sagte ich. Das konnte ich ihm ganz aufrichtig sagen, denn ich meinte es auch so. Die Menschen da waren ja nur Sklaven eines verfluchten Regimes, das zum Untergang verdammt war. Sie hatten sich einer großen Sünde schuldig gemacht, der Sünde gegen das erste Gebot: Du sollst keine anderen Götter haben neben mir. Anstelle von Gott hatten sie sich Götter gemacht von Rasse, Blut und Boden, und von dem Mann, der sie als »Führer« ins Verderben stürzte. Sie hatten mir unseren Besitz abgenommen, aber ich wollte doch nicht mit ihnen tauschen. Der Deutsche trat noch einmal auf das Gaspedal. Seine Maschine schoß nach vorne, und er verschwand um die Ecke.

Die Jagd am Abend muß ihn sehr wohl abgelenkt haben. Der Bürgermeister hat nämlich nie einen Schlüssel von ihm bekommen.

Gespensterisch klapperten die Jalousien an die leeren Pfarrhausfenster. Das Wetter war umgeschlagen. Es war kalt und windig geworden. Eine große Leere lag über dem Garten. Wie konnten wir hierher je wieder zurückkommen? Wie sollten wir je wieder hier wohnen und glücklich sein? Ich konnte nicht in die Zukunft sehen, ich konnte sie mir auch nicht mehr vorstellen. Eine undurchdringbare Mauer schien davorzustehen, die alle Perspektiven ausschloß.

Mein Bruder hatte auf dem Scholtenshuis nichts erreichen können. Er war dort barsch angefahren worden. Nicht einmal sein Argument, daß das Spinett ein Erbstück und älter als 200 Jahre sei, machte Eindruck. Gegen jemanden, der sich so vergangen hatte wie wir, waren keine Maßregeln zu streng.

Ich lag nachts wach und hörte auf jedes Auto, das sich von weitem näherte. Stoppte es vor dem Haus?

Nein, ein Glück, es fuhr weiter. Familienangehörige und Freunde rieten mir, ich solle einen anderen Wohnort suchen. Also wieder fort mit dem Jungen.

Ich wehrte mich sehr dagegen, besonders wegen Hansje, der sich hier zu Hause fühlte, aber auch um meinetwillen. Aber das Drängen und Bitten der Freunde wurde immer stärker, bis ich schließlich nachgab. Man hatte mich noch gebeten, die Beerdigung von zwei jungen Männern zu übernehmen, die bei einem Bombenangriff auf Emden getötet worden waren. So blieb ich noch einige Tage, aber als sich eine Gelegenheit bot, mit einem Auto mitzufahren, da griff ich zu.

Da gingen wir also wieder, mein Junge und ich, einer ungewissen Zukunft entgegen, denn das Pfarrhaus, in dem man uns eine Unterkunft angeboten hatte, war uns unbekannt. Aber es wäre undankbar gewesen, etwas davon merken zu lassen.

Der Sohn des Kirchmeisters saß neben mir am Steuer. Wir fuhren zuerst zu seiner Tochter, deren Mann im Straflager vom Amersfoort saß und auf dessen Bauernhof er einmal die Woche kam und alles regelte.

Von dort konnte ich mit dem Fahrrad weiterfahren. Hans saß vorne in einem Körbchen. Während wir so die geraden Wege des einsamen Polderlandes entlangfuhren, dachte ich an das, was ich hatte zurücklassen müssen: die Gemeinde und das Pfarrhaus, das nun einen so trostlosen Anblick bot.

Am Nachmittag zuvor war ich noch einmal dagewesen, und als ich so durch die leeren Zimmer gelaufen war, wo es nur Scherben, Papiere und Dreck auf dem Boden gab, kam mir die Frage von Hiob in den Sinn:

»Ist es umsonst, daß Hiob dem Herrn dient?«

Aber wenn ich auch aller Dinge, die mir lieb gewesen waren, beraubt worden war, so hatte ich doch auch viel Güte erfahren und würde sie auch in dem Pfarrhaus erfahren, in das ich nun gehen wollte.

In jener Zeit machte sich das neue Leben in mir bemerkbar; triumphierendes Leben, über alle äußerlichen Umstände hinweg. Es war etwas, das mir niemand wegnehmen konnte, keine »Grüne Polizei« und keine Gestapo. Es war mein allereigenster Besitz. Es rührte sich in der Stille und Einsamkeit der Nacht, und es war wie ein süßer Trost, der mich nicht allein sein ließ, auch wenn Hansje ruhig schlief.

Aber wo sollte mein Kind geboren werden? Maria hatte sich das auch gefragt. Sie hatte schließlich einen Stall gefunden. Aber der Krieg dauerte noch immer an, und ich hatte kein Haus. In den Nächten, den langen Nächten, dachte ich an Domie. Alles dauerte so lange! Die Befreiung schien greifbar nahe zu sein, aber vorerst einmal war der Angriff der Fallschirmtruppen bei Arnheim durch den Verrat eines Holländers mißglückt. Montgomery hatte ihm dem Auftrag gegeben, die Nachricht über die Landung an die Untergrundorganisation in den Niederlanden weiterzuleiten. Aber es war ein Spion und gab die Nachricht an die Deutschen weiter. Nun standen wir vor einem langen, langen Winter voller Hunger, Elend und quälender Unsicherheit.

Der 25. September war gekommen, unser Hochzeitstag. Ich hatte mich morgens sehr früh unten bei einer kleinen Lampe hingesetzt, um mein Herz aufs Papier auszuschütten. Ob Domie auch daran dachte, oder würde er für Zeit und Stunde dort in diesem dunklen Gefängnis kein Gefühl mehr haben? Das hatten wir uns vor neun Jahren auch nicht so vorgestellt... »In guten und in schlechten Zeiten...«

Weteringschans, Donnerstag, 28. 9.

»Die Chancen, mit Dir in Kontakt zu kommen, sind sehr gering, aber ich bin sehr, sehr froh, daß Du nun doch noch etwas von mir erfahren kannst und ich vielleicht auch einen Bericht von Dir empfangen kann – jetzt habe ich sehr großes Verlangen danach, weil Du vielleicht erfahren hast, daß hier die Hälfte der Menschen freigelassen wurde und Du gemerkt hast, daß ich leider nicht dabei war. Du hast vielleicht allerlei Fragen gestellt und Schlußfolgerungen gezogen. Und ich habe darum großes Mitleid mit Dir. Vor allem seit ich weiß (das bin ich hier auf dem Bahnhof gewahr geworden, als wir vor etwa drei und einer halben Woche nach Vught hatten gehen sollen, was aber nicht zur Ausführung kam), daß sie sogar unser Haus leergeräumt haben und Du nun selbst kein eigenes Haus mehr hast.

Ich hoffe so sehr, daß es Dir gut geht und dem zweiten Kindchen, das wir erwarten. Ich hatte eine Zeitlang die Hoffnung, dann bei Dir sein zu können, aber im Augenblick sieht es gar nicht danach aus. Wenn wir doch wenigstens hier ein gutes Bild durch die Nachrichten hätten: die Fallschirmtruppen in Arnheim und Nijmegen vernichtet, und der Kampf in Brabant nicht günstig. Es kann natürlich plötzlich etwas Unerwartetes geschehen, wodurch das Bild ganz anders wird, aber im Augenblick sieht es noch gar nicht danach aus, daß wir es bald geschafft hätten. Besonders was unser Land betrifft, scheint es noch eine langandauernde Geschichte zu werden. Und darum bin ich sehr froh, wenn ich wieder Kontakt zu Dir bekomme.

Hier sieht es, wie mich dünkt, so aus: Unter dem Druck der Fallschirmtruppen bei Arnheim und Nijmegen wollten sie uns laufen lassen. Das ist mit einfachen Fällen, um die sich der Sicherheitsdienst gekümmert hatte, auch geschehen. Was die anderen Fälle betrifft (Feldgendarmerie vor allem), so wartete man noch auf Telefonanrufe. Hätten sich die Fallschirmtruppen in Arnheim und Nijmegen durchgesetzt, dann hätten sie uns am nächsten Tag auch freigelassen. Aber nun – haben sie uns noch und halten uns fest, bis die Notwendigkeit für die Herren kommt, sich zu verziehen, was wir von ganzem Herzen hoffen. Es gibt also keinen Grund, daß Du Dich extra sorgst, es sei denn, daß sich alles im Krieg jetzt festfährt und sie anfangen, darüber nachzudenken, ob sie uns nach Deutschland transportieren sollen. Sie scheinen zur Zeit noch keine Transportpläne zu haben, aber wenn sie wieder einige Erfolge verbuchen können, werden sie bestimmt wieder mit ihren Transporten beginnen. Was wir nicht hoffen wollen! Was ich in der ganzen Situation so unsicher finde, ist, daß es an der russischen Front so still steht. Ich befürchte, daß sie die Truppen von dort abziehen hierher für den Westen. Und das könnte das ganze Bild doch wieder zu unserem Nachteil verändern. Was Gott, der uns bis hierher geholfen und bewahrt hat, verhüte.

Wie es mir geht? Gut. Ich bin nicht abgemagert, gesund, und ich habe an dem Essen hier mit dem, was wir alle vierzehn Tage vom Roten Kreuz bekommen, genug. Darüber also keine Sorge. Du hast Dich sicher schon darüber gewundert, daß ich Dir so wenig Wäsche mitgebe. Das kommt daher, daß ich lieber dreckig als kalt bin. Ich habe einen dicken Jägeranzug an und tausche den nicht gern gegen dünne Kleidung, denn wenn ich inzwischen auf einen Transport geschickt werde, dann wäre ich vielleicht ohne warme Kleidung im Winter. Ich habe einen schmutzigen, kaputten Schlafanzug an, aber den gebe ich nicht mit, ehe ich nicht einen anderen empfangen darf. Weiter würde ich sehr gern haben: Schnürbänder, Pullover, eine dicke Winterjacke für die kommende Zeit. Sonst habe ich momentan eigentlich überhaupt keine Wünsche.

Aber ich würde so herzlich gern von Dir viel wissen wollen. Ich glaube, daß Du hier sogar einmal die Wäsche hergebracht hast, obwohl ich nicht begreife, wie das möglich war bei den schlechten Verbindungen. Ich hoffe auch nicht, daß Du jetzt mit der Bahn fährst. Zur Zeit viel zu gefährlich. Wahrscheinlich geht es auch gar nicht, weil kein Zug fährt. Aber wo bist Du denn? In Zeist, aber wie kannst Du dann hierher kommen? Oder bist Du in Amsterdam? Und wo dann? Doch sicher mit unserem Jungen zusammen? Und wie geht es mit ihm? Ist aus unserem Haus noch etwas gerettet worden? Bücher? Kleider? Und aus der Blasiusstraat? Meine Sachen von der Doktorarbeit? Du mußt wissen, daß ich hier nur einmal von Dir einen Bericht empfangen habe. Nach dieser Zeit nichts mehr. Daß das nicht an Dir liegt, begreife ich vollkommen. Ich brauche das nicht ausdrücklich zu sagen, meine Liebe. Aber darum, wenn es möglich sein sollte, hörte ich gerne sehr ausführlich. Auf dünne Blätter schreiben, dicht aneinander mit Bleistift. Scharfe Spitze schleifen und fest drücken.

Nach dem mißglückten Transport nach Vught bin ich nicht mehr verhört worden. Wird wohl auch nicht mehr geschehen. Seit einigen Wochen ist auch meine Einsamkeit in der Zelle überwunden. Ich habe erst fast 14 Tage jemanden aus Haarlem und einen alten Missionslehrer aus Zeist bei mir gehabt. Die sind beide vergangenen Sonnabend nach Hause gegangen. Ich sitze nun mit einem altreformierten Polizisten aus Utrecht und einem jungen Mann aus Wassenaar. Glücklich, daß die Einsamkeit vorbei ist. Sie begann zu drücken. Wie ist es denn mit der Gemeinde geregelt, wo Du nun auch da bist? Auch dort gehen meine Gedanken oft hin.

Daß ich hier noch festgehalten werde, wie übrigens noch mehr als hundert andere, kommt wahrscheinlich daher, daß ich ein kombinierter Fall von Sicherheitsdienst und Feldgendarmerie bin.

Ich glaube nicht, daß man im Augenblick viel dazu tun könnte, um mich herauszubekommen. Vielleicht wüßte höchstens Henny aus Den Haag einen Rat (Mej. Henny, p. a. Heer Kloosterman in Den Haag). Ich möchte Dir auch noch herzlich gratulieren, obwohl es schon etwas spät ist. Vor ein paar Tagen war unser Hochzeitstag: 25. September. Neun Jahre. Man hat mir hier in der Zelle gratuliert. Zwei nette Kollegen. In der Tat, wir sind noch beide da. Und das hätte ganz anders sein können. Dafür bin ich auch äußerst dankbar. Aber wir sind noch nicht hindurch. Gott hat uns bis hierher bewahrt und sehr geholfen. Und doch weiß ich noch nicht sicher, ob es wohl wahr ist, daß er mich wieder als Pastor an die Arbeit setzen wird und wir unsere Familie wieder ganz zusammen haben werden. Und in finsteren Augenblicken (die ich doch auch hin und wieder habe) hätte ich es gerne, daß ich in diesem Punkt eine klare Anweisung bekäme. Aber ach, warten ist manchmal schwierig. Das wirst Du auch wohl genauso erfahren. Was muß man auch enttäuscht sein, daß es in unserem Land mit dem Krieg nicht besser verläuft! Aber Gott weiß, daß ich von ganzem Herzen danach verlange, um bei Dir und den Kindern zu sein. Um wieder Pastor zu sein in einer Welt mit erträglichen Zuständen. Aber ich habe wohl im Augenblick mit mutlosen Momenten zu kämpfen. Es wird Dir sicher oft genau so ergehen. Aber ich komme immer wieder heraus. Ich bin hier so glücklich mit meiner Taschenbibel. Sie hat mir schon soviel Trost gegeben. Und dann fällt mir wieder ein Lied ein:

> Der Wolken, Luft und Winden,
> gibt Wege, Lauf und Bahn,
> der wird auch Wege finden,
> da dein Fuß gehen kann.

Und dann erscheint es mir manchmal so grausam, daß Gott uns, nachdem er uns so viel Hoffnung gegeben hatte, wieder so zurückstoßen konnte. Aber ja, seine Wege sind anders als die unseren. Doch bleibe ich guten Mutes, denn mein Herz ist voll Liebe für Euch und für die Arbeit. Ich habe doch noch viel zu geben. Mein ganzes Herz wendet sich Dir zu, meine liebe, tapfere Frau. Ich sehe Dich in Gedanken oft vor mir, auf dem Fahrrad im Dorf, das Körbchen mit Hans vorn am Lenker, das fröhliche Mützchen auf.

Und unser Junge, wie er als kleines Kind zwischen uns im Bett lag. Rührend, das kleine Kinderköpfchen. Später, wie er im Garten trippelte. Wenn ich das so vor mir sehe und daran denke, was in Deinem Schoß noch an stillem Geheimnis schlummert. Ich hoffe doch, daß es Dir weiterhin gut geht, dann habe ich das ganz starke Gebet, wieder bei Euch sein zu dürfen, und für Euch zu leben. Das Verlangen brennt oft in mir. Aber wenn ich dann wieder daran denke, was sonst noch in der Welt alles durchlitten wird, auch an der Front und anderswo, dann bin ich gewiß, daß Gott alle unsere Gebete kennt und daß ohne seinen Willen kein Haar von unserem Haupt fallen kann. Das gibt mir wieder Mut. Dann weiß ich, daß wir nichts verdient haben, aber daß er gnädig ist und sich über unser Gebet erbarmt. Und daß sein Auge Euch bewacht und mich. Zu gleicher Zeit. Und dann bin ich wieder beruhigt. Jetzt läutet unten die Glocke zum Essen. Da wird das Schreiben unsicher. Darum will ich hier erst einmal aufhören. Es hat mir unendlich gut getan, wieder einmal mit Dir sprechen zu können.

Freitagmorgen.

Liebste, daß wir nicht nach Deutschland kommen, ist noch gar nicht so sicher. Ich habe natürlich überhaupt keine Lust dazu, dorthin verschickt zu werden. Aber das weiß ich, daß Gott mich begleitet. Halte Dich daran fest, mein Schatz. Ich weiß natürlich nicht, ob ich Dich dann jemals wiedersehen werde. Das Gute ist: Ich bin noch gesund, und der Krieg ist wahrscheinlich schon in seinem Endstadium. Wenn wir uns nicht wiedersehen sollten, mein liebster Schatz, dann darfst Du wissen, daß ich bis zu meiner letzten Stunde in Liebe an Dich und die Kinder denken werde.

Auch im fernen Land werde ich dann für Euch weiterhin beten. Erziehe unsere Kinder, wenn sie größer geworden sind, in dem Glauben, daß es für den denkenden Menschen viele Probleme gibt, was Gott betrifft, aber daß ER, wenn man IHN nötig braucht, seine Nähe darin erweist, daß ER einen nicht im Stich läßt.

Grüße meine Eltern und sag ihnen Dank, daß sie mir in meiner Jugend das Evangelium nahegebracht haben. Das hat alles gut gemacht. Und bitte sie um Vergebung für allen Kummer, den ich ihnen bereitet habe. Ich denke in Liebe an sie, wie auch an meine Schwester. Grüße sie und A. von mir. Natürlich auch alle Familienangehörige von Deiner Seite, die Schwägerinnen und Schwager, die Nichten und Neffen, und danke ihnen für die Liebe, mit der sie mich aufgenommen haben, und für alles Gute, das ich durch sie empfangen habe. Und wen mußt Du sonst noch grüßen? Greet, Froukje, Polletje, Elderling, Lisette, die Nachbarn, die Dennen und viele andere. Sollte ich nicht mehr zurückkehren, laß dann in unserer Gemeinde bekanntgeben, daß ich ihr danke für jedes Zeichen von Liebe und daß ich jeden um Verzeihung bitte, dem ich Unrecht zugefügt habe oder den ich vernachlässigt habe. Laß sie noch etwas von meinem Tun und Lassen während des letzten Jahres wissen und sage ihnen in meinem Namen: Der Herr segne dich und behüte dich...

So, nun habe ich eigentlich alles Wesentliche gesagt. Habe ich etwas vergessen, dann ergänze es bitte in Gedanken.

Ich danke Dir, meine liebe Frau, für alles, was Du mir gegeben hast. Es ist sehr viel gewesen. Viel mehr, als Du vielleicht selbst vermutest. Es mag sein, daß ich noch einmal zu Dir und den Kindern zurückkehren kann. Wenn ja, dann muß dieser Brief, der ganz in der Stimmung des Abschieds geschrieben ist, Dich nicht weiter bedrücken. Komme ich eines Tages wieder zu Euch zurück, dann wollen wir geläutert von neuem beginnen. Sollte ich nicht mehr kommen, dann bin ich froh, Dir dies alles wenigstens geschrieben zu haben. Sollte ich nicht zurückkommen, und sollte Europa weiterhin eine so düstere Zukunft haben wie es im Augenblick scheint, dann gehe nach Amerika. Aber wie auch immer: Gott segne Dich. Es kann sein, daß dieser Brief überflüssig ist. Daß wir noch hierbleiben. Aber ich glaube es nicht. Auf jeden Fall sind wir hier keine Stunde mehr sicher.

Darum gebe ich den Brief jetzt mit, denn ich weiß nicht, wann ich wieder eine Gelegenheit dazu bekomme.

Auf Wiedersehen, hier auf Erden oder später im Himmel.«

Ich habe, wie auch bei anderen Briefen, einige Passagen weggelassen, aber aus dem Inhalt, den ich wiedergegeben habe und der zum Teil ja auch nicht für mich allein bestimmt war, kann man verstehen, daß ich ein bleischweres Gefühl in meine Arme bekam. So schwer, daß sie wie gelähmt schienen und ich sie eine Woche lang kaum bewegen konnte.

Die Sonne schien auf die prächtigen Dahlien im Pfarrgarten. Hell und warm waren ihre Strahlen. Ich fühlte sie nicht und sah sie nicht. Eine eiskalte Hand hatte sich auf mein Herz gelegt, denn auf dem Umschlag des kleinen Briefes stand: »Von einem niederländischen Gefangenen, auf dem Transport nach Deutschland.«

»Aber das kann nicht sein!« sagte die Dame, die mir den Brief gebracht hatte. »Er war noch im Gefängnis, als er den Brief weiterleitete.«

Aber ich war so gelähmt, daß ich gar keine Initiative mehr aufbringen konnte. Der Pastor, bei dem wir wohnten, schlug vor, meine Familie in Holland anzurufen. Die würden vielleicht mehr wissen.

Kurze Zeit später erhielt ich noch weitere Nachricht. Mein Mann war immer noch im Gefängnis Weteringschans. Es ging ihm gut. Er hatte eine vorübergehende Depression durchgemacht, vermutlich auch deshalb, weil er so lange in Einzelhaft gesessen hatte. Aber nun hatte er wieder Gesellschaft. Er erkundigte sich sehr genau nach meinem Befinden.

Ich war einmal in einer finsteren Grotte gewesen. Damals hatte ich ganz plötzlich, als ich um eine Ecke bog, wieder Tageslicht gesehen. Ich hatte vorher nie gewußt, daß »normales« Tageslicht so schön sein konnte. Diese Erfahrung machte ich nun wieder. Und unaussprechliche Dankbarkeit erfüllte mein Herz.

In der Nacht träumte ich, daß mich ein Auto ins Krankenhaus brachte. Ich mußte durch ein finsteres Tal der Schmerzen und Schrecken. Aber dann durchströmte mich das himmlische Glücksgefühl einer Mutter, denn ich hielt mein Baby in den Armen und war wie in einer anderen Welt, in der ich Menschen und Dinge, die mir lieb gewesen waren, sehen konnte. Novembernebel hing dicht über den Weideflächen und über dem weiten, kahlen, umgepflügten Ackerland. Ich wollte noch einmal zum Pfarrhaus gehen, um von allem Abschied zu nehmen. Die Hähne krähten, es wurde Morgen – aber es war kein Novembermorgen: der Himmel färbte sich rot und golden, Vögel sangen im jungen Grün, es wurde Frühling.

Im Traum ist ja alles möglich; da kann ein dunkler Novembermorgen sogar in ewigen Frühling verwandelt werden.

Aus den umgepflügten Furchen stieg Erdgeruch auf. Das Land bedeckte sich mit frischem Grün. Wo meine Gedanken waren, da war ich auch. Da stand das alte Haus in der Morgendämmerung. Eine Amsel sang in der braunen Hecke, die diesen kupfernen Glanz hatte. Hinter dem Haus entfalteten sich die ersten Blumen in der Sonne. Ich öffnete die Fensterläden. Alles war, wie es sein mußte. Da stand das niedrige Liegesofa, dort die Kommode mit den Kinderkleidern. Alles war wieder in Ordnung gebracht, die Möbel waren an Ort und Stelle. Als ich aber über die niedrige Hecke schaute, sah ich Männer in Gefängniskleidung bei der Arbeit.

Einen langen, geraden Graben hoben sie aus, und einer von ihnen, der erste in der Reihe, war Domie. Ich beugte mich zu ihm hin und küßte seine Stirn. Da warf er seinen Spaten weg; er war frei. Seine grauen Kleider fielen von ihm ab und er trug plötzlich den Anzug, den er am Hochzeitstag angehabt hatte. Er bückte sich und pflückte Blumen. Daraus flocht er einen Brautkranz. Vorsichtig setzte er ihn mir auf den Kopf.

Durch unseren Garten strömte ein breiter Fluß. Am anderen Ufer stand Hansje und weinte. Seine Händchen hielt er vor die Augen. »Mama!« rief er herzzerreißend. Ich streckte ihm die Arme entgegen, und die Ufer des Flusses kamen einander näher, so daß ich ihn fassen konnte, während Domie das Baby in seinen Armen hielt und es andächtig betrachtete.

Plötzlich kam Leben in das alte Haus. Die Menschen wurden wach. Da war Froukje. Sie öffnete die Fensterläden an der Innenseite, aber die Jalousien an der Außenseite ließ sie geschlossen. Warum tat sie das? Da war auch Greet. Sie ging zum Schweinefüttern, denn sie trug einen Eimer nach draußen. Und Polletje band das Schaf los, das bei Elderling gewesen war, seit die Deutschen das Haus ausgeräumt hatten. Dann ging ich durch die Zimmer. Sie waren alle wieder zurückgekommen: die Jungen schliefen noch, ihr Fenster stand auf, wie immer. Frits' Kleider hingen über einem Stuhl, seine Krawatte an der Türklinke. Die Sachen von Chris lagen aufgerollt, zu einem Bündel bereit, ein Draht herumgewickelt, um damit schnell in den Versteckkeller flüchten zu können. Das war nicht mehr nötig, aber es war ihm zur zweiten Natur geworden. Ich schaute entzückt in die Gesichter der Jungen. Wie sahen sie doch so jung aus im Schlaf!

Auf dem Dachboden, in ihrem eigenen kleinen Zimmer, schliefen die »Mäuse«. Dunkle Locken umhüllten Lilys Kopf. Ein Buch lag aufgeschlagen auf Esthers Decke. Sie hatte im Bett noch darin gelesen und war darüber in den Schlaf gefallen. Da waren auch Naomi und Mirjam. Mirjam hielt ihren Arm im rosafarbenen Ärmel ihres Schlafanzuges über ihren Kopf gebeugt, während Naomi schräg in ihrem Bett lag, wie immer. So waren sie, und alle waren sie zurückgekommen, nun aber frei – denn wir hatten Frieden.

Dann ging ich auch in unser Schlafzimmer. Da, in meinem eigenen Bett, lag ich bewegungslos und bleich. Ich war gestorben. Jetzt begriff ich: Deshalb waren alle hergekommen. Dort war auch der »Maulwurf«. Er tauchte plötzlich aus der Grube auf. Er kam immer unerwartet. Er gehörte auch dazu. Er ging durch das Haus und weckte die Leute.

Ich hatte mir um ihn Sorgen gemacht, aber nun war er hier, und auch Wil – und Lisette. Alle Sorge, alle dunklen Schatten waren verschwunden. Ich hatte Leid und Freud kennengelernt. Ich hatte gelebt! Nun blieb nur noch das helle Morgenlicht zurück. Es kam Bewegung ins Haus, die Menschen standen auf. Sie waren aber ganz leise, denn es lag ja ein Toter im Hause. Sie schlichen auf Zehenspitzen über den Flur und stiegen von der Bodentreppe herunter. Sie knarrte. Erschrocken blieben sie stehen, und eine Stimme flüsterte: »Sst! Tante Jo schläft!«

Dann wurde ich wach. Regen tröpfelte nieder und lief auf den Balkon und weiter hinunter in den Kanal. Es regnete auf die Strohballen in einem Schiff, das dort unten langsam vorbeiglitt. Regen, Regen. Und jedermann mußte Gräben ausheben. Eine ganze Linie, von Zwolle bis nach

Delfzijl. Niemand durfte wegen des Regens aufhören, sondern mußte sich klitschnaß regnen lassen. Die Männer aus unserer Gemeinde waren auch fort. Nur der junge Landwirt war noch da, wo sich die »Mäuse« vorübergehend versteckt gehalten hatten. Aber dann hatten sie ihn in ein Konzentrationslager gesteckt, nachdem sie seine Mutter und Schwester gefangengenommen hatten. Der grub jetzt auch in der Nähe von Zwolle. Unser ganzes Land war ein einziges Konzentrationslager geworden, in einem naßkalten, endlosen Regen ohne Aussicht auf Befreiung.

Wir mußten an den Unterricht und die Gottesdienste denken. Greet organisierte einige Hilfstruppen. Froukje, Janny, Imke. Sie kamen alle, um zu helfen. Es wurde geschrubbt, gewischt, Fenster wurden geputzt, Bänke, Stühle, Tische und Schränke gereinigt, Spinnweben gefegt, die Orgel abgerieben. Dann wurde alles für den Gottesdienst aufgeräumt, sogar das Glas Wasser für den Pastor hingestellt, schön abgedeckt mit einer Untertasse, in guter Reichweite vom improvisierten Rednerpult.

Als alles glänzte und blinkte, merkten die Mädchen, daß sie Hunger hatten. Greet ging in den Keller und holte Kartoffeln. Da stand auch noch ein wenig ranziges Fett. Sie schälte die Kartoffeln, kochte sie auf dem Ofen im Konfirmandenraum und buk sie dann. Danach futterten alle. Es war dort urgemütlich, am Ofen. »Du mußt auch wiederkommen, Greet, dann ist es genauso wie früher«, sagte Imke, und Janny meinte, daß jetzt nur noch fehle, daß »unser Domie« sonntags wieder predige.

Sie waren einsam, die Kinder. Der geschlossene Konfirmandenraum war für sie ein abgeschlossenes Stück Lebensinhalt. Sie hatten Sehnsucht nach Domie und Frau Pastor, wie sie sagten. Keine Festlichkeiten mehr, keine Zusammenkünfte, keine Volkstänze, keine Lieder zum Orgelspiel, keine Freizeiten im Sommer, nichts war mehr los, den ganzen Sommer und Herbst hatte nichts stattgefunden. Ich erhielt Briefe, aus denen dieses Verlangen deutlich zu lesen war.

Ich mußte wieder zu ihnen zurückkehren, ich verlangte auch mit ganzem Herzen danach. Zum Weihnachtsfest sollte die Jugend ihr geistliches Zuhause wiedergefunden haben. Auch mit den Zusammenkünften für die Älteren müßte wieder ein Anfang gemacht werden. Dieser Zustand sollte nicht länger dauern als unbedingt notwendig. Ich würde mir in dem leergeräumten Haus schon irgendwie helfen können, auch wenn es mit einem neugeborenen Baby etwas schwierig werden könnte.

Und es gab doch noch immer die Hoffnung, daß sich plötzlich eine positive Wendung ergab, und daß Domie vor Weihnachten wieder hier sein könnte. Wie stark ich mich danach sehnte! Immer wieder richteten sich meine Gedanken und Gebete auch auf Esther und Lily. Einen polnischen Winter – würde Lily den überhaupt überleben? Wie gern hätte ich sie wieder hier unter unserem Dach gehabt, in Freiheit, um alles durchgestandene Elend wieder gutzumachen!

Und wie mochte es den Jungen ergehen? In dieser Woche gab ich Greet einen Geburtstagsbrief für einen von ihnen mit. Wenn sie nur durchhalten könnten! Von Naomi erhielt ich vor einigen Wochen einen Brief. Sie konnte vielleicht schon frei sein, denn sie saß mit dem älteren Ehepaar, das auch bei uns gewesen war, in Limburg. Dort waren die Engländer schon Mitte September eingerückt. Mirjam überraschte mich mit einigen von ihr selbst angefertigten Babykleidern. Ich verlangte nach ihnen allen. Wenn sie ins Pfarrhaus zurückkämen, hätten wir für sie keine Betten zum Schlafen, aber im Stroh auf dem Boden würden wir schlafen wie Prinzen und Prinzessinnen!

Werden und vergehen

Klein-Dikkie wurde unter dem Gedröhn englischer Bomber und den Kommandos deutscher Soldaten geboren. Als mein zweiter Sohn zur Welt kam, war noch kein Friede, allen guten Voraussagen zum Trotz – und sein Vater war noch immer in Haft. Ich habe den Weg zum Krankenhaus nie wieder vergessen, in der Dämmerung des Novembermorgens. Meine Gedanken waren bei Domie. Da weilten sie fast immer. Ab und zu wechselten der Doktor und ich im Auto ein paar Worte, wenn ich gerade keine Schmerzen hatte.

Wir hatten am Morgen zusammen gebetet, der Pastor, seine Frau und ich. Es war kurz nach sechs Uhr. Danach hatte ich das Pfarrhaus verlassen, als das Auto vorgefahren war. Es war nebelig. Eine junge Schwester zeigte mir im Krankenhaus den Weg und ließ mich dann allein.

Das Kind, das ich zur Welt bringen sollte, würde die Freude seines Vaters sein, wenn er nach Hause käme, ein großes Geschenk, das ich ihm geben konnte. Das Haus würde kahl und leer sein, aber es würden Blumen darin stehen und eine kleine Wiege.

»Bei meiner Heimkehr müssen wir fröhlich und festlich füreinander sein«, hatte Domie geschrieben. Würde das dann nicht tatsächlich so sein? Würde es kein Fest sein, wenn wir uns wieder umarmen könnten?

Mittags um viertel nach eins wurde Dikkie geboren. Hansje war genau um die gleiche Zeit, aber nachts, zur Welt gekommen. Ich nannte ihn Victor Emanuel, denn dieses Kind bedeutete die Überwindung aller Schmerzen: Gott mit uns. Als ich ihn da so nackt und schreiend liegen sah, bekam ich ein zärtliches Gefühl für ihn. Das hatte ich bei Hansje auch gehabt, aber nun kam etwas Neues hinzu – ein unendliches Erbarmen, denn dein Vater, liebes Kind ...

So heiter die Umstände damals gewesen waren, als dein Bruder geboren wurde, so trübe waren sie jetzt.

Aber schließlich siegte doch die Freude, so wie die Sonne endlich die Nebel durchbrach. Ich hatte es geschafft, hatte diese stechenden Schmerzen hinter mir, wartete nun auf einer Liege vor dem Operationssaal auf eine kleine Nachbehandlung. Die Nebel der Morgenstunden hatten sich verzogen. Große, weiße Wolken trieben am blauen Himmel.

Gebirgsketten und Grotten. Ich dachte an Johan. Mit ihm hatte ich auch die Wolken beobachtet und dazu ein Gedicht von Henriette Roland Holst gelesen. Geburt und Tod, die beiden Pole, zwischen denen sich dieses kurze, irdische Leben bewegte ... Dann kam ich an die Reihe. Wieder Schmerzen, unerträgliche Schmerzen – und ich hatte schon gedacht, daß ich sie los wäre.

»Das geht so nicht, Schwester. Setzen Sie ihr die Kappe auf.« Ich sah noch eben die blinkenden Instrumente, die weißen Schürzen und Jacken. Dann wurde es dunkel, und ich schloß die Augen.

»Zählen«, sagte der Doktor. »Nicht so schnell.«

Bei fünfzig fühlte ich mich wegsinken, zählte aber weiter bis siebzig. Ich hörte mich selber ganz langsam sagen: 68, 69, 70.

Dann nichts mehr.

Wo bleibt der Geist eines Menschen während der Narkose?

In Träumen? Ich hatte einen Traum – oder kam der erst beim Erwachen? Ich kann mich noch ungefähr an die Atmosphäre erinnern, in der ich während des Träumens lebte. Das war etwas Unbeschreibliches. Als ich aber wieder zu mir kam, hatte ich keine Schmerzen mehr. Ich hörte ein metallartiges Ticken, wie von kleinen Hämmern. Es dröhnte in meinen Ohren.

»Ich bin schon wach.«

»Ja, das ist gut. Du bist ganz da.«

»Ich habe so herrlich geträumt.«

»Wovon hast du denn geträumt?«

»Von unserer Gemeinde.«

Dann legten mich einige Schwestern wieder auf den Liegewagen und fuhren mich zu einem frischen Bett. Stille und Glückseligkeit. Ich hatte ein Kind. Gleich würden sie es hereinbringen.

Beinahe acht Pfund wog es. Es konnte schon einiges vertragen. Es war ein Junge. Ich hatte eigentlich an ein Mädchen gedacht, aber es war gut so. Hans hatte ein Brüderchen.

Da stand noch ein Bett im Zimmer. Die Patientin drehte ihren Kopf zu mir. Sie war also wach.

»Haben Sie Papier und Bleistift für mich?«

Morgen war Sonntag. Sie sollten es zu Hause doch erfahren, und wenn ich jetzt gleich schriebe, dann würde der Bote meinen Brief noch mitnehmen können und ihn am nächsten Tag im Gottesdienst vorlesen lassen. Ich erhielt das Erbetene und schrieb einen kaum leserlichen Brief, denn ich lag flach auf meinem Rücken; ich hatte strenge Anordnung, mich nicht zu bewegen.

Es gab noch einen kleinen Zwischenfall. Unser Stammbuch war von den Deutschen beschlagnahmt worden, und der Chirurg, der mir geholfen hatte, war Jude. Er traute sich nicht zum Standesamt, um das Kind offiziell anzumelden. So mußte der Standesbeamte ins Krankenhaus kommen, und eine Schwester war Zeugin, als ich schriftlich die Namen aufgab.

Noch im Krankenhaus erhielt ich einen Brief von meinem früheren

Direktor aus Amsterdam. Ich hatte ihn gebeten, Domie aufzusuchen, erhielt aber die Nachricht, daß er von einem Gefängnis zum anderen geschickt worden sei, ohne Domie zu finden. Das hatte mich nicht weiter beunruhigt. Wahrscheinlich hatte man ihn zu Außenarbeiten, vielleicht zum Graben eingeteilt. Alle Menschen aus dem Konzentrationslager Amersfoort mußten das tun. Auch der junge Landwirt aus unserem Dorf. Der war eines Tages unerwartet zurückgekommen; er mußte fast die ganze Strecke zu Fuß laufen.

Könnte das mit Domie nicht genauso geschehen?

Zu seinen Mitgefangenen hatte er immer gesagt: »Hoffentlich bin ich Mitte November wieder zu Hause.« Würde er nicht alles dransetzen, um herzukommen? Manchmal ertappe ich mich dabei, daß ich dauernd auf die Tür schaute, in dem Glauben, er würde gleich eintreten. Ständig wartete ich auf ihn. Er mußte doch unseren kleinen Jungen sehen und die Blumen, und ich mußte ihm doch erzählen, wie gut die Menschen hier zu uns waren, daß sie mir Milch und Eier und Kuchen brachten – einmal sogar so viel, daß die Schwester die Päckchen auf einer Liege hatte hereinfahren müssen.

Meine frühere Zimmergenossin war genesen, und eine andere Patientin, die laufen konnte und auch wirklich viel herumlief, war an ihre Stelle gekommen. So war ich viel allein.

»Oh, Domie, warum bist du nur fortgegangen«, hörte ich mich einmal in die Stille hinein sagen. Ich wußte ja selbst die Antwort: Es war um der Not so vieler Menschen willen gewesen, aber schwierig blieb es doch.

Hansje, der im benachbarten Pfarrhaus untergebracht war, kam einmal mit seinem Onkel und seiner Tante, um sein kleines Brüderchen zu sehen und mich zu besuchen. An jenem Morgen, als ich aus dem Hause gegangen war, hatte er noch geschlafen, so daß ich ihn nur vorsichtig küßte und auf Zehenspitzen die Treppe hinunterging, um ihn nicht zu wecken.

Nun brachte er eine hölzerne Rassel für seinen Bruder mit. Er schaute sich erst verwundert um, machte dann aber einen Freudensprung, als er mich in dem weißen Bett entdeckte.

»Mama!« rief er strahlend. Aber wir beließen es bei diesem einen Besuch, denn abends im Bett war Hansje ziemlich bedrückt und rief immer nach seiner Mama.

Nach zehn Tagen war ich wieder so bei Kräften, daß ich nach Hause konnte. Auch das Baby war gut gediehen. Das Glück schien zurückzukommen. Am Sonntagmorgen vor dem Gottesdienst kam eine telefonische Nachricht als Antwort auf meine Frage, wo Domie sei.

Ich brauchte mir keine Sorgen zu machen, so lautete die telefonische Nachricht, denn Domie wäre noch immer auf derselben Abteilung, er gehöre zu den »leichten Gefangenen«, wie es die Farbe seines Ausweises verriete, und auch der Gebäudetrakt des Gefängnisses. Wahrscheinlich hätte er am Vortag (also Sonnabend) von der Geburt seines Sohnes gehört, denn man hätte versucht, ihm diese Nachricht zuzuspielen.

Froh und dankbar ging ich mit Elderling zur Kirche. Ein gesunder Sohn – und mit Domie alles in Ordnung. Das war ein Dankopfer wert. Im Gottesdienst wurde der 91. Psalm verlesen. Das ist wie eine Verheißung, dachte ich mir.

»Wer unter dem Schirm des Höchsten sitzt und unter dem Schatten des Allmächtigen bleibt, der spricht zu dem Herrn: meine Zuversicht und meine Burg, mein Gott, auf den ich hoffe.

Denn er errettet dich vom Strick des Jägers und von der verderblichen Pest.

Er wird dich mit seinen Fittichen decken, und Zuflucht wirst du haben unter seinen Flügeln.

Seine Wahrheit ist Schirm und Schild, daß du nicht erschrecken mußt vor dem Grauen der Nacht, vor den Pfeilen, die des Tages fliegen, vor der Pest, die im Finstern schleicht, vor der Seuche, die am Mittag Verderben bringt.

Wenn auch tausend fallen zu deiner Seite und zehntausend zu deiner Rechten, so wird es doch dich nicht treffen. Ja, du wirst es mit eigenen Augen sehen und schauen, wie den Gottlosen vergolten wird.

Denn der Herr ist deine Zuversicht,
der Höchste ist deine Zuflucht.
Es wird dir kein Übel begegnen,
und keine Plage wird sich deinem Hause nahen.

Denn er hat seinen Engeln befohlen, daß sie dich behüten auf allen deinen Wegen, daß sie dich auf den Händen tragen und du deinen Fuß nicht an einen Stein stoßest.

Über Löwen und Ottern wirst du gehen und junge Löwen und Drachen niedertreten.

Er liebt mich, darum will ich ihn erretten; er kennt meinen Namen, darum will ich ihn schützen.

Er ruft mich an, darum will ich ihn erhören; ich bin bei ihm in der Not, ich will ihn herausreißen und zu Ehren bringen.

Ich will ihn sättigen mit langem Leben und will ihm zeigen mein Heil.«

»Wenn auch tausend fallen zu deiner Seite und zehntausend zu deiner Rechten, so wird es doch dich nicht treffen . . .«

Was ist seither nicht alles geschehen! War es vielleicht nur ein langer, schwerer Traum? Die Erde hat sich mit einem weißen Kleid bedeckt. Ist es ein Leichentuch? In der Nacht, ehe der kleine Dikkie geboren wurde, piepste ein kleiner Vogel vor meinem Fenster, so zart und bescheiden, wie es ein Vogel im Spätherbst tut. Und nun lag ich in meinem eigenen

Dorf und hörte eine Elster krächzen, hoch oben in dem Ulmenbaum vor unserem Haus.

»Papa ist weggegangen«, hatte Hansje noch am Abend zuvor gesagt, als er bei Elderling auf dem Schoß saß.

Wenn ich daran dachte, sah ich Domie plötzlich ganz deutlich vor mir, wie er auf seiner Pritsche in der Dunkelheit lag, denn es gab kein elektrisches Licht mehr.

Von seinen Mitgefangenen, die inzwischen freigelassen worden waren, wußte ich einiges über die Schrecken des Gefängnislebens. Vom ständig lauernden Auge hinter der Luke, so daß einer der Mitgefangenen sich vor die Öffnung stellen mußte, wenn Domie lesen oder schreiben wollte; von den Rot-Kreuz-Paketen, über die sie sich wie Kinder freuten, denn das Gefängnisessen reichte längst nicht aus; von dem einen Liter Wasser, von dem sie sich waschen, ihre Zelle sauber machen und auch trinken mußten. Von dem verzehrenden Verlangen nach Hause. Das alles, alles wußte ich.

Aber ich wußte nicht, daß Domies Füße nie mehr zu mir laufen, daß seine Hände mich nie mehr umfassen würden, weil sein ganzer Körper, den ich so liebte, steif dalag. Aber auch das wußte ich eigentlich noch nicht. Domies Herz war durchbohrt, seine hohe Stirn, hinter der so gute und große Gedanken gelebt hatten. Nicht mehr die Stille des Amsterdamer Gefängnisses umgab ihn, sondern das eintönige Rauschen des Regens auf ein Blätterdach.

Ich wußte es noch nicht. Ich hatte noch nicht die geringste Vermutung. Es war die Nacht von Montag auf Dienstag. Erst Freitag sollte mich die Hiobsbotschaft erreichen.

»Du mußt es tragen«, sagte Elderling, nachdem er es mir erzählt hatte. Ja, ich mußte es tragen. Aber ich wollte es nicht glauben. Das Zimmer drehte sich mit mir. War das der schlechte Scherz irgendeines betrunkenen Portiers? Denn es konnte doch nicht wahr sein. Es war unmöglich! Ich mußte sofort anrufen, um das Gegenteil zu hören, so wie damals bei der Nachricht, daß Domie nach Deutschland transportiert werden würde.

Dikkie hatte Hunger, es war Mittagsstunde. Automatisch nahm ich ihn aus der Wiege und legte ihn an meine Brust. Aller Reichtum und alle Güte des Lebens liegen in dieser Tat beschlossen. Oh, wäre ich doch bei seiner Geburt gestorben! Hansje lag im Bett. Masern. Ich fütterte ihn mit Brei, aber er wollte nicht essen. Warum sollte man überhaupt noch essen? Wozu sollte ich meinen Kindern noch Nahrung verschaffen, sie großziehen, in eine so schreckliche Welt hinein? Wenn ich sie doch nie gehabt hätte! Dann brauchte auch ich nicht mehr weiterzuleben. Dann hätte ich keine Pflichten, die mich noch an dieses abscheuliche Leben banden. Dann wäre da keine kleine, kranke Stimme, die fragte: »Mama, bleibst du bei mir?«

Dann wäre ich frei – wenn Gott nicht da wäre –, um auch aus diesem Leben scheiden zu können und bei meinem Liebsten zu sein in seinem Tod. Ich hatte alles mit ihm geteilt, warum sollte ich nicht auch seinen Tod teilen?

Das wäre barmherzig gewesen. Nun mußte ich durchhalten, allein... Und jeder Tag sollte eine neue Qual sein. Ich mußte schlafen, essen, leben. Denn da gab es ja meine Kinder. Ich hatte kaum die Geburtswehen überstanden, aber dies war eine geistliche Bedrängnis, so groß, daß der körperliche Schmerz dagegen kaum zu spüren war. Gott. Wo ist Gott? Undurchdringliche Finsternis überall. »Daß du nicht erschrecken mußt vor dem Grauen der Nacht, vor den Pfeilen, die des Tages fliegen...« Sie haben ihn erschossen! Aber er hatte keine Angst gehabt.

»Aber mich, wenn naß die Nebel sind
und kalt das blasse Morgenrot,
in endlosem Erbarmen für ewig bergen in
deinem Schoß.«

»Wenn auch tausend fallen zu deiner Seite und zehntausend zu deiner Rechten, so wird es doch dich nicht treffen.«

Was für ein Hohn eine solche Verheißung sein kann! Was für eine Lüge! Oder ist Domie gar nicht tot? Gott, sag mir doch etwas! Antworte doch!

»Ich bin bei ihm in der Not,
ich will ihn herausreißen und zu Ehren bringen.
Tod ist Leben.«

Wer sagt das? Wer antwortet? Domie. Domie sagt es. Aber er soll nicht, nein, er soll nicht zu dem weit entfernten Ufer, er muß doch sein kleines Kind ins Bett bringen. Das sagt er doch auch! Das weiß er doch! Er darf mich hier nicht so ratlos und allein zurücklassen. Alles, alles hätte ich akzeptiert. Dies nicht. Dies darf er mir nicht antun. Von mir fortzugehen und nie mehr zurückzukommen!

Elderling ist wie ein Vater, der sein krankes Kind tröstet. Er begreift es völlig und sagt nicht viel.

Und doch ist es geschehen – das Schreckliche, das Unglaubliche! Wie ist es geschehen? Wo ist es geschehen? Warum ist es geschehen? Es ist ein Herumtasten im Finstern.

Eine häufig wiederkehrende Erfahrung aus ein und demselben Vorgang. Ein kurzer Befehl, am Abend vorher gegeben:

»Morgen um 7 Uhr antreten...« Der Gefängnisplatz, zu dem ich schon einmal vorgedrungen war und den ich kannte. Das helle Morgenrot. Die feuchten Nebel in der Nacht. Eine Nacht, in der Domie im Geist von mir Abschied nimmt, auch von Hans, der »Papas großer Freund« ist und davon in seinem Schlaf lispelt. Auch von dem ganz kleinen Kind, das er noch nie gesehen hat und das er nie sehen wird, das spielen und aufwachsen wird, das Latein lernen wird ohne seinen großen Kameraden. Von seinen Eltern, die gebrochen zurückbleiben, von seiner Gemeinde, von seinen Freunden, seinem Haus, dem alten Pfarrhaus, dessen Schwelle er nie mehr betreten wird.

»Ich habe mit allem schon abgeschlossen«, schrieb Domie, »aber man hängt so schnell wieder an allem ...«

Ein Stück weiter: »Gott will mich noch nicht in meinem Tod haben, sondern er bereitet mich auf das Leben vor.« Und dann: »Aber du kannst dessen gewiß sein: Wie und wo ich auch sterben muß, ich werde nie allein sein. Gott ist stets bei mir.«

Hat dieses Leben nur deshalb noch länger gedauert, damit es noch mehr geläutert werden konnte?

Domies Briefe atmeten so viel Güte und Hingabe, so viel Liebe und Frömmigkeit! Wenn ich ihn so zurückerhalten hätte – was für ein Segen hätte er für uns und für seine Gemeinde sein können!

»Aber Gottes Wege sind oft anders als unsere Wege«, schrieb Domie auch.

War es dann also doch eine Befreiung?

Gewiß eine Befreiung aus dem Gefängnis.

Es entspricht der griechischen Betrachtungsweise, daß der Geist im Körper gefangen sitze wie in einem Kerker. Befreiung komme erst durch den Tod. Mit solchen Gedanken und Fragen war ich Tag und Nacht beschäftigt.

»Denn du, Herr, bist meine Zuflucht ...«

Gott ist Domies Zuflucht und Stärke gewesen.

Eines Abends rief der Doktor an. Er hatte von meinem Bruder telefonisch Näheres erfahren.

Veenendaal war Sperrgebiet. Einige Niederländer waren in das Sperrgebiet gekommen, also auf verbotenes Gelände. Ein Deutscher schoß auf sie, ein Niederländer schoß zurück, und ein Deutscher wurde verwundet. Daraufhin wurden von den Deutschen sechs Gefangene geholt. Drei von der Weteringschans, Amsterdam, drei aus Utrecht.

Was hatte sich abgespielt? Als die Zellentür geöffnet wurde, hatte man ihnen da gesagt, warum man sie herausholte?

»Beim Klopfen an der Tür, wie war mein Herz so bang, vor dem, der mich rufen kam, zu meinem letzten Gang ...«

Man mußte wohl vermuten, daß die Gefangenen so dachten, aber es war auch möglich, daß sie gedacht hatten, man wolle sie nach Deutschland abtransportieren. Einer von ihnen hatte Brot in seiner Tasche mitgenommen.

Woran hatte mein Mann in diesem Augenblick denken müssen?

Was hatte er gesehen? Den spielenden Hansje? Mein Elend? Den

Schmerz seiner Eltern? Mein weiteres Leben? Er hatte solche Augenblicke schon vorher durchlebt und war bereit.

Auch diesmal?

»Du kannst dessen gewiß sein: Wie und wo ich auch sterben muß, Gott wird bei mir sein ...«

Das Gebrüll deutscher Soldaten. »Heraus!« Ein letzter Griff in den Strohsack, in dem die Taschenbibel, ein paar Briefe und ein Gesangbuch versteckt waren. Die Briefe hatte Domie oft gelesen. Sie waren von seinen Eltern und von mir. Zwei andere Gefangene wurden auch herausgeholt. Sie wurden über den Innenhof und durch die Pforte geführt, durch dieselbe Pforte, durch die ich einmal hindurchgeschlichen war, um einen Blick von Domie zu erhaschen. Einer von den dreien, die nun dort durch die Pforte gingen und in das bereitstehende Auto stiegen, war das Liebste, was ich hatte. Das Liebste? Ja. Ich hatte zwei Kinder, aber Domie war alles zugleich für mich. Mit ihm hatte ich so viel erlebt, seinetwegen hatte ich so viel durchgemacht. Mit ihm auch so große Freude kennengelernt. Seinetwegen hatte ich Tag und Nacht in Spannung gewartet, ihn hatte ich um jeden Preis halten und vor Unglück bewahren wollen.

»Ich muß«, hatte er gesagt, als ich ihm die Gefährlichkeit der Situation vor Augen hielt.

»Denk an dich selbst, denk an uns alle hier im Haus, an die Menschen unter unserem Dach«, hatte ich geantwortet.

»Ich muß, denn es warten noch so viele auf mich«, hatte er erwidert.

Daraus entstand ein schmerzlicher Konflikt. Nun hatte ich verloren! Die Wilhelm-de-Schweiger-Kirche, Psalm 27, unser Trautext. Saevis Tranquillus In Undis.

Die Autotür wurde zugeschlagen. Der Wagen fuhr ab. Wohin? Domie kannte unser Land gut, sah die unter Wasser stehenden Weiden, die Vecht, die sich durch den Novembernebel dahinschlängelte. Es war ein grauer, nebeliger Tag. Der Dom von Utrecht erhob sich aus dem Nebel, die Stadt, in der wir beide studiert hatten. Das Auto hielt vor dem Gefängnis. Noch drei weitere Gefangene wurden abgeholt. Domie sprach mit diesen verzweifelten Jungen. Er beruhigte sie, betete mit ihnen. Er war Pastor, Diener Christi. Großes Erbarmen überkam ihn. Christus gab ihm einen Auftrag. Er hatte schon früher jemandem über die Kluft des Todes hinweggeholfen. Das war Johan gewesen. Nun mußten diese fünf anderen sicher hinüberkommen – und Domie selbst auch.

»Du sollst wissen, daß ich bis zu meiner letzten Stunde in Liebe an Euch denken werde«, so hatte er geschrieben. Und an der anderen Seite des Abgrunds wartete Christus, der sein Leben für ihn und die anderen dahingegeben hatte.

Es war inzwischen vier und fünf Uhr nachmittags, als das Auto in den

Wäldern von Agterberg anhielt. Es wurde schon Abend. Novemberlicht hinter den Wäldern. Die Stimmen der deutschen Soldaten waren die einzigen Laute, die die Stille durchbrachen. Die Bäume des Waldes standen bewegungslos wie die Säulen einer Kathedrale. Ein kurzer Befehl. Dann die Schüsse. Das Echo schlug vom Waldrand zurück. Der Mund, der einen letzten Segen gesprochen hatte, schloß sich für immer.

Domie hatte so großes Verlangen nach Hause gehabt, hatte nach Papier und Bleistift gefragt, immer dringender. Er wollte an die deutschen Behörden schreiben, denn sein Verlangen wurde immer stärker.

Nun hatten sich die Gefängnistüren geöffnet, am 20. November.

Befreiung? Konnte das wahr sein?

Es schien so, denn sie hatten ihm bei der Pforte alle seine Papiere zurückgegeben, und das bedeutete, daß man frei war und nach Hause konnte. Zurück nach Hause? Ja, ins Vaterhaus. Frei und mit Christus.

Die Deutschen hatten ihr Werk getan. Sie waren nur Henkersknechte gewesen, Werkzeuge einer höllischen Macht. »Vater vergib ihnen, denn sie wissen nicht, was sie tun.« Sie waren für diese Morde nur zu einem sehr kleinen Teil zur Verantwortung zu ziehen.

Die Deutschen ließen ihre Opfer im Regen liegen, der auf das dichte Blätterdach niedertropfte. Niemand wußte von der Mordtat. Alles war still und heimlich ausgeführt worden.

Domie wurde auf dem Friedhof von Veenendaal beerdigt, ohne daß jemand es wußte oder kommen konnte. Man hatte ihn auf einem Bauernwagen aufgebahrt, der den Weg entlangfuhr. Niederländer begruben ihn in Stille und Ehrfurcht. Niemand wußte, wer sie waren. Sie fanden in Domies Tasche eine kleine Bibel mit vielen Randbemerkungen, ein Gesangbuch mit meinem Namen und einige Briefe. Dadurch konnten sie Domie identifizieren. Sie nahmen mit meiner Familie Verbindung auf.

In das Gesangbuch hatte Domie bei den letzten Versen des Liedes 139 ein Lesezeichen eingelegt:

Wie Gott mich führt, so will ich geh'n
ohn' alles Eigenwählen;
geschieht, was er mir auserseh'n,
wird mir's an keinem fehlen.
Wie er mich führt, so geh ich mit
und folge willig Schritt für Schritt
in kindlichem Vertrauen.

Wie Gott mich führt, bin ich vergnügt,
ich ruh' in seinen Händen;
wie er es schickt und mit mir fügt,
wie er's will kehren, wenden,

sei ihm hiermit ganz heimgestellt;
er mach' es, wie es ihm gefällt;
zum Leben oder Sterben.

Eine vorsichtige Ermahnung war das an uns, die Hinterbliebenen, und an mich, nicht ratlos zu sein.

Hier sah ich zum ersten Male Gottes Hand hinter der menschlichen Willkür. Warum Domie? Er war bereit gewesen – vollkommen bereit.

Wieviele Menschen wurden täglich unvorbereitet in den Krieg und in den Tod gejagt? Ich hatte lange Zeit hindurch nicht beten können. Nun konnte ich es wieder.

Ich hatte einen Brief bekommen. Darin wurde mir beschrieben, wie man Domies Leichnam in Veenendaal in unser Familiengrab nach Driebergen überführt hatte. »Obwohl es nicht gestattet war«, so lautete der Brief, »haben wir ihn doch sehen können.« Ich wollte selbst Gewißheit haben, weil so viele Menschen, die zum Kondolieren kamen, fragten: »Wissen Sie es auch ganz bestimmt?« In den sechzehn Tagen seit dem Tode hatte sich Domie nicht verändert. Sein Gesicht war voller Ruhe und Frieden, die Hände waren ausgebreitet. Ein Zeichen dafür, daß er keinen Schmerz und keinen Streit mehr in seinen letzten Augenblicken empfunden hatte.

Domies Hände! Wie hatte ich sie geliebt und bewundert! Was konnte er damit alles tun! Künstlerhände waren es, lang und schmal, schön geformt. Er konnte damit Musik aus der Orgel von Lochem zaubern, in der Kirche mit den hohen Gewölben. An einem Altjahrsabend vor dem Gottesdienst, als er César Franck spielte und ich beim warmen Ofen kniete. Die Musik erfüllte den weiten Raum.

In Gedanken war ich an jenem mondhellen Abend, als ich den Brief bekam, bei ihm auf dem Friedhof. In dem Brief stand:

»Auf dem Grab liegen noch der Kranz und das Kreuz, das Ihr alle aus der Gemeinde ihm gegeben habt. An seinem Geburtstag haben wir ihm noch einen Strauß mit Stechpalmen und Kätzchen gebracht, so daß sein ganzes Grab nun mit bleibendem Grün bedeckt ist, auch mit Schlehdorn und Weidenzweigen. Der Strauß von Dir und den beiden kleinen Jungen war ein schönes Gesteck, ein Palmblatt mit zwei weißen Alpenveilchen. Dieser Strauß lag auf dem Sarg und ist mit in das Grab gegangen.«

»Gott wacht auch über die sterblichen Überreste«, schrieb mir mein Schwiegervater. Johan und Domie, sie ruhten nun nebeneinander.

»Mein Schöpfer, steh mir bei,
sei meines Lebens Licht;
dein Auge leite mich, bis mir mein Auge bricht.
Hier leg ich Herz und Glieder
vor dir zum Opfer nieder . . .«

Domies Leib lag nun dort und wurde langsam verzehrt, denn auch diesen Leib hatte er freiwillig auf Gottes Altar gelegt.

Und ich wollte warten, sein Werk fortsetzen, vollenden, was er begonnen und halbwegs hatte aus den Händen geben müssen. Das gemeinsame Werk von uns beiden fortsetzen. Und dann – danach würde das große Wiedersehen für uns beide kommen.

Wir hatten einmal gemeinsam nach England fahren können. Ich hatte damals noch in der Redaktion in Amsterdam gearbeitet und vierzehn Tage Urlaub bekommen. Domie war schon vorausgefahren, weil er die ganze Strecke durch die Niederlande und auch durch England mit dem Fahrrad zurücklegen wollte. In jenem kleinen Ort in Wales mit dem sehr langen Namen, in dem viele »L« vorkamen, wollten wir uns treffen. Ich hatte im Zug ein wenig geträumt und schaute durchs Fenster in die Landschaft, die glühend und grün unter dem weiten Himmel lag.

Ich paßte nicht mehr so sehr gut auf. Wir waren schon an so vielen kleinen Stationen mit großen Schildern und schwierigen Namen vorbeigefahren. Plötzlich entdeckte ich eine lange, schlanke Gestalt mit einem blonden, welligen Schopf. Die fröhliche Überraschung, die ich in diesem Augenblick fühlte! Ich konnte es kaum glauben! Es war Domie, der mich abholen kam!

Züge haben in unserem Leben immer eine große Rolle gespielt, denn in einem Zug waren wir uns zum ersten Male begegnet. Wir empfanden es wie eine Bestimmung in unserem Leben. Wir waren uns nicht zufällig begegnet, sondern erkannten dahinter einen göttlichen Plan, der von Ewigkeit her bestand. Diese Begegnung war ein Wunder, das wir beide nicht mit unserem Verstand begreifen konnten.

Es war an einem strahlenden Tag im Mai gewesen, er stieg ein und kam zu mir in ein leeres Coupé. Das Geschichtsbuch von Rijpma auf meinem Schoß gab den Anlaß zu einem Gespräch. Der Zug rollte durch blühende Landschaften, im Netz lag ein Strauß Schlehdorn, der am Holterberg gepflückt worden war. Die Stämme der Birken glänzten weiß im Sonnenlicht. Zartes Grün war wie ein lichter Brautschleier um sie hingelegt. Wir schauten beide danach mit frohen, strahlenden Augen, denn wir ahnten etwas von dem tiefen Geheimnis, das Gott uns enthüllen wollte.

Wie sollten wir uns je wiedersehen in einer so großen Universitätsstadt, ohne irgend eine Adresse? Aber was Gott einem Menschen bestimmt hat, das geschieht auch. Wir fanden uns wieder, an einem denkwürdigen Tag im Park – und wir werden uns einst gewiß wiederfinden, dort, wo uns nicht die Not so vieler Menschen trennt, sondern wo die Tränen nicht mehr sein werden.

In den Nächten konnte ich kaum schlafen. Später kamen die Träume. Da waren wir zusammen in unserem Pfarrhaus, mitten in unserer Arbeit. Der Frauenkreis kam zusammen. Im Konfirmandenraum war es warm, hell und gemütlich. Die Frauen saßen um den großen, viereckigen Tisch. »Kannst du mir eben mit meinem Fahrrad helfen?« fragte Domie. Er mußte zum Frauenkreis nach Oldiek. Im Flur stand Domies Rad. Ich hielt die Tür für ihn auf, damit er leichter hinausfahren konnte, aber nach alter Gewohnheit strich ich mit meiner Wange an seiner rauhen Jacke entlang, in der Höhe seiner Schulter, denn höher reichte ich nicht.

Oder wir wohnten im Traum wieder zusammen in Amsterdam, an der Leidsegracht, als Amsterdam noch die herrliche, stimmungsvolle Stadt von früher war. Unter den grünenden Ulmen an den Grachten wanderten wir entlang, erlebten, wie an einem sonnigen Frühjahrsmorgen ein Boot mit Blumen aus Aalsmeer kam und ruhig dahinglitt.

Was waren wir doch jung und sorglos gewesen, was war es doch für eine frohe, leichte Zeit, voller Zukunftsträume und Erwartungen! Was für ein schreiender Kontrast zu heute, zu diesem Winter 1944/45. Und doch hatte ich Domie in all den Jahren festlicher Freude nie so lieb gehabt wie jetzt, im Dunkel von Gefängnis und Tod.

In der ersten, glücklichen Zeit unserer Ehe, als wir abends nach Büroschluß unsere warme Mahlzeit kochten oder in die Stadt essen gingen, da überkam Domie im Frühling eine Unruhe, die ich nicht verstehen konnte.

»Was ist denn mit dir los?« fragte ich ihn. Aber der unruhige Zug der Vögel schien auch ihm ins Blut gefahren zu sein.

»Ich will weg, weit weg«, sagte er.

»Wohin denn?«

»Das weiß ich nicht. In die Tschechoslowakei oder so, aber auf jeden Fall fort.«

Karten wurden zum Vorschein geholt, neue Landkarten gekauft. Vormittags, manchmal auch nachmittags saß er im Reisebüro.

»Ich will nach Palästina«, sagte er eines Tages zu mir.

»Wie willst du denn da hinkommen?«

»Mit dem Fahrrad.« Begeistert schilderte er mir seine Pläne.

Ich sah ein halbes Jahr Einsamkeit vor mir, aber es war doch großartig, daß er dieses Unternehmen wagen wollte. Es würde ihm bestimmt gelingen – auch wenn jeder sagte, daß es ein verrücktes Vorhaben wäre.

Für jeden anderen wohl, dachte ich. Für ihn nicht. Ich glaubte an ihn, und dieser Glaube machte ihn stark.

In der Nacht vor seiner Abreise fühlte er, wie ich am ganzen Leibe zitterte. Besorgt fragte er, was denn los sei.

»Ich finde es schrecklich, daß du weggehst.«

»Davon hast du mich die ganze Zeit nichts merken lassen«, sagte er erstaunt. »Ich würde ja zu Hause bleiben, aber ich habe jetzt schon alles vorbereitet.«

Wir fühlten uns beide in jener Nacht unglücklich. Er aus Unentschlossenheit, ich, weil ich wußte, daß ich ihn gehen lassen mußte, aber es eigentlich nicht konnte. »Nein, du mußt schon fahren«, sagte ich, »ich gönne es dir wirklich.«

Am Tag darauf reiste er ab, an einem Freitag, mit dem Fahrrad. Wir verabredeten aber, daß ich ihm an meinem freien Sonnabend bis nach Lochem nachfahren durfte, denn dort hatte er am Sonntagmorgen noch Dienst. Dann für ein halbes Jahr Urlaub, denn so lange sollte diese große Reise dauern. Ein Schüler wollte inzwischen seinen Dienst übernehmen.

In Lochem hatten wir beide noch ein herrliches, glückliches Wochenende. In der schmalen Straße beim Küster, zu dem er den Kirchenschlüssel zurückbrachte, winkte ich ihm zum letzten Mal nach. Keine Tränen. Die würden ihm die Reise nur bitter machen.

Ich wußte wohl, daß eine so lange Reise mit Gefahren verbunden war – allein auf dem Fahrrad durch einsame, bergige Strecken, am Rande von Wüsten entlang –, aber mein Glaube und mein Vertrauen zu Domie waren so groß, daß ich ihn gehen ließ.

Nach Konstantinopel hörte ich etwa drei Wochen lang nichts mehr von ihm, obwohl die Postverbindungen per Flugzeug über die ganze Welt hin so gut waren. Damals hatte er mit Typhus unter einem Baum gelegen und war später in ein Missionshospital aufgenommen worden.

In einer der Kirchen wäre er beinahe von einer großen Kupferrolle erschlagen worden, die von einem Flaschenzug niederstürzte. Man wollte gerade das Dach mit Kupferplatten eindecken.

In Palästina wäre er beinahe in den kriegerischen Auseinandersetzungen zwischen Juden und Arabern ums Leben gekommen.

Aber er kam immer wieder zu mir zurück, mein Wandervogel. Er landete immer wieder im sicheren Hafen. Und so hatte ich auch fest damit gerechnet, daß er nach all den Widerwärtigkeiten des Krieges wieder sicher nach Hause kommen würde.

»Aber ein Kämpfer kann erst dann nach Hause kommen, wenn der Streit vorbei ist«, schrieb er in einem seiner Briefe.

Die Rückreise von Ägypten aus legte er mit Frachtschiffen und per Eisenbahn zurück. Vom Hauptbahnhof holte ich ihn mit einem Taxi ab. Festlich war die Heimkehr, prächtig das große Zimmer, das von einem Freund geschmückt worden war. Greet hatte ein herrliches Essen zubereitet und ein Maler hatte einen Willkommensgruß an unsere Tür gemalt.

Warm und gemütlich war alles an jenem Abend, aber an den darauffolgenden Tagen fühlte sich Domie unwohl. Er mußte immer am selben Ort bleiben, er erfuhr auch keine großen, neuen Dinge mehr. Und das Klima war so kühl, nebelig und trübe bei seiner Ankunft, verglichen mit den hellen, warmen Ländern, aus denen er gekommen war.

»Wer einmal das Wasser des Nils gekostet hat, den verlangt es stets danach zurück«, sagt ein Sprichwort. Das empfand Domie genauso.

Domie kannte nun eine andere Welt, in der andere Dinge möglich waren. Eine Welt, die ich nicht kannte, nach der er aber manchmal verlangte. Er machte auch Pläne für eine »nächste Reise, die wir zusammen machen«.

Als ich an einem der letzten dunklen Tage vor Weihnachten im kalten nassen Nebel an unserem unbewohnten Pfarrhaus vorbeilief, wo wir zusammen und später mit so vielen anderen glücklich gewesen waren, trotz Krieg und Verfolgung, da drückte ein namenloses Leid meine Kehle zu, und die Frage bedrängte mich, wie er denn glücklich sein könne, wo er mich doch so betrübt und allein zurückgelassen hatte. Oder war es so, daß er mich über all dem Neuen, das er erlebte, bei all den Wundern Gottes, die sich ihm offenbarten, vergessen hatte?

Dachte er nicht mehr an uns beim Betrachten der Wunder Gottes? Es ist vielleicht nicht so schwer, darauf eine rechtgläubige Antwort zu geben, so recht nach dem Katechismus; wer aber mit der Wirklichkeit des Todes und der Frage nach dem Leben darum ringt, für den wird es eine beklemmende Frage.

Aber was wollte ich eigentlich? Ihn wieder hierher zurückwünschen in diese grauen, schrecklichen Tage, vielleicht wieder in sein Gefängnis? In eine Welt der Bomben und des Elends, des Hungers und des Krieges?

Ich hatte ihm damals seine Reise nach Palästina gegönnt. Ich gönnte ihm nun die Reise ins »Heilige Land, aus dem niemand zurückkehrt«. Aber es wuchs ein heimliches, starkes Verlangen in mir, auch dorthin zu gelangen.

In der Wiege atmete das Baby. Dies gehörte auch dazu. Es gehörte ganz innig zu mir. Aber der eine große Junge, für den ich neben anderen Gefühlen auch eine tiefe mütterliche Liebe hatte, war von mir gegangen.

Für immer? Zumindest für dieses irdische Leben? Oder war Domies Liebe bei uns geblieben, nur daß er keinen Kontakt mit uns aufnehmen konnte, so wenig wie ich ihn hatte erreichen können, als er im Gefängnis saß?

Ich bekam viele Briefe. Von freigelassenen Mitgefangenen, von Mitarbeitern und von Menschen, die er gerettet hatte.

Einer seiner Mitarbeiter schrieb:

Amsterdam, 16. Januar 1945

»Da nun zum ersten Male ein zuverlässiger Bote in den Norden fährt, darf ich diese Gelegenheit nicht versäumen, Ihnen meine Gedanken mitzuteilen, die mich noch täglich bewegen, wenn ich an den Heimgang Ihres Mannes denke: Gefühle und Gedanken, die sich auch, obwohl ich Sie nicht kenne und Sie mich nicht, wie selbstverständlich mit Ihnen beschäftigen.

Erst 1943 habe ich Ihren Mann kennengelernt. Ich erinnere mich noch genau, wie wir in einem kleinen Kämmerchen zusammensaßen und er mir sagte: ›Was ich tue, das tue ich aus positiven, christlichen Prinzipien.‹

Ich möchte Ihnen bekennen, daß ich gegenüber dieser Aussage sehr skeptisch war. Als Freidenker ist man leicht geneigt, solche Worte als Phrasen anzusehen. Während eines Jahres, in dem ich ihm hin und wieder helfen konnte und wir, für ein gemeinsames Ziel arbeitend, in eine vertrauliche Verbindung kamen, da habe ich erfahren, daß seine Worte, die er bei dem ersten Gespräch geäußert hatte, die reine und vollkommene erlebte Wahrheit waren. Mit einer Inbrunst, die ich selten erlebt habe, hat er alles, letztlich auch sein Leben, für das eingesetzt, was seine Überzeugung von ihm verlangte. Die letzten Worte, die ich von ihm hörte, waren ein Bekenntnis auf dem Bahnhof von Amsterdam, als er nach Vught gebracht werden sollte: ›Ich habe keinen Augenblick bereut, was ich getan habe. Ich will keinen Schritt zurück.‹

So steht er vor mir und vor vielen anderen wie ein wirklicher Held, der für seine Überzeugung gekämpft und sein Leben bis zum Äußersten gewagt hat. Wenn jemand ein leuchtendes und reines Vorbild für mich sein wird, dann ist er es und wird es bleiben.

Wenn ich jetzt dies nachlese, dann sehe ich, wie leer und unzureichend Worte sind. Ich hoffe, Sie nach dem Krieg einmal besuchen zu können. Bis dahin ist es besser, unter meinem Decknamen zu schreiben.«

Von Domies Mitgefangenen wußte ich, daß er ihnen die Zeit erleichtert hatte, indem er ihnen von seiner Reise nach Palästina erzählte: jeden einzelnen Tag und jedes Erlebnis.

Er hat nie geklagt, und wenn sie über das Essen mäkelten, dann sagte er: »Außerhalb des Gefängnisses kriegen sie vielleicht noch weniger.« Sie konnten gemeinsam aus dem kleinen Gesangbuch Lieder leise summen, und wenn das lauernde Auge hinter dem Guckloch nicht da war, versteckten sie sich hinter einer Barrikade von Strohsäcken. Beim kleinsten Geräusch verschwanden die Taschenbibel und das Gesangbuch wieder im Strohsack. Ehe sie schlafengingen, betete er mit ihnen. Nach einer bedrückenden Nacht ohne Schlaf, in der er mit Gott gerungen hatte, vertraute er einem befreundeten Mitgefangenen an, daß er nun ganz bereit sei, jeden Weg, den Gott ihn führen wollte, auch zu gehen. Dieser Mitgefangene sollte mir auch von seiner Bereitschaft bis zum Tode schreiben, wenn es je dazu kommen sollte.

Ein anderer Mitgefangener aus Wassenaar besuchte mich persönlich und erzählte von Domie, daß es ihn beruhigen würde, wenn ich die Arbeit in der Gemeinde fortsetzte, falls er nicht würde zurückkommen können.

Ein junger jüdischer Mann, der mit Mirjam verlobt war, schrieb: »Im schwierigsten Augenblick, als wir alle ohne Hoffnung waren, weil wir keine andere Zukunft mehr sahen als die Massengräber in Polen, da kam, in äußerster Not, Domie, ein Wildfremder. Er kam und half uns, er rettete unser Leben . . . Der Mann, der das Unmögliche möglich machte.«

Und schließlich noch der Brief eines Freundes aus Amsterdam:

»Am Mittwochmorgen hörten wir die schreckliche Nachricht. Wir hatten aber noch keine Bestätigung. Doch die erhielten wir: Zwar nicht ausdrücklich, aber doch durch das Benehmen und die Umstände, als wir am folgenden Freitag die Wäsche aus dem Gefängnis Weteringschans holen mußten. Sowohl bei der Weteringschans, als auch in der Euterpestraat, wo Jo damals untergebracht war, mußten wir den Antworten, den Bemerkungen und dem Nichtssagen entnehmen, daß das Unwiderrufliche geschehen war.«

Es ist schwer, nach solchen Ereignissen das Band wiederzufinden, das einen mit Gott verbindet. Ich bin ja nicht jemand, der sich schöne Träume vormacht und in einer Scheinwelt Zuflucht sucht. Ich sehe die volle, grausame Wirklichkeit. Wenn ich aber nur die allein sehen würde, müßte ich daran zugrunde gehen. Aber in dieser Not habe ich wieder beten gelernt. Im Dunkel tastend, habe ich lernen müssen, aus Gottes Gnade zu leben, habe ich lernen müssen zu ertragen, daß andere, die mit Domie in einer Zelle gesessen hatten, zurückgekommen sind, mein Mann aber nicht.

Rückkehr in die Freiheit

Weihnachten war näher gekommen. In früheren Jahren war ich um diese Zeit mit der Weihnachtswunschliste herumgelaufen. Auch diesmal tat ich es. Geschenke für die Kinder, konnte man die noch bekommen? Mein Sinn stand eigentlich überhaupt nicht danach, und das Baby erforderte viel Zeit. Es war ein ausgeglichenes Kind, das anscheinend gar nicht darunter zu leiden hatte, daß es mit mir in einer Zelle gesessen hatte und auch alle anderen Schicksalsschläge mit mir hatte ertragen müssen. Später sollte sich noch zeigen, daß es ein sonniges Kind war, das gut lachen konnte. Für die Jugendgruppe nahm mir Janny die größten Sorgen ab, indem sie mir versprach, alle Vorbereitungen für das Weihnachtsfest auf sich nehmen zu wollen. Die anderen, auch Froukje und Petertje, würden ihr helfen. Sie kamen eines Tages, in der Woche vor Weihnachten, und schmückten den Konfirmandenraum. Der Kirchenälteste Mulder brachte die Tische und Stühle von Oldiek. Dort konnten wir nicht mehr heizen, deshalb konnten die Möbel für das Weihnachtsfest von dort nach hier gebracht werden.

Dann erhielten wir »hohen« Besuch. Drei »Parteigenossen« waren es – ein Bürgermeister aus dem benachbarten Dorf, der wegen Erkrankung unseres Bürgermeisters auch hier die Zügel in die Hand genommen hatte, ein davongelaufener Cafébesitzer und noch ein dritter.

Sie kamen schauen, ob im Pfarrhaus noch etwas zu holen wäre und stiefelten klobig durch das leere Haus.

In diesem Augenblick kam Janny aus dem Konfirmandenraum. Sie sah, wie die Herren ein Weckglas, ein paar Eimer, Geschirr, Matten, Bürsten und alte Kleider, die die Deutschen aus einer Kiste in den Flur geworfen hatten, aufsammelten und zu einem bereitstehenden Auto brachten. Der Kohlenherd stand auch schon an der Vordertür. Sie hatten beim Heraustragen einen furchtbaren Dreckhaufen in der Küche hinterlassen. Überall lag Asche und Ruß. »Was machen Sie denn hier?« fragte Janny ganz unschuldig. Sie schauten einander an, als wären sie erwischt worden. Wo kam der Wicht plötzlich her?

»Dieser Herd ist von den Deutschen für Frau Pastor zum Kochen freigegeben worden«, sagte Janny. »Sie haben den elektrischen Herd schon mitgenommen.«

»Woher weißt du das?«

»Weil ich damals zufällig gerade im Haus gewesen war, um Bohnen einzumachen.«

»Wo ist Domie?« hatte einer von den Verruchten noch die Unverschämtheit zu fragen.

Janny fand auf einmal ihre holländische Sprache wieder.

»Das brauchen Sie mich nicht mehr zu fragen, das wissen Sie selbst genau«, sagte sie mit zitternden Lippen.

»Ja, ist ja schon gut.«

»Er hätte sich mehr um seinen Haushalt kümmern müssen«, meinte der weggelaufene Cafébesitzer. Die beiden anderen nickten.

»Und wenn er noch ein Gewissen gehabt hätte...«, bemerkte der Bürgermeister.

»Domie war ein Christ, und er hat es in seinem Leben durch Wort und Tat gezeigt«, sagte Janny wütend.

»Aber er hat Juden versteckt, und das ist nicht erlaubt.«

»Sind das denn keine Menschen?«

»Nein, Juden nicht, das sind keine Menschen.«

»Wenn du mal heiraten willst, Wicht, ich hab' den Schlüssel vom Pfarrhaus.«

»Sie haben den Schlüssel? Und den wollen Sie mir geben?«

»Wenn du heiratest, Wicht. Ich habe den Schlüssel von Scholtensoes bekommen und kann im Pfarrhaus wohnen lassen, wen ich will«, sagte der Bürgermeister.

»Und Frau Pastor?«

»Die nicht! Die kriegt den Schlüssel nicht. Und den Kasten da will ich auch mitnehmen, den sollen die Leute nicht haben.«

»Aber für das Butterfaß haben sie eine extra Erlaubnis, um Buttermilch zu machen.«

»Ganz egal, das sollen sie nicht haben.«

Nach dieser philosophischen Auseinandersetzung verließen sie das Haus, indem sie das letzte mitnahmen, das die Deutschen noch zurückgelassen hatten. Nur den Herd ließen sie an der Vordertür stehen, bereit für den nächsten Transport. Ouderling Mulder erzählte dem Bürgermeister beim Konfirmandenraum noch, daß er sich schämen solle, aber Scham war sicher nur einer von den überholten bürgerlichen Begriffen aus der Vorkriegszeit. Sie paßte nicht in das Arsenal eines Bürgermeisters der »Neuzeit«.

Ich war gerade mit dem Baden des Babys fertig geworden, als Petertje ganz aufgeregt angerannt kam und bei Elderlings Haus klingelte.

»Frau Pastor, sie sind wieder in Ihrem Haus und holen den letzten Rest auch noch weg.«

»Wer ist wieder in meinem Haus, und was holen sie da weg?«

»Der Bürgermeister und die. Den Herd und sowas.« Ich erschrak. Ließen sie mich noch immer nicht in Ruhe?

»Ich komme sofort, Petertje. Lauf schon mal voraus.«

Ich suchte Elderling im Stall und fand ihn. Ich erzählte ihm die Geschichte und fragte ihn, ob er mitkommen wolle. Der gegenwärtige Bürgermeister war ein Landwirt, der Pleite gemacht hatte. Er würde Elderling kennen und sich vor ihm vielleicht doch ein wenig schämen, wenn er auf frischer Tat ertappt würde.

Als wir jedoch beim Pfarrhaus ankamen, waren die »Herren« schon verschwunden.

Janny gab uns einen genauen Bericht, wobei sie ins Schluchzen kam bei der Frage: »Wo ist denn Domie?«

Mulder schüttelte den Kopf und lud weiter seine Stühle und Tische vom Handwagen.

Elderling lief in das kalte, verlassene Haus. Entrüstet kam er zurück. Er hatte den Ruß und die Asche in der Küche gesehen und den Herd, der mit einem halben Ofenrohr bei der Vordertür stand. An jenem Abend schrieb er einen Brief an den Bürgermeister, und am Nachmittag ging auf mein Bitten hin ein Berater zum Bürgermeister, um ihm eine Beschwerde zu überbringen. Denn Dinge, die von den Deutschen freigegeben worden waren, durften nach den deutschen Gesetzen nicht von Holländern weggeholt werden.

Das Resultat? Ich durfte meine Sachen wieder zurückholen lassen. Der Bürgermeister schien sogar einen Anfall von »Wohltätigkeit« bekommen zu haben, der die »Herren« im Blick auf Weihnachten wohl befiel, um dem Volk gute Taten zu demonstrieren. Darum hatte er die großartige Idee gehabt, alle Sachen ins Armenhaus zu bringen. Der Berater konnte ihn endlich davon überzeugen, daß niemand in seiner Gemeinde so arm wäre und niemand sich in einer so mißlichen Lage befände wie ich im Augenblick, so daß ihm diese Art von Mildtätigkeit, gelinde gesagt, völlig fehl am Platze schien. Er wolle als Berater auch über den Schlüssel des Pfarrhauses sprechen, denn er habe gehört, daß der im Besitz des Bürgermeisters sei. Es würde nun langsam wieder Zeit, daß ich ein Dach über dem Kopf bekäme und daß dieses elende Herumziehen mit zwei kleinen Kindern, von denen eines gerade erst geboren worden sei, endlich aufhöre.
Worauf der Bürgermeister antwortete: »Harte Zeiten, harte Maßregeln.«

Weihnachten. Nun kamen alle wieder. Zum ersten Male nach langer Zeit sollten sie wieder im Konfirmandenraum zusammenkommen, um dieses Fest miteinander zu feiern. Würde ich es schaffen? Weihnachten zuerst mit der Jugend feiern, und dann mit den Frauen – ohne Domie?

Aber es mußte sein. Er hätte es von mir erwartet. Die großen Jungen und Mädchen hatten mir sehr geholfen. Sie hatten alles vorbereitet. Nun kamen sie. Fast fünfzig! Ganz still kamen sie herein. Kleine Lichter von

Öllämpchen brannten, weil es keine Kerzen gab. Nun wurden wir wieder eine Familie, miteinander verbunden durch ein großes Leid.

Er werde nicht aufhören, zu ihnen zu sprechen, sagte ich ihnen. Auch an diesem Abend sprach er zu uns allen, vielleicht noch mehr als zuvor ... Wir sangen gemeinsam Weihnachtslieder und lasen das Weihnachtsevangelium. »Mach mich frei durch deine Ketten, erwecke mich durch deinen Tod.«

Wir hatten den Sinn dieser Worte nie zuvor so gut verstanden wie an diesem Weihnachtsfest. Mit den Frauen, die aus dem ganzen Dorf und vom äußersten Ende von Oldiek kamen, war es genauso.

»Es war ein prächtiger Abend, Frau Pastor«, sagten einige beim Weggehen mit Tränen in den Augen. Draußen lag Schnee. Ich war betrübt, aber ich war dankbar. Die unendlich weiten, weißen Felder erstreckten sich an beiden Seiten des Weges, auf dem ich mit dem Fahrrad zu Elderlings Hof fuhr. Die Sterne leuchteten am Himmel. Sie hatten alle ihre Bestimmung, und ich, ein einsamer Mensch, hatte auch etwas von der Bestimmung meines Lebens entdeckt.

Zweiter Januar. Einer von den älteren Jungens aus der Jugendgruppe öffnete die Fensterläden an der Außenseite des Pfarrhauses. Das war wie eine symbolische Handlung. Das neue Jahr war angebrochen, und das Pfarrhaus sollte wieder bewohnt werden.

Würde dieses Jahr denn Frieden bringen? Für mich war die Spannung gewichen, aber ich hoffte es für Millionen andere.

Das Studierzimmer hatte am wenigsten gelitten, weil die Bücherregale und die Eckbank als »zum Pfarrhaus gehörend« stehengeblieben waren. An den Wänden hingen auch die geretteten Bilder wieder an ihren alten Plätzen. In einer Ecke des Studierzimmers fand ich Domies Predigten wieder, die man aus einer Schublade auf den Boden geworfen hatte. In der Zeit, als Domie Hilfsprediger in der Nähe von Amsterdam gewesen war, hatte er sie noch mit der Maschine getippt. Später genügten einige Stichpunkte, manchmal nur der Text.

Wie glücklich war ich mit den ausgebreiteten Predigten! Die Sonne schien in das Zimmer, der Ofen brannte, und ich las die Worte vom »Ewigen Leben«. Ich hörte wieder Domies Stimme zu mir sprechen. Er war mir hier näher als irgendwo anders. Darum war es gut, wieder ins Pfarrhaus zurückzukehren, auch wenn es sonst hohl und leer schien. Ich entstaubte die Predigten ehrfurchtsvoll und ordnete sie. Wieviel geistliches Erbgut hatte er mir da hinterlassen! Genug, um mein ganzes weiteres Leben davon zu zehren. Da lag eine unvollendete Predigt: »Wer beharret bis ans Ende, dem will ich die Krone des Lebens geben« war der Text.

Ich las, was Domie darüber geschrieben hatte, und ein großes Verlangen, diese Predigt weiterzuschreiben, ergriff mich. Aber ich verstand, daß ich diese Predigt mit meinem eigenen Leben würde vollenden müssen – daß es meine Aufgabe war, zu beharren bis ans Ende, und fortzusetzen, was Domie mit mir gemeinsam begonnen hatte.

Nach vierzehn Tagen war die untere Etage des Pfarrhauses wieder sauber und bewohnbar. Hayo, der jeden Morgen und Abend mit dem Milchwagen vorbeikam, nickte anerkennend und sagte, daß es nun wieder »viel lebendiger« sei, seit wieder Gardinen davorhingen. Die anderen waren auch seiner Meinung.

In jenen Tagen kam überraschenderweise ein Wagen aus einer benachbarten Gemeinde, wo der Pastor das eine oder andere für mich gesammelt hatte. Von einer Schlafzimmereinrichtung bis hin zu Nadeln für das Baby war alles im Wagen. Auch Geschirr, Küchengeräte und etwas Wäsche. Gerade die Dinge, die man dringend für den Haushalt benötigt. Der Pastor hatte selbst drei Tage im Gefängnis Scholtenshuis gesessen. Er hatte einen englischen Piloten versteckt. Er wußte also, was los war.

So bekamen die Kinder wieder ein Dach über dem Kopf. Die Rückkehr war zwar ganz anders, als ich sie mir vorgestellt hatte, ich mußte aber da hindurch – um der Gemeindearbeit und der Kinder willen – je früher, desto besser. Konfirmandenunterricht und Gruppenarbeit konnten wieder beginnen.

Im ersten Stock war noch alles leer. Ich schlief nicht oben. Dort hätte ich nur immer wachgelegen und darauf gewartet, ob ich einen bekannten Schritt auf der Treppe hörte, der doch nie mehr zu vernehmen sein würde. Auch wenn der Verstand weiß, daß die Dinge nun einmal so oder so sind, akzeptiert sie das Unterbewußtsein doch nicht und hält an den vertrauten Geräuschen fest. Das Unterbewußtsein wartet weiter.

Lilys Federbett, das die Deutschen übersehen hatten, weil es in einer Kiste auf dem Boden gelegen hatte, lag nun auf meinem Bett. Wenn ich die Decke zurückschlug, sah ich in Gedanken Lily frierend und zitternd auf ihrem Strohsack in einem polnischen Lager.

Manchmal sah ich einen Judentransport in ein anderes Lager fahren, mit den Menschen auf offenen Waggons, ohne Nahrung bei zwanzig Grad Kälte. Oder ich sah eine lange Schlange von Menschen, die sich in bitterer Kälte den Weg entlang schleppten.

Abends diente uns ein Öllämpchen als Beleuchtung, denn das Elektrizitätswerk lieferte keinen Strom mehr – jedenfalls nicht an Niederländer.

Dumpf dröhnten unsere Schritte durch das leere Haus. Ihr Geräusch verzehnfachte sich. Wo im vergangenen Jahr um diese Zeit junge Stimmen erklangen, da hallte jetzt ein unheimliches Echo, das uns Schrecken einjagte. Froukje und ich waren doch monatelang allein im Hause gewesen, aber diese Geräusche von dröhnenden Stiefeln über unserem

Kopf, von Kisten, die zur Seite geschoben wurden, die hatten wir noch nie vorher gehört. Wir lauschten an der Treppe und waren davon überzeugt, daß oben jemand herumlief. Jemand, der sich allein im Haus glaubte.

Wollte er etwas stehlen? Die wenigen Decken und Kleider, die ich zusammengeklaubt hatte? Oder war er hier vielleicht schon monatelang untergetaucht? Oder war es vielleicht ein desertierter deutscher Soldat, der sich nur ein Versteck ausgesucht hatte? Ich habe das Rätsel nie lösen können.

Ich hörte ein Geräusch. Ich ging zur Vordertür und erkannte auf der Treppe drei dunkle Gestalten, die unsicher stehenblieben, als sie meine Umrisse in der Türöffnung sahen. Einer von ihnen hatte Stiefel an, wie sie die Deutschen trugen. Hieß es nicht, daß ein Übeltäter immer wieder an den Ort seines Verbrechens zurückkehrt?

Ich ging wieder hinein, ohne ein Wort gesagt zu haben. Die drei düsteren Gestalten müssen mir wohl gefolgt und gleich weiter nach oben gegangen sein, denn ich hörte später, daß Keizer oben im Bodenstübchen saß und der Meinung war, er könne es den ganzen Abend dort gut aushalten. Ja, warum auch nicht? Es war das Stübchen der »Mäuse«, deren Versteck Keizer verraten hatte. Für jeden Kopf wurde eine Prämie gezahlt. Je mehr Juden gepackt und in Polen oder Deutschland ermordet wurden, desto reicher wurde er. Es war lange her gewesen, daß er sich zum letzten Male in diesem Pfarrhaus aufgehalten hatte: es war Winter gewesen, ich weiß nicht mehr genau, in welchem Jahr. Die Deutschen kamen damals gut voran, und da trat er in ihre Dienste. Eine »neue Welt« sollte errichtet werden, meinte Keizer, und er würde eine ihrer Säulen sein. Er hatte mit Domie über die »neue Welt« gesprochen. Es war ein Sonntagabend gewesen, sie hatten am Ofen im Studierzimmer gesessen. Das Gespräch ging mich eigentlich nichts an, ich mußte aber im Studierzimmer immer wieder nach der Heizung schauen. Domie argumentierte, überredete, warnte. Aber der Bengel, der da vor ihm auf dem Stuhl saß, mit einer Zigarette zwischen den Fingern und die Knie weit auseinandergespreizt, der wußte alles besser.

Endlos war Domies Geduld. So endlos, daß ich darüber ungeduldig wurde. »Rede doch nicht länger. Du siehst doch, daß er nicht anders will!«

Aber Domie versuchte noch immer, das Gute anzusprechen, das er in diesem Jungen vermutete.

Als ich wieder aus dem Studierzimmer herauskam, hörte ich Keizer laut schwadronieren: »So sind Domies eben. So sind sie«, hörte ich ihn sagen.

Zitternd vor Entrüstung kam ich ins Zimmer gelaufen.

»Was sagst du da? Domie hätte dich beim Kragen packen und die Treppe hinunterschmeißen sollen!«

»Damit erreichst du nichts«, sagte Domie. Er hatte natürlich recht, aber mit seiner Taktik der ruhigen Auseinandersetzung erreichte er auch nichts.

Einmal hatten wir einen langen Spaziergang gemacht, Domie und ich. Das war an dem Abend, als wir uns zum erstenmal imPark getroffen hatten. Es war im Mai. Die Blumen dufteten und die Nachtigallen sangen in den uralten Buchen bei Rhijnauwen. Tau hing über den Wiesen, in denen Kühe standen und vor sich hin träumten. Damals gab mir Domie spontan ein merkwürdiges Versprechen. »Ich möchte dich beschützen«, sagte er und legte seine Hände auf meine Schultern. Er sagte es leidenschaftlich und feierlich. Das schien mir merkwürdig, denn die Welt sah noch friedlich und gut aus an diesem herrlichen Abend im Mai. Aber auch mich überkam, als Domie das plötzlich so überzeugend und ernst sagte, ein Gefühl drohender Gefahr und nahenden Unheils – wenn auch nur von ferne.

Ich schaute Domie ernst an. »Wovor willst du mich beschützen?« fragte ich.

»Das weiß ich nicht. Vor allem, was uns im Leben bedrohen kann«, sagte er.

»Das will ich auch tun«, sagte ich darauf, »ich will dich auch beschützen.«

Und jetzt, in diesem Studierzimmer, nahm das Unbekannte, das schon damals seinen Schatten über unser neues Glück ausgebreitet hatte, greifbare Formen an. Es wurde groß, drängend, wirklich. Es nahm plötzlich die Form des stets geöffneten Mundes dieses Jungen an, der schnell sprach und giftig sprach und wie eine Schlange zischte. Des Mundes eines Verräters.

Der Ofen war ausgegangen. Es war kalt geworden in der Studierstube. Aber das war noch nicht das Schlimmste – mir wurde kalt ums Herz, denn ich schaute in einen Abgrund von Verderben, aus dem dieser Junge nicht zu retten war. Das Verbrechen steckte in ihm selbst. Er könne uns »was anhängen«, hatte er gesagt.

»Das kannst du auch. Und ich denke, du solltest jetzt noch davor zurückschrecken. Du weißt ja gar nicht, wo das einmal hinführen wird, wenn du den Weg bis zum bitteren Ende gehst«, sagte ich. Wie waren meine Worte inzwischen in Erfüllung gegangen!

Da half kein Überreden mehr, und nicht die Liebe, von der Domie als wahrer Seelsorger erfüllt war. Dieser Junge wollte seinem Verderben entgegengehen.

Domie gab ihm noch ein Buch zum Lesen mit. »Das Dorf auf dem Berge« hieß es und handelte vom deutschen Kirchenkampf. Es ging um einen Pastor, der sich gegen das Naziregime aufgelehnt hatte, in ein Konzentrationslager gesteckt worden war und nicht mehr zurückkehrte.

Als Keizer das Buch wieder zurückbrachte, hatte er zum ersten Male das »Zeichen des Untieres«, das Wolfszeichen, am Anschlag seiner Jacke. Er war Mitglied der holländischen Nazis geworden. Später trat er dann auch wieder aus, weil er als geheimes Mitglied mehr erreichen konnte. Im Scholtenshuis ging er ein und aus, wurde mir erzählt. Er war auch viel unterwegs, angeblich im Auftrag der Flugzeugfabrik, kurz hinter der deutschen Grenze, in der er arbeitete. Domie war einmal mit ihm in einem Hotel in Amsterdam gewesen, in dem auch viele Deutsche verkehrten. Domie tat das aus Gründen der Tarnung. Er entdeckte Keizer, aber dieser sah ihn nicht. Was aber hatte Keizer dort zu suchen? Sollte es wirklich wahr sein, daß er das ganze Land durchkämmte, um Domie zu fassen zu bekommen? Nach seinen eigenen Aussagen war er nur ausgeschickt worden, um in allen Städten des Landes Kaviar zu suchen, für ein Fest der »Partei« in der Flugzeugfabrik, wo einer der »Bonzen« anwesend sein würde. Domie war aber davon überzeugt, daß er ihn überall suchte; er war auch von einem Kurier vor Keizer gewarnt worden.

Jetzt saß Keizer im Bodenstübchen und spielte dort den Helden. Er durchsuchte alles. Er ging durchs ganze Haus und schaute in allen Ecken nach Geheimfächern. Er mußte sich dabei wohl sehr zufrieden gefühlt haben. Eine solche Gelegenheit, das alte Pfarrhaus von innen zu durchsuchen, war für ihn, der immer nur hinter den Kulissen im Finstern sein Werk getan hatte, noch nie geboten worden.

Jeden Abend, wenn es im Haus still und dunkel wurde, konnte man es wieder hören, das Knarren auf der Bodentreppe, das Herumschieben von Kisten, die Schritte von schweren Stiefeln. Waren es Echos, die aus Polen zu uns durchkamen, aus dem Straflager, in dem der »Maulwurf« gefangen saß? Alles war so unheimlich, daß ich das Äußerste wagen wollte, um herauszubekommen, worin das Geheimnisvolle bestand. Der Feldwächter zog sich aus der Affäre, indem er erklärte, das seien »Ratten«. Er fühlte sich bei der ganzen Sache nicht sehr wohl und dachte an das leere Haus mit all seinen Erinnerungen.

Der Doktor hatte noch ein Telefon. Von ihm aus rief ich kurz entschlossen De Opper an, von dem ich mir Hilfe erhoffte. Ich erklärte ihm die ganze Angelegenheit.

»Ist es wirklich nötig, daß ich komme, Frau Pastor? Ich bin heute sechs Stunden mit dem Fahrrad bei Wind und Regen unterwegs gewesen und komme gerade todmüde nach Hause. Sind es denn wirklich keine Ratten?«

Ich rief Eltjo zum Zeugen, der mit mir gekommen war.

»Nein, es sind keine Ratten«, sagte Eltjo. »Die können zwar viel Lärm machen, aber das hier ist etwas anderes. Es hört sich an wie das Herumschieben von Kisten und wie Schritte von schweren Stiefeln.«

Der gute Mann kam dann doch noch bei Wind und Dunkelheit angefahren. Mit einigen hellen Lampen gingen er und sein Helfer nach oben; sie durchsuchten das ganze Haus und schauten in alle Ecken und geheimen Schränke. De Opper kannte sich dort gut aus. Als wir unten an der Treppe lauschten, hörten wir einen ohrenbetäubenden Lärm, aber als wir nach oben kamen, war es wieder still.

»Laßt uns auch noch in den Keller schauen«, sagte Janny.

»Jetzt auch noch in den Keller? Hast du denn noch nicht genug gehört?« fragte Petertje entrüstet.

»Es sind Ratten«, sagte De Opper mit seinem offenen Lachen, als wir wieder alle im Esszimmer versammelt waren. »Glauben Sie mir, es sind Ratten. Sie brauchen sich keine Sorgen zu machen. Dieses Haus hat so lange leergestanden, und nun haben die sich hier eingenistet. Wenn wir mit unseren Lampen nach oben kommen, dann fliehen sie vor unserem Licht, und dann können wir natürlich nichts entdecken.«

Über Domie sprachen wir nicht. Aber wir dachten beide an ihn.

Ich ließ De Opper durch den dunklen Flur nach draußen und dankte ihm dafür, daß er doch noch gekommen war. »Glückauf«, sagte ich, als ich ihn in die Dunkelheit und in den Regen ziehen ließ. Er war zuvor immer bei Nacht und Nebel in das Pfarrhaus gekommen, manchmal auch mit Fracht auf seinem Fahrrad. Das war immer ein Mensch, den er in Sicherheit bringen wollte.

Ich sollte De Opper nicht mehr wiedersehen, denn sein Rettungsboot schlug in einer stürmischen Nacht des Krieges um und ging unter, kurz nach seinem letzten Besuch.

Auch De Opper lebte in der Gewißheit des Glaubens und fürchtete das Sterben nicht. Auch ihm wurde die Rettungsleine zugeworfen, und er kam sicher ans rettende Ufer jener »fernen Küste«, an der es keine Angst und keinen Krieg mehr gab.

Es waren aber keine Ratten, bei uns im Pfarrhaus. Es war unser eigenes Echo, das durch die leeren Zimmer verstärkt wurde. Unter dem Zimmer, in dem wir häufig saßen, gab es einen großen, leeren Kellerraum, der wie ein Klangkörper wirkte. Niemand hatte diesen starken Resonanzboden entdeckt. Die Jugendlichen nicht, nicht die Nachbarn oder die Feldgendarmerie, auch nicht De Opper. Froukje und ich kamen eines Tages durch Zufall hinter das Geheimnis.

Es wurde wieder Sonntag. Der erste Sonntag im Pfarrhaus nach der Rückkehr. Ein Pastor aus der Nachbargemeinde predigte.

»Kommt, Kinder, laßt uns gehen,
der Abend kommt herbei.
Es ist gefährlich stehen
in dieser Wüstenei.
Kommt, stärket euren Mut,
zur Ewigkeit zu wandern von einer Kraft zur andern;
es ist das Ende gut.«

So sangen wir im Gottesdienst zur Orgel.

Meine Kehle war wie zugeschnürt. Domies Hände würden nie mehr die Tasten der Orgel berühren.

»Ei, du frommer und getreuer Knecht,
du bist über wenigem getreu gewesen, ich will dich
über viel setzen. Gehe ein zu deines Herrn Freude!«

Ich erzählte im Kindergottesdienst das Gleichnis von den anvertrauten Talenten. Wenn ich nur in meiner Arbeit stand, in dieser Arbeit, dann würde alles gut werden.

Als ich aber nachmittags mit den Kindern allein zu Hause war, an diesem ersten Sonntag wieder im Pfarrhaus, da ergriff mich große Beklemmung.

Kinder glitten draußen auf dem Eis hin und her. Domies Kinder vom Kindergottesdienst und vom Konfirmandenunterricht. Wenn sie erwachsen sein würden, würden sie Domie vergessen haben.

»Du mußt nicht weinen«, sagte Hans. »Papa kommt doch wieder zurück. Er kommt mit mir spielen, mit der Eisenbahn.«

Wenn Hansje nach oben kam, in unser leeres Schlafzimmer, dann sagte er immer: »Hier schläft Papa«, und zeigte auf die Stelle, wo ein halbes Jahr zuvor Domies Bett gestanden hatte.

Ich war dankbar dafür, daß Hansje das alles noch so gut wußte und drückte ihn dann fest an mein Herz. Domie, der große Junge, nach dem ich ein so verzehrendes Verlangen bewahrte, würde nie zurückkommen, aber er hatte mir diese beiden kleinen Jungen hinterlassen. Sie würden ihn nicht ersetzen können. Es würde in meinem Herzen immer ein Verlangen bleiben nach seinen Schritten, nach seiner Gestalt, nach seinen Händen. Das Verlangen nach einem Wiedersehen würde nie ausgelöscht werden, und ich würde es auch in meinen Kindern wachhalten.

Der Jugend blieb Domie im Herzen. Er hatte am Himmel eine helle Lichtspur gezogen, der sie würden folgen können. Domie hatte oft darüber gescherzt, daß seine Gemeindeglieder in der Nachfolge ihres Hirten so träge waren. »Aber sie werden doch noch kommen«, sagte er, »wenn man sie nicht mehr erwartet, dann kommen sie doch noch.« Auf einen Groninger konnte man sich schon immer verlassen.

Der Alptraum, den wir Krieg nannten, war dann endlich auch zu einem Ende gekommen.

An einem Maimorgen, damals im Jahre 1940, als der Tag dämmerte, waren wir durch Brückensprengungen hochgeschreckt worden. Die ersten deutschen Soldaten, die über die Grenze eingedrungen waren – hielten überall Ausschau nach Soldaten. Sie waren selbst bis an die Zähne bewaffnet, in jeder Hand eine Handgranate, bereit, sie zu werfen. Wir hatten uns angezogen und standen auf der Schwelle vor dem Haus.

»Wo ist die Schule?« schrien sie uns zu, worauf wir uns umdrehten und ins Haus gingen. Ein Gefühl namenlosen Unheils hielt mich fest.

So hatte es damals begonnen.

Jetzt, am 16. April 1945, stand ich wieder auf der Schwelle, aber jetzt stand ich dort allein.

Es wurde geschossen. Kurz, aber heftig. Dann kamen kanadische Panzer vorbei. Danach wurde es ganz still. Wir waren frei. Die Menschen kamen aus ihren Verstecken und schauten sich verwundert und erleichtert um. Es war ein Tag im April, mit sehr hellem Licht.

Die Uhr am Kirchturm war fünf Minuten nach halb zwei stehengeblieben. Man hatte sie in Stücke geschossen.

Nun war alles überstanden. Nun kam Domie doch auch wieder nach Hause! Warten. Tag und Nacht warten.

Die Stille der Nacht umfängt mich. Ich liege da und lausche nach dem vertrauten Schritt auf der Treppe. Wache ich noch? Träume ich? Er muß nun doch kommen! Ist er noch mit seiner Predigt beschäftigt? Es ist die Nacht von Sonnabend auf Sonntag. Ob er in Schlaf gefallen ist über seine Predigt? So habe ich ihn doch schon einmal gefunden, mit dem Kopf auf der Schreibmaschine. Das kann doch jetzt auch wieder passiert sein! Ich muß zu ihm, aber etwas hält mich zurück. Ich liege und warte. Eine große Stille ist um mich. Endlich überwinde ich den unsichtbaren Widerstand, der mich hindert, und ich schleiche im Dunklen leise die Treppe hinunter.

Ich lausche unten an der Tür. Kein einziges Geräusch. Mein Herz schlägt dumpf. Sollte er dort sein? Hinter der geschlossenen Tür? Leise drehe ich den Türknopf um und gehe hinein. Die Leselampe brennt. Domie sitzt hinter dem Schreibtisch. Ein Gefühl umfängt mich, aber Domie legt den Finger auf den Mund. Wir müssen flüstern, wegen Hansje, der oben schläft. Es ist schon spät. Ich komme näher, aber da ist wieder etwas, das mich zurückhält.

»Ich dachte, du bist in Schlaf gefallen über deiner Predigt«, sage ich. Ich stehe neben dem Schreibtisch, der durch eine Lampe erhellt wird. Die Winkel des Zimmers liegen im Dunkeln.

»Ich muß dir etwas sagen«, sagt Domie. »Ich darf nicht lange bei dir bleiben.«

Ich seufzte. Es ist die alte Geschichte. Ich muß ihn wieder loslassen. Die letzten Male, da ich ihn getroffen habe, ist es fast immer Nacht gewesen, und er mußte weg, ehe die Morgendämmerung uns überfiel.

»Wann werden wir endlich für immer zusammensein?« frage ich. »Es ist doch nun Frieden.«

Domie schüttelt den Kopf. »Es ist hier auf Erden nie Friede«, sagt er.

»Du bist noch mitten im irdischen Kampf. Aber du mußt tapfer sein und durchhalten. Ich rechne mit dir.«

»Das hast du immer gesagt, wenn wir Abschied nehmen mußten.«

»Ja, du hast immer die Dinge getan, die ich nicht geschafft habe – und nun liegt noch so viel da und wartet, nun ist so vieles unvollendet zurückgeblieben, aber nun rechne ich wieder mit dir.«

»Wir können dich nicht entbehren. Die Kinder nicht und ich nicht und unsere Gemeinde nicht.«

Da lächelt er. »Ich gehe auch nicht fort von euch«, sagt er.

»Ist Stephanus je weggegangen aus der ersten Christengemeinde? Das Blut der Märtyrer ist immer die Saat der Kirche gewesen. Was mein Leben nie hätte bewirken können, wird Gott nun vielleicht durch meinen Tod tun, und dann bin ich nicht umsonst gestorben.«

»Umsonst? Denk an alle die Leben, die du gerettet hast! Aber man fragt sich doch manchmal, ob das den Preis wert gewesen ist.«

»Wer durch die Liebe Christi gedrängt wird, der fragt nicht nach dem Preis«, sagt er. »Es hing einmal einer an einem Kreuz. Der war ein Jude. Der hing da für uns, für dich und mich. Waren wir das wert? Daß Jesus für uns starb?«

Ich lag wieder im Bett. In der Stille der Nacht hörte ich leise Musik. Musik von Mendelssohn: »Wer beharret bis ans Ende, der wird die Krone des Lebens empfangen.« Immer wieder höre ich diese Musik, wenn das Leben trostlos erscheint und der Weg lang und ermüdend.